U0605805

BLUE BOOK

智 库 成 果 出 版 与 传 播 平 台

媒体融合蓝皮书

BLUE BOOK OF MEDIA CONVERGENCE

中国媒体融合发展报告（2022~2023）

ANNUAL REPORT ON THE DEVELOPMENT OF MEDIA
CONVERGENCE IN CHINA(2022-2023)

主　编／殷　乐
副主编／葛素表　林仲轩　漆亚林

社会科学文献出版社
SOCIAL SCIENCES ACADEMIC PRESS（CHINA）

图书在版编目（CIP）数据

中国媒体融合发展报告.2022-2023/殷乐主编；
葛素表，林仲轩，漆亚林副主编.--北京：社会科学文
献出版社，2023.11
（媒体融合蓝皮书）
ISBN 978-7-5228-2914-2

Ⅰ.①中…　Ⅱ.①殷…②葛…③林…④漆…　Ⅲ.
①传播媒介-发展-研究报告-中国-2022-2023　Ⅳ.
①G219.2

中国国家版本馆 CIP 数据核字（2023）第 224592 号

媒体融合蓝皮书
中国媒体融合发展报告（2022~2023）

主　　编／殷　乐
副 主 编／葛素表　林仲轩　漆亚林

出 版 人／冀祥德
责任编辑／薛铭洁
责任印制／王京美

出　　版／社会科学文献出版社·皮书出版分社（010）59367127
　　　　　地址：北京市北三环中路甲 29 号院华龙大厦　邮编：100029
　　　　　网址：www.ssap.com.cn
发　　行／社会科学文献出版社（010）59367028
印　　装／三河市东方印刷有限公司

规　　格／开　本：787mm×1092mm　1/16
　　　　　印　张：31.5　字　数：472 千字
版　　次／2023 年 11 月第 1 版　2023 年 11 月第 1 次印刷
书　　号／ISBN 978-7-5228-2914-2
定　　价／168.00 元

读者服务电话：4008918866

主持单位

中国社会科学院大学

中国社会科学院新闻与传播研究所

联合主持单位

中国搜索信息科技股份有限公司

协编单位

暨南大学新闻与传播学院

数据支持

央视市场研究股份有限公司（CTR）

《中国媒体融合发展报告（2022～2023）》
编 委 会

主 任　胡正荣

副主任　方　勇　张树辉　钱莲生

委 员　（排名按姓氏拼音为序）

　　　　杜智涛　范以锦　高慧敏　葛素表　黄楚新

　　　　姜　涛　李劲松　林仲轩　刘　锋　刘亚晶

　　　　罗　昕　罗自文　漆亚林　唐绪军　王凯山

　　　　杨兴锋　殷　乐　赵嘉麟　赵　梅　支庭荣

　　　　朱鸿军

主 编　殷　乐

副主编　葛素表　林仲轩　漆亚林

＊本书为中国社会科学院大学蓝皮书项目成果，得到中国社会科学院大学"中央高校基本科研业务费"资助。

《中国媒体融合发展报告（2022~2023）》
课 题 组

组　长　殷　乐

副组长　葛素表　林仲轩　漆亚林　高慧敏

成　员（排名按姓氏拼音为序）

戴睿敏　韩晶晶　梁一帆　刘牧媛　刘朝霞

申　哲　万　强　王娇妮　王凯山　王子纯

杨默涵　殷宇婷　张新雨　赵燕飞

主要编撰者简介

殷 乐 中国社会科学院大学新闻传播学院副院长，教授，博士生导师；中国社会科学院新闻与传播研究所应用新闻学研究室主任，研究员；韩国首尔大学访问学者（2004～2005年）、美国普度大学访问学者（2010～2011年），挂职绵阳市委宣传部副部长（2022～2023年）。出版专著多部，主编参编多部，译著1部，发表学术论文近百篇。主持并完成了国家、省部级等多个级别的科研项目，主要研究成果被《新华文摘》《人大复印报刊资料》《中国新闻年鉴》摘要或全文转载，专著论文内参多次获奖。

葛素表 中国搜索副总裁、党委常委、董事。全国三八红旗手，新华社高级编辑，2015年获评新华社十佳编辑。代表作《点赞十九大 中国强起来》《半条被子》获中国新闻奖一等奖，《一天陪洗八次澡，迎来送往何时了》《全民拍》获中国新闻奖二等奖。2022年10月，带领团队完成《纪录小康》国家数据库。

林仲轩 暨南大学新闻与传播学院副院长，教授、博士生导师，国家社会科学基金重大项目首席专家，中宣部"宣传思想文化青年英才"，兼任广州市人民政府决策咨询专家等。主要研究方向为新媒体研究、媒介文化研究、国际传播研究等。

漆亚林 中国社会科学院大学新闻传播学院执行院长，教授，博士生导师，创意传播研究中心主任。兼任南开大学兼职教授、上海大学新闻传播学院博士生导师。主编《智能媒体发展报告》，执行主编《中国传媒经济发展报告》。主持多个国家级、省部级课题和教改项目。研究方向为应用新闻学、传媒经济学。出版多部专著，发表80余篇论文，多篇论文被《新华文摘》《中国社会科学文摘》等转载。

摘　要

2023年是习近平总书记作出"加快传统媒体和新兴媒体融合发展"重要指示10周年。10年来，中国媒体融合持续纵深发展，迈向全面创新的新阶段。2022年党的二十大报告明确指出，"以中国式现代化全面推进中华民族伟大复兴""加强全媒体传播体系建设，塑造主流舆论新格局"。2023年，"扎实推进媒体深度融合"首次被写入《政府工作报告》，这也表明媒体融合发展不仅是一场媒介变革、行业变革，而且还是信息社会高质量发展的重要组成部分，是一项系统性工程，正如习近平总书记指出的："媒体融合发展不仅仅是新闻单位的事，要把我们掌握的社会思想文化公共资源、社会治理大数据、政策制定权的制度优势转化为巩固壮大主流思想舆论的综合优势。"媒体融合的发展理念与实践已经日臻成熟并有较大突破，进入发展的"深水区"与"攻坚期"，已全面深入党和国家的重点工作，也逐渐走入千家万户，媒体融合趋于走深、走实。"共生"成为媒体融合纵深发展的关键词，媒体融合不仅是内部机制、内容、技术基础上的"小融合"，更是建立在思维、制度、文化基础上的"大融合"，这对用户感知、信息传播、传媒业态、国际关系、人类社会都将产生颠覆性的变革。

本报告主要分为总报告、调查篇、热点篇、案例篇、探索篇、区域篇、国际篇七个方面。一是总报告，分析中国媒体融合发展的新态势、新突破、新展望，从整体宏观把握当前媒体融合生态——共建多元融媒生态，助力数智中国建设；二是调查篇，主要聚焦于媒体融合的网民认知、短视频融合传

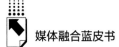

播效果、海外社交媒体传播影响力等方面，并进行实证调查研究；三是热点篇，主要关注当前广电媒体发展、新技术应用、企业媒体等媒体融合热点问题与发展态势，并在调查基础上，总结经验、发现问题并提出对策；四是案例篇，针对四川、安徽、浙江、香港等不同地方的经典案例进行分析，包括融媒体工作室、全媒体矩阵战略、香港传统报业转型、群众路线实践等特色方面；五是探索篇，主要针对当前媒体融合的前沿实践，针对县级融媒体、政务新媒体、智能化技术应用的发展趋势进行探索；六是区域篇，结合当下媒体融合发展的背景及现状，以区域进行划分，将四川、贵州、芜湖等不同层级的典型媒体融合实践作为研究案例，进而分析其业态创新、传播模式、经验特色、存在问题、应对策略及未来展望等；七是国际篇，立足于国际视野下的媒体融合实践，从国际视野出发来观照本土媒体融合过程中对外传播的特色实践，全面梳理对外传播实践中的特色做法与存在问题，进而提出可行的"走出去"应对策略。

关键词： 媒体融合　多元融媒　人工智能　数智中国　国际传播

目　录 ↖↘

Ⅰ　总报告

Ⅱ　调查篇

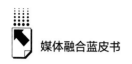
Ⅲ 热点篇

Ⅳ 案例篇

V　探索篇

VI　区域篇

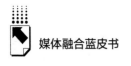
Ⅶ　国际篇

皮书数据库阅读**使用指南**

总 报 告

General Report

B.1

共建多元融媒生态，助力数智中国建设[*]

——2022~2023年中国媒体融合发展总报告

殷乐 高慧敏[**]

摘　要： 2023年是习近平总书记作出"加快传统媒体和新兴媒体融合发展"重要指示10周年。10年来，中国媒体融合持续纵深发展，迈向全面创新的新阶段。当前，媒体融合呈现新的总体态势：自2021年以来，媒体融合加速社会全面数字化，形成多元融媒生态，助力数智中国建设。顶层设计与中国式现代化建设相呼应，智能技术赋能媒体融合平台的数字基建，加速了融媒联动与突破，从而创新全媒体传播格局，如此媒体不仅是信息传播渠道，更是公共服务平台，构建全媒体服务生态也成为一种趋势，进而体验式文

* 本报告部分数据来自课题组2022年度媒体融合认知调查研究数据。
** 殷乐，博士，中国社会科学院大学新闻传播学院副院长，中国社会科学院新闻与传播研究所研究员、应用新闻学研究室主任，博士生导师，研究方向为媒体融合，互联网治理与新媒体，技术、媒介与社会；高慧敏，博士，北京邮电大学数字媒体与设计艺术学院讲师，研究方向为智能传播。

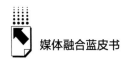

化消费模式蓬勃发展，形成了数字沉浸式文化。数字化与智能化技术的广泛应用与发展，使媒介形态、内容生产、传播渠道、传播形式、传播区域也有新突破，这也在不断重塑中国媒体深度融合传播生态：主题报道和重大报道紧扣时代脉搏；AIGC 为人机融合赋能，以人机互动创新内容生产与传播；从"永久在线"转向"永久在场"，智能媒体融合的视听传播场景化成为新常态；应急广播体系布局广泛、成效显著，助力公共服务发展；以建设性舆论监督推动基层治理现代化成为显著特点；媒体深度融合驱动国际传播开始"下沉"，主流媒体从差异中寻找"共情"并积极构建融通中外的中国话语体系。随着大数据、算力和算法的全面提升，新技术的演进也推动智能传播革命进入了下半场，这对用户感知、信息传播、传媒业态、国际关系、人类社会都将产生颠覆性的变革。未来也将在体验融合、关系融合、场景融合、价值融合、生态融合等方向进一步突破和发展。

关键词：　媒体深度融合　多元融媒　人机融合　社会治理　国际传播

一　新态势：媒体融合助力社会全面数字化

（一）回到社会治理：媒体融合顶层设计逐渐走深、走实

媒体融合发展是一个纵深推进的过程。自 2014 年以来，从"媒体融合"到"媒体深度融合"，已走过将近十年，媒体融合的发展理念与实践日臻成熟并有较大突破，进入发展的"深水区"与"攻坚期"，已全面深入党和国家的重点工作，也逐渐走入千家万户，媒体融合趋于走深、走实。

随着智能化技术的迭代升级与媒体生态环境的变革，媒体深度融合也需要在前期发展的总基调上持续调适蓝图规划，因此，2022 年从国家到地方

一系列较为细化、可操作性的政策相继出现，媒体融合走到攻坚期最终是要落到社会实践上，正如习近平总书记所指出的："媒体融合发展不仅仅是新闻单位的事，要把我们掌握的社会思想文化公共资源、社会治理大数据、政策制定权的制度优势转化为巩固壮大主流思想舆论的综合优势。"①因此，媒体深度融合实质上是社会资源的融合，也是社会治理现代化的应有之义。

一是媒体深度融合的全局性规划始终贯穿在党和国家的整体工作统筹中，上升到国家战略层面，这对媒体融合发展中的全媒体传播体系建设给出了纲领性指引。2022年8月，中共中央办公厅、国务院办公厅印发《"十四五"文化发展规划》，进一步要求加强顶层设计，构建网上网下一体、内宣外宣联动的主流舆论格局。② 2022年，党的二十大报告明确指出，"以中国式现代化全面推进中华民族伟大复兴""加强全媒体传播体系建设，塑造主流舆论新格局"。③ 2023年，"扎实推进媒体深度融合"首次被写入政府工作报告。在此基础上，随着数字化、智能化时代的到来，社会治理体系的数字化、智能化也已成为发展趋势，为媒体深度融合发展进一步指明方向。2023年初，中共中央、国务院印发《数字中国建设整体布局规划》，该规划以习近平总书记的网络强国理念为核心，强调促进数字经济和实体经济深度融合，利用数字化技术推动生产、生活方式和治理模式的革新，旨在实现以中国式现代化全面推进中华民族伟大复兴。④

---

① 《习近平：加快推动媒体融合发展 构建全媒体传播格局》，中国共产党新闻网，2019年3月15日，http://cpc.people.com.cn/n1/2019/0315/c64094-30978511.html，最后检索日期：2023年3月17日。

② 《中共中央办公厅 国务院办公厅印发〈"十四五"文化发展规划〉》，中国政府网，2022年8月16日，https://www.gov.cn/zhengce/2022-08/16/content_ 5705612.htm，最后检索日期：2023年4月16日。

③ 《习近平：高举中国特色社会主义伟大旗帜 为全面建设社会主义现代化国家而团结奋斗——在中国共产党第二十次全国代表大会上的报告》，中国政府网，2022年10月25日，https://www.gov.cn/xinwen/2022-10/25/content_ 5721685.htm，最后检索日期：2023年1月20日。

④ 《中共中央 国务院印发〈数字中国建设整体布局规划〉》，中国政府网，2023年2月27日，https://www.gov.cn/xinwen/2023-02/27/content_ 5743484.htm，最后检索日期：2023年3月1日。

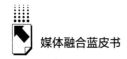

二是媒体深度融合顶层设计趋于细分化与垂直化。2021年，国家广播电视总局专门成立媒体融合发展领导小组，相继发布了《关于组织制定广播电视媒体深度融合发展三年行动计划的通知》与《2021年推进广电媒体深度融合发展工作方案》，重点推进"发展新业态、培育新视听、建设新平台、重塑新网络、打造新终端、构建新支撑"六项任务①，充分发挥广电媒体的视听特色优势及其在各级融媒体中心建设和互联互通、协同发展中的主力军作用。2022年4月，中宣部进一步印发《关于推动出版深度融合发展的实施意见》，对出版领域的总体规划、技术应用、信息内容、管理手段、人才培养、体制机制等不同方面提出具体可落地的要求。②

三是实施全媒体传播工程的关键在于将媒体融合实践做深、做实，央、省、市、县协同发展，因此相关政策的顶层设计也开始"下沉"并呈现多点开花的局面。为响应国家广播电视总局的广电媒体融合的总要求，北京、吉林、浙江、江苏、安徽、福建、山东、四川、青海等省级广电局为加强政策供给和统筹谋划，结合各地情况与特色，相继印发了针对全省（市）的三年行动计划，在各级局台的合力推动下，全国媒体融合发展继续走深走实。2022年4月，中宣部、财政部、国家广播电视总局联合下发《关于推进地市级媒体加快深度融合发展实施方案的通知》，专门对地市级媒体深度融合做出具体部署，在全国遴选60个市（地、州）开展融媒体中心建设试点单位与工作，据不完全统计，截至2022年底，全国60个市级融媒体中心试点中，机构整合率接近90%③，牢牢把握地市级媒体融合面临的问题和挑战，抓住关键环节、主要矛盾、突出问题，明确总目标和分阶段目标并加以

① 《广电总局印发〈关于组织制定广播电视媒体深度融合发展三年行动计划的通知〉》，国家广播电视总局网，2021年3月16日，http://www.nrta.gov.cn/art/2021/3/16/art_114_55414.html，最后检索日期：2022年12月1日。

② 《中共中央宣传部印发〈关于推动出版深度融合发展的实施意见〉》，中国政府网，2022年4月24日，https://www.gov.cn/xinwen/2022-04/24/content_5686923.htm，最后检索日期：2023年5月4日。

③ 《「年度观察」地市级媒体融合新进展》，国家广电智库百家号，2023年2月24日，https://baijiahao.baidu.com/s? id=1758667614812984472&wfr=spider&for=pc，最后检索日期：2023年2月24日。

推进，为地市级媒体走出生存危机、探寻发展路径提供了政策机遇。

四是媒体融合发展日臻成熟的同时也暴露出一系列问题，这严重干扰了清朗网络空间的构建，因此媒体深度融合的高质量发展离不开技术与监管政策。2022年，围绕"网上舆论阵地"这个核心主题推出了一系列政策。如2022年中共中央办公厅与国务院办公厅发布的《"十四五"文化发展规划》对如何用好网络舆论阵地定下基调："把党管媒体原则贯彻到新媒体领域，坚持正能量是总要求、管得住是硬道理、用得好是真本事。"[1]关于如何坚持正能量，已经对不同类型的网络平台主体、网络信息内容生态等做出明确规定，如国家广播电视总局、文化和旅游部联合印发《网络主播行为规范》[2]、中央网信办印发《关于切实加强网络暴力治理的通知》，都是对网络主体行为规范与网络内容治理的政策支持。这一系列法规政策的出台都为构建"网络舆论阵地"及实现媒体融合的高质量发展提供了保障。

（二）智慧媒体：智能技术赋能媒体融合平台的数字基建

自2017年国务院印发《新一代人工智能发展规划》将人工智能上升到国家战略层面以来，我国人工智能技术的发展也走在世界前列。2020年，国家明确提出将人工智能作为"新基建"重要一环。"十四五"规划指出，要推动互联网、大数据、人工智能等技术与各产业深度融合，特别是科技部等六部门于2022年连续发布《关于加快场景创新以人工智能高水平应用促进经济高质量发展的指导意见》与《关于支持建设新一代人工智能示范应用场景的通知》，打出场景创新推动人工智能发展的政策"组合拳"，为人工智能赋能新场景提供了政策支持。新闻传播领域是人工智能技术应用的新场景之一。截至2022年5月底，全国建成开通5G基站170万个，覆盖全国

---

[1] 《中共中央办公厅 国务院办公厅印发〈"十四五"文化发展规划〉》，中国政府网，2022年8月16日，https://www.gov.cn/zhengce/2022-08/16/content_5705612.htm，最后检索日期：2023年1月5日。

[2] 《国家广播电视总局、文化和旅游部关于印发〈网络主播行为规范〉的通知》，中华人民共和国文化和旅游部网，2022年6月22日，https://zwgk.mct.gov.cn/zfxxgkml/qt/202206/t20220622_934011.html，最后检索日期：2023年1月5日。

所有地级市、县城城区和 92% 的乡镇镇区，每万人 5G 基站数超过 12 个。[①]
近年来，随着 5G 网络的全面布局，大数据、人工智能、虚拟现实、区块链
等技术逐渐落地，带来传媒生态的革命性变化，多元的应用场景也将给传媒
业带来更多可能性，助推媒体融合纵深发展，为从"媒介融合"转向"智
能融合"提供了技术可供性。5G 网络服务开始广泛布局，为智慧广电建设
提供了技术支持。有数据显示，2022 年 6 月 27 日，上海、江苏、浙江、山
东、广西、贵州、甘肃、宁夏等地同步启动广电 5G 网络服务试运营，推动
广电网络初步形成"有线+5G"融合发展新格局。[②] 各地又根据自身优势与
特色形成融合新模式，如上海"数字基座+内容服务"运营模式、浙江"智
慧广电+公共服务"新模式，建设兼具宣传文化和综合信息服务的新型智慧
融合网络。

新场景的呈现需要新平台设施的支持，自 2021 年以来，我国已经进入
全媒体传播体系建设 2.0 阶段，从融媒体到全媒体，媒体平台不仅是多元媒
介的整合，更是以智能化技术为基础的新媒体平台，智能化技术已"嵌入"
策划、生产、分发等生产与传播全链条，成为媒体传播平台的中枢神经，从
而助力媒体发展从"弱融合"走向"强融合"，主要体现在以下方面。

一是基于技术基础设施的"硬"平台，已经开始全面布局，为媒体数
字化改革提供重要技术支撑，也是媒体数据治理的重要技术手段。如荔枝云
省级技术平台按照"技术平台化、业务产品化、服务生态化"的建设思路，
将人工智能、大数据、云计算等技术纳入其中；北京时间客户端和网站坚持
"移动优先"战略，打造为全网用户提供综合服务的智慧融媒体平台，将
5G、AI、AR/VR 等技术融入内容生产流程；浙江省湖州市德清县新闻中心
构建了"一核两翼"的融媒体新格局，以"AI+新闻+公共服务+社会治理"

---

① 《工信部：至 5 月底全国建成开通 5G 基站 170 万个》，央广网百家号，2022 年 7 月 12 日，
https://baijiahao.baidu.com/s? id=17381331995559314396&wfr=spider&for=pc，最后检索日
期：2022 年 8 月 12 日。

② 《全国多地启动广电 5G 网络服务试运营》，国家广播电视总局，2022 年 7 月 1 日，http://
www.nrta.gov.cn/art/2022/7/1/art_ 114_ 60837.html，最后检索日期：2023 年 5 月 5 日。

为抓手。这表明，智能化技术已成为媒体融合纵深发展的驱动力，助推媒体深度融合传播新业态。

二是以制度、文化为基础的"软"平台，即以技术和内容为基础的服务平台和治理平台。全媒体智能中台是打通物质性基础设施与公共服务和社会治理之间的重要路径，能够更好地在各级各地媒体推广"媒体+政务服务商务"模式。全媒体智能中台主要包括技术中台、AI 中台、知识中台、数据中台及业务中台五个中台服务。[①] 其中，技术中台是智能媒体运作的技术基座，AI 中台则是媒体智能的中枢，数据中台则为上层应用提供数据工具、数据模型与数据服务，知识中台提供知识图谱、知识关联、场景化推荐及智能检索等功能，业务中台则由业务运营支撑系统、多媒体融合发布系统、物联网融合感知系统及电子商务系统组成。在这五个中台的运作下，全媒体智能中台为媒体融合、数字治理赋能。目前，"媒体+企业"成为全媒体智能中台建设的主要合作模式，百度、阿里、腾讯、华为等技术企业纷纷为新媒体助力，如百度，近年来与新华社、人民日报、央视网等 20 多家权威媒体机构达成合作，"人工智能实验室""人工智能编辑部""幸福城市指数"等都是全媒体智能中台在新闻传播全链条中应用的重要体现。

特别是在后疫情时代，智能媒体被广泛运用于应急传播、灾情报道、常态化防疫管理、网络政务等新场景，创新"智能媒体+社会治理"模式。一方面，在行业内部加速智能化技术的联动式应用，从而打造智慧传播生态，各类机器人、云上音乐厅、云端会议等智能产品与文旅、政务、会展等多个行业深度结合，促进了数字化战略下的公共服务创新。如长沙广电推出"城市服务+融媒体"融合平台，将媒体与服务融为一体，从而推动建设有温度的智慧城市；福建省广播影视集团融媒体资讯中心与网龙网络公司合作，筹备了

---

① 《智慧广电业务中台系统开发与应用》，流媒体网，2022 年 6 月 5 日，https：//lmtw.com/mzw/content/detail/id/215077/keyword_ id/-1，最后检索日期：2022 年 11 月 10 日。

《全国两会元宇宙访谈》特别节目。^① 另一方面，智慧广电建设开始"下沉"至基层治理，大力实施智慧广电乡村工程，推动乡村公共服务智慧化发展。自 2022 年国家广播电视总局发布《关于推进智慧广电乡村工程建设的指导意见》以来，各地积极贯彻落实并形成热潮，22 个省（区、市）将智慧广电乡村工程建设纳入地方经济和社会发展规划或地方专项规划，其中，江苏、福建、广东、广西等地则发挥带头示范效应，进一步拓展智慧广电的应用场景，推出智慧党建、智慧政务、智慧社区、智慧治理、智慧教育、雪亮工程等多领域新模式新业态，促进乡村治理能力与治理体系现代化。^②

（三）融媒联动与突破：全媒体传播体系的创新性布局

媒体融合纵深发展的关键在于建设全媒体传播体系，这是打造新型主流媒体集群的必要之举。2022 年 8 月颁布的《"十四五"文化发展规划》在全媒体传播体系的顶层设计基础上，进一步明确提出推进央、省、市、县四级主流媒体建设。

一是中央级媒体在全面覆盖信息传播的同时，也参与国家层面的社会治理工作，发挥引领与示范作用。人民日报、中央广播电视总台、新华社等央媒不断加强与地方媒体的点对点深度联动。一方面，中央在地方建立总站，充分利用地方资源，扩大融合联动范围、创新联动形式。自 2018 年以来，中央广播电视总台在地方设立总站，尤其是在 2021 年 4 月到 2022 年 8 月，相继在重庆、浙江、河北、北京、山东、天津、江苏设立总站^③，实现央地融合的全面布局。另一方面，中央与地方媒体实现媒体融合的更广泛联动，以建立媒体泛化融合生态体系。如新华社新闻信息中心于 2021 年推出"融

① 《2022 年全国广电媒体融合调研报告｜芒种报告》，腾讯网，2023 年 2 月 28 日，https：//new.qq.com/rain/a/20230228A056TG00，最后检索日期：2023 年 2 月 28 日。
② 《各地广电部门大力推进智慧广电乡村工程建设》，国家广播电视总局，2022 年 10 月 14 日，http：//www.nrta.gov.cn/art/2022/10/14/art_114_62237.html，最后检索日期：2022 年 12 月 10 日。
③ 《中央广播电视总台十个总站一览》，网易，2022 年 8 月 25 日，https：//www.163.com/dy/article/HFLAJ17H0517CABB.html，最后检索日期：2022 年 10 月 20 日。

媒体千万联动计划"，这是四级媒体融合的一次深度探索，不仅实现了新华社从思维理念、创作传播、人才培养、产业运营等多方面为县级融媒体的全方位赋能，同时还以新华社为平台广泛聚合各方资源，打通用户社交圈层，从行业和社会两个层面来全方位打造新型基层主流舆论阵地，目前已初现成效，在"七彩云南 留年更牛"春节短视频大赛上，云南近120家县级融媒体中心、部分媒体及公众在抖音、新浪微博发布参赛作品2755部，总播放量超4亿次。①

二是省级媒体充分发挥区域性传播的领头作用，将省级云平台的赋能作用"下沉"，加强与各市、县、乡镇、社区的全方位联动。2021年，又有很多新尝试。如浙江日报报业集团和浙江广电集团共同打造省级融媒体云"天目蓝云"，全省媒体融合"一张网"建设启动②；湖南广电以"新湖南云"为平台，目前，已经有69家县级融媒体中心入驻，形成了省级－县级垂直融合生态圈；湖北广电正式推出首部沉浸式党史学习教育互动平台"湖北全景红色教育地图"，首次联动全省、市、县三级媒体，线上线下并行，主流媒体和流量媒体联动，着力打造湖北网络视听党史学习教育红色新高地。③ 这表明，省级媒体在区域性传播与连接过程中更趋于垂直化与细分化，真正将地方媒体的融合及相互之间的联动落到实处。

三是作为腰部力量的市级媒体被纳入全媒体建设布局，发挥承上启下的作用。目前，市级融媒体中心试点单位建设已基本完成，这也标志着我国地市级媒体融合迈入发展关键时期，也是促进央、省、市、县四级媒体联动的关键一环。2022年，我国完善了四级媒体融合建设的顶层设计，对处于

---

① 《央地联动 全维赋能 新华社新闻信息中心启动"融媒体千万联动计划"》，半月谈网，2021年7月7日，http：//www.banyuetan.org/kj/detail/20210707/1000200033136211625 622616624637955_ 1.html，最后检索日期：2023年4月1日。

② 《"天目蓝云"发布！浙江省市县媒体融合"一朵云一张网"格局初现》，搜狐网，2023年3月28日，https：//www.sohu.com/a/660134983_ 100200743，最后检索日期：2023年4月20日。

③ 《首部沉浸式党史学习教育互动平台"湖北全景红色教育地图"上线》，湖北省广播电视局，2021年6月22日，https：//gdj.hubei.gov.cn/ywdt/sjyw/202106/t20210622_ 3607185. shtml，最后检索日期：2022年7月23日。

"腰部"的地市级媒体融合发展有了具体实施方案。据不完全统计,截至2022年底,全国60个市级融媒体中心试点中,已有近90%的单位完成机构整合。①目前,部分试点单位因地制宜并落实市级融媒体深度发展政策,已经初见成效。首先,以"大融合"理念创新资源整合,不局限于媒体行业内部的"小融合",而是将市级媒体定位为综合服务平台。如抚州市融媒体中心于2022年6月22日挂牌成立,以建立大数据资源库为宗旨,积极开展全媒体综合信息服务;烟台市融媒体中心(烟台传媒集团)全面整合原有组织架构,以"传媒+"推动产业布局。其次,逐渐摆脱市级媒体"空心化"的尴尬局面,开始探索央、省、市、县级媒体联动协同体系。如2023年2月国家广播电视总局公示《市级融媒体中心总体技术规范》等5项行业标准②,为市级媒体与省级平台、县级融媒体中心及周边市级媒体的对接和联动提供了技术层面的支撑。

四是县级融媒体发展的战略定位已经从"建成"转向"建好",通过跨区域、跨层级的联动来促进县级融媒体的深度融合发展。2022年,多家县级融媒体中心已经开始尝试联合各行业主体展开跨界合作,延伸产业链条,在优势互补中实现价值共创和资产增值。③首先,以打通技术平台来实现跨界联动。如北京市东城区融媒体中心开始建设"新闻+"新生态,推出东城融媒发布厅,并于2021年8月成功对接"北京云"市级技术平台,从技术层面实现资源汇聚;成都市新津区融媒体中心联合新华智云的"媒体大脑",首创了以指挥圈、中心圈、联动圈为主的"三圈联动"新津智慧融媒生产和发布体系,其中,新津数智融媒平台更是已经与154个机构建立连

---

① 《全国60个市级融媒体中心试点,已完成机构整合接近90%》,搜狐网,2023年2月28日,https://www.sohu.com/a/647588212_120442234,最后检索日期:2023年4月8日。

② 《国家广播电视总局科技司关于对〈市级融媒体中心总体技术规范〉等五项广播电视和网络视听行业标准报批稿进行公示的通知》,国家广播电视总局,2022年9月8日,http://www.nrta.gov.cn/art/2022/9/8/art_113_61562.html,最后检索日期:2023年5月1日。

③ 《〈2022~2023全国县级融媒体中心能力建设典型案例研究报告〉发布》,网易,2023年3月1日,https://www.163.com/dy/article/HUM8I6MF05388TB3.html,最后检索日期:2023年3月1日。

接，涵盖各部门、镇街、学校、企业等，同时覆盖了自媒体 300+、区域社群 1800+①，这种共享机制打破了信息壁垒，并形成超越媒体的"大传播"体系。其次，部分县级融媒体已经开启了第二轮机制深化改革。如 2021 年上半年，安吉新闻集团在经过八年融合发展的基础上，开始启动第二轮体制机制改革，成立安吉县融媒体中心，坚持"新闻+政务/服务/商务"融媒发展定位，建立县域全媒体传播体系。

五是突破地域限制，形成跨地域的横向联动与创新，呈现媒体融合区域一体化，打造横向媒体融合生态圈。一方面是跨省的点对点合作，如 2022 年 3 月山西省广播电视局与湖南省广播电视局签署《晋湘广电媒体深度融合发展合作备忘录》，明确晋湘两地广电行业广泛、深度合作与共融发展；另一方面则是从点到面的区域一体化合作，如 2022 年上海广播电视台东方广播中心与盐城广播电视总台携手长三角城市广电媒体共同成立"长三角媒体融合创新平台"，在新闻报道、内容生产、经营与产业运作多个方面实现横向合作。总之，打破传统的、局限于地域的区域内融合，而构建多维媒体融合生态圈。

（四）全媒体服务生态：媒体融合助力政务服务商务的数字化转型

在全媒体时代，媒体不仅是信息传播渠道，更是公共服务平台，尤其是随着媒体纵深发展，构建全媒体服务生态也成为一种趋势，而"新闻+政务服务商务"就是新方向。2022 年的"新闻+政务服务商务"模式也呈现新样态。

从"新闻+政务服务"来看，广电媒体融合深度参与社会治理，将新闻传播与政务资源和公共服务资源相融合，主要体现于以下三个方面。一是政务平台体系与媒体平台体系相互融合，紧贴政务服务需求，推动资源互通融合，以最大限度地满足公众需求，为基层治理赋能。如湖北广电的长江云平

---

① 《新津智慧融媒三圈联动，助推基层融媒体改革》，新华网，2022 年 12 月 22 日，http：// sc. news. cn/content/2022-12/31/c_ 1129247069. htm，最后检索日期：2023 年 1 月 5 日。

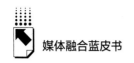

台作为首创者，采用"1+N"的省、市、县融媒体中心合作模式，践行"政务+新闻+服务"理念，2021年底已有80多家省直厅局入驻、119家市州县客户端上线，建成跨地域层级、互联互通的移动网络公共信息服务体系①；佛山市新闻传媒中心的"佛山通"平台注册用户累计超过336万，上线服务事项近5000项，研发推出核酸采样点一站查、新市民积分计算器、企质通等高频服务应用。② 二是以解决方案为导向，建立问政平台与政民协商平台，推动社会问题的有效解决。如武汉广播电视台《电视问政》节目与98家单位和部门的政务平台对接，形成了"发现问题—分析问题—解决问题"的创新问政闭环链；西安广播电视台通过《每周一看》《你好 我的城》等节目为政民沟通提供了平台，以促进问题解决；2022年，新京报还发起"职引未来——我帮毕业生找工作"特别行动，为用人单位与毕业生建立桥梁，促进社会就业问题的纾解。三是建立紧急互助平台，助力基层公共传播。风险无处不在。随着数字化时代的到来，风险也成为现代社会的一种重要特征。2022年也是与新冠疫情共存的一年，多家媒体纷纷推出互助平台为疫情防控助力，如人民日报新媒体联合京东健康上线的"抗疫互助平台"、澎湃新闻开设的"战疫求助平台"，均是致力于解决各类政策咨询问题和隔离封控后的应急需求。

从"新闻+商务"来看，融媒体秉承"品牌化"与"IP化"的运营理念，以形成独立的文化产业运营者来为自己"造血"。一是重新树立主流媒体的品牌形象，以"直播带货"的方式来打造公益平台，回应当前的社会议题。如2022年1月，温州广电集团举办"温州年货顺丰达、惠农惠民乐

① 杨明品：《【观察】媒体深度融合的基层政策创新》，国家广电智库微信号，2022年4月24日，https：//mp. weixin. qq. com/s/lX6-kMAe-rKyK5kmdJXljg，最后检索日期：2022年12月17日。

② 《探索"新闻+政务服务商务"，佛山通打造数字城市新名片（文中有福利）》，民生直通车微信号，2022年12月15日，https：//mp. weixin. qq. com/s？__biz=MjM5NTIzMDY5Ng==&mid=2650544592&idx=2&sn=316833b87e8ff14c44028bca029abdb8&chksm=bef31f5789849641b60baae799f97591c7bcb6a1c6cd31fd3c7c717f3901d494f6bbae433679&scene=27，最后检索日期：2023年1月15日。

万家"首届温州线上年货节活动，不仅通过在直播间发放优惠券、消费券并推出秒杀活动来开展农产品销售活动，还邀请专家、主持人及业界人士来解读年货民俗文化与年货产品，同时还与温州各对口支援指挥部合作，促进主流媒体在媒体融合中助力乡村振兴、精准扶贫。二是结合本土特色打造自有品牌，提升地方资源价值。2022 年 5 月，国家广播电视总局启动了"新时代·新品牌·新影响"广电媒体融合新品牌征集推选活动，共推出广电媒体融合新闻品牌 22 个、平台品牌 22 个、产品品牌 12 个，如中央广播电视总台的"央视频"与"时政新闻眼"、北京广播电视台的"时间视频"、吉林广播电视台的"第一频道"、黑龙江广播电视台的"极光新闻"等，以品牌来连接用户与市场，拓展多元化运营实践。三是积极培育孵化新闻主播个人 IP，增强融媒体的公共影响力。名记者、评论员、主持人作为传统广电的既有优势，也是 IP 孵化的主要培育对象，2022 年广电融媒主播个人 IP 账号发展呈现"井喷"态势，截至 2022 年 9 月中旬，广电融媒主播个人 IP 账号仅抖音就有 12000 多个。从播放量看，2022 年上半年浙江台、黑龙江台、山东台分别以 33.1 亿、31.2 亿和 20.5 亿跻身播放量 Top3。从互动量看，浙江台孵化培育的"新闻姐""小强说""舒中胜""我是方雨"等"广电名嘴"融媒主播账号已经斩获了近 2 亿的互动量。① 四是升级融媒商业模式，广告经营趋于数字化，这主要体现于媒体 MCN、融媒体工作室等新组织形态开始在广电等主流媒体中涌现。一方面，将广电媒体既有资源以市场方式创收，MCN 盈利模式正成为媒体、产业、市场与平台之间的连接渠道。如芒果台（湖南卫视）的各业务板块逐渐走上独立 MCN 品牌化运营；河北、黑龙江、江西、广东等地广电媒体也纷纷推出 MCN 项目，以全媒体账号为依托，通过电商直播、新媒体培训、人才输出等方式，实现商业模式转型。另一方面，广电媒体通过公司化运营来改革媒体融合机制，不局限于省内，还着眼于全国，能同时兼顾品牌服务泛化与垂直流量变现。如四

---

① 根据收视中国 2022 年 8 月 29 日发布的《2022 年上半年省级台融媒主播短视频传播观察》数据统计。

川广播电视台的"四川观察"就是融合标杆,已于 2022 年 1 月成立公司,推出全链路服务平台,着力于全媒体营销、融媒直播、文化综艺、短视频制作运营、数据分析五个核心业务板块。① 此外,以融媒体工作室突破传统体制机制局限,一方面,地方媒体开始形成工作室矩阵,以跨部门合作为主,如安徽广播电视台正在运转的工作室有 75 家,从业人数超 300 人,融媒体工作室机制采用"松紧"结合的思路,在运营、资金、资源、培育方面适当放权和松绑,而在立项管理严格把关实行闭环机制;广东广播电视台的新媒体工作室矩阵也扩大到 24 个,其中以打造新闻"外脑"为目的建立珠江智库工作室,立足于广东经济社会发展,致力于用好专家资源,做好观点和理论的传播;另一方面,以深化央地媒体融合发展为目标来建立工作室,如2023 年 3 月新华社江苏分社在南京江北新区设立融媒体工作室,形成跨媒体合作,深入挖掘国家级新区探索中国式现代化的创新实践。

总之,媒体深度融合是数字化社会治理的重要抓手,媒体、政府、社会、民众之间不再是线性结构,而是齐心协力共同推动数字中国战略的落地,进而演绎媒体参与的中国式现代化路径。

(五)数字沉浸式文化:媒体深度融合推动体验式文化消费模式蓬勃发展

随着数字化时代的到来,传播生态发生变革,影响着用户的媒介接触心理与行为,用户的消费方式也发生了变化,这在 2022 年更加显著。根据中国互联网络信息中心发布的第 51 次《中国互联网络发展状况统计报告》,截至 2022 年 12 月,中国网民规模达 10.67 亿;即时通信、网络视频、短视频的用户规模分别为 10.38 亿、10.31 亿、10.12 亿,分别占网民整体的 97.2%、96.5%、94.8%②,中国的超大规模网络用户市场优势正

---

① 《2022 年全国广电媒体融合调研报告丨芒种报告》,腾讯网,2023 年 2 月 28 日,https://new.qq.com/rain/a/20230228A056TG00,最后检索日期:2023 年 4 月 6 日。

② 第 51 次《中国互联网络发展状况统计报告》,中国互联网络信息中心,2023 年 3 月 2 日,https://www.cnnic.net.cn/n4/2023/0303/c88-10757.html,最后检索日期:2023 年 5 月 4 日。

助推数字文化新消费模式的形成。《2021 年全球消费者洞察调研中国报告——解析线上线下双结合的新消费模式》显示，61%的中国消费者每日或每周进行在线购物，53%的中国消费者每日或每周访问实体商店，这表明在线消费已经成为主流趋势，而线下消费也仍占据重要位置；其中 31%的中国消费者认为，新奇有趣的体验有助于保持品牌忠诚度，而"能够看到和触摸产品"是消费时最为看中的属性①，因此，体验式消费已经成为主流消费形式。为了确保这种新型消费的健康、有序发展，沉浸式业态发展也逐渐被纳入顶层设计。2022 年 5 月，中共中央办公厅、国务院办公厅印发的《关于推进实施国家文化数字化战略的意见》提出，要发展数字化文化消费新场景，大力发展线上线下一体化、在线在场相结合的数字化文化新体验。②虚实融合成为体验式文化消费模式形成的关键，为此《虚拟现实与行业应用融合发展行动计划（2022～2026 年）》也提出深化虚拟现实与行业有机融合。当前，虚拟与现实融合的数字沉浸式文化开始弥漫于不同的融合场景。

随着数字化时代的到来，"永久在线与永久连接"成为人们的新数字生活常态，这也加速了线上与线下消费场景的融合，改变着消费者的生活方式与生活理念，而传统的线下零售发展势头日渐式微，"新零售"模式开始兴起。"新零售"是以数字技术为商品生产、流通、销售与支付等全消费链条的数据化和智能化赋能，从而连通线上与线下消费渠道与场景，将用户体验与产品建立深度连接，进而提升企业效益和用户消费体验的新型经营模式。"新零售"本质是一种"去边界化"的运营，它打破物理时空的限制，通过零售、技术与媒体的融合来实现资源的优化配置，这也是媒体融合的重要组成部分。尤其是疫情，增加了网络消费时长，促进了用户以线上消费为主的

---

① 《普华永道报告：融合的体验式消费场景成为中国消费新常态》，中国经济周刊百家号，2022 年 9 月 17 日，https://baijiahao.baidu.com/s? id = 1711127800919381764&wfr = spider&for=pc，2022 年 10 月 17 日。

② 《中共中央办公厅 国务院办公厅印发〈关于推进实施国家文化数字化战略的意见〉》，中国政府网，2022 年 5 月 22 日，https://www.gov.cn/xinwen/2022 - 05/22/content_5691759.htm，最后检索日期：2023 年 5 月 2 日。

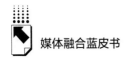
行为习惯的形成。有调查显示，2022 年网上零售份额由 2021 年的 24.5%提升至 27.2%。① 不仅如此，实体零售经济的数字化特征也日渐显著，依托于 5G、大数据、人工智能、虚拟现实等先进技术，形成了 5G 新实体零售模式。伴随数字原住民的年轻一代成为新生代消费力量，智能化技术驱动下的"元宇宙"消费空间也更符合或升级了年轻消费者个性化、沉浸式的体验需求，体现了线上服务、线下体验与社交方式的深度融合。5G 网络为基于传感器的各种智能技术的"嵌入"提供了可能，而这也精准匹配了消费者数据与零售数据，从而形成更为清晰的消费者洞察，也就是实现信息智能触达客户。

社交媒体的蓬勃发展也促使其成为零售业转型的重要抓手，如直播电商、即时零售等热门新零售形式开始兴起。随着直播、短视频等视听行业的发展，直播带货展现出强大的爆发力。根据商务部数据，2023 年上半年，电商平台累计直播销售额 1.27 万亿元，累计直播场次数超 1.1 亿场，直播商品数超 7000 万个，活跃主播数超 270 万人。② 由此观之，直播带货已经成为新零售常态模式，主播通过抖音、快手、淘宝、B 站、小红书等社交平台来对商品进行直播讲解与销售，拉近了消费者与商品之间的距离，能够通过主播的具身演绎对商品形成新的消费体验认知。调查显示，"价格便宜/促销力度大""能直观了解商品""能获得更多福利"是消费者选择直播间购物的三个最主要原因。③ 因此，各地融媒体中心也开始纷纷落地"媒体+商务"的模式。如福建省广播影视集团电视综合频道中心推出《2022 电商主播大赛》并打造"直播电商资源对接会"IP，为网络消费群体提供多元化、

① 《2023 年中国新消费趋势白皮书》，数查报告网，2023 年 5 月 26 日，https://www.scbgao.com/doc/138074/？bd_vid=12609847657420660549，最后检索日期：2023 年 5 月 29 日。
② 《商务部：上半年，重点监测电商平台累计直播销售额 1.27 万亿元》，新京报百家号，2023 年 7 月 20 日，https://baijiahao.baidu.com/s？id=17718999587777662214&wfr=spider&for=pc，最后检索日期：2023 年 8 月 20 日。
③ 《德勤：中国消费品和零售行业纵览 2023》，德勤官网，2023 年 4 月 12 日，https://www2.deloitte.com/cn/zh/pages/consumer-business/articles/consumer-products-and-retail-industry-overview-2023.html，最后检索日期：2023 年 5 月 10 日。

具有地域特色的产品；安吉融媒体推出"安吉优品汇"区域公共品牌自主平台，销售当地优质产品。此外，即时零售也是媒体融合生态下的一种新零售形式，缩短了用户与商家之间的时空距离，将仓储前置，随时实现"万物皆可到家"。根据相关数据，即时履约配送用户规模由 2019 年的 4.21 亿人增长至 2022 年的 7.52 亿人。预计 2023 年即时零售订单量增至 489 亿单，用户规模增至 8.58 亿人[①]，这表明，技术在改变消费环境的同时，也在形塑用户即时体验与消费习惯。而媒体深度融合正是将人们与当地资源汇聚到这个消费场景，减少中间环节，更精确地匹配人与物，满足用户在碎片化时代的即时获得感需求。

　　数字藏品是体验式文化消费的又一个重要体现，也是进入元宇宙世界的入口。与传统藏品不同，数字藏品是指通过区块链等数字化技术将实物文物、艺术品、虚拟物品、历史文化遗产等物品转化为数字形式，并利用数字技术和互联网平台进行保存、展示、传播和交流的文化遗产。数字藏品也是 NFT（非同质化代币）的一种应用形式，但我国的数字藏品又不完全一样，因为不具备 NFT 的资金属性及社交属性。2021 年，数字藏品开始进入大众视野，2022 年 2 月以来单月的发行数量突破百万级别，其中 5 月发行数量最高达到 496.9 万件。[②] 国内媒体纷纷入局数字藏品市场，据统计，截至 2022 年 7 月上旬，国内数字藏品平台数量已超过 700 家[③]，主要包括有自身优势的互联网大厂、挖掘专业化特色的公司及主流媒体三类。[④] 截至目前，

----

① 《即时零售打响零售新革命 即时零售企业如何把握机遇？》，中商情报网百家号，2023 年 7 月 14 日，https://baijiahao.baidu.com/s? id = 1771347790498251930&wfr = spider&for = pc，最后检索日期：2023 年 8 月 8 日。

② 《中国数字藏品行业研究报告》，艾瑞咨询，2022 年 9 月 21 日，https://pdf.dfcfw.com/pdf/H3_ AP202209211578572606_ 1.pdf? 1663793774000.pdf，最后检索日期：2023 年 3 月 4 日。

③ 《数字藏品：传承优秀传统文化的新载体》，人民融媒体百家号，2022 年 10 月 26 日，https://baijiahao.baidu.com/s? id=1747708105064668983&wfr=spider&for=pc，最后检索日期：2023 年 1 月 26 日。

④ 《〈中国数字藏品主流平台创新研究报告〉显示：拓展新空间 焕发新活力》，上游新闻客户端，2023 年 2 月 7 日，https://www.cqcb.com/topics/shangyoushucang/2023 - 02 - 07/5164330.html，最后检索日期：2023 年 3 月 7 日。

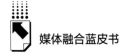
国内已有12家互联网企业布局数字藏品平台，包括阿里、腾讯、网易、蚂蚁集团、京东、百度、小红书、B站等①；自2021年以来，新华网、人民网、中国青年网、光明日报、央视网、"四川观察"等主流媒体陆续布局数字藏品平台或专区。数字藏品平台的涌现为中国文化的创新表达与传播助力，也在改变传统的文化内容消费形态。一是以"数字藏品+"的形式拓展，打破了消费者的传统藏品认知。传统藏品类型以艺术品、文物、非遗等为主，而数字藏品则是一种媒介，其将各类文化资源重新汇聚，除了传统实体藏品的数字化，还拓展了新闻作品数藏、公益活动数藏、二次元等经典IP发行数藏类型，从而实现了"一切皆可数藏"的新形态。二是以沉浸式表达方式来改变用户的消费体验。数字藏品主要以图片、音乐、视频、3D动画等多元化数字形式来创新文化叙事，为物质藏品"嵌入"元宇宙提供了可能，根据艾媒调查，用户最感兴趣的藏品展现形式包括AR/VR实景展示、游戏/虚拟道具、3D模型等形式②，这也满足了用户深度沉浸的感官体验。三是数字藏品内容的创新性成为吸引消费者注意力至关重要的因素。虽然消费者对交易平台的合规性与安全性仍有担忧，但是追求"新概念"已经成为消费者主要购买动机③，主流媒体在这方面的探索为用户提供了概念和安全性的"双保障"。一方面，深度挖掘媒体内容资源并将其转化为数字藏品，围绕新闻事件、新闻报道（包括重大活动）、新闻历史创作新闻数字藏品，自2021年12月新华社发行中国首套新闻数字藏品以来，《解放日报》、《财经》杂志、《南方都市报》等媒体纷纷发行新闻数字藏品；另一方面，打造内容IP原创型数字藏品，围绕时代主题、重要节点等议题开发原创IP，进而创作数字藏品，比如，中央广播电视总台原创3D数字藏品"虎娃"、湖北广播电视台原创数字藏品"汉娃"等。

---

① 《数字藏品火出圈，12家互联网"大厂"已布局，不能转卖还值得买吗?》，界面新闻，2022年3月28日，https：//m. jiemian. com/article/7265297. html，最后检索日期：2023年3月16日。
② 《中国数字藏品行业研究报告》，艾瑞咨询，2022年9月21日，https：//pdf. dfcfw. com/pdf/H3_ AP202209211578572606_ 1. pdf? 1663793774000. pdf，最后检索日期：2023年6月5日。
③ 同上。

综上所述，无论是新零售，抑或数字藏品，都在强调一个事实，数字沉浸已经成为一种新的生存方式。

二 新突破：中国媒体深度融合的智能传播生态洞察

在把握媒体深度融合整体态势的基础上，主流媒体在纵深融合发展中的传播实践也需要重点关注。数字化与智能化技术的广泛应用与发展，使媒介形态、内容生产、传播渠道、传播形式、传播区域也有新突破，这也在不断重塑中国媒体深度融合的智能传播生态。

（一）主题报道和重大报道紧扣时代脉搏，创新创优主流价值引领

2022 年，新冠疫情在持续与反复，全球地缘政局突变，如俄乌军事冲突爆发，世界经济恢复仍需时日。面对复杂多变的外部环境，中国始终坚持具有中国特色的战略方针，坚定、有序组织并策划完成一系列重大活动，如北京冬奥会和冬残奥会成功举行，中国共产党第二十次全国代表大会（以下简称党的二十大）胜利召开，中国的航天员在太空留下更多足迹，科学精准优化完善新冠疫情防控机制，这都重塑了中国的国家形象。当然，主题事件与重大事件离不开主流媒体的宣传与报道，因此 2022 年也是重大主题宣传报道密集的一年，这是广电媒体权威性的体现，也是对融媒体成效的检验。当前，相关主题报道与重大报道主要在主流价值引领与文化传承方面持续创新。

一是精心策划重大时政议题，全时空呈现，第一时间把握主流价值导向。中央主流媒体的表现尤为突出。2022 年，中央广播电视总台的"头条工程"创新升级，特别是北京冬奥会、党的二十大、神州十三号返回的相关报道刷新了多项传播纪录，如党的二十大报道的跨媒体总触达率为252.01 亿人次，首次实现覆盖全球 233 个国家或地区[①]；新华社则第一时间

---

① 《数据提升、效果显著，2022 年总台融媒体传播成绩单很亮眼！》，央视网，2023 年 1 月 13 日，http://1118.cctv.com/2023/01/13/ARTIE1Obte9444b19je4FGRG230113.shtml，最后检索日期：2023 年 1 月 13 日。

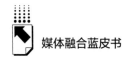

滚动播报微博快讯与报告摘编并以轻量化新媒体解读产品《一图速览二十大报告》等，同时还将伟大庄严场景制作成《中国共产党第二十次全国代表大会开幕长卷》，实现全景呈现。与此同时，地方媒体则发挥其基层特色，将中央精神落地到地方实践，与中央媒体的宏大议题形成差异化，如山东广播电视台按照"满屏是精品，处处见氛围"的总要求，全媒体协同报道，集中编排《非凡十年》《"奋进新时代"主题成就展》《这就是山东｜这十年·这十秒》《二十大代表风采录》等系列主题报道，截至 2022 年 10 月 14 日，齐鲁网·闪电新闻累计发布各类原创报道 1000 余条，其中直播 9 场、专题 12 个、短视频 480 多条，相关稿件全网总点击量 12.6 亿+。[①]

二是重大时政报道创新话语方式，思想深度与轻松表达并存，以深入浅出的表达方式增强网络感，进而转向年轻人青睐的社交语态。以党的二十大和冬奥会为例。各媒体采用 vlog、漫画、图文、日记等年轻人所热爱的沉浸式传播语态呈现，如光明网联合小红书开设《冬奥有我——冰雪志愿者日记》新媒体专栏，以冬奥会志愿者的第一视角来分享志愿者生活日常。各媒体还借助于数字技术来增强观众的亲近感与参与感，以年轻化表达来阐释时政主题，如在党的二十大期间，中国青年报社就推出《青年茶座｜为什么越来越多年轻人入党》，通过数字化技术实现基层党代表与大学生的互动沟通，进而增强时政话题的年轻化阐释；又如人民日报社发布《你问我答·二十大｜为什么党的二十大如此重要？》，通过记者讲述+MG 动画的方式，增强了报道的代入感，从而赢得观众的共情，系列视频全网播放量超 1.5 亿次。

三是通过以小见大的视角，以轻量化方式传播宏大主题内容。传播的"轻量化"强调内容体量的凝缩、传播渠道的简化、内容质量的优化，提升信息触达率与传播效果，而短视频已经成为轻量化表达的重要方式。一是呈现方式的轻量化，以 vlog 这种轻松的视频语言来呈现重大议题，如"小彭两会 vlog"自 2018 年在中国日报各新媒体平台推出后，一直延续至今，视

① 《用初心铸精品 山东广电二十大融合报道澎湃"破圈"声势》，中广互联，2022 年 10 月 28 日，https://www.sarft.net/a/212794.aspx，最后检索日期：2023 年 2 月 28 日。

频博主以丰富的生活视角来呈现两会重大主题，也利用"社交达人"属性来吸引用户关注，同时通过大量跳剪与快速切换来增加趣味性。二是制作的轻量化，如闪电新闻将山东广播电视台融媒体资讯中心推出的大型系列新闻纪录片《壮阔十年》进行二次剪辑创作，分解为《外出打工一个月，不抵回村干一天！耿店村的 110 多名年轻人全都回家了》《"杨妈妈，我会想你的！"她和 1000 多个孩子的故事让人泪奔》等多个轻量化视频内容进行传播，二次创作内容多次斩获微博热搜。

（二）AIGC 为人机融合赋能，以人机互动创新内容生产与传播

中国"十四五"规划明确提出大力发展人工智能产业，以打造人工智能产业集群与深入赋能传统行业为重点[1]，传媒领域也是人工智能场景创新的重点方向，2023 年人工智能逐渐从实验室走向产业化，商业与人工智能技术的深度融合形成互为支点的发展格局。特别是 2021 年以来，数实融合载体"元宇宙"的爆发式发展超出想象，而其持续性、实时性、可创造性等特征也对数字内容的广度与深度提出了更高的要求，与此同时，在新冠疫情延宕反复的情境下，数字内容需求呈现"井喷"态势，数字内容供给差距亟待弥合，而 AIGC 对物理世界的加速复刻、对智能数字内容的编辑与创作，实现了数字内容的自发有机生长。2022 年堪称"AIGC 元年"，生成式人工智能迎来现象级应用，为传媒领域数字化内容的生产与创造全面赋能，写稿机器人、采访助手、视频字幕生成、语音播报、视频剪辑、人工智能合成主播等相关应用不断涌现，并渗透到采集、编辑、传播等全链条。智能化技术的不断升级与扩散，深刻地改变了媒体的内容生产模式，人机互动的特征显著，成为推动媒体融合发展的重要力量，这也为媒体融合的纵深发展提供了新可能，即人机融合。2022 年 11 月 30 日，Open AI 大型语言生成模型 ChatGPT 出现，它能够理解人类语言并根据上下文进行对话，更是将人机互

---

① 《三维坐标推动人工智能迈向发展新阶段》，人民资讯百家号，2022 年 4 月 15 日，https：//baijiahao.baidu.com/s？id=1730134710323665814&wfr=spider&for=pc，最后检索日期：2023 年 1 月 15 日。

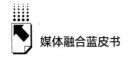

动推向新高度。

AIGC 目前在媒体融合中的应用虽然还处于初级阶段，但是从中央到地方，一些媒体已经开始布局，在视听媒体行业中已经初具雏形，在内容采编、内容审核、内容播出等多个场景中拓展，旨在提高内容生产效率与质量，促进媒体融合发展趋于智慧化、个性化、创新化。目前，一些中央级媒体开始围绕人工智能生成内容搭建平台并制订行业标准，为 AIGC 技术在传媒领域的规范化与规模化应用创造良好的生态环境。一方面，打造自有的 AIGC 产品矩阵，建设智慧融媒生态共同体，如中央广播电视总台已经搭建了 AIGC 平台，并形成了三大"服务内核"：一是打造独具总台"智造"特色的智能创新应用产品；二是推出智能创作、智能采集、智能生产、智能审核、智能运营、智能分发、智能监测等智慧全媒体融合传播链条的产品，从而为融媒体、视听产业与政企数字化转型等服务赋能；三是建立"媒体+AI"开放服务平台，打造符合全媒体发展的智能化、视频化、移动化的轻应用工具，建设"媒体+AI"生态共同体。另一方面，形成内容自动化领域的行业标准。2022 年，新华社媒体融合技术与生产系统国家重点实验室牵头，联合新华通讯社通信技术局、新华网融媒体未来研究院、浙江大学、清华大学等十几家单位和高校共同起草完成全球内容自动化生产领域的首个标准——《机器生产内容（MGC）自动化分级》，覆盖采集、加工、审核三大内容生产环节。① 此外，2023 年 4 月，广西云数字媒体集团和新华智云被联合授予中国新闻技术工作者联合会 AIGC 应用研究中心（广西实验室）②，这也标志着国内首个全国性媒体类 AIGC 研究机构的诞生。

AIGC 技术在传媒领域全面应用与布局，也伴随着内容生产之道的创新，也就是人机交互内容生产，这也凸显了新闻生产的"具身性"。

---

① 《〈机器生产内容自动化分级〉团体标准 正式发布实施》，中国新闻技术工作者联合会，2022 年 12 月 1 日，http：//www.capt.cn/xhdt/2459.html，最后检索日期：2023 年 1 月 1 日。
② 《首个全国性媒体 AIGC 研究机构在南宁成立》，中国日报网，2023 年 4 月 15 日，https：//baijiahao.baidu.com/s？id=1763245180916892794&wfr=spider&for=pc，最后检索日期：2023 年 5 月 6 日。

一是以智能媒介为载体的自动化文本生产，具有实时性、动态性等特征，通过追踪热点信息并将有价值的素材自动编辑为可读的内容，这提升了新闻采制流程效率，也改变了新闻生产分工结构（因为机器需要学习海量数据），打破了传统的以编辑室为中心的分工模式，在自动化技术驱动下，采集、制作、审核、分发等分工之间边界模糊，多元化主体、时空同步都成为人工智能生成内容的新型要素，特别是在大型活动报道中，人、技术、场景的融合与交互，也为内容生产"投喂"海量数据，而智能机器人将数据纳入数据库的同时也将其结构化，从而自动生成新闻报道的机器叙事风格，而这种基于人机交互实践的智能化生产方式，无疑提高了新闻生产效率，节省了人力成本。如 2022 年冬奥会期间，科大讯飞的智能录音笔通过跨语种的语音撰写助力记者 2 分钟快速出稿；央视频通过使用 AI 智能内容生产剪辑系统，高效生产与发布冬奥冰雪项目的视频集锦内容，为深度挖掘体育媒体版权内容价值创造了更多的可能性。

二是虚拟数字人的崛起，加速了媒介的生成式转型。虚拟数字人在虚拟技术、大数据、人工智能等技术的驱动下，其形态、功能、应用范围不断演化，特别是 AIGC 为虚拟数字人领域拓展了想象空间。2022 年，围绕元宇宙已经形成了"中央–部委/省–市"的立体政策网络，为虚拟数字人产业发展提供保障，而随着技术与政策的落地，虚拟数字人的应用场景也在不断扩大，形成了"虚拟数字人+"模式。虚拟主播是虚拟数字人的重要形态之一，也是人机融合的一种体现，根据《中国虚拟数字人影响力指数报告》，虚拟主播的运营机构主力仍为媒体机构[①]，这是人工智能在传媒业发展的必然选择。2022 年，虚拟主播进入平台发展年。一是开始常态化布局虚拟主播节目，《AI 主播说两会》《小封写诗》《AI 报两会》《小清话辟谣》《对话代表委员》等一批以虚拟主播为"主角"的新闻报道节目在两会期间纷纷上线。二是形成虚拟主播矩阵，虚拟数字人角色细化且超真实化，从 2021

---

① 《2022 年度〈中国虚拟数字人影响力指数报告〉》，中国传媒大学人民号，2023 年 2 月 26 日，https://mp.pdnews.cn/Pc/ArtInfoApi/article? id=34152748，最后检索日期：2023 年 3 月 2 日。

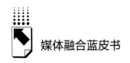

年的原生 IP 探索转向 2022 年知名主持人分身的深度应用，"AI 王冠""小C""时间小妮""小漾"等虚拟记者、主持人开始上岗，这也为虚拟主播在媒体融合中的规模化应用奠定了基础，其中"AI 王冠"成为 2022 年虚拟主播领域的重要探索，是严肃型虚拟主播的 IP 打造模式，实现了超写实数字人的智能播报。三是虚拟主播突破时空限制，提升重大活动的新闻播报效率，而且也更注重社会价值传播，AI 手语主播为听障人士提供了跨越听觉的认知体验与娱乐需求，如 2022 年 2 月 4 日由"百度智能云曦灵"数字人平台联合央视新闻打造的首个 AI 手语主播在冬奥会正式上岗，这也是技术凸显人文价值的一次尝试。

然而，目前 AIGC 的发展还处于初级阶段，技术和人才始终是核心制约力，虽然已经开始布局，但是媒体融合的智能化空间仍然很大。一是仍集中于头部媒体，而对市县级媒体的布局与应用仍存在很大空白，还需要进一步将 AIGC 技术"下沉"。二是行业监管及治理法规亟待深化，伴随着 AIGC 的行业化与规模化，服务标准、可信数字身份治理体系、数据安全体系等方面的建设也迫在眉睫，相应的监管与治理法规也亟待完善与深化。三是 AIGC 技术规模化应用的同时，内容批量生产会产生同质化现象，这也需要不断提升媒体工作者的创造力。

（三）从"永久在线"转向"永久在场"，智能媒体融合的视听传播场景化成为新常态

移动终端的普及加速了媒体融合的进程，也加快了大众的生活节奏，改变了用户的媒介行为习惯，传统的视听媒体也应该顺应发展趋势并积极转型，而视频与音频是视听媒体的基因，也为视听媒体融合新业态赋能。《中国网络视听发展研究报告（2023）》显示，截至 2022 年 12 月，我国网络视听用户规模达 10.40 亿，超过即时通信（10.38 亿），成为第一大互联网应用。①

---

① 《报告：我国短视频市场规模达到 2928.3 亿》，央广网，2023 年 4 月 1 日，http://m.cnr.cn/tech/20230401/t20230401_ 526202777.html，最后检索日期：2023 年 4 月 1 日。

短视频是视频的新媒介形态和新内容呈现形式，经过了近 10 年的发展，已经从初期的零星尝试转向成熟期的"短视频+"。短视频已经成为用户触网的主要媒介。2023 年中国互联网络信息中心（CNNIC）发布的第 51 次《中国互联网络发展状况统计报告》显示，截至 2022 年 12 月，短视频用户规模达 10.12 亿，较 2021 年 12 月增长 7770 万，占网民整体的 94.8%[①]，预计 2023 年我国短视频用户规模将进一步扩大，用户使用率也将进一步提高，这也表明用户"永久在线"已经成为常态，在这种媒介环境下，短视频将逐步渗透至网民的生活全场景并涉猎各垂类领域。与此同时，网络音频也趋于商业化发展，易观分析发布的《2022 年中国音频行业产品洞察报告》指出，国内在线音频市场规模呈现持续增长态势，自 2021 年 3 月以来，国内在线音频市场月活跃人数稳定在 3 亿人次，其中 8 月达到高峰，月活跃人数达到 3.29 亿人次。[②] 这也表明，在视听传播领域，人类的听觉与视觉被全面激活，音视频已经不仅是一种内容承载方式，更是一种媒介社会化方式，它在深刻改变人们的行为习惯，因此转向"永久在场"也成为一种必然，视听传播的媒体融合也趋于场景化。根据罗伯特·斯考伯的"场景"（Context）理论，场景实际上是指媒介与用户的关系结构空间，侧重于新技术所形塑的行为背景与心理环境，即侧重于媒介内容，尤其是在 5G、AI、VR 等智能化技术加持下，新视听平台已经突破了用户与互联网的双向互动维度，凸显出媒介与在地环境融合所提供定制化场景下的适配信息和服务。

一是视听媒介的陪伴性特征凸显，以时空场景融合促进视听内容与用户日常生活形成强联结。网络视频已经覆盖了人们工作与生活的全时段场景，将吃饭、休息、工作、娱乐等多元场景聚合，而主流媒体也将内容精准匹配到不同时段，大众与内容形成强连接，不仅可以观看场景，更是可以参与各

---

① 《CNNIC 发布第 51 次〈中国互联网络发展状况统计报告〉》，中国互联网络信息中心，2023 年 3 月 2 日，https：//cnnic.cn/n4/2023/0302/c199-10755.html，最后检索日期：2023 年 8 月 2 日。

② 《云听分享-2022 年音频市场洞察报告》，搜狐网，2022 年 3 月 30 日，https：//www.sohu.com/a/533901300_100100555，最后检索日期：2023 年 4 月 3 日。

种场景，特别是"短视频"与"直播"的内容形式，全面覆盖了用户的各种场景，全时空吸引用户注意力，这也最大限度地满足了用户随时随地"进入"内容场景的需求，虚拟场景与现实场景相互嵌构，从而增强了视听媒介的伴随性。有调查显示，刷短视频已经成为人的日常行为方式，短视频与社交、娱乐、学习、购物等更加多元、细分的场景相连接，不再是碎片化用户注意力，而是通过全时空场景的布局来重新整合用户注意力，形成"强关注"，其中 2021 年选择在"平常休闲时"观看短视频的用户仍居首位，休息场景与电视观看场景的短视频用户比例明显上升。[①] 另外，音频本身就具有"伴随性"特征，以声音为介质覆盖了人们日常生活的全部场景，有调查表明，八成用户在通勤场景中有收听音频的习惯，其他场景依次为居家场景、夜间场景、工作学习场景、运动场景和亲子场景；同时，半数以上用户可以通过音频收获陪伴并认可互动形式内容给用户带来的陪伴价值。

二是视听媒体平台呈现交错性，以媒介场景融合与互动构建人、媒介、社会的多维融合生态。随着智能化技术的介入，视听媒介的广泛布局与全时空覆盖也加速了媒介的泛在化，实现了媒介场景融合，实则为人、媒介、社会的融合，体现了新型视听媒体的交错性特征，这也是一个"求同存异"的过程，在跨领域、跨平台、跨媒介等多维融合的生态中以多元化方式寻找社会资源、媒体资源的连接点与契合点，从而实现传播的精准化与差异化。其一是以人为中心，用户"具身"呈现内容，通常采用用户思维，更关注用户对内容的感知体验，因为具有参与性、沉浸性等特征的信息产品影响力也更大，而视听媒体天然具有人类视听知觉的基因。一方面是短视频内容从揭露真相转向满足体验需求，而当前视听媒体在融入短视频时其内容主要围绕用户生活，能激活用户的感知功能，比如通过垂直视频、声画融合及体感交互来增强体验；另一方面更是在情感表达与连接方面表现突出，主流媒体也开始从温情故事入手，以细节来获得大量关注，引发用户共情，如南昌县

---

① 《中国短视频用户研究报告：多场景渗透，用户群像更多元》，搜狐网，2022 年 9 月 20 日，https://www.sohu.com/a/586567180_121123785，最后检索日期：2023 年 7 月 20 日。

融媒体中心的新闻报道《脑瘫外卖小哥的小年夜》就是用视觉叙事来记录脑瘫外卖小哥阿龙送外卖的艰辛过程，既充满温情又令人感动，该作品在抖音平台播放量达 1900 多万，点赞量达 87.5 万。其二，交错性也是一种融合，体现为"短视频+"的传播矩阵，即跨领域、跨专业、跨平台的融合。2021 年以来，"短视频+"理念逐渐落地，特别是在疫情期间，在"零接触"的社交原则下，"短视频+"为"大融合"理念的落地提供了平台与抓手，在实践中更强调短视频借助于全媒体平台与各行业联通，从而为人民的日常生活赋能，因此"短视频+直播""短视频+电商""短视频+政务""短视频+社交""短视频+知识"等形式出现，这也同时双向拓展了传统视听媒体与短视频的功能属性，即从信息功能、娱乐功能转向工具化、知识化与社会化功能，客观上助力多领域的数字化转型与变革。

（四）深度嵌入：应急广播体系布局广泛、成效显著并助力公共服务发展

一直以来，应急广播都是意识形态传播的主要阵地之一，通过打通信息发布"最后一公里"，实现精准社会动员，这也是国家治理现代化的重要路径。同时，应急广播体系也是媒体深度融合发展的重要组成部分，2020 年《关于加快推进广播电视媒体深度融合发展的意见》就强调"完善应急广播体系，全面推进'智慧广电+公共服务'，提升惠民工程实效"，以持续提高公共服务水平。2022 年 5 月，《全国应急广播体系建设"十四五"发展规划》正式印发实施，对应急广播体系建设进行了总体部署①：到 2035 年要建立与基本实现现代化相适应的中国特色大国应急体系，全面实现依法应急、科学应急、智慧应急，形成共建共治共享的应急管理新格局。在顶层设计的指导下，2022 年全国广电系统逐渐深化应急广播体系建设，应急广播国家级平台已经投入试运行，并与已建设的省级平台完成对接，市县平台已

---

① 《国务院关于印发"十四五"国家应急体系规划的通知》，中国政府网，2022 年 2 月 14 日，http：//www.gov.cn/zhengce/content/2022-02/14/content_ 5673424. htm，最后检索日期：2023 年 5 月 8 日。

经超过 1300 个。①

一是应急广播体系真正"下沉"到地方，从点到面辐射式发展，在政策与实践方面都已经开始广泛布局。自 2021 年以来，国家广播电视总局在山东、安徽、四川、江苏、河北、福建、云南、蒙古、安徽、贵州等地开展应急广播建设试点，在政策宣传、应急管理和社会治理方面已颇具成效，如山东、四川、贵州等地将应急广播写入全省"十四五"规划，广西等地则出台促进应急广播体系高质量发展专项政策，云南、湖南等地成立应急广播体系建设联席会议，山东专门成立了省应急广播指挥调度中心，安徽还将应急广播纳入广播电视行业职业技能竞赛，以促进应急广播专业人才的培养。数据显示，截至 2022 年 9 月，2021 年下达任务的 14 个省（区）134 个县（市、区）的建设项目已基本完成建设任务，2022 年下达任务的 21 省（区、市）134 个县（市、区）的建设项目进展情况超过上年同期水平。②

二是应急广播体系强化了媒体融合在推动社会治理上的积极效应，已在预警信息发布、防灾减灾、疫情防控、政策宣讲等多个场景发挥一定作用。其一，实现线上线下同步，及时发布信息，将应急信息传播到田间地头，以争取更多时间来避免损失。如 2021 年四川泸县 6.0 级地震发生后，应急广播实现了"秒响应"；2022 年 3 月，山东省泰安市疫情突然暴发，七里社区在接到全员核酸检测通知后，应急广播及时播报核酸检测消息，当天社区居民核酸检测率高达 98.3%。其二，以多元化、亲民化的话语表达方式来实现有效信息传播。如安徽在疫情防控工作中，通过应急广播精准向农村地区播报疫情防控形势、政策和防护知识，以"三句半""村支书广播喊话""大鼓书""情景对话说防疫"等老百姓喜闻乐见的创新方式进行宣传，从而达到入脑、入心的宣传效果。其三，借助智能化技术，全面打造智慧应急广播体系，

① 《【观察】推动应急广播体系上下贯通、综合覆盖成效显著》，江苏省广播电视局，2023 年 4 月 7 日，http://jsgd.jiangsu.gov.cn/art/2023/4/7/art_69985_10855848.html，最后检索日期：2023 年 4 月 7 日。
② 《【观察】推动应急广播体系上下贯通、综合覆盖成效显著》，江苏省广播电视局，2023 年 4 月 7 日，http://jsgd.jiangsu.gov.cn/art/2023/4/7/art_69985_10855848.html，最后检索日期：2023 年 4 月 7 日。

实现实时监测与智能反应。如安徽省铜陵市在宣传教育活动中嵌入智能传播系统，以"防溺水保安全"宣传教育活动为例，除滚动播出相关警示用语外，还在重点水域安装摄像头、监控探头，一旦发现人员进入，系统自动报警，"大喇叭"立即喊话警示，发挥智慧应急作用；湖北蕲春县则推出了《蕲春新闻》《空中党校》等一批"村村响"广播节目，以助力脱贫攻坚与乡村文明建设；湖南省则实现了从"村村响"到"天天响"的传播效果，截至2022年12月，已有53个县市（区）的"村村响"大喇叭统一连接5G智慧电台系统，每天播音3次，顺利打通信息传播的"最后一公里"。

三是创新应急信息资源共享协作机制，促进跨平台、跨部门、跨地域连接，形成精准融合的应急广播体系。一方面，实现全媒体终端布局，推动融媒体平台与应急广播平台资源融合。以福建南平应急广播为例，采用"融媒体应急广播+融媒体App"模式，将应急广播点汇聚到各区县级融媒体平台，成为应急广播平台与用户的连接"中枢"，既可以通过融媒体App统一指挥，又可以将融媒体用户引流到应急广播平台，用户在接收广播信息的同时也可以收看监控视频，实现信息传播入户并传到田间地头。另一方面，实现空间立体化传播，汇聚社会力量，实现跨领域协作与信息共享。如苏州应急广播建设新增公共场所室内多媒体屏140余块，接入社区LED大屏100块，小区文明服务栏500余块，公共单位内部广播系统200家[1]；云南西盟县则遵循应急广播、融媒体中心建设与"智慧城市"建设相结合的原则，将县应急办、气象局、水务局、交通局、文化和旅游局、卫生局等重点领域部门业务工作以数字化的方式实现互联互通、资源共享[2]，这也为媒体融合纳入边疆社会治理提供了参考。总之，应急广播体系的广泛布局已初现成效，这也为融媒体深度参与社会治理赋能。

---

① 《【应急广播案例】苏州打造城市应急广播新模式》，江苏省广播电视局，2022年3月17日，http://jsgd.jiangsu.gov.cn/art/2022/3/17/art_69985_10382258.html，最后检索日期：2023年4月28日。

② 《云南西盟："小喇叭"构建边境应急广播新路子》，搜狐网，2022年8月30日，https://www.sohu.com/a/581054956_120578424，最后检索日期：2023年7月20日。

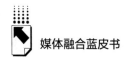
（五）探索并促进基层传播深度媒介化与智能化，以建设性舆论监督推动基层治理现代化

习近平总书记在党的二十大报告中指出："完善社会治理体系，健全共建共治共享的社会治理制度，提升社会治理效能，畅通和规范群众诉求表达、利益协调、权益保障通道，建设人人有责、人人尽责、人人享有的社会治理共同体。"① 而基层传播是媒体参与基层社会治理的重要中国经验，因此也是一种中国式的发展传播学实践。② 自2020年新冠疫情突发以来，基层传播不再是简单的信息扩散，而是更多强调媒介在基层治理中的社会功能，而基层作为在防疫战略中的"前线"，其在舆论中的有效引导则对整个疫情防控发挥至关重要的作用。基层传播是党和各级政府及媒介的多元协同治理，强调群众参与社会建设。在政治、经济、技术与文化的多元要素驱动下，基层传播的深度媒介化为国家、社会、个人之间的互动融合提供了契机。

一是基层信息传播格局已经基本形成，基层政务服务信息平台与融媒体中心从"各自发展"转向"融合发展"，汇聚多元主体共同参与社会发展。社会的媒介化打破了传统的社会结构，重塑信息生产与传播，改变了基层治理的逻辑与方式，社会治理的网格化与信息化将无形的社会网变为有形的数字网，为协同治理提供了有力抓手。当前，主要围绕政务和融媒体两条脉络来展开媒介化实践。一方面是政务新媒体将媒介属性嵌入政务资源，充分发挥政务信息在整个服务中的作用。2022年，全国一体化政务服务平台基本建成，打造覆盖全国的一体化政务服务"一张网"③，形成了"非接触式"

---

① 《习近平：高举中国特色社会主义伟大旗帜 为全面建设社会主义现代化国家而团结奋斗——在中国共产党第二十次全国代表大会上的报告》，中国政府网，2022年10月25日，https：//www.gov.cn/xinwen/2022-10/25/content_5721685.htm，最后检索日期：2023年5月25日。

② 张慧瑜：《以写作为媒介：基层传播与群众写作运动——以晋冀鲁豫根据地李文波营长写作为例》，《新闻春秋》2022年第3期，第19~20页。

③ 《国务院关于数字经济发展情况的报告》，中国人大网，2022年11月14日，http：//www.npc.gov.cn/npc/c30834/202211/dd847f6232c94c73a8b59526d61b4728.shtml，最后检索日期：2022年11月14日。

政务模式，这在疫情期间更是发挥了重要作用，能够有效、精准解决群众急难愁盼的各种问题，而且逐渐得到群众的广泛认可。截至 2022 年 12 月，我国在线政务服务用户规模达 9.26 亿，占网民整体的近九成。与此同时，政务网站、政务新媒体都在 31 个省、市、县已经全面布局，形成了政务传播矩阵，尤其是微博与微信等政务新媒体，全面覆盖办事场景且更贴近群众生活，如浙江"浙里办"、北京"京通丨健康宝"、上海"随申办"相继上线并转型，为政府和公众搭建了对话平台。另一方面是融媒体中心，尤其是市县级基层融媒体中心，已经在全国广泛布局，从"建成"转向"建强"，形成基层信息传播平台矩阵，其核心功能为舆论监督与舆论引导，以智能化技术为驱动力，通过提供基层信息内容来服务群众，这也是媒体参与基层社会治理的重要抓手。目前，基层智慧融媒体与政务平台正趋于融合，省、市、县不同层级的融媒体中心全面接入当地政府数据资源，实现数据资源的贯通与融合，可以拓展"媒体+政务商务服务"的深度和广度，它不局限于媒体层面传播渠道的融合，更是将各行各业融入基层信息传播平台，这有助于推动政务服务"下沉"到基层，并与群众建立强连接关系，进而优化和改进基层社会治理的效果。如 2022 年湖州市新闻传媒中心在南太湖号客户端自主开发推出了"看见"全媒体监督应用平台，这一平台通过新闻栏目与"互联网+"有效结合，较好地融合了公众、媒体与政府对应的圈层和数据。当然，融合发展的过程中还存在很多问题，比如，如何实现宣传与政务两套机制的对接与融合？如何转变新闻工作者与政府工作人员的传统思维？如何精准挖掘用户需求，增强用户对基层信息传播平台的黏性，更充分彰显当地资源特色？这些问题亟待解决。

二是从信息发布平台向枢纽型媒体转型，将服务汇聚于云端，以服务来引导群众舆论。习近平总书记提出，媒体应"善于运用媒体宣讲政策主张、了解社情民意、发现矛盾问题、引导社会情绪、动员人民群众、推动实际工作"[①]。2021 年以来，在"以人为本"的协作治理导向下，基层融媒体加强

---

① 《关于新闻舆论工作，总书记这样说》，光明网，2021 年 12 月 16 日，https：//m. gmw. cn/baijia/2021-12/16/35386118. html，最后检索日期：2023 年 4 月 16 日。

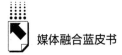

以服务实践来引导舆论。其一，信息源自公众，通过多元化渠道凝聚群众共识，利用大数据分析工具精准定位用户的需求点，这在疫情期间表现更为突出。如北京日报推出《防疫宝典》便民抗疫工具箱，以"小程序+推送集纳"的方式嵌入用户手机，触达更广泛圈层，在疫情期间收集3.8万余条市民反馈，在升级服务的同时，针对进出京政策、健康宝升级、核酸检测点位及服务时间等方面推出多篇报道，推动相关工作优化与完善；河北内丘县融媒体中心在网上搭建"党心连民心"平台，招募选拔380名"百姓代言人"，用百姓话说百姓事，织密抗击疫情网。其二，从多个维度将民声融入问政过程，关注群众福祉相关议题。因为民众知识水平参差不齐，为最大限度地融入民声，一些媒体开通多元化的呈现方式，如贵州日报报刊社自主研发的"天眼问政"平台，就是在平台设置文字、图片、视频等多元内容渠道以更为精准地汇聚群众诉求，同时为方便网络不熟练的用户，还设置了"96811民生服务平台"，用户拨打0851-96811即可描述诉求内容，查看或收听所提交的问题。针对海量线索，关注并聚焦诸多社会热点问题，如河南广播电视台推出新型政民互动平台"大象帮"，专门搭建社会重大突发事件、重要民生节点的互助通道，特别是2022年10月以来，围绕疫情开通了一系列互助通道，直面疫情期间群众最关心、最直接、最现实的利益问题。① 其三，凝聚原子化社区，深化本地化服务场景，发挥媒介枢纽作用，突出媒体的服务功能，即通过一个平台聚合所有干群、社会关系及公共服务，以综合信息服务需求来连接受众，媒体通过综合平台建构舆论阵地，把分散的"社会人"再"组织化"，把党组织的正确主张转化为群众的自觉行动。第32届中国新闻奖新设立的"应用创新"项目中也有县级融媒体开始参评，比如"尤溪县数字乡村公共服务平台"集村务通知、村务管理于一体，同时也采用智慧音箱等新技术来提高村务信息的到达率与知晓率。另外，中央广播电视总台农业农村节目中心联合相关部门与机构推出的融媒体

---

① 《大象新闻客户端"大象帮"平台》，大河网，2023年3月27日，https：//zt.dahe.cn/2023/03-27/1209990.html，最后检索日期：2023年3月27日。

助农服务项目"乡村服务社"也是典型案例，它为农户与专家建立多层次互动体系，以提供专业解决方案等相关服务来建构舆论阵地。

三是以"指尖问政"模式促进群众参与基层社会治理，围绕"媒体+政务服务商务"形成政企民良好互动生态。随着媒介技术的发展，从电视问政、网络问政再到指尖问政，问政形式也不断创新。地方融媒体中心为更好地落实"媒体+政务服务商务"，通过创新问政形式畅通民意表达渠道，从而更好地加强党委、政府和民众之间的沟通互动，以回应民众关切并推动民众急难愁盼问题的解决，促进基层社会治理落到实处。一方面，广泛布局智慧问政平台，主要依托于融媒体客户端，多地政府积极开展问政平台创新实践与探索，从而为政、企、民有效互动提供智慧沟通平台，提高公众参与度，提升社会治理效率，如贵州日报报刊社自主研发创新的"天眼问政"平台，主要侧重于群众舆情收集、追踪、反馈、解决，通过打通12345平台数据与市民热线对接，实现市民诉求问题和政府办理同步，提升了社会治理效率，截至2022年8月，"天眼问政"发稿超过2000篇，其中约75%的新闻报道所反映的问题得到及时解决，最快的1小时之内就能获得有关部门回复办理。另一方面，融媒体推出一系列问政类节目并探索创新路径，以传统广电媒体资源为依托，采用问题-方案思维，以"正能量"治理为目标，以解决方案与积极价值构筑美好生活。调查显示[1]，县域网民选择"我想直接向融媒体中心提供内容"的受众比重有明显提升，从26%增加到31%，这进一步说明了县级融媒体建设工作的不断推进，人民群众对其问政功能的需求也不断增加，越来越多的民众想通过融媒体中心这一互动沟通渠道来实现自己的社会参与。问政类节目成为一个主要抓手，而这类节目并非创新之举，我国最早的电视问政节目可以追溯到2005年兰州电视台创办的《一把手上电视》，2016年以来已有湖南、广东、河南、浙江、宁夏、江苏、陕西等多个省、区、市等相继推出电视问政类节目。[2] 问政类节目在省、

---

[1] 根据课题组2022年度媒体融合认知调查研究数据。

[2] 《"问政节目"为何不衰反兴?》，今日流媒体百家号，2019年10月18日，https://baijiahao.baidu.com/s?id=1647708107329903644&wfr=spider&for=pc，最后检索日期：2022年10月20日。

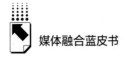

市、县级媒体已经常态化，其不断发挥社会监督功能并且已经初显成效，《问政山东》就是一个经典案例，截至2022年3月，《问政山东》共完成131场问政直播，累计受理并推动解决了58200多件具体问题，其中推动解决民生难题1910多件。① 2021年以来，各级问政类节目也在不断探索创新路径，有两个主要特征。其一，一些省、市融媒体的问政节目发展呈现垂类化趋势，即围绕当地社会热点来设置不同主题，更深入、细化聚焦问题，如项城市融媒体中心已推出《项城头条》《项城热点》《马上就办》《环保在线》《脱贫路上》等近40档原创节目，结合当前所关注的环保、脱贫等时政热点以及老百姓所关切问题开展深度问政，在传统广电媒体与融媒体平台上同步播出，以大小屏互动来提升内容的传播力。其二，县级融媒体的问政类节目趋于常态化，各地县级融媒体中心纷纷开办全媒体问政类栏目，如《研为百姓》《问政含山》《作风革命 问效昌宁》《问政大名》《问政面对面》《问政五莲》《电视问政》《问政清河》《作风监督面对面》等节目陆续推出，将政策、政务信息与民众需求深度连接。问政类节目通常以"县级政府+媒体+民众"的多元参与形式，采用"发现问题-分析问题-解决问题-效果反馈"的制作思路，通过电视直播与网络直播相结合的方式，大多由县政府相关部门牵头，县级融媒体中心承办，直击基层现实问题，促进政府与民众的对话与互动，从而精准、科学提出解决方案，满足民众教育、医疗、就业等实际需求，以打通基层社会治理的"最后一公里"，以建设性的方式实现媒体逻辑与政治逻辑的融合，积极发现问题与应对问题，将"接诉即办"融入信息生产与传播流程，追求时效性和满意度，重塑媒体与政府的形象。综上所述，县级融媒体从多个维度加强主流价值引领，增强社会认同，进而形成政、企、民互动良好生态。

---

① 《开播三年，这档电视问政栏目推动解决1910多件民生难题》，中国青年报百家号，2022年3月4日，https://baijiahao.baidu.com/s? id = 1726330649996945874&wfr = spider&for = pc，最后检索日期：2023年5月18日。

（六）"大融合"与"大外宣"并行：媒体深度融合驱动国际传播"下沉"，主流媒体从差异中寻找"共情"并积极构建融通中外的中国话语体系

国际传播也是媒体深度融合的重点，其本质在于不同文明与文化之间的"软性"融合。随着我国国际地位的提升，国际话语权和影响力也随之显著提升，已经初步形成了"大外宣"格局，但同时，国际局势动荡、新冠疫情反复等新问题的出现也催生新任务与新挑战，意识形态偏见和污名化等现象仍然存在，而且在新冠疫情期间尤为显著。党的十八大以来，习近平总书记多次强调加强国际传播能力建设，特别是2021年5月31日习近平总书记在主持中共中央政治局第三十次集体学习时明确强调："讲好中国故事，传播好中国声音，展示真实、立体、全面的中国，是加强我国国际传播能力建设的重要任务。"[①] 2022年10月"提升国际传播效能"也再次出现于党的二十大报告中，这也表明国际传播已经在顶层设计中开始布局，这为主流媒体的国际传播路径指明了方向。高质量的国际传播既是媒体深度融合发展到一定阶段的产物，也是当前全球国际形势的必然要求。在新技术的驱动下，媒体融合已经逐渐成为国际传播的基础设施，因此媒体融合的纵深发展也在推动国际传播方式的转变。

一是从"传播导向"转向"关系导向"，以回归人类交往来建构"大外宣"格局。在新媒介环境下，国际传播生态也已经发生改变，地缘边界日渐模糊，如何重新建构地域与全球之间的联系，要求更新国际传播逻辑，打破传统的以传播为导向的宣传思维，从人类共同视野出发，而"交往"既是地域文化与全球文化共生发展研究的基点，也是宏观传播战略与微观日常生活相互融合的关键，回到以人为本的交往维度来考察国际传播逻辑，有助于探索个人、文化及国际传播的根本性连接基础，这也是对我国所倡导的人

[①] 《习近平主持中共中央政治局第三十次集体学习并讲话》，中国政府网，2021年6月1日，https：//www.gov.cn/xinwen/2021-06/01/content_ 5614684. htm，最后检索日期：2023年6月1日。

类命运共同体价值理念的一种诠释。① 因此，回到人类交往的层面来重新建构国际传播逻辑是一种时代的必然。2023 年 3 月，习近平总书记继"全球发展倡议""全球安全倡议"后又进一步提出"全球文明倡议"②，该核心论点立足于中华民族和全人类文明进步的高度，从人类交往的视角提出具有中国特色的"中国方案"，为世界话语体系的重塑做出中国的原创性贡献，因此从"传播导向"转向"关系导向"也是"大外宣"格局建构的基础与理论框架。借助于智能化技术与多元融合媒体来打破地域和时空的限制，主要从三个维度依次递进展开：一是发挥地域范围内的凝聚力，形成民族文化层面的交往；二是以民族内部交往来促进社会变革，围绕人类共同议题形成世界交往；三是以民族外部交往来突破社会发展阻力，最终实现世界普遍交往，构建人类命运共同体。按照该发展逻辑来重新建构"大外宣"格局，需要将视野"下沉"，不能仅局限于国家战略层面的传播，而地方媒体为新的着力点，发挥地方国际传播在国家战略中的独特优势。地方层面的交往能够更容易落到人的身上，从人类视角来寻找跨地域、跨文化之间的连接点，能够弱化国际关系对国际传播的负面效应，这也需要地方媒体在国家战略框架下明确自身定位，凸显自身特色。

二是积极打造从中央到地方的四级媒体国际传播体系，地方国际传播平台矩阵建设开始兴起。习近平总书记指出："要统筹处理好传统媒体和新兴媒体、中央媒体和地方媒体、主流媒体和商业平台、大众化媒体和专业性媒体的关系，形成资源集约、结构合理、差异发展、协同高效的全媒体传播体系。"③这也要求多元化媒体协同发力。2018 年以来，从中央到地方已经开始改革国际传播的体制机制，积极打造主流媒体外宣传播矩阵。中央广播电视总台

---

① 殷乐、高慧敏：《新时代中国地域文化国际传播：生态、逻辑与路径》，《对外传播》2022 年第 9 期，第 19~20 页。

② 《习近平提出全球文明倡议》，中国政府网，2023 年 3 月 15 日，https://www.gov.cn/xinwen/2023-03/15/content_ 5746927. htm，最后检索日期：2023 年 5 月 15 日。

③ 《中共中央办公厅 国务院办公厅印发〈"十四五"文化发展规划〉》，中国政府网，2022 年 8 月 6 日，https://www.gov.cn/xinwen/2022-08/16/content_ 5705612. htm，最后检索日期：2023 年 8 月 16 日。

早在 2019 年就成立了国际传播规划局，围绕地域、项目及功能下设了 9 个初级部门，同时组建了欧洲、北美和亚太运营中心，实现海外实体化运营。同时，也与国内 20 多个省市和几十家企业建立国际传播合作关系，推出了海外社交媒体运营与城市品牌推广等多元化服务，涉及展会、咨询、广告、培训等诸多业务。① 特别是 2022 年以来，新华社也与桂林市、沧州市、海南黎安试验区、鄂尔多斯等多地媒体联合共建国际传播中心，形成了央地联动的国际传播矩阵；同时也在内部形成跨部门联动报道，如新华社推出一档创新融媒栏目"全球连线"，这是"媒体融合＋国际传播"的又一次探索，不仅从采、编、发各环节形成跨部门合作，还由国际传播融合平台联动国内外各分社统筹与配置报道资源。值得关注的是，地方国际传播平台矩阵也已逐渐形成，自 2018 年以来，湖南、四川、海南、重庆、广西、广东等地纷纷建立国际传播中心，同时还从省级到市级、县级逐层推进并设立分中心开展相关活动，一方面根据各地特色资源形成自有定位，将地方融媒体纳入国家战略体系；另一方面与各级媒体协同参与国际传播，从国家战略、城市形象、企业形象与全民传播不同层面融合发挥整体优势，成为提升国际传播的新基建。一些地方已经开始形成对外传播矩阵，如重庆正在打造"1＋3＋41"的对外传播专业方阵，设有一个国际传播中心，围绕重庆的报业、广电媒体和网站三个行业建立各自国际传播团队，41 个区县融媒体中心各自建立一个国际传播工作室，同时也与日本经济新闻社、CNBC、韩国《中央日报》等国际主流媒体展开合作，还邀请国际大 V 参与重庆的城市传播，借助其影响力吸引更多外国人来了解重庆和中国。一些地方已经推出省、市、县联动式的对外传播相关活动，如 2022 年 11 月 30 日，海南国际传播中心与三亚、儋州、琼海、文昌、万宁、东方、五指山、屯昌、陵水、保亭、琼中 11 个市县签署国际传播战略合作协议，其中，市县融媒体中心为"联络官"，在多语种国际传播内容互推、国际传播渠道共享和国际传播深度联动

① 《携手新华网桂林国际融媒体中心在桂林和纽约同步揭牌》，新华网，2022 年 4 月 27 日，https://baijiahao.baidu.com/s? id＝1731165692105157902&wfr＝spider&for＝pc，最后检索日期：2022 年 10 月 27 日。

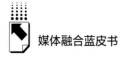

三个方面开展更为深入的合作①；湖南卫视则构建了全球外宣全媒体合作联盟。

三是全媒体传播突破时空维度，内外联动打破地域壁垒限制，以内嵌式宣传构建立体国际传播格局。在5G、大数据、人工智能等新技术的驱动下，全媒体传播体系已经日臻成熟并为国际传播提供了有力的基础设施支撑。其一，新媒体首发特征显著，融合矩阵式传播成为常态，多元场景互动形成新的国际传播时空维度。根据统计数据（见图1），在国际新闻报道首发平台中，新媒体占比最高，为33.3%，其次为电视、报纸、广播等传统媒体，占比均在10%以上，融媒体首发也成为新趋势，占比为7.7%，其他依次为通讯社和期刊，占比较小。而融合矩阵式传播成为当前全媒体传播的主要形式，且形成了较为可观的传播效果。以二等奖作品《In less than a Century, Chongqing Achieved Bridge Capital of China》（百年巨变丨山水重庆，中国桥都！）为例，首先在iChongqing微博、官网、央视频、视频号、推特、脸书、优兔等平台发布，视频号播放量超500万，转发超33.5万，点赞超10万；

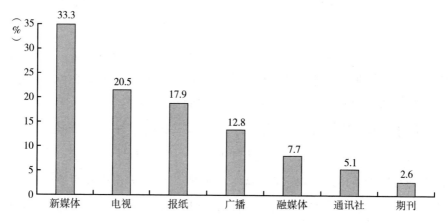

图1 第32届中国新闻奖获奖作品之国际传播平台分布情况

---

① 《2022海南省市（县）级国际传播媒体融合协作交流会举办》，海南省人民政府网，2022年12月3日，https：//www.hainan.gov.cn/hainan/5309/202212/03981ea107fc4430b5a60fd80e145a47.shtml，最后检索日期：2022年12月3日。

同时，新华社、人民日报、中国日报等央媒和海外 60 多家主流媒体主动转发，还有海外大 V 在 Twitter 和 Facebook 上主动转发，海外阅读量超 2.33 亿次。① 其二，媒体融合传播不局限于多元渠道的聚合传播，场景融合的互动传播成为新态势。如《科技日报》微信公众号发布报道《惊人发现！美国 2008 年已人工合成 SARS 样冠状病毒》，所报道论文被纳入外交相关资料并起到佐证作用；如 2021 年 8 月 24 日，该报道在中国常驻日内瓦代表就病毒溯源问题致函世卫组织总干事的附件中就有提及；云南广播电视台报道《"象"往云南》，除多家央媒和省媒转发，还在 CBD COP15 开幕式上播放，多场景的联动与内嵌的传播形式呈现了可信可爱可敬的中国形象。其三，聚拢国际传播资源，发挥国际化媒体矩阵的传播合力，内外联动精准、有效传播中国故事，从而构建良性国际传播生态。根据第 32 届中国新闻奖获奖作品数据（见图 2），在国际新闻报道的渠道中，国内主流媒体仍然发挥头部效应，其中地方主流媒体占比最高，为 35.9%，这也表明了近年来我国国际传播的"下沉"趋势。党的二十大报告中明确提出："深化文明交流互鉴，推动中华文化更好走向世界。"其中地方主流媒体在推动中华文化走向世界过程中充分发挥了传播平台的协同作用。但更值得关注的是，境外主流媒体参与报道的占比上升，其中中外联合报道与传播占比为两成，而境外主流媒体单独发布的比例为 5.0%（见图 2）。由此可见，汇聚国际媒体资源，实现中外协同制作与联动式发布，已经成为中国文化"走出去"的创新路径；同时，境外主流媒体也在转变思路，不仅关注欧美头部主流媒体和智库，更将目光聚焦到各国地方媒体，英国 Sky TV（天空电视台）、韩国阿里郎国际广播电视台、澳大利亚华夏卫视、加拿大华语广播网、法国高山电视台等媒体也成为关注对象，打破了由欧美主流媒体形成的国际舆论格局定势，如三等奖作品《Along The Yangtze River》（家住长江边）是由安徽广播电视台原创，聚焦生态保护议题，多次在英国 Sky TV（天空电视台）、加拿

---

① *In less than a Century, Chongqing Achieved Bridge Capital of China*（《百年巨变｜山水重庆，中国桥都！》），中国记协，2022 年 11 月 1 日，http://www.zgjx.cn/2022-11/01/c_1310667307.htm，最后检索日期：2022 年 11 月 1 日。

大城市电视和美国 SCOLA 电视网等平台以及多国媒体全球播出，共计斩获观众 3 亿人次[1]，同时也在 Facebook、YouTube 和 VK. com 等国际社交媒体平台投放，形成了自下而上的国际传播矩阵，为构建立体国际传播格局助力。

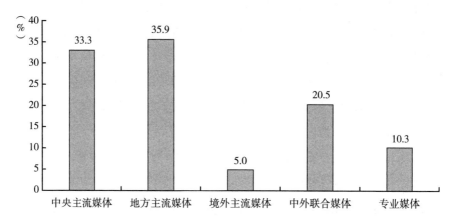

图 2　第 32 届中国新闻奖获奖作品之国际传播渠道分布情况

四是聚焦人类共同利益相关议题，主动设置议程并积极引导舆论，采用"他者"视角叙事以引发共情，中外交融互动共同建构中国话语体系。本报告通过对第 32 届中国新闻奖获奖作品统计分析（见图 3、图 4），发现从内容生产层面来看，国际传播在媒体融合背景下呈现新特征。

就报道议题来看，从宏大时政议题到关于人类福祉的微观议题均有涉猎。首先，围绕国家大政方针、习近平思想、时政热点等较为宏大的时政议题占比最高。其次，聚焦生态保护议题，在绿色发展成为世界潮流的时代背景下，如何协调发展与保护的关系，维持生态平衡，这是人类共同面临的生存问题，在加强全球合作的同时，也需要新思维和新做法，中国一直致力于建设人与自然和谐共生的现代化，特别是在大象、雪豹、熊猫、湿地、粉雪、泰山山脉等中国特色地理资源方面的保护上形成了中国的绿色发展方

---

① *Along The Yangtze River*（《家住长江边》），中国记协，2022 年 11 月 1 日，http：//www. zgjx. cn/2022-11/01/c_ 1310668436. htm，最后检索日期：2022 年 11 月 1 日。

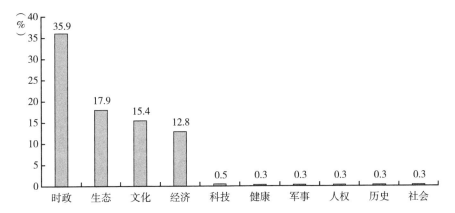

图3 第32届中国新闻奖获奖作品之国际传播报道主题分布情况

图4 第32届中国新闻奖获奖作品之国际传播报道主题云词图

案，这也是建设性新闻报道的国际化传播实践。再次，文化议题在国际传播作品中占比为15.4%，重庆、河南、北京、哈尔滨等地方媒体充分挖掘当地的特色文化，以区域性和自下而上的视角书写具有世界意义的地方故事，进而重塑中国文化形象。最后，经济议题也是国际传播的重点之一。随着

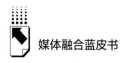

《乡村振兴促进法》出台、国家乡村振兴局设立及乡村振兴专项资金明确这
"三件套"的落地，2021年成为乡村振兴建设行动全面启动"元年"，围绕
乡村振兴的报道也成为国际传播的重点议题，尤其对新疆、内蒙古、宁夏等
偏远和边陲地区经济发展的报道成为焦点。此外，还有科技、军事、人权、
历史、社会和健康等议题。

就议程设置来看，打破被动应对局面，无论是党媒还是主流媒体在面对
国际热议问题时，议程设置的主动性均比较强，从而能及时占领舆论制高点
并正向引导舆论。一方面是抢占舆论引导先机，从时效性上体现主动性，如
一等奖作品《没有任何力量能够阻挡中国前进的步伐》，人民日报将孟晚舟
回国置于中华民族伟大复兴的历史进程和中美关系发展大背景下思考，强调
了这是党、政府和人民一致支持的结果，为全球关注的事件定性定调，发挥
舆论引导作用，采用"先网后报"的创新方式，形成现象级产品，阅读量1
小时突破200万次、2小时突破400万次，微博热门话题#人民日报评孟晚
舟回国#1小时阅读量超3000万次、1.5小时超5000万次。该文章在国内各
新媒体平台阅读量超2亿次，点赞留言超57万。[①] 另一方面则更注重理性
引导，以翔实论据来粉碎不实论调，如二等奖作品《新疆棉花遭遇"明枪"
与"暗战"》，针对新疆棉花事件，南方周末立即根据此前调查推出历时4
个月五易其稿的立体报道，以客观翔实的数据为基础并注入建设性思考，有
理有据批驳了"强迫劳动"论调，揭示了新疆棉花事件背后大国政治经济角
力的本质，并提出建立中国标准的解决路径，这种主动设置议题与理性引流
话题的做法使得该稿件获得南方周末App当月阅读数最高，并被多个海内外
互联网平台广泛转载，其中"今日头条"将其选为首屏推荐，2021年3月26
日8点半即冲上"头条热榜"，成为当周头条号中罕见的长文类流量大稿。

就叙事视角来看，坚持"以人为本"的根本叙事理念，从"我者"视
角转为"他者"视角，在视角转换中寻找情绪共鸣。具体体现于以下方面。
一是组建跨国新闻制作与报道团队，从制作理念注入国际化视角，以二等奖

① 相关数据来自中国记协网站。

作品《建党百年系列报道》为例，光明日报社与土耳其《光明报》和捷克《文学报》合作推出建党百年系列报道，以组建跨国团队来创新采编方式，由外方记者和作者署名撰写文章，充分利用"借嘴说话"方式，遵循当地受众阅读习惯和国际传播规律，从而提前预判和应对反华势力的抹黑行为。二是采用"他者"的沉浸式叙事，在具体内容呈现中以国外友人的个人沉浸式叙事来诠释中国故事，从而增强代入感与共情性。如在一等奖作品《Looking for answers：An American communist explores China》（求索：美国共产党员的中国行）中，中国日报以本就是美国共产党员的美籍记者伊谷然为视点，大量运用跟随运动镜头并与第一人称视角结合，由其来"解码"百年大党的成功之道，传播效果显著，增强了海外受众的认同感，据统计，共有100多家海外主流媒体转载转引200多次，视频吸引了近百个国家或地区的用户观看和热议，全球传播量超过4500万。① 又如报道《从"天净沙"到"维多利亚"——爱德华一家在婺源》，立足于有中英跨国婚姻的爱德华夫妇，从微观层面立足，聚焦其在中国的身份变迁，以"第三者视角"来呈现中国乡村振兴战略的变迁历程，采用外国人士"走进来"再"传出去"的路径，提升国际社会对中国政策创新的感知度与认同度。

三　新展望：中国媒体深度融合的共生发展趋势

随着大数据、算力和算法的全面提升，以 ChatGPT 为代表的 AIGC 等新技术的演进也推动智能传播革命进入了下半场，这对用户感知、信息传播、传媒业态、国际关系、人类社会都将产生颠覆性的变革，这也是建设数字中国与社会治理现代化的必经阶段。信息技术变革驱动下的媒体融合也已经逐渐迈向"深水区"，"融合"也不仅是传媒领域的事情，它已演变为一种万物智联的新社会网络形态，从社会媒介化转向媒介社会化，以技术为驱动力，打破传统时空维度，重新配置和整合资源，构

---

① 相关数据来自中国记协网站。

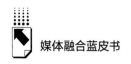

建"人—媒介—社会"三维融合互动的新生态系统，从而点亮人民的美好数字生活。

（一）体验融合：智能化技术打破时空边界，重新整合用户体验以凝聚共识

5G、云计算、大数据、人工智能等新技术的迭代与演变，加速了社会的精细化发展，人成为媒体融合生态系统的核心要素。党的二十大报告明确提出："坚持以人民为中心的发展思想。"

其一，智能终端设备使用的泛化，激活用户的神经网络。智能手机的泛化赋能数字化生活。调查结果显示①，智能手机的拥有率已达到九成以上，电视依然在传统媒体中一枝独秀，电脑终端与智能终端的拥有率增加，虽然一些智能终端的渗透率较低，但也开始出现在网络民众的日常生活中，目前占比均不超过两成，依次分别为"智能手表"（15.4%）、"智能音响"（14.7%）和"VR眼镜"（1.9%）。其中，近七成网民每天接触微信，短视频平台的接触率近五成，电视仍在传统媒介接触中拔得头筹。这表明，智能手机已经成为日常生活的重要组成部分，而随着智能手机在网民日常生活中的普及，社交媒体已经"嵌入"网民的日常生活。当然，智能终端的出现与应用也为元宇宙概念在家庭场景的落地提供了可能。总之，数字终端的普及与泛化，将为人们进入数字化生活奠定基础，从而全面激活用户的神经网络。

其二，从"碎片化"转向"整全化"，重塑用户的沉浸式全时空认知。随着媒介技术的全时空布局，用户的"碎片化"时空认知将转为"整全化"时空认知，网络世界与现实世界的认知边界趋于模糊，但用户也开始渴望回到现实世界，这也是媒体深度融合的体现。根据调查结果②，逾四成受访者对观点"我觉得网络世界可以代替现实世界，能够满足我的大部分需求，

---

① 数据来自课题组"中国网民的媒体融合认知调查"。
② 同上。

疫情期间更是如此"表示"赞成"和"比较赞成"，这表明在疫情期间，由于"封控""零接触"等措施，网络已成为人们认知世界的主要窗口，同时人们的生活也与网络之间的连接更为密切，不到四成受访者则表示期待进入"元宇宙"，愿意享受这种虚实融合的沉浸感。以"元媒介"来重新整合用户感知，从而形成用户多元体验融合，元宇宙为数实融合助力，以激活用户知觉场来凝聚用户共识，已经成为媒体深度融合的重要趋势之一。

其三，从"视听体验"到"全身体验"，体验维度的融合传播价值重构。一直以来，"临场感"是新闻传播实践所追寻的目标，无论是从传统媒体时代的电视直播、广播，还是到现在的短视频与网络直播，又或者是 VR、AR、MR，甚至是所热议的"元宇宙"，都是在尝试将用户的感知体验不断拓展。元宇宙的出现则改变了人类认知与体验世界的方式，进而从以信息传播为主的传播范式转向以共同体验为导向的未来传播范式，由此对新闻真实的理解也从"离身真实"转向"具身真实"，将身体嵌入技术建构的"机器真实"，VR 技术营造的临场感，唤醒了用户感官神经网络，强化了受众对新闻可信度的感知体验与分享意愿。这也表明无论是从传播形态延伸、传播范式转变还是真实性的元话语重构，都是在强调一个事实，即媒体融合传播价值的"体验性"转向。一方面，视听体验仍是媒体融合的发展方向，即"我拍故我在"。短视频在媒介生态中的地位持续攀升，有调查显示①，近五成用户选择"短视频平台"获取信息；对于主流媒体融合报道方式，短视频也成为当前最受欢迎的融合报道方式，受访者占比逾七成（72.4%）。这也表明，通过激活视听体验来引发公众情感共鸣已经成为一个不争的事实。另一方面，全身体验成为融合传播趋势，即"我经验故我在"。在智能传播时代，身体不再仅仅是符号或被遮蔽的客体，也不是传统传播学中限制交流的障碍，人们越来越渴望身体在场的社会交往，在技术驱动下的身体也重新回到公众视野，这主要体现为全身感知。一是一些主流媒体不断探索基于前沿技术的体验式传播，如新华社 2022 年推出的《XR 看报告：绘景未来》

---

① 数据来自课题组"中国网民的媒体融合认知调查"。

就是利用虚拟现实技术，以虚实融合给予观众更真实的沉浸体验。二是身体知觉开始"嵌入"人机交互的界面，与媒介相互交织，这种现象在逐渐影响着人们对智能传播的理解与建构。在疫情期间，因"零接触"交往规则限制了现实社会中的交往距离，人们更渴望这种身体参与的社会交往形态，而元宇宙就是以多元数字化技术来还原线下交往场景，通过虚拟数字人形象进入虚拟空间来实现交往，而近年来虚拟主播的兴起与深度应用就是一个方向。

（二）关系融合：打破异质性主体关系壁垒，形成人—机—物共生的泛主体融合网络

技术可供性的拓展细化了交往关系网络。超大规模智能模型技术发展日臻成熟，其应用趋于泛化与规模化。科技部新一代人工智能发展研究中心发布《中国人工智能大模型地图研究报告》。报告显示，中国研发的大模型数量排名全球第二，截至2023年5月，我国已发布79个大模型。这也为媒体融合的智能化提供了基础设施，因此媒体融合之"深"体现为从媒介层面的融合转向异质性主体之间的融合，即人、机、物三者关系的重构，特别是AIGC技术的出现加速人机融合，形成了以关系融合来打造新的媒体融合内容生态。由此，也出现了以下三个可能的发展方向。

其一，人机互动成为一种新的传播形态，人机关系也将嵌入新闻生产与传播的全链条。ChatGPT对人机关系产生的影响不言而喻。有调查显示，ChatGPT的覆盖范围已经远远超过了"虚拟现实"和"深度造假"等其他技术[①]，这主要在于大模型已被纳入众多行业知识工作者的日常工作流程。自ChatGPT诞生以来，国内外纷纷开始布局，尤其是在新闻传播领域，在国外，自2023年初以来，BuzzFeed宣布将使用ChatGPT创建内容，微软将ChatGPT支持的聊天机器人集成到Bing搜索引擎中，谷歌宣布推出类

---

① Jem Bartholomew & Dhrumil Mehta, "How the media is covering ChatGPT", https：//www.cjr.org/tow_ center/media-coverage-chatgpt.php, MAY 26, 2023.

ChatGPT 的软件 Bard，CNN 与福克斯新闻台使用 ChatGPT 的次数多于 MSNBC；在我国，百度于 2023 年 2 月 7 日正式发布中国版本的类 ChatGPT 产品——文心一言，截至 2023 年 5 月，已有 650 家合作伙伴接入，其中媒体有 100 多家，建立了以人机关系为基础的数字化传播架构。由此可见，人工智能正深度介入媒体的内容生产与传播，与最初人工智能仅运用于财经报道、体育报道等结构化新闻报道不同，现在的人工智能嵌入内容生产、信息审核、信息分发与知识获取等新闻生产与传播的全链条，推动新闻生产的高质量发展，这不仅体现为效率提升，更是拓宽了内容与报道主题，因为人工智能比以往更了解人类逻辑，能够识别用户的个性化需求，自动生成一篇形式上符合要求的新闻报道，满足用户的个性化、定制化需求。因此，人机协同参与新闻生产与传播也日渐成为现实，并逐渐走向人机互动，通过人机优势互补，在多个方面已经初显成效，这也是未来智能融媒体发展的方向。在选题方面，与过去相比，越来越多的媒体选择智能机器参与选题策划，如浙江省广播电视局推出"正能量线索库"，采用"网络抓取+人工搜索"的方式，而且还会对人机抓取结果进行对比，又如微博热搜也通过算法来选择并标注暖新闻，它可以帮助记者挖掘原本很难找到的事实和见解，还可以帮助记者识别报道所需的数据趋势和模式。在内容制作层面，不仅帮助新闻工作者提升效率，更能改变记者研究和撰写报道的方式，有助于记者制作更为准确和更具吸引力的报道，从而能更有效地引导公众舆论，还可以通过分析用户偏好、消费模式和社交媒体痕迹来定制个性化内容，以增强内容的用户黏性。在信息审核方面，机器审核成将成为审核机制的新特征，因为在社会风险和用户体验压力驱动下，仅依赖于人工审核已经不能满足工作需求。2023年 8 月，OpenAI 在官网声称，将 GPT-4 用于内容策略开发和内容审核决策，以代替当前互联网平台的审核算法，在当前"人工+机器"审核模型中增加机器审核的比重。国内腾讯在微信、腾讯视频、腾讯新闻都有过用 AIGC 辅助内容审核的经验，这也为减轻人工审核负担提供了可能与方向。在内容搜索方面，以 ChatGPT 为代表的大型智能语言模型，正在形成一个新的搜索时代。与以往的条目搜索方式不同，现在的 AI 可以通过抓取方式，

在对话或答问环节自动搜索更多相关信息，国外已有公司宣布开发出基于智能聊天的融合搜索（Search integrations）软件，如微软必应的 API、谷歌的 Bard 等，这也在改变用户的搜索习惯，从而生成更多互动式新闻。

其二，大模型嵌入增强人机相互"理解"，生成式内容生产将成为数字内容生产新范式，而人工智能内容监管也相应升温。内容创作领域是媒体融合的重要组成部分，大模型的"嵌入"改变了人与机器之间的关系，这也在改变内容生产形态。AIGC 已经在传媒、电商、影视、娱乐等领域得到广泛应用，根据 6pen 预测，未来五年 10%~30% 的图片内容由 AI 参与生成[①]，生成式内容已经成为一种新趋势。目前，AIGC 已经趋于业态化发展，如北京、广州、成都、南京、武汉、长沙等地均已发布了智能专项行动方案或发展规划，鼓励 AIGC 新业态发展。一是多模态内容生产将成为可能，AIGC 生成动态视频成为新发展方向。人工智能模型具备多模态生成能力，能够生成文字、视频、音频等多元化形式，尤其在短视频时代，视觉逐渐成为一种新媒介，在内容生产中发挥重要作用，人工智能促进数据的可视化，这种视觉呈现方式降低了受众信息接触的门槛，特别是随着微调功能的放开，人工智能可以根据特定主题生产与相应情境匹配的视觉内容，这种实时生成增强了内容的感染力与爆发力，因此能与用户产生深度情感共鸣，如 2023 年 8 月新华社音视频部成立了 AIGC 应用创新工作室，打造《AIGC 说真相》（AI Footage）栏目[②]，目前已发布 5 个短视频，其中《AIGC 说真相丨"打劫"叙利亚，美国盗抢成瘾》首次利用 AIGC 直接生成动态视频；清博智能旗下的清元宇宙视频号针对台风抗灾、熊猫福宝生日、大运会等热点事件发布了一系列 AI 动画视频，丰富了新闻内容呈现

---

① 《AIGC 发展趋势报告（2023）——迎接人工智能的下一个阶段》，腾讯研究院，2023 年 2 月 16 日，https：//mp.weixin.qq.com/s?__biz=MzU5OTQ3MzcwMQ==&mid=2247515163&idx=1&sn=2c73422a799l0636f3d927d636501571&chksm=feb69751c9c11e477098859d1cb85fa3e2aa1d8d29caa07da85fab89504f3e861d58910f2961&scene=27，最后检索日期：2023 年 2 月 28 日。

② 《AIGC 已改变新闻业》，腾讯网，2023 年 8 月 21 日，https：//new.qq.com/rain/a/20230821A0A2XX00，最后检索日期：2023 年 8 月 21 日。

形式。① 二是对话式内容生产也将成规模出现，推动人机交往机制的建立。数字人与聊天机器人等人机交互新界面则通过多模态交互中的识别感知和分析决策功能，能够更精准识别人的需求与意图，同时人也在与机器对话的框架之下被"驯化"并生成机器思维，从而形成人与机器的相互"驯化"，也即人机之间出现"类意识"层面的互动。未来，对话式内容将在多个场景布局，目前国内百度、抖音、快手、阿里、美团等多家大厂纷纷开始布局与探索对话式 AI。如百度在海内外推出 AI 虚拟聊天社区 App "小侃星球"与"WiseAI"，开始积极布局人工智能的社交应用场景；快手已经在安卓公开对"快手 AI 对话"进行内测，打破站内内容生态壁垒，以创新信息搜索形态，探索布局搜索场景；抖音也开始公开测试 AI 对话产品"豆包"，以 AI 对话为核心功能，为人机对话的私域化提供了可能性。不仅如此，主流媒体也开始尝试探索聊天式新闻产品，如央广"中国之声"与央广传媒也曾联合推出"下文"App，通过"聊天新闻"产品来优化用户的即时互动体验，其底层逻辑也是"AI 对话"。三是人机信任将成为未来媒体融合发展的核心问题，生成式内容也应趋于理性发展。近年来，人工智能在创新内容生产形态的同时，一系列 AI 应用的负面案例涌现。2023 年 1 月，新闻可信度评估机构 News Guard 用错误信息目录中的100 个虚假表述来"诱惑"人工智能聊天机器人，而机器人对其中 80 条表述做出回应，针对新闻中的重要主题发表虚假言论和误导性言论，因此得出"ChatGPT 可能成为互联网有史以来最强大的传播虚假信息的工具"的结论。② AIGC 不仅能够提升内容生产效率，还会产生虚假消息、隐私规范、版权归属等诸多问题，所以生成式内容应理性发展，相关部门需要出台相应的政策法规以加强对智能内容的监管，进而推动人工智能向善发展，这

---

① 《AIGC 已改变新闻业》，腾讯网，2023 年 8 月 21 日，https：//new.qq.com/rain/a/20230821A0A2XX00，最后检索日期：2023 年 8 月 21 日。

② News Guard，"The Next Great Misinformation Superspreader：How ChatGPT Could Spread Toxic Misinformation At Unprecedented Scale"，https：//www.newsguardtech.com/misinformation－monitor/jan－2023/，January 2023.

也是全球发展的共同目标。自 2020 年以来，欧盟、美国针对数字化、人工智能推出了一系列监管措施。而 ChatGPT 的出现也加剧了 AIGC 应用的风险，因此 2023 年以来意大利、法国、西班牙、欧盟、美国都相继针对 ChatGPT 展开调查活动，美国商务部就 AI 系统的潜在问责措施征求公众意见。而我国在人工智能内容监管方面则一直走在前沿，从《互联网信息服务深度合成管理规定》到《生成式人工智能服务管理暂行办法》再到《网络安全标准实践指南—生成式人工智能服务内容标识方法》，这些都为我国生成式人工智能服务的健康与理性发展提供了重要法制保障。[①] 除政府部门、立法和监管机构外，科技企业也应当承担起治理责任，持续研发新技术工具来消除内容生产乱象。随着 AIGC 技术应用场景的拓展，各领域的相关制度将陆续推出，以更为泛化地确保人机信任的实现。

其三，以大模型技术连接各地资源，打破多元异质性主体之间的区隔，从而形成"去边界化"的大模型生态。根据《中国人工智能大模型地图研究报告》，目前中国 10 亿参数规模以上的大模型已发布 79 个，分布于 14 个省、区、市，其中北京和广东布局最为广泛，且半数以上大模型开源[②]，这也表明大模型趋于泛化，而大模型也将成为媒体深度融合的技术底座。在此之前，由于智能化技术并没有完全渗透到社会的各个角落，因此虽然架构了数据平台，但基本上是各自为政，更为底层的数据资源并没有打通，而随着大模型技术的广泛布局，这也将成为打通数据资源的一个契机，因为大模型建立的基础在于数据，所以也是资源相互连接的机会，也是异质性主体关系的一次深度变革。一是大模型思维将成为新的融合理念，从"去中心化"转变为"去边界化"。一直以来我们都在强调互联网思维，其关键在于"去中心化"，但也根据互联网逻辑形成了

---

① 《监管新规出台，推动生成式人工智能向上向善》，新华网，2023 年 7 月 17 日，http：//www. news. cn/info/20230717/02899e52ef014807bf2e1f81f1f87aaa/c.html，最后检索日期：2023 年 7 月 17 日。

② 《中国 10 亿参数规模以上大模型已发布 79 个，集中在北京和广东》，澎湃新闻，2023 年 5 月 28 日，https：//m. thepaper. cn/newsDetail_ forward_ 23259967，最后检索日期：2023 年 5 月 28 日。

"再部落化"的资源结构，因此一些垂类领域的内容与资源才能再浮现，然而，随着算法与大模型等专有名词逐渐深度嵌入人们的日常生活，打破了原有的"媒介域"，"媒介域"即一种时空组合的媒介生态，而大模型的通用化也加速了"智能涌现"，本质在于打破不同主体之间的壁垒与边界，强调的是主体的"去边界化"，更准确地讲是人的"去边界化"，从而实现"媒介域"的解构与重构，其核心在于人类智能的模拟思维过程，而且具备跨多种数据和多维分析的优势，其正在成为数字社会的神经网络，因此应转变思维，各行业机构应培养 AI 原生应用的思维方式和理念。二是实现人、内容与服务关系的重置与精准连接，从"人找信息"转向"信息找人"。在大数据时代，"人找新闻"已经不是难事，因为网络的便捷性、去中心化、海量数据等特点决定了人们与新闻的匹配已经不再是不可捉摸的事情，而随着算法推荐与海量数据的涌现，人们已经被数据裹挟，甚至出现数据外溢效应和算法异化，那么人们如何更快速、便捷找到所需信息，数据如何能最大限度地服务于人并发挥价值，这就需要转变思路，从"人找信息"转向"信息找人"，将大数据思维渗透到日常生活中，将算法与大模型嵌入多元化场景，实现以人为本的核心价值，它要求重新配置资源，重构人、内容、服务之间的关系：首先，实现"内容即服务"，打破传统的信息认知范畴，而将内容与服务建立深度链接，内容不仅是认知世界的方式，更是一种体验世界的方式，以内容来彰显服务价值，因为内容不仅是符号，更是意义；其次，实现人与服务的直接互动，这需要打通媒体与各行业之间的底层数据，将大模型技术作为内容与服务的连接中介，通过以人为本的方式来实现不同资源的调用、连接和整合，目前，在媒体深度融合的大背景下，已经有一些尝试性的探索在践行该理念。比如，5G 消息搜索服务就是一个典型的尝试。根据《5G 消息搜索服务研究报告》，5G 消息是传统短信业务的演进升级，而搜索服务与 5G 消息平台的融合将创新人机交互模式，除精准匹配用户与内容外，还通过引入应用号推荐模块，为用户与服务供应方提

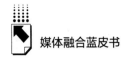

供了更多连接机会，从而实现了共生融合网络①，由此实现了人、内容与服务的深度连接。

（三）场景融合：认知–空间–社会三元场域互动，打造"虚实两栖生活"新融合场景

场景是指用户认知场、空间场和社会场之间的关系结构，以用户需求与体验为基础，以技术作为支撑，上述三个核心要素的动态变化与融合也在改变着媒体融合的传播形态。智能互联时代的场景传播是一种以人机交互技术为基础，以认知–空间–社会三个场域的互动为核心且最大限度地满足用户需求的互动式传播，进而形成"场景融合"形态。

一是推动基于用户认知需求的场景融合，以平台和建设性内容来聚合用户全天候场景。一方面，以用户认知需求与体验为出发点，以移动设备、社交媒体、5G、人工智能、大数据等为技术支撑，搭建全媒体平台，这里的"全"不仅是媒介形式的多元，更是为平台与用户的全生活场景建立广泛连接，如新华社媒体融合生产技术与系统国家重点实验室开发的一个组织级效率平台"心社交，新社交——全民+App"，集合协同办公、社交、新闻时讯等多元场景，为不同场景提供定制化效率工具，提升政府、企业及社区的服务、协作效率，创新打造现代化综合解决方案"全民+"模式，以服务需求来连接民众也是融合的新方向。另一方面，以建设性内容来击中用户需求点，而"建设性"更体现为"有温度"与"有态度"，根据调查结果（见图5），网民对于主流媒体正面报道的积极性与建设性仍然持肯定态度，且需求日益增强，对"积极正面的新闻报道"的关注度较之前有所提升，体现于内容积极向上、提供方案与着眼于未来三个方面，这也表明网民对主流媒体正面报道的关注并非仅聚焦于内容本身的积极与否，更着眼于其内容效果的建设性意义，因此应该以建设性视角来生产内容并重塑人民美好生活。

---

① 中国信息通信研究院技术与标准研究所、中国搜索信息科技股份有限公司、中国通信企业协会：《5G消息搜索服务研究报告》，2022年11月。

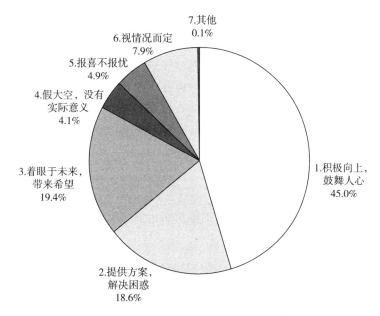

图5　关于主流媒体的正面报道的认知情况

　　二是实现多维空间场景融合，以虚实融合与共情传播的二元路径来重构场景融合场域。一方面，与5G、虚拟现实、大数据等新技术的创新与扩散同步，虚实融合成为媒体融合的重点发展方向，国务院于2022年发布的《"十四五"数字经济发展规划》已经将"虚拟现实和增强现实"列入数字经济重点产业，从终端普及应用、沉浸式产品新业态、"云生活"服务，再到智慧社区和智慧服务生活圈建设，进行全面战略布局。在该顶层设计下，如果说之前的虚实融合强调现实空间的虚拟化，那么接下来应深化虚拟现实的多场景拓展与应用，也就是实现虚拟空间的"真实化"，以虚拟现实与各行业各领域形成有机融合，以虚拟现实技术来还原现实场景，在融合空间中形成真实互动体验，新华社等中央级媒体在智能化技术应用方面一直走在前沿，如新华社在2022年全国两会前夕推出"新立方智能化演播室"，采用"5G融屏+沉浸式技术"，创新场景呈现和拍摄形式，创新性推出一系列沉浸式融屏访谈节目，如《天地融屏｜王亚平代表在太空讲述履职故事》，就实现了将天、地两个现实空间融为一体，主持人同身处太空的王亚平代表实现面对面交流，这种融屏形式增强了用户对场景的真实感。另一方面，以情感传播来弥合地域文化差异，通过强化"在场感"来挖掘国际传播中的情感价值。社会情绪会随着社会情境和人际关系而变化，而社会的媒介化过程也对社会情绪产生重要影响。课题组以媒介接触频率与媒介信任度作为社会媒介化的重要指标，调查结果表明①，社会整体情绪评价与媒介接触频率与媒体信任度呈显著相关性，其中相较于第一期调查结果，最近半年新闻网站、短视频平台、音频平台与社会情绪的相关性显著上升，这表明短视频、直播等视听新形态为不同地域用户的共同"在场"提供了可能，实现了同屏情绪共振，而如何在共同场景下挖掘情绪价值将成为未来跨地域、跨场景融合的关键。

三是实现社会场景融合，以"数实融合"为目标重构媒体与社会关系，构建美好社会生活。2023 年将成为数字化转型拐点，《数字中国建设整体布局规划》就特别提到，推动数字技术和实体经济深度融合，其中媒体发挥重要的社会功能，从"信息传播平台"转变为"公共服务平台"，实现跨行业、跨领域的深度融合，这也是基层治理现代化的主要方向。一方面，媒体作为"连接者"角色，将民声民意汇聚于线上，打通政民沟通渠道，近年来，一些县级融媒体的表现优秀，如浏阳市的"掌上浏阳"、尤溪县融媒体中心的"尤溪县数字乡村公共服务平台"、安吉县融媒体中心的"爱安吉"等平台都是针对当地社会治理中存在的痛点难点来搭建数字平台，涉及新闻咨询、民生诉求、农事咨询、便民服务等多元化功能，同时化解诉求、矛盾纠纷、意见建议及农事咨询等民意，以技术赋能政民沟通，从而推动社会治理。另一方面，媒体作为数字化社会治理的"基础设施"，打破时空限制，聚合多元治理场景，形成新治理范式。2022 年，一系列数字党建平台成果涌现，如有温度的"中山智慧社区"平台、引领企业发展的"e 企先锋"、实现社区共治共享的福州"高新红"、促进公共服务协同参与的"乐聚力"、打破时空的"元宇宙党建平台"等，而其中最为典型的做法如下。首先是

---

① 根据课题组"2022 年度媒体融合认知调查研究"数据。

"空地一体"治理范式，实现建设的虚实融合，中国搜索推出的"数字党建"平台就是典型案例，它构建了党建信息化建设模式，推动党建流程数字化，实现了党组织信息收集与发布、党员教育与管理的数字化、网络化，并通过党建引领和技术赋能破解基层党组织工作中的难点痛点，探索信息化条件下党政建设的现代化路径。其次是"智能联动"治理范式，2021 年的"数字肥城"项目就是以数字党建为核心，通过实现跨层级、跨部门、跨业务、跨地域来重新聚合数据资源的典型案例①，其特色在于：其一，通过平台汇聚并整合跨界资源来形成专有信息数据库，掌握数据主导权，如 2022 年 8 月通过数字党建平台整合数字应急、桃都救助、数字 e 警等 34 个平台资源，建立起以人、地、物、情、事、组织为核心内容的信息数据库；其二，在智能化技术驱动下形成智慧解决方案，实现科学决策，如建立线上"问题收集－分流交办－处理处置－回访反馈－效果评价"办理流程，在此基础上分析群众诉求集中领域，为市委、市政府民生决策提供参考，从而形成治理层面的智能联动。

（四）价值融合：建构多元价值景观，以实现价值认同来形成"真融合"

媒体融合之"深"还体现为从基于媒介的"有形融合"转向基于价值的"无形融合"，尤其是在跨媒体、跨领域、跨地域等多元力量协同参与的背景下，价值这种无形力量才是媒介融合深度而泛在的动力，因此价值融合也成为媒体融合走深、走实的主要发展方向。价值融合并不是强调某个体在形式层面的价值叠加，也不是以牺牲某一方利益的价值妥协，而是指以一种平衡、互动的视角来重建用户、媒体、政府、社会之间的利益关系，或者以突破不同利益主体的"价值壁垒"来解决利益冲突，从而以实现价值认同与共识来形成真正意义上的融合，这也是针

---

① 《瞭望｜山东肥城：治理有"数""智"治有方》，新华社客户端百家号，2023 年 6 月 19 日，https：//baijiahao.baidu.com/s? id=1769089700414206885&wfr=spider&for=pc，最后检索期：2023 年 6 月 20 日。

对当前融合流于形式等问题的有效解决方案。目前，价值融合主要体现在三个维度。

从传播层面看，应该重建多元主体之间的价值平衡，以重构信任机制。当前，虽然在媒体融合过程中推出了一系列爆款产品或者一系列平台，但是如何能够形成可持续的传播力与影响力？这是影响价值融合的关键问题，根本原因就在于用户、媒体与政府在价值层面的错位，因此需要重建统一的价值逻辑，将多元主体之间利益融为一体，具体通过技术赋能用户参与新闻生产与传播的全链条。一方面，将用户需求纳入全媒体链，精准且实时把握用户心理与行为的变化规律，在此基础上来生产和传播内容，如2021年4月北京时间有限公司研发的全流程用户追踪分析系统上线运营，就很好地改善了"北京时间"App触达用户能力不足等问题，可覆盖进入App推广页面、下载激活客户端、登录App、后续稿件浏览、参与活动全流程的用户；另一方面，为用户和政府搭建对话平台，媒体作为"协调者"角色，重新整合用户价值与政府价值，通过搭建公共传播平台来实现具有建设性意义的多元对话，如搭建监督平台与开设问政栏目就是一种有益实践，它实现了媒体、用户、政府的价值融合。

从体制机制层面看，应实现经济价值与社会价值的动态平衡。媒体融合是一个系统性工程，而体制机制创新是关键，经营是媒体融合可持续发展的重要组成部分，因此媒体融合仅靠政策支持和财政拨款仍难以为继，媒体的宣传属性与产业属性之间的矛盾凸显，因此合理平衡社会效益与经济效益至关重要，在"大融合"理念下，相应改革也应该立足于全局，打破机制体制壁垒、加强市场化能力。首先，应该灵活机制，实行"事业+企业"的运营模式，在坚持社会价值的同时，也要注重媒体在经营、创收方面产生的经济价值，尤其对主流媒体而言，媒体作为公益一类的特殊属性为发挥社会价值定下基调，但内容付费、直播带货等新商业模式也为媒体的商业化提供了新路径。其次，将媒体自上而下的体制结构扁平化，以建构IP来树立品牌形象，其中"工作室制"就是一种较为折中的方式，通过挖掘特色资源来打造具有中国特色的IP，增强影响力的同时也转变工作方式。如2022年3

月北京日报鼓励跨部门人员重组并首推"光影记忆""新闻我来说""胡同里的北京"等融媒体工作室；同年 6 月，上海报业集团也启动"融媒工作室赋能计划"。最后，重新调整人才结构，囿于体制机制，目前一些地方融媒体中心的人才结构不平衡，普遍年龄偏大，其中调研单位中一半以上媒体的平均年龄在 40 岁左右，知识层次偏低，对基于新技术的工作流程接受度不高；人才培养机制不健全从调研情况来看，囿于人事管理机制，编制有限，高素质专业人才的引进只能以聘用制为主，这也导致了与事业编制人员同工不同酬问题，聘用人才整体稳定性较差，因而很难招到成熟的融媒体技术人才。因此，应调整人才发展机制。一方面，应优化人才结构，如浙江、湖南均大胆启用年轻人，特别是"浙江宣传"团队包括主编是来自浙江日报的 90 后；另一方面，应秉承"刚柔并济"的原则，建立适合媒体发展规律的事业单位的绩效管理体系化，增加新媒体考核在绩效考核中的权重，以绩效来提升融媒体中心的人员待遇，根据工作业绩适当拉开绩效奖励收入，形成优者奖、庸者下、劣者汰的工作导向，不断激发从业人员的积极性、主动性、创造性，同时也应以"柔性"工作机制来"软化"僵硬体制，应完善工作室、项目制等内部机制，鼓励内部创业，打破现有级别资历、绩效和薪酬限制，支持有能力的年轻人脱颖而出。此外，还需要优化人才培养方式，采用协作式人才培养机制，如北京市广播电视局、河北省广播电视局与国家广播电视总局研修学院成立了京津冀新视听媒体融合学院，通过构建区域人才培养协作体、共同开拓成熟的人才孵化培养模式、推动产学研相结合、促进区域人才交流等几方面合作，为京津冀及全国广播电视媒体深度融合提供智力支撑。

从文化层面看，工具理性与价值理性相统一，更应秉持"价值对齐"的核心理念。对于"价值"的理解，较为经典的分类就是德国社会学家马克斯·韦伯的"理性二分法"，这实际上也是一种价值二分法，韦伯将其区分为"工具理性"和"价值理性"。工具理性注重手段、条件与形式、利益和效果，价值理性则强调内容、本质，强调道德精神对人的终极关怀。在智能传播时代，智能化技术能够提升信息生产与传播效率，实现传播效率与效

果的最大化，为信息传播带来了巨大的变革，"秒级生成""海量数据""批量生成""高点赞量""高播放量"等词汇的出现都在反复强调一个事实——"技术至上"。"流量为王""技术为王"等都是智能传播时代"技术至上"的代名词，"算法秩序"也成为新的秩序与文化，特别是 ChatGPT 等生成式媒介技术的规模化应用，将引发新一轮的人机伦理问题，因此"工具理性"的外溢导致对"价值理性"的忽视，应该坚持主流价值引导算法，增强数字空间治理的"建设性"。在我国，一系列政策法规的出台为其提供了相应的保障，自 2022 年以来，《互联网信息服务深度合成管理规定》《生成式人工智能服务管理办法》等管理规定相继出台，秉承"科技向善"的精神，坚持主流价值导向，积极传播正能量，抵制不良信息传播，这是秉承工具理性与价值理性关系再平衡的重要体现，技术的应用发展应该注重价值导向，符合人类的价值观，满足人类的需求和期望，而不仅仅遵循数据逻辑。

（五）生态融合：建设协作共享的媒体融合平台集群，打造数智城市新生态

党的二十大报告明确指出："坚持人民城市人民建、人民城市为人民，提高城市规划、建设、治理水平，加快转变超大特大城市发展方式，实施城市更新行动，加强城市基础设施建设，打造宜居、韧性、智慧城市。"媒体已经成为影响社会生态系统的重要因素，随时随地影响着我们的日常生活实践。媒体融合的全感知激活、全场景覆盖与全价值链拓展，也促使多维生态圈的建构，因此生态融合成为必然发展方向。媒体融合不局限于媒体形态的融合，而是以人为核心，以媒体形态融合为基础，打破媒体与社会领域之间边界，进而形成内外互通、横纵联动的生态融合体系，从而打造数智城市新生态。

一是以人为本，以融媒体中心为母体，打造自主可控的传播平台，形成智能媒体生态，从而夯实媒体融合核心层。在媒体融合发展初期，主流媒体积极拥抱新媒体，全面布局第三方平台，实现了"全媒体"之"全"，然而

却存在"通而不融"的现象，主要体现在理念、用户、数据、内容、运营、服务等方面的掣肘，比如运营思路陈旧且不灵活、内容生产同质化、技术能力和技术队伍仍是短板、流量变现与社会价值之间失衡，因此不能充分展现主流媒体的传播力与影响力。然而，按照媒体属性，要想把握舆论话语权，打造自主可控的新型融媒体平台将成为未来发展趋势，而数据与内容是关键。其一，建设自有数据平台，打造技术支撑平台矩阵，夯实媒体融合的技术底座，从而为全域连接与全民连接提供基础设施，"以减法做加法"的思路以打通融合壁垒，以促进新闻资源与社会资源互通联动，目前，国内近30个省份的"云端"均已上线运行，江苏的"荔枝云"、浙江的"天目蓝云"、湖北的"长江云"，实现精简精政，统筹建设基于视频服务统一的城市政府服务入口，将服务集约化、集成化，让媒体的数据、用户、内容、流量、影响力等要素更加融通，从而为公共传播提供智能支撑。如 2023 年 3 月 28 日浙江省推出新型智能化融媒体技术平台"天目蓝云"，通过打造引领媒体变革的技术集成中心、数据交互中台、融合传播中枢，打通省内各级融媒体平台，建设全省"一张网"的媒体深度融合传播格局。其二，与用户形成"强连接"，以差异化优势来强化舆论引导力。如果说自有技术平台是为了连接用户，那么深度内容则是为了留住用户。具体可以着眼于两个方面。一方面，从服务上与用户形成"强关系"，打造基于行业与地域的"小生境"。根据调查结果①，主流媒体使用目的排名前三的选项为"了解社会信息、热点现象，获取新闻""了解政策动向""获取知识"，占比分别为65%、48% 和 36%，这表明在满足用户信息认知需求的同时，还应该加强服务功能与用户之间的深度连接。尤其面对纷繁复杂的平台，如何能更精准满足用户需求并形成强关联则至关重要。形成具有特色的内容生态，还需要充分挖掘当地特色资源，为用户提供"一站式服务"，提升平台的用户数和活跃度，永久连接用户。如北京广播电视台推出"北京时间接诉即办平台"，与 12345 市民热线实现系统和数据全部连通，可以通过互联网

---

① 根据课题组"2022 年度媒体融合认知调查研究"数据。

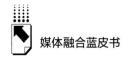

提交图文、视频诉求，对政府接诉即办工作进行转办跟踪服务，通过审核将符合受理标准的信息传送至 12345 数据后台，由政府进行统一受理，并纳入督办考评体系，截至 2022 年 5 月，应用接收市民诉求一万余条，协同 12345 办理率 100%，有效过滤掉无效诉求千余条，不断提升民众的生活满意度。另一方面，鼓励全民参与内容生产过程，通过内容输出来增强用户黏性，以"湃客"为例，作为深度记录中国开放性平台，其鼓励全民参与内容创作，目前客户端下载量达 2 亿，全网分发渠道 80 多个，尤其在国际传播中发力，布局全球拍客体系，辐射更多语种和地区主流媒体，逐步打造成为全球媒体。

二是充分发挥媒体的"一体化"社会功能，推动新闻服务向城市服务转型，以建设性媒体服务推动智慧城市建设，以智能化技术促进社会治理现代化。党的二十大报告指出，"要推进国家治理体系和治理能力现代化，完善社会治理体系，加快推进市域社会治理现代化，提高市域社会治理能力，发展壮大群防群治力量，建设人人有责、人人尽责、人人享有的社会治理共同体"①。这为当前媒体如何参与社会治理指明了方向。特别是网络终端与智能终端正在重新定义人们的生活方式，"永久在线、永久连接"正成为一种现实，互联网与社会网络正相互嵌构，媒体作为"连接者"与"服务者"的特征也有了更丰富的蕴意。信息告知仍然是媒体功能的一部分，然而在数字技术飞速发展与信息渠道倍增的今天，信息传播的及时性已经可以实现，而如何解决公众实际存在的社会问题、如何提供数字化生活的解决方案则成为关键，因此媒体不仅是告知信息与报道问题的"连接者"，更是切身参与方案制订的"服务者"。其一，积极建设"一体化"融媒问政平台，聚合多元主体协同参与社会治理。近年来，一些基层媒体在参与社会治理方面不断探索。如重庆市津江区融媒体中心推出"问政平

---

① 《习近平：高举中国特色社会主义伟大旗帜 为全面建设社会主义现代化国家而团结奋斗——在中国共产党第二十次全国代表大会上的报告》，中国政府网，2022 年 10 月 25 日，https://www.gov.cn/xinwen/2022-10-25/content_5721685.htm，最后检索日期：2022 年 10 月 30 日。

台、问政调查、问政反馈、融媒内参"的四合一问政体系，截至 2023 年 5 月，已入驻了部门镇街 107 家问政单位，解决群众投诉事件 21890 起，交办回复率98.5%①；四川省绵阳市融媒体中心与政府各部门联动，围绕党委和政府的中心工作，通过深入各区域、各部门明察暗访，推出有价值、有分量的调查报道，也与党委、政府服务监督局、信访局、经信局、12345 热线、纪委监委等部门对同一类问题探讨解决方案。其二，以方案思维推动建设性监督，提升政务信息应用能力与精准决策能力。调查显示，人民群众对融媒体问政功能的需求在不断增加，越来越多的民众期待通过融媒体中心这一互动沟通渠道实现自己的社会参与。对此，一些媒体也开始探索建设性监督的特色做法。一方面，要将"融媒体+监督"制度化、常态化，如 2022 年 10 月 11 日，贵阳市办督查局印发《"融媒+督查"工作办法（试行）》，主要围绕贵阳市委、市政府决策部署落实情况，从人民团体、高等院校、科研院所、新闻媒体中等选聘社会督查员，构建"社会力量+督查"工作格局，同时还在电视、报纸、网络、微信、微博和App 客户端等平台上开辟"融媒+督查"专栏②。另一方面，形成"问题+方案"的监督工作机制，如四川省绵阳市通过建立健全常态化长效化工作运行机制，推动形成发现问题、分析问题、解决问题的工作闭环，以建设性监督与舆论引导有机结合的报道机制来推动政民良性互动，通过多级联动推出涪城"晒"场、安州"今日直击"、三台"直通一线"等舆论监督品牌，截至 2022 年 3 月 17 日，各地先后推出舆论监督报道 117 篇，追踪报道 13 篇，曝光疫情防控、交通安全等方面问题 119 件。其三，加强"融媒体+城市服务"平台建设，从媒体运营转向城市服务，将传媒数据与城市数据相融合，从而提升社会治理体系与治理能力的现代化水平。无论

---

① 《一体化+可视化+智慧化！江津融媒二次飞跃》，江津融媒百家号，2023 年 5 月 15 日，https：//baijiahao.baidu.com/s？id=1765970752007355774&wfr=spider&for=pc，最后检索日期：2023 年 5 月 15 日。

② 《「深入学习贯彻党的二十大精神」贵阳市督办督查局：锐意创新抓落实 切实把党的二十大精神落实到督办督查工作中》，天眼新闻，2022 年 11 月 8 日，https：//baijiahao.baidu.com/s？id=1748914191970694603&wfr=spider&for=pc，最后检索日期：2023 年 7 月 8 日。

是政务服务还是民生服务，都是群众日常需求的重要组成部分，因此满足群众的各类需求也是媒体融合发展的重点之一，所以各级融媒体中心也从新闻服务功能转向市场服务功能，以服务来引导舆论，扩大舆论工作的主战场。一方面，以综合平台来汇聚各类服务，实现媒体的角色转变。如天津市滨海新区融媒体中心推出"津滨海"客户端，采用"融媒体+融服务"创新模式，聚合政务服务、便民服务、医疗健康服务、交通出行服务、文化旅游服务、金融服务等各类服务内容；佛山市融媒体中心打造"佛山通"、"佛山+"等综合服务平台，其中，"佛山通"则由佛山传媒运营"政务服务+公共服务+商事服务+民生服务+媒体服务"城市级综合服务平台，增强平台用户黏性的同时，也推动运营方式转向城市服务，以智能媒体推动智慧城市管理。另一方面，媒体积极参与数字城市建设，以数字孪生技术为智慧城市赋能。2021 年 3 月，"探索建设数字孪生城市"首次纳入"十四五"规划①，这也成为智慧城市的战略指引。与此同时，全国各地也开始积极探索数字化城市建设的创新路径：一些地方已经开始将战略落地，如上海市制订"1+1+3+3"城市数字化转型政策框架；也有地方创新建设机制，如杭州的"城市大脑"与雄安新区的"一中心四平台"都是数字孪生导向的城市建设创新模式，这都有助于社会治理的精细化，如参与城市的评估、规划、建设、管理和服务等多个环节，从而形成智能化治理生态。

三是对数字空间的建设性治理还需要建立科学的评价体系。根据中国信通院数据，从 2021 年开始全球虚拟设备出货量加速，预计 2024 年可达 7500 万台②，数字技术的蓬勃发展将现实空间与虚拟空间融为一体，从而衍生"数字空间"。数字空间是"基于通信网络、大数据、云计算、物联网等

---

① 《中华人民共和国国民经济和社会发展第十四个五年规划和 2035 年远景目标纲要》，中国政府网，2021 年 3 月 13 日，https：//www. gov. cn/xinwen/2021－03/13/content_ 5592681. htm，最后检索日期：2022 年 11 月 13 日。

② 《虚拟和真实世界大门已经打开？"元宇宙"掀起科技新风口》，北京日报客户端百家号，2021 年 9 月 8 日，https：//baijiahao. baidu. com/s？id＝1710297729767893570&wfr＝spider&for＝pc，最后检索日期：2023 年 7 月 10 日。

数字技术，将现实物理空间的实体信息虚拟化、符号化，并逐渐以数字化形式再现于本地数据库或云端数据库，形成一个能够映射现实物理空间物质属性和社会属性的虚拟数字空间"①。因此，数字空间是现实社会的延伸，而随着数字化转型，智能化技术在为人们生活带来便利的同时，其风险也从数字空间向现实空间蔓延，进而出现基于互联网与大数据的数字鸿沟、隐私、安全、数据滥用、网瘾和网络暴力等问题，以及基于人工智能的智能鸿沟、算法偏见、人机伦理、人机信任、深度造假等问题，这表明数字技术在信息生产与传播中的应用呈现外溢效应，这在疫情期间尤为凸显，由"病毒疫情"引发"信息疫情"，因此这也需要对数字空间进行建设性治理，这里的"建设性"是指科学化的解决方案，其中科学的评价体系就是网络治理生态的有效解决方案。那么，在数字空间中如何科学评估媒体融合效果？媒体融合效果评估如何为数字化城市治理效果评估赋能？这些问题都需要我们进一步思考和探索，当前一些媒体机构已经开始探索。如中国搜索通过调查研究和创新探索，设计了有别于商业竞价排名的媒体融合传播效果评价体系，并通过自主研发的新媒体排行榜可视化智能数据处理系统，为评价新媒体的新闻传播实效构建了全方位描绘媒体融合战场的"大数据地图"；新京报则推出"评价指数智引计划"，并携手高校发布"城市线上治理能力指数"，以民本、回应、专业、引领、公信五个维度构建评价体系，为数字城市治理提供参考；千龙智库建立了"品牌价值影响力传播评价体系"。但这些体系均是从媒体融合与城市治理某个侧面切入的效果考量，在生态融合的大背景下，我们更需要一个能兼顾传播与社会的融合指标体系，因此把"四力"标准与城市治理标准融合并准细化为科学的数据量化评价体系也是未来社会治理现代化的一个创新方向。

---

① 李芳、程如烟：《主要国家数字空间治理实践及中国应对建议》，安全内参，2020 年 10 月 23 日，https://www.secrss.com/articles/26489，最后检索日期：2022 年 12 月 23 日。

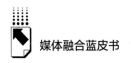

参考文献

殷乐：《建设性新闻与国家治理现代化》，《中国广播电视学刊》2022 年第 7 期。

殷乐、邹雪：《助力塑造主流舆论新格局——重大主题融合报道的特点与创新路径解析》，《电视研究》2023 年第 3 期。

调查篇

Investigation Reports

B.2

2022年中国网民的媒体
融合认知调查报告

课题组 *

摘　要：　媒体融合纵深发展，为走好全媒体时代群众路线，了解网民对融
合现状及影响的认知与态度至关重要。本报告主要围绕网民媒介
接触情况、融合发展情况认知、网络舆论及社会心态变化几个方
面展开调查，从而发现：指尖触网已成为网民日常行为，移动
化、视听化、智能化；信任、建设性、服务化、视听化、基层化
成为媒体融合发展认知关键词；网络表达与积极向上是网民对媒
体深度融合社会影响的主要印象。

---

* 执笔人：殷乐，博士，中国社会科学院大学新闻传播学院副院长，中国社会科学院新闻与传
播研究所研究员、应用新闻学研究室主任，主要研究方向为媒体融合，互联网治理与新媒
体，技术、媒介与社会；高慧敏，博士，北京邮电大学数字媒体与设计艺术学院讲师，研究
方向为媒体融合、智能传播；申哲、杨默涵、戴睿敏，中国社会科学院大学新闻传播学院博
士研究生；张新雨，中国社会科学院大学新闻传播学院硕士研究生。

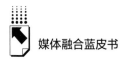

关键词： 网民　媒体融合　网络舆论　社会心态

党的十八大以来，习近平总书记多次对媒体融合发展提出明确要求。党的二十大报告指出，要加强全媒体传播体系建设，塑造主流舆论新格局，巩固壮大奋进新时代的主流思想舆论。该重大论断为推动媒体融合向纵深发展、建设高质量主流媒体提供了遵循与方向。2023年，"推进媒体深度融合"被首次写入政府工作报告，这也更加确定了媒体融合的战略地位。推进媒体融合的关键点之一在于如何认知当前媒体融合，而目前相关调查报告主要集中于媒体工作者对于媒体融合的认知态度，而鲜有从网民视角来认知媒体融合，而之前《关于加快推进媒体深度融合发展的意见》也明确指出"要走好全媒体时代群众路线，坚持以人民为中心的工作导向，坚持贴近群众服务群众"，因此课题组开展"2022年中国网民的媒体融合认知调查"，调查分为6月与12月两期，共计样本量10000，调查覆盖20个城市，具体围绕媒体融合时代的网民媒介接触情况、融合发展情况认知、网络舆论及网民心态变化展开。以下为主要调查结果与核心观点。

一　指尖触网成为网民日常行为，呈现移动化、视听化、智能化

（一）移动化传播：网民生活世界趋于媒介化

1. 智能手机成为全民终端，智能终端渗透率低但也开始浮现

随着数字时代的到来，智能手机的普及率已大幅提升，根据调查结果（见图1），被调查民众的"智能手机/功能手机"拥有率达到96.7%，显然智能手机已经成为网民日常生活中的最主要媒体终端，这与整体信息化和工业化融合发展推进的大趋势相契合。尽管如此，作为传统媒体的电视位居第二，依然在传统媒体中一枝独秀，尤其与第一期数据相比，受访者占比提高近一成，

这表明电视终端并没有退出民众生活,尤其是在疫情期间,电视成为疫情新闻发布会的主要端口,也成为民众了解疫情信息的主要终端。而伴随媒体的智能化,虽然智能手表、智能音箱、VR眼镜等一些智能终端的渗透率较低,但也开始出现在网络民众的日常生活中,目前占比均不超过两成,这主要囿于当前技术的限制,但这些智能媒体的出现也为元宇宙概念在家庭场景的落地提供了可能与机会,特别是智能手表和VR眼镜与第一期数据相比均有所提升。

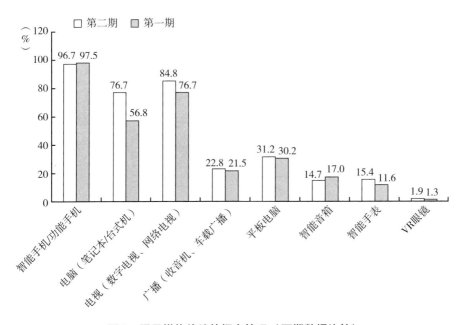

图1　网民媒体终端的拥有情况（两期数据比较）

2. 微信与短视频已经成为网民媒介行为与认知的主阵地

随着手机移动端的全面布局,网民媒介行为与认知也随之发生变化,微信、短视频成为网民获取新闻、发布信息、参与网络舆论的主要渠道。

从信息发布渠道来看,调查显示（见图2）,逾一半（52.9%）受访者通过个人微信朋友圈、微信群发帖、点评与互动,占比最高,而且这与第一期数据相比有所增加;其次为"短视频平台直播、评论与弹幕",占比39.7%,与第一期数据相比略微有所降低。

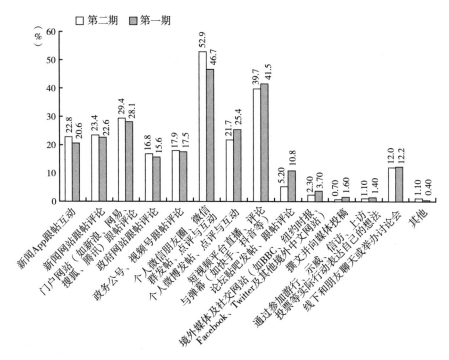

图2　网民发布个人信息和个人观点的主要渠道（两期数据比较）

从媒介接触频率来看，微信（包括公众号、朋友圈、微视频）、短视频平台（如抖音、快手）等社交媒体已经"嵌入"网民的全天候日常生活。调查显示（见图3），近七成受访者选择每天接触"微信"（67.6%），占比最高，这与第一期数据相比有所增加，微信成为人们触网最主要终端。其次是"短视频平台"，占比为48.1%，与第一期数据相比有所下降，这也表明受访者对于短视频平台进入审美疲劳，需要提升短视频平台内容的质量。

从网络热点事件了解与参与渠道来看，微信仍然是受访者了解社会热点事件的最主要渠道，调查显示（见图4），微信位于首位，受访者占比最多，超过七成（72.7%）；电视和短视频平台位于第二梯队，受访者占比均为近六成（分别为58.6%、56.5%）。

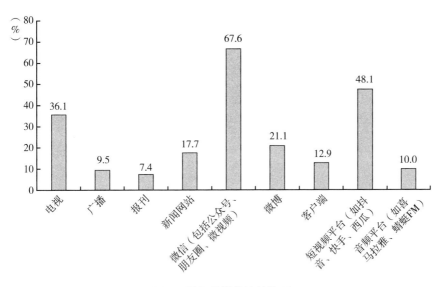

图 3　网民的媒体接触情况

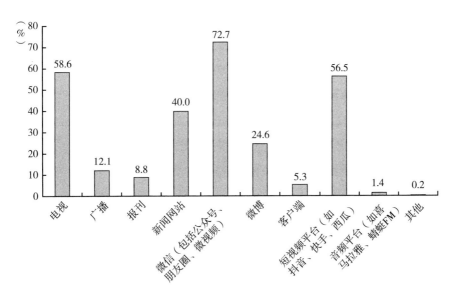

图 4　最近半年网民了解社会热点事件的主要渠道

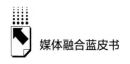

（二）视频化内容：网民对短视频的认知趋于理性

1."抖音""微信短视频""快手"等基于社交的短视频平台位列前三，抖音依然是最受欢迎的短视频平台，八成多受访者表示经常使用抖音

短视频在媒介生态中的地位持续攀升，这主要体现于受访者对短视频平台的使用情况。根据调查结果（见图5），"抖音""微信短视频""快手"等基于社交的短视频平台位列前三，受访者占比分别为85.6%、49.3%和43.1%，其中与第一期数据相比，"微信短视频"已经超过"快手"位居第二，这也表明"微信短视频"的强社交属性增强了用户黏性。

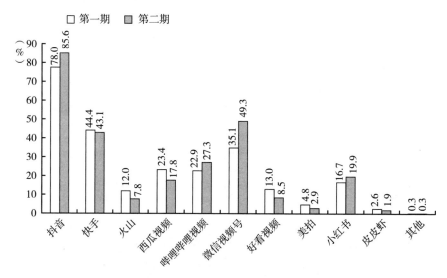

图5 最近半年网民的视频平台接触情况（两期数据比较）

2.近半年来，疫情是短视频内容焦点，内容的知识性特征显著

从浏览内容来看（见图6），近半年来，新冠疫情始终是受众关注的焦点，因此"疫情相关视频"成为受访者最常浏览的内容，占比超过八成，这与第一期数据相比，有显著提升，这与下半年疫情发展态势密切相关。同时，随着国际形势的复杂多变，短视频也成为大众认知世界的窗口，因此

"时政类视频"亦成为受访者经常浏览的内容之一,受访者占比为71.8%,与第一期数据相比,增加近一成;同时,与第一期数据相比,"知识干货/科普视频"类内容的受欢迎程度已经超过"搞笑/娱乐视频",前者受访者占比为近5成(49.3%),这也表明短视频平台的知识生产属性更加显著。"评论视频""明星/网红视频"均为两成多,与第一期数据相比也均有所下降,说明受众对短视频平台内容的需求与消费也更趋理性。此外,还有不到两成受访者经常浏览"健身视频"、"游戏视频"以及"美妆视频"类内容。整体而言,短视频内容的知识性凸显,而且明显受访者对内容的选择更趋理性。

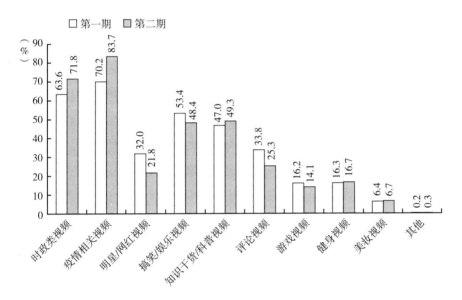

图6 最近半年网民在视频平台经常浏览的内容类型(两期数据比较)

(三)数字化体验:反向连接与回归现实成为网民的新诉求

在智能传播时代,网民对网络使用的态度较为矛盾,调查结果显示(见图7),一方面,强调社会的网络化,对于网络世界与现实世界的认知边界趋向于模糊,但也开始渴望回到现实世界,这也是媒体深度融合的体现,逾四成受访者对观点"我觉得网络世界可以代替现实世界，能够满足我的大部分需求，疫情期间更是如此"表示"赞成"和"比较赞成"，但整体来看，这与第一期数据相比降低了一成，表明在疫情期间，由于"封控""零接触"等措施，网络则成为人们认知世界的主要窗口，同时人们的生活也与网络之间的连接更为密切，但也正是这种网络化效应的外溢，人们渴望回归到切实的社会生活，这也让人们认知到网络世界并不能完全代替现实世界。此外，对于"元宇宙"的认知也较之前有所变化，不到四成受访者则表示期待进入"元宇宙"，进而享受这种虚实融合的沉浸感，这比之前有所下降，表明人们对于"元宇宙"概念进入审美疲劳，同时也受到技术局限性等原因的影响。另一方面，受访者对于手机的依赖性在减弱，四成多受访者对于观点"我感觉自己成了手机的奴隶，正尝试戒掉手机""不太赞成"或"不赞成"，否认自己成为手机的奴隶，也没有尝试戒掉手机的打算，表明受访者能够与手机的关系保持理性。甚至，受访者也对网络信息的担忧增强，如超五成（55.1%）受访者认为"网络信息内容参差不齐，深度伪造（Deepfake）、智能算法等技术被滥用于网络内容的生产和传播"，对整个网络空间产生负面效应，这与第一期数据相比增加了近两成，表明人们对网络的认知更为理性。

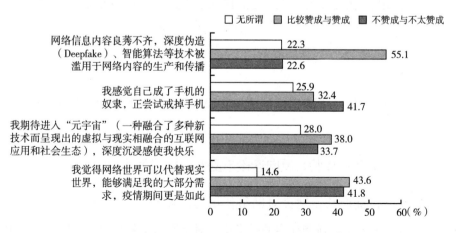

图7 网民对于各观点的态度

二 信任、建设性、服务化、视听化、基层化成为媒体融合发展认知关键词

（一）信任：权威性与公信力始终是网民对主流媒体的最主要共识

1.网民对主流媒体的全媒体形态认知正逐渐形成

目前，主流媒体还没有较为统一的定义，然而从不同角度仍可以得出主流媒体的轮廓。根据新华社"舆论引导有效性和影响力研究"课题组的研究成果，判断主流媒体有六条标准，而课题组则在此基础上进行调整，结合当前智能传播环境，补充了"利用主流价值驾驭算法，正向引导人工智能技术在信息生产与传播全链条中发挥带动作用，打通社交化传播渠道，实现价值链的反向建构"，以进一步调查公众对这六条标准的认知情况。根据表1，受访网民对主流媒体的整体态度，均值普遍在4分以上，标准差和方差较小，可见受访网民对判断主流媒体的这六条标准整体呈现积极态度，其中受众对"体现并传播社会主流意识形态与主流价值观（在我国即是社会主义意识形态和与之相适应的价值观），坚持并引导社会发展主流和前进方向，具有较强影响力"的认知度最高，均值为4.24。整体而言，权威性始终是公众对主流媒体的最主要共识。与第一期数据相比，网民对主流媒体的认知在权威性、影响力、引导力、传播力、公信力和智能化等维度均有所增强，这也表明网民对主流媒体的全媒体形态认知也在逐渐形成。

2.网民对主流媒体整体信任度较高，体制内主流媒体信任度最高

根据调查结果（见表2），受访网民对于"中央级新闻媒体""政务媒体""地方级新闻媒体"等主流媒体的信任度均值普遍在4以上，标准差和方差较小，可见受访网民基本对以上体制内主流媒体的信任度较高；受众对知名自媒体的信任度均值为3.64，低于网民对"中央级新闻媒体"、"地方级新闻媒体"以及"政务媒体"的信任度；网民对在境外设立的社交媒体

账号的信任度最低，均值为 2.95，且标准差和方差较大，与第一期数据相
比其均值也较之前有大幅下降。

表 1   网民对主流媒体相关描述的态度平均值

主流媒体相关描述	平均值	标准差	方差
具有党、政府和人民的喉舌功能，具有一般新闻媒体难以相比的权威地位和特殊影响，被国际社会、国内社会各界视为党、政府和广大人民群众意志、声音、主张的权威代表	4.21	0.697	0.486
体现并传播社会主流意识形态与主流价值观（在我国即是社会主义意识形态与与之相适应的价值观），坚持并引导社会发展主流和前进方向，具有较强影响力	4.24	0.748	0.560
具有较强公信力，报道和评论被社会大多数人群广泛关注，并成为他们思考和行动的依据，较多地被国内外媒体转载、引用、分析和评判	4.14	0.798	0.637
着力于报道国内外政治、经济、社会、文化等领域的重要动向，是历史发展主要脉络的记录者	4.15	0.761	0.579
具有较大发行量或较高收听、收视率，影响较广泛受众群，且基本受众是社会各阶层的代表人群	4.14	0.767	0.589
兼具新兴媒体和主流媒体的功能与属性，既拥有强大实力、传播力、公信力和影响力，又有形态多样、手段先进、具有竞争力等特征的新主流媒体	4.14	0.782	0.611
利用主流价值驾驭算法，正向引导人工智能技术在信息生产与传播全链条中发挥带动作用，打通社交化传播渠道，实现价值链的反向建构	4.13	0.776	0.602

表 2   网民对于我国主流媒体报道的可信度评价平均值

主流媒体	平均值	标准差	方差
中央级新闻媒体（如央视、新华社、人民网）	4.50	0.700	0.490
地方级新闻媒体（包括省、市、县）	4.18	0.803	0.644
政务媒体（如学习强国及各地政府网站、公众号、微博、抖音号等）	4.19	0.774	0.600
知名自媒体	3.64	0.896	0.804
在境外设立的社交媒体账号	2.95	1.222	1.493

调查结果显示（见图8），央视、新华社、人民网等中央级新闻媒体的信任度最高，受访者选择"非常信任"与"基本信任"的占比达到九成，其次为政务媒体，受访者选择"非常信任"与"基本信任"的占比均达到八成以上，这与近几年大力发展地方融媒体有关。而与之相比，在人人皆自媒体的时代，网民对自媒体的信任度却并不高，选择"非常信任"和"基本信任"知名自媒体的受访者占比不到六成。最后，对于境外设立的社交媒体账号的信任度最低，受访者占比不到四成。这表明，以中央级新闻媒体与政务媒体为主的体制内媒体发布的新闻与信息仍然最为民众所信赖，因为在海量信息环境中，网民对以制度为基础的信息传播信任度还是高于基于人际关系为基础的信息传播。值得关注的是，与第一期数据相比，中央级新闻媒体、政务媒体、地方级新闻媒体的信任度均有所提升，而与之相反，境外设立的社交媒体账号、知名自媒体的信任度则均下降。这表明，网民对专业媒体的信任度在逐渐增高，而对自媒体、境外媒体的信任度下降，其中内容真实可靠仍然是影响媒体信任度的关键因素，同时也表明网民对媒体内容的态度趋于客观、理性。

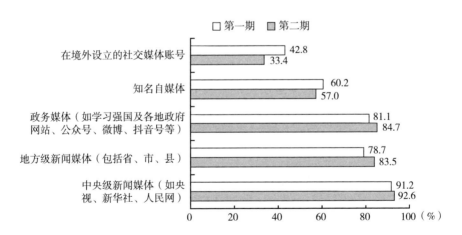

图8　网民对我国主流媒体报道的可信度评价（两期数据比较）

3. 网民对于主流媒体融合发展持乐观态度

根据调查结果，受访网民对于主流媒体融合发展的整体态度打分均值普

遍在 4 以上，标准差和方差较小，可见受访网民对主流媒体融合发展的整体态度持积极乐观态度。

具体而言，第一，对主流媒体的舆论引导给予肯定。91%的受访网民"完全认同"或"比较认同"观点"旗帜鲜明地坚持中国特色社会主义价值导向，做好意识形态引领工作，善于同社会不良思潮做斗争，让'守正创新'真正贯穿媒体深度融合全过程"（观点 1）。第二，认可主流媒体在城乡社区服务体系建设、数字化转型、乡村振兴等重大国家命题推进中发挥的重要作用。86.8%的受访者对观点"在数字社区治理、智慧城市建设和推动乡村振兴等方面发力，更加注重结合本地智慧城市建设、社区治理、基层治理等服务功能，建立政务服务和生活服务平台"（观点 2）表示"完全认同"或"比较认同"。第三，认识到主流媒体在国际传播中扮演重要角色。87.8%的受访者对观点"努力打造全媒体对外传播格局，讲好中国故事，传播中华文化，充分释放媒体深度融合对国际传播的支撑效应"（观点 3）表示"完全认同"或"比较认同"。第四，对主流媒体的智能化发展的认同度较高。85.0%的受访者对"将大数据、人工智能、虚拟现实、虚拟数字人等技术应用到新闻采集、生产、接收与反馈等环节，以技术创新丰富信息表达、赋能场景呈现、助力价值传递"（观点 4）表示"完全认同"或"比较认同"。第五，意识到主流媒体进入深度融合发展阶段。86.3%的受访者对观点"要加强全媒体传播体系建设，塑造主流舆论新格局，健全网络综合治理体系，推动形成良好网络生态"（观点 5）持"完全认同"或"比较认同"态度。

（二）建设性：网民关切时政议题，向往美好生活

1.国内时政新闻仍最受关注

根据调查结果（见图 9），最近半年，关于受访网民经常收听（看）/浏览信息和内容的情况，"国内时政新闻"成为最受关注的内容，受访者占比为 66.8%。"疫情信息""国际时政新闻""重大突发事件的报道"位于第二梯队，受访者占比均为四成多；第三梯队为"对时事的各种评论与

解读""积极正面的新闻报道""揭露腐败和反映社会问题的新闻""社会奇闻轶事",受访者占比为三成多。由此观之,受访者对时政新闻、突发事件及其评论等"硬新闻"关注度远高于诸如经验、个人兴趣、娱乐类的"软新闻",尤其与第一期数据相比,对国内时政新闻的关注度有显著提高。

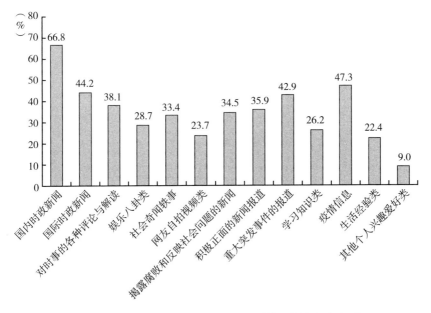

图9 最近半年网民所收听(看)/浏览信息的内容类型

2. 网民对主流媒体正面报道的积极性与建设性持肯定态度,且需求日益增强

值得关注的是,对"积极正面的新闻报道"的关注度较之前有所提升,受访者对主流媒体正面报道持肯定态度,具体体现为对新闻内容的积极性与建设性的肯定,主要依次体现于内容积极向上、提供方案与着眼未来三个方面。由图10可知,四成以上受访者选择的原因是"积极向上,鼓舞人心",而不到两成的受访者则更期待正面报道能够"提供方案,解决困惑"并"着眼于未来,带来希望",而仅有不到一成的受访者则认为当前正面报道

"报喜不报忧"或持不确定态度。整体来看，网民对主流媒体正面报道的关注并非仅聚焦于内容本身的积极与否，更着眼于其内容效果的建设性意义，尤其与第一期数据相比，对新闻内容的积极性与建设性的需求增加，这也与疫情笼罩下的社会环境相关，人们对美好生活充满期待。

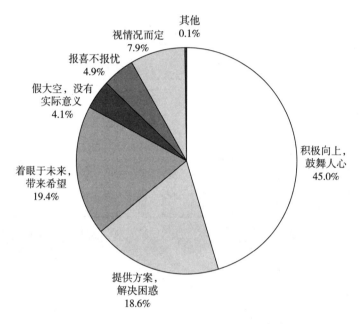

图10 网民对主流媒体正面报道的认知情况

3. 调查深度成为网民对内容的关注焦点

主流媒体在不断进步的同时也存在一些问题。根据调查结果（见图11），"实地采访和调查不够，无法全面了解事实"成为最主要问题，受访者占比近四成；超过三成受访网民认为主流媒体存在"形式单调，缺乏新意"、"时效性不强，对于重大突发性事件的回应不及时"、"对社会、民生等现实问题缺少关注"以及"内容较为碎片化，缺乏深度分析"等问题，说明我国主流媒体在报道形式新颖程度、报道时效性、现实问题关注程度以及内容分析层次等方面还有待进一步提升。对比第一期的调查结果，报道的实践调查层次超越新闻时效性成为最主要问题；内容碎片化、现实问题关注程度低、时效性差、报喜不报忧的问题有所缓解；标题党现象也逐渐下降，表明新闻内容走深走实。该结果也侧面反映出民众对新闻报道质量要求的不断提高。

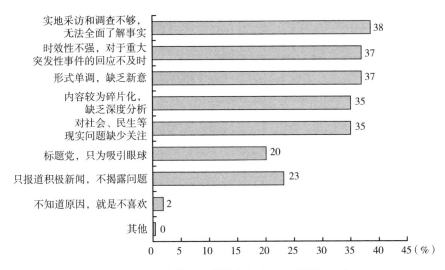

图 11　网民对当前主流媒体新闻存在不足的认知情况

（三）服务化：信息认知始终是网民对媒体的首要需求，"媒体+服务"成为网民新期待

根据调查结果（见图12），主流媒体使用目的排名前三的选项为"了解社会信息、热点现象，获取新闻""了解政策动向""获取知识"，分别为65%、48%和36%；三成左右受访者选择"发布状态、评论与观点""了解当地现状与情况"；选择"救助解决实际困难"和"办理各种政务服务"的受访者占比在20%左右；受访网民中选择"为了社交，或者扩大聊天话题范围"、"娱乐消遣（如景点打卡、寻找美食）"、"在线购物"以及"为了打发时间"的比重最小，均在10%以下。

由此观之，信息认知需求是公众对主流媒体的第一大需求，其他依次为表达需求、服务需求和社交需求。同时，相比第一期的调查结果，公众认知中主流媒体与公共服务功能之间的关系逐渐密切（选择"了解当地现状与情况"、

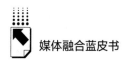

"救助解决实际困难"和"办理各种政务服务"的比重有所提升），体现出主流
媒体在媒体融合背景下对"媒体+政务+服务"模式的运用水平有所提高。

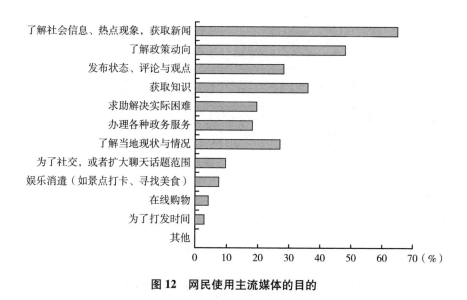

图 12　网民使用主流媒体的目的

（四）视听化：网民最为青睐的新视听融合报道

短视频仍为网民最受欢迎的主流媒体融合报道方式，文字+图片的受欢迎
程度有所上升，智能化融合报道方式的接受度还有待提升。根据调查结果
（见图 13），对主流媒体融合报道方式，短视频一枝独秀成为当前最受欢迎的
融合报道方式，受访者占比逾七成（72.4%）；而"文字+图片"的报道方式
位于第二，受访者占比超过六成（65.8%）；"音频（包括播客）"和"直
播"等报道方式则位列第三，受访者占比为三成多。此外，在智媒时代，目
前新兴技术加持下的融合报道方式接受度并不高，对于 H5 新闻、VR/AR/MR
新闻和 AI 虚拟主播播报等智能化报道方式，受访者的占比最低，均不超过
15%。总之，以视觉与听觉体验为主的报道方式仍然为受访者所青睐，而以全身
感知体验为主的报道方式则仍有进一步发展的空间。与第一期数据相比，短视
频的受欢迎程度稍微有所下降，而文字+图片的受欢迎程度有所上升。

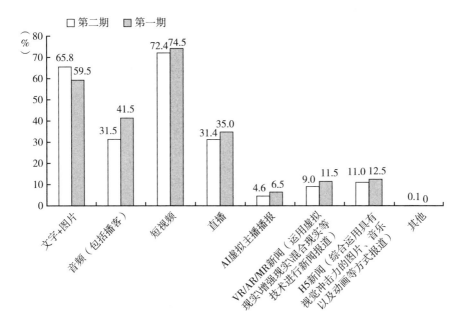

图 13　网民喜欢的主流媒体融合报道方式（两期数据比较）

（五）基层化：网民对媒体融合认知开始"下沉"至县域

1. 网民对县级融媒体整体认知度大幅提升但仍有空间

县级融媒体工作得到网民的广泛认可。调查结果显示，七成以上的受访网民表示之前听说过县级融媒体，其中"有听说或关注过"当地县级融媒体的受访者中，研究生及以上人群、市辖区人群、新闻媒体工作者、学生占比较高。对比第一期的调查结果，网民对县级融媒体的认知度有很大提升，从三成提升到七成以上，这也说明县级融媒体已经开始进一步发挥其社会功能，并且进入人民的日常生活，随着县级融媒体工作的不断深入，越来越得到群众认可。然而，仍存在相关信息宣传不到位的问题，内容与当地民众的日常生活没有形成紧密关联，这也成为县级融媒体认知度低的主要原因。调查显示，近一半的受访网民认为因为"平时没有关注过相关动态"，而29%的受访网民则认为因为"当地没有进行相关的宣传"，10%的受访网民认为因为

"当地没有建设县级融媒体",14%的受访网民表示"说不清"。从整体结果来看,县级融媒体建设的相关信息宣传不到位,同时与当地民众的日常生活并没有形成较为紧密的关联,二者影响了当地民众对媒体融合的认知程度。

2. 微信成县级融媒体发展的主要抓手

微信作为大众接触最为广泛的媒介终端,也成为县级融媒体发展的主要抓手。调查结果显示(见图14),首先,"本地融媒体微信公众号"成为受访者平时关注当地新闻资讯的主要来源,受访者占比近六成,"本地融媒体短视频平台(如抖音、快手等)"则位列第二,占比为五成,这也表明短视频逐渐"下沉"到基层。其次,"本地电视台、广播、报纸"等传统媒体在当地的新闻获取渠道中仍占据一定地位,受访网民占比为50%左右。再次,"本地融媒体客户端"和"本地融媒体微博"占比约三成到四成。对比第一期的调查结果,"本地融媒体客户端"的选择率明显提升,从33%上升到四成左右,说明地方客户端服务模块建设逐渐走向成熟;传统媒体、本地融媒体微博、本地专业媒体门户网站以及地方政府网站的使用量也有所提升。

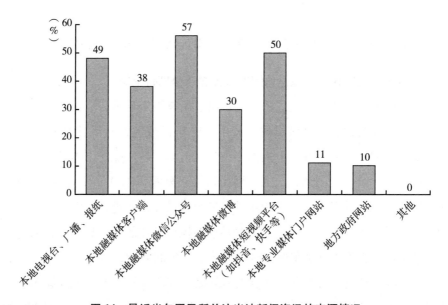

图14 最近半年网民所关注当地新闻资讯的来源情况

3. 信息功能仍为县级融媒体平台的首要功能，互动功能、公共服务、政务服务等功能尚未得到有效发挥

调查结果显示（见图15），信息功能仍为县级融媒体平台的首要功能，近八成受访者选择"了解本地信息、新闻资讯，包括疫情防控"，占比最高；公共服务以及政务方面功能次之，约四成左右的受访者选择"发表观点、信息"、"政务参与（反映问题、检举揭发、投诉等）"、"政务服务（办理各项行政事务）"和"生活服务，包括上网课、购物、求职、求租、交友、公共出行、惠民旅游、导诊就医"。这表明，县级融媒体平台功能的发挥较为局限，多用于信息内容获取，而其他方面功能尚未得到有效发挥。对比第一期的调查结果，政治参与功能的发挥有上升趋势，而互动功能、政治服务功能、公共服务功能的发挥呈现下降趋势，说明政治参与功能得到了一定重视，而互动功能、政治服务功能、公共服务功能等有待提高。

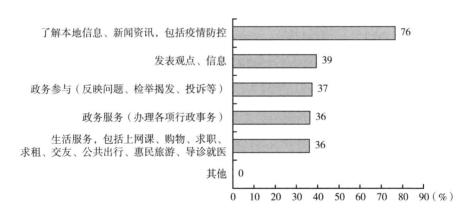

图15　最近半年网民对县级融媒体平台的功能使用情况

与信息认知功能相呼应，对未来县级融媒体能够提供的需求，仍当属信息需求，尤其是对当地新闻及当地社会问题的了解，但同时对融媒体的互动功能也开始关注。调查结果显示（见图16），"我想及时了解当地新闻资讯""我希望看到更多时政新闻报道"是受访者最希望得到满足的两大需求，占比均在五成以上，分别为53%和52%；"我想反映当地存在的社会问

题"，受访网民占比四成；社会参与和生活服务功能，选择"我想直接向融媒体中心提供内容"、"我想针对当地政策提出建议与意见"以及"能为我提供更多的便利生活服务（同城交友、购物、租房等）"的受访网民占比均为三成左右；选择"我想利用融媒体平台推广自家的农产品"的占比最少，约为4%。对比第一期调查结果，选择"我想直接向融媒体中心提供内容"的网民比重有明显提升，从26%增加到31%，这进一步说明县级融媒体建设工作的不断推进，人民群众对其问政功能的需求也在不断增加，越来越多的民众想通过融媒体中心这一互动沟通渠道实现自己的社会参与。

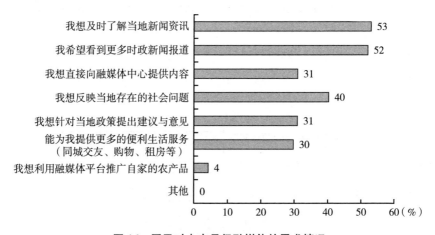

图16　网民对未来县级融媒体的需求情况

4. 网民对当地县级融媒体的贡献评价整体较高

多数受访网民对疫情期间县级融媒体的贡献持积极态度，且在媒体参与社会治理方面认可度有所提升。根据调查结果，当前民众已经对当地的县级融媒体参与社会治理的表现持肯定态度，评分均值在4.66左右，标准差为0.983，说明整体上网民对疫情期间当地县级融媒体的评分趋于正向。根据图17，疫情期间对当地县级媒体的贡献评分，62%的受访者对县级融媒体打分为5分以上，并认为"他们做的比较好，有媒体的责任感"以及"他们积极报道，对当地防控工作有重要作用"。这表明，县级融媒体在发展过程中虽然存在一些不足之处，但作为最接近基层群众的主流媒体，相当一批县级融媒体中心成为抗疫工作的中坚力量。不仅能在第一时间实现党和政府与人民群众声音的上传下达，而且能够在网上政务服务及其他综合服务方面发挥重要作用，为疫情期间社会有序运行做出贡献，得到了人民群众的认可。对比第一期的调查结果，民众对当地的县级媒体参与社会治理的态度评分均值有所提升，从 4.57 提升到 4.66，标准差从 1.127 下降到 0.983，这也表明县级融媒体中心建设工作在此期间稳步发展，其资源优势和地域性优势发挥了重要作用。

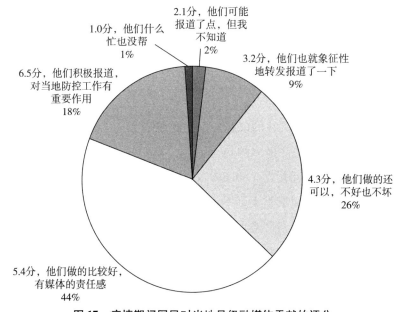

图17 疫情期间网民对当地县级融媒体贡献的评分

三　网络表达与积极向上是网民对媒体深度融合社会影响的整体印象

随着媒体融合的纵深发展，我国的社会环境发生了结构性变化，社会态度、网络舆论也随之变化，因此及时了解舆情的变化、反映民众的诉求，是实现政府治理和社会治理现代化的重要保证。

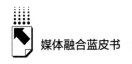

（一）网络舆论是社会民意的体现

1. 网络空间已经成为公众表达民意和意见的主要阵地

随着媒介的社会化与社会的媒介化，网络空间与现实空间的边界日趋模糊，一定程度上网络空间是现实空间的复刻与拓展。调查数据表明，77.3%的被调查者认为通过互联网所表达的民意和意见能够代表社会整体民意，与第一期数据相比相应受访者占比增加，这也表明互联网对网民认知的影响逐渐增加。调查结果也表明，互联网媒体成为网民参与社会热点话题的主要渠道。

2. 疫情防控仍是最为关注的社会热点事件话题，具体参与形式以静默关注为主、参与讨论为辅，发文字评论成为最主要表达形式

从关注议题来看，疫情防控依旧是 2022 年的最主要议题，另外突发性公共事件也是网络舆论的焦点，同时国家重大活动、国家重大政策决策出台等宏观议题也成为备受关注的议题。根据调查结果（见图18），疫情防控仍是焦点，成为受访者关注最多的热点话题，其中"关注较多"与"参与过讨论"的受访者占比近九成（89.8%）。其他位于第一梯队的热点话题依次为突发性公共事件、国家重大活动、国家重大政策决策出台，受访者"关注较多但没参与讨论"与"参与过讨论"的占比均逾八成。从关注形式来看，主要是以静态关注为主、参与讨论为辅，其中针对疫情防控议题，选择"参与过讨论"的受访者比例（46.8%）则高于选择"关注较多但没参与讨论"的受访者占比。

从参与形式来看，网民参与社会热点事件以点赞、转发、讨论的静默关注为主、以线下社会动员活动为辅。根据调查结果（见图19），网民参与社会热点事件的情况，"浏览并点赞、转发"的受访者占比最高，超过六成（62.9%）。

其中，发文字评论是社会热点话题的最主要参与形式。根据调查结果（见图20），发文字评论是网民在网上参与社会热点话题的最主要形式，被调查者占比超八成（84.1%），"发表情包"占比近四成（39.1%），其他依次为"发图片表达""制作或发布视频、音频"。由此观之，文字仍然是最主要、最为直接的参与形式。

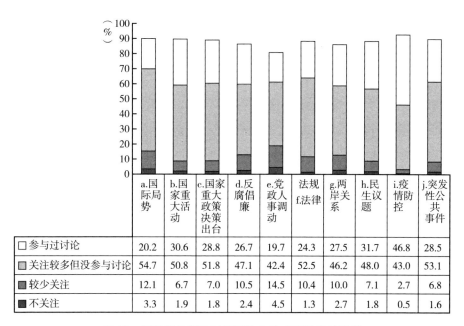

	a.国际局势	b.国家重大活动	c.国家重大政策决策出台	d.反腐倡廉	e.党政人事调动	法规f.法律	g.两岸关系	h.民生议题	i.疫情防控	j.突发性公共事件
□参与过讨论	20.2	30.6	28.8	26.7	19.7	24.3	27.5	31.7	46.8	28.5
▨关注较多但没参与讨论	54.7	50.8	51.8	47.1	42.4	52.5	46.2	48.0	43.0	53.1
▩较少关注	12.1	6.7	7.0	10.5	14.5	10.4	10.0	7.1	2.7	6.8
■不关注	3.3	1.9	1.8	2.4	4.5	1.3	2.7	1.8	0.5	1.6

图18　最近半年网民对以下社会热点事件的关注度

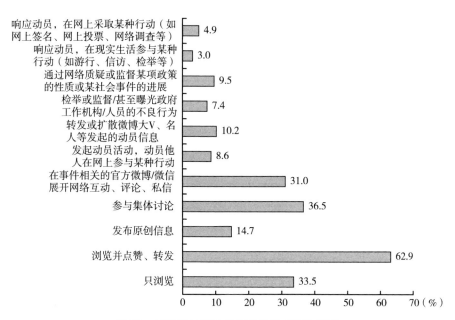

图19　最近半年网民参与社会热点事件情况

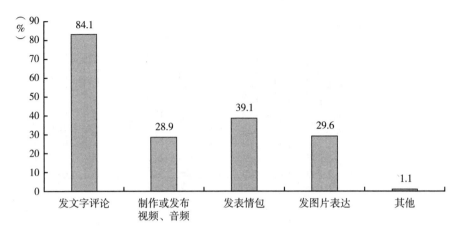

图20 最近半年网民参与社会热点话题的形式

网民在网上参与社会热点话题的最主要动机为"获取更多信息"与"国家兴亡，匹夫有责"的爱国情怀驱使。根据调查结果（见图21），网民在网上参与社会热点话题的最主要目的为"获取更多信息"与"国家兴亡，匹夫有责"，受访者占比均为四成多（44.1%），这也表明认知需求与爱国情愫是驱使网民参与社会热点话题的最主要动机。

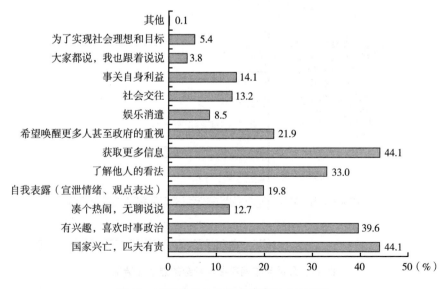

图21 网民参与社会热点话题的主要目的

3. 网络对网民公共事件行为、态度、关系的影响呈现新变化

网络作为舆论主阵地，已经对网民的日常行为、认知、态度、关系产生重要影响。调查结果显示（见图22），从新闻选择行为来看，比起推荐新闻，78.1%的受访者更愿意主动关注重要新闻，强调受访者在新闻接受方面的主动性增强，但也有近七成受众喜欢手机端推送的新闻，而且比第一期的占比要高，这也表明网络对人们的信息接触行为的影响呈现两端化趋势；从态度来看，网络空间文化与网络情绪是受访者态度改变的主要影响因素，受到网络空间情绪和态度感染的受访者与之前相比有所下降，这也表明用户对网络空间信息的态度更趋理性化，而且随着网络治理行动的加强，网络空间一定程度得到净化，有近七成（67.3%）的受访者能够感知到网络空间的正能量。然而由于下半年来各种突发事件的发生，与第一期数据相比，受访者对于正能量的感知度在下降；从关系来看，有六成受访者认为网络社交对现实社交产生积极影响，这与第一期数据相比，占比降低一成，这也表明网络社交也开始产生外溢效应。

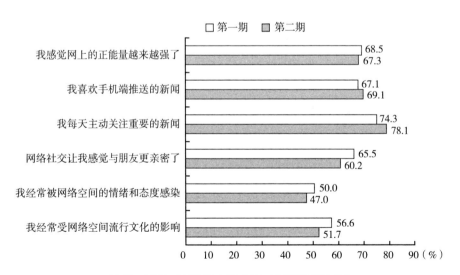

图22 网民对各种观点的态度（两期数据比较）

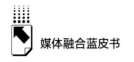

（二）网民的整体社会感知趋于正向，媒介接触、媒体信任度及媒体内容成为重要影响因素

在新媒体时代，信息传播呈现较为显著的情绪特征，因此社会态度也是一种信息传播的方式与表征，这也对社会思潮和意识形态产生影响，本报告围绕生活满意度、社会整体情绪、安全感、和谐度展开，主要调查结果如下。

1. 社会整体情绪评价趋于正向，乐观、感动、担忧是最能体现网民整体情绪的三个关键，与媒介接触频率与媒体信任度均呈显著正相关

总体来看，受访者认为社会整体情绪倾向于正向，平均值为 3.80，其中 4 分占比最高，达 46.0%。而在社会整体情绪的正向基调下，调查显示，担忧、乐观、焦虑成为最近半年来网民整体情绪排名前三的词汇，受访者占比均近四成。总体而言，受访者对于近半年网民整体情绪的感知较为正向，但担忧、焦虑和弱势感等负向感知也不可忽视，这可能与疫情反复、国际形势复杂多变等因素相关。

社会情绪会随着社会情境和人际关系的变化而变化，而社会的媒介化过程也对社会情绪产生重要影响，本报告以媒介接触频率与媒介信任度作为社会媒介化的重要指标，从而进行相关性分析。调查结果显示，社会整体情绪评价与媒介接触频率与媒体信任度均呈显著正相关，其中，就与媒介接触相关性强弱来看，传统媒介，尤其是电视与报刊的媒介接触与社会情绪的相关性最强，$|R|>0.2$；媒体内容差异也对社会整体情绪评价产生影响，近半年经常收听（看）/浏览国内外时政新闻、对时事的各种评论与解读和积极正面的新闻报道的受访者打分较高（4 分、5 分）。

2. 社会整体安全感整体较高，对于政治安全的评价最高

社会整体安全感较高，对政治安全的评价最高，健康问题与食品药品安全的评价最低。根据调查结果（见图 23），网民对社会整体安全感的评价均分为 4.00，整体评价较高。网民最不担心的是政治安全，均分为 2.76，最担心的是健康问题（看病难、看病贵、身体多病、疫情反复）和食品药品安全（假药、劣质食品泛滥）问题，均分为 3.33。

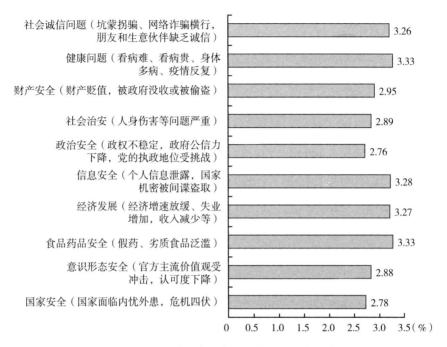

图 23 网民对社会安全问题的担心程度评价

　　互联网技术的蓬勃发展为社会的媒介化、网络化赋能，但同时也衍生出新的安全问题，这也对社会整体安全感产生影响。调查研究显示，媒介接触频率与主流媒体信任度也会影响社会整体安全感的认知，社会整体安全感评价与媒介接触频率、主流媒体信任度呈显著正相关。一方面，受访者接触电视、广播、报刊、新闻网站、微信、微博、客户端、短视频平台、音频平台的频率越高，对社会整体安全感的认知就越趋于正向。另一方面，主流媒体信任度也与社会整体安全感认知存在显著正相关，对中央级新闻媒体、地方级新闻媒体、政务媒体、知名自媒体、在境外设立的社交媒体账号的信任度评价越高，对社会整体安全感认知就越趋于正向。而近半年经常收听（看）/浏览国内外时政新闻、对时事的各种评论与解读、社会奇闻逸事、积极正面的新闻报道和重大突发事件报道的受访者打分较高（4分、5分）。

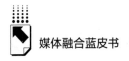

3. 社会和谐度感知整体趋于正向与和谐，与媒介接触频率、主流媒体信任度均呈显著相关

社会和谐度感知整体趋于正向与和谐。调查结果显示，网民对社会和谐度的评价均分为 3.95，整体评价较高，趋于正向。其中，受访者选择 4 分占比最高，占比超四成，选择 5 分的次之，占比为 29.1%。

在互联网时代，媒体也是影响社会和谐度感知的重要因素之一。根据调查结果，社会和谐度感知与媒介接触频率、主流媒体信任度均呈显著相关性。一是受访者对社会和谐度的感知与媒介接触频率呈现显著正相关，即受访者接触电视、广播、报刊、新闻网站、微信、微博、客户端、短视频平台、音频平台的频率越高，他们对社会和谐度的评价就越高，其中电视、报刊的 R 值均大于 0.2，对受众感知社会和谐度的影响较大，此外，短视频平台和新闻网站作为新媒体平台的代表，也对受众感知社会和谐度产生较显著的影响。二是受访者对社会和谐度的感知与主流媒体信任度呈显著正相关，即受访者对中央级新闻媒体（如央视、新华社、人民网）、地方级新闻媒体（包括省、市、县）、政务媒体（如学习强国及各地政府网站、公众号、微博、抖音号等）、知名自媒体及在境外设立的社交媒体账号的信任度越高，对社会和谐度的感知程度也就越高，其中地方级新闻媒体（包括省、市、县）的相关性最强，而在境外设立的社交媒体账号的相关性则最弱，这主要在于地方媒体的内容更贴近当地民生，能够解决当地民众的实际问题。

总体而言，在媒体融合的大趋势下，网民的认知、行为及心态已经发生很大的改变，以适应不断变化的社会，同时也对主流媒体在深度融合中提出更高、更精准的要求，以切中并满足用户需求为根本，来提供具有建设性的社会服务，这也是"深度"的应有之义。

B.3

2022~2023年中国主流媒体
短视频融合传播效果报告

万 强 刘牧媛 王子纯*

摘 要： 本报告主要对2022~2023年中国主流媒体在短视频渠道的传播效果进行分析。基于CTR自有唯尖短视频商业决策系统（以下简称CTR唯尖系统）和第三方公开数据，通过统计主流媒体在抖音、快手、B站、视频号四大短视频平台的传播数据，围绕表现突出的账号和作品进行深入挖掘，对目前各平台的特点和趋势进行总结梳理并分析优秀的传播策略，为今后的主流媒体在短视频平台进一步融合传播提供参考性建议。本报告发现，2022~2023年，主流媒体借助短视频渠道强化了内容生产力和爆款输出力，坚守社会责任的同时积极适应市场，在新媒体融合的道路上仍未来可期。

关键词： 短视频 融合传播效果 网络传播力

2022~2023年，主流媒体在短视频平台不断调整新媒体表达方式，爆款作品涌现。爆款作品中有习近平总书记慷慨激昂的讲话[1]和殷殷嘱托[2]，有

---

* 万强，央视市场研究（CTR）媒体融合总经理；刘牧媛，央视市场研究（CTR）媒体融合研究经理；王子纯，央视市场研究（CTR）媒体融合研究员。

[1] 人民日报抖音：这番话每次听都心潮澎湃！祝福我们伟大的祖国繁荣昌盛，明天必将更加美好！

[2] 央视新闻抖音：强军这十年，习主席数十次深入基层部队视察。统帅的殷殷嘱托留在座座军营，谆谆教导牢记在将士心间！#建军95周年

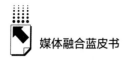

元旦第一天晨光中升起的五星红旗①，有山火救援中筑起的微光长城②；面对佩洛西窜访，有听令而战的坚定③，也有揭批其真实目的的一针见血和诙谐幽默④；有危难中众志成城的救援行动⑤，也有平凡微光串联起来的温馨瞬间。⑥ 主流媒体在通过短视频渠道向 10 亿用户展现着无数个重要的、危急的、平凡的、感人的瞬间，通过视频语言传递着主流价值。

一 进军主战场，发力短视频

根据中国互联网络信息中心（CNNIC）第 51 次报告数据，截至 2022 年底，短视频用户规模突破 10 亿，用户使用率高达 94.8%，短视频已渗透到用户生活的方方面面。根据各家财报数据，抖音、快手月活用户数量均超过 6 亿，视频号月活达到 8 亿以上。主流媒体机构聚焦短视频渠道，根据 CTR-唯尖短视频商业决策系统（以下简称 CTR 唯尖系统），截至 2023 年 6 月，主流媒体机构在 4 家短视频平台布局账号超过 3000 个，不断发力内容生产，持续输出爆款短视频内容，近 12 个月累计产出爆款作品 4.5 万篇。

如果以百万粉丝量作为头肩部账号的标准，主流媒体截至 2023 年 6 月，头肩部短视频账号已达到 950 个，占比接近 1/3。从央媒机构来看，头肩部账号占比已达 45.34%，超过四成的央媒账号达到百万级以上粉丝量；省级广电头肩部账号占比也有 23.43%，即有近 1/4 的账号达到百万级粉丝量（见图 1）。

---

① 央视新闻抖音：完整版！天安门广场举行 2022 年国庆升旗仪式。祝福祖国！；人民日报抖音：天安门广场 2022 年国庆升国旗仪式。今日份点赞给我们的祖国：我爱你中国！

② 央视新闻抖音：那里根本没有路，那处原本没有灯……微光汇聚铸起"防火长城"，谢谢所有人的付出！（总台记者 陈杨 牟亮 摄影师 周瑄）

③ 人民日报快手：听令而战！东部战区闻令而动，联合反制美台挑衅！

④ 央视新闻抖音：30 多年"中国黑粉"，兴风作浪，逢中必反。起底佩洛西："批评中国我排第二没人敢排第一。"

⑤ 央视新闻抖音：救援山火的青年力量！给重庆娃儿们点个赞，一定要注意安全！

⑥ 人民日报抖音：2022，是每一个平凡的你，温暖了那些平凡的日子。2023，继续向爱生长。

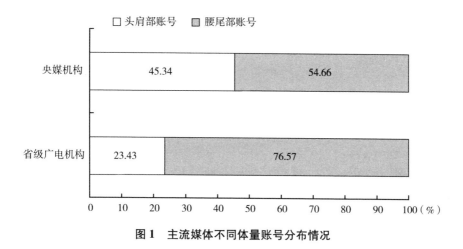

图1　主流媒体不同体量账号分布情况

央媒机构中，中央广播电视总台、人民日报、新华社3家机构主账号在抖音、快手、B站平台粉丝量均在千万级以上，其中"央视新闻""人民日报"抖音号粉丝量破亿，快手号累计获赞量超10亿，在主流媒体机构中领先（见表1）。

四川广电"四川观察"发力抖音、快手平台，粉丝规模在省级广电机构中排名前列，在B站作品累计播放量超5亿，在省级广电机构中位居前列。浙江广电"浙江卫视"、上海广电"看看新闻Knews"、福建广电"海峡新干线"依托高品质内容资源吸引短视频用户规模超千万，传播能力突出。

表1　2022年7月至2023年6月主流媒体粉丝量排名Top15

单位：万个

排名	账号名称	抖音	快手	B站	合计
1	央视新闻	15296	7222	1573	24091
2	人民日报	16279	6628	1160	24066
3	新华社	5982	3800	1276	11058
4	人民网	6271	3779	218	10268
5	央视网	5418	2722	356	8496
6	新华网	5165	835	75	6075

续表

排名	账号名称	抖音	快手	B 站	合计
7	四川观察	4711	1172	73	5955
8	环球网	4161	1565	126	5852
9	新华每日电讯	4239	645	3	4886
10	中国日报	3717	696	244	4657
11	央视频	1865	2361	283	4510
12	看看新闻 Knews	3421	686	22	4129
13	海峡新干线	3415	596	19	4030
14	浙江卫视	2692	1148	20	3861
15	光明日报	3038	511	57	3606

资料来源：CTR-唯尖短视频商业决策系统。数据统计日期截至 2023 年 6 月 30 日，因视频号不公开粉丝量，未做展示。

截至 2023 年 6 月，主流媒体在抖音、快手、微信视频号、B 站等第三方平台共有超过 3400 个活跃账号，其中粉丝量/季度推荐量超百万的头肩部账号超过 800 个。从粉丝量/季度推荐量超百万的头肩部账号在各渠道占比来看，抖音、快手平台的头肩部账号发展较为迅猛，分别在各平台总账号中占比 33.5%和 22.2%。视频号平台的头肩部账号占比不足 5%，有较大的潜力空间。

（一）抢滩新渠道，主流媒体视频号迅速发展

根据 CTR 唯尖系统监测数据，截至 2023 年 6 月底，主流媒体（8 家央媒和 37 家省级广电机构）已开设并运维 750 个活跃视频号，月度发布近百万条视频作品。央媒机构中，中央广播电视总台（5 个）、人民日报（2个）、新华社、中国日报和中新社均有账号入榜。其中"央视新闻""人民日报"等视频号依托已有公众号的传播优势和其他如抖音、快手等短视频账号的资源积累，快速发展。"央视新闻"视频号在 2022 年 7 月至 2023 年6 月期间累计发文 3100 余篇（见表 2），获赞量过 10 万的爆款作品 150 余篇，推荐、获赞、转发均达 10 万+的作品 130 篇。央媒机构头部内容以领导人出席活动的现场视频为主，独家时政资源优势明显。

表 2　央媒账号累计获赞量排名 Top10

排名	账号名称	所属机构	作品累计获赞量(万)	作品累计推荐量(万)	发布作品量(篇)	爆款作品(篇)
1	央视新闻	中央广播电视总台	4799	5267	3106	154
2	人民日报	人民日报	3315	3016	1428	112
3	人民网	人民日报	2127	1331	2937	50
4	央视网	中央广播电视总台	1353	1012	3770	26
5	中国新闻社	中新社	1181	1301	6851	14
6	新华网	新华社	1073	811	5383	15
7	小央视频	中央广播电视总台	965	503	5172	13
8	央视网快看	中央广播电视总台	591	445	3472	9
9	中国日报	中国日报	469	402	2306	6
10	新闻联播	中央广播电视总台	403	610	1498	10

　　各家省级广电机构将微信视频号作为新传播阵地，将抖音、快手等平台积累的特色内容优势复制延续，在微信视频号平台快速积累传播势能。湖北广电"湖北长江云"秉承着"新闻+政务+服务"的媒体融合定位，在微信视频号平台上仍深耕新闻领域，账号累计获赞量超千万，该账号发布的关注美国"致命病毒"和"历史性炸弹气旋影响全美2亿人"作品互动量表现突出。上海广电"看看新闻 Knews"视频号上持续放大"大小屏"同频共振、互动互哺的独特势能，取得了不俗的传播表现，视频号累计获赞量超过 2000 万（见表3），发文量居于省级及以上广电媒体机构同类账号首位。河南广电继续发挥其传统的民生内容优势，"民生大参考"账号累计推荐量超 1150 万次，爆款作品共 50 篇，在省级广电机构视频号中爆款作品量居于首位。福建广电在视频号平台同样放大地缘特点，关注台海局势，"今日海峡"视频累计推荐量超 585 万，爆款作品 25 篇，在省级广电机构视频号爆款产出率（爆款产出率＝爆款作品篇数/发布作品篇数）中排名第三。

表3　省级广电机构账号累计获赞量排名 Top10

排名	账号名称	所属机构	作品累计获赞量(万)	作品累计推荐量(万)	发布作品量(篇)	爆款作品(篇)
1	长江云新闻	湖北广播电视台	2362	1245	8873	26
2	看看新闻 Knews	上海广播电视台	2071	942	15300	24
3	民生大参考	河南广播电视台	1824	1150	2844	50
4	四川观察	四川广播电视台	1750	1585	3135	28
5	大象新闻	河南广播电视台	1303	870	10003	6
6	今日海峡	福建广播影视集团	1086	585	3836	25
7	一切为了群众	山东广播电视台	718	448	3728	15
8	小莉帮忙	河南广播电视台	700	390	5368	11
9	三沙卫视	海南广播电视总台	685	298	8155	8
10	生活帮	山东广播电视台	621	301	4359	7

（二）玩转抖音，头部账号已成为平台顶流

据 CTR 唯尖系统监测数据统计，主流媒体继续夯实短视频平台传播能力，发力头部账号建设。截至 2023 年 6 月底，主流媒体在抖音平台拥有 565 个百万级以上粉丝量账号，头肩部账号占比已超三成。

人民日报、中央广播电视总台、新华社三大央媒机构深谙抖音平台传播特点，传播能力优秀，账号占据粉丝量榜单前 6 位。其中"人民日报"通过情绪色彩浓厚的标题和情感化叙事的内容模式，"央视新闻"采用平民叙事视角深入挖掘平凡人的动人故事，突出内容细节，两者爆款作品占比在媒体账号中位列前二。

省级广电机构中，四川广电的"四川观察"、上海广电的"看看 Knews"、福建广电的"海峡新干线"抖音号粉丝量位居省级广电机构抖音账号的前三，其中"四川观察"账号累计获赞量超 37 亿（见表4），居省级广电机构抖音账号获赞量首位。

从抖音平台整体账号表现来看，主流媒体机构的头部账号的粉丝量、互动量、发文量等指标均与可与平台头部账号数据比肩，甚至更优。

表4 主流媒体抖音百万级以上粉丝量账号Top15

排名	账号名称	所属机构	粉丝量(万)	爆款作品	账号获赞量(亿)
1	人民日报	人民日报	16279	1298	113
2	央视新闻	中央广播电视总台	15296	1275	79
3	人民网	人民日报	6271	980	34
4	新华社	新华社	5982	407	15
5	央视网	中央广播电视总台	5418	774	21
6	新华网	新华社	5165	320	10
7	四川观察	四川广播电视台	4711	1165	37
8	新华每日电讯	新华社	4239	676	26
9	环球网	环球时报	4161	1672	28
10	中国日报	中国日报	3717	173	16
11	新闻联播	中央广播电视总台	3617	87	4
12	看看新闻Knews	上海广播电视台	3421	744	8
13	海峡新干线	福建广播影视集团	3415	857	11
14	长江云新闻	湖北广播电视台	3354	1409	18
15	大象新闻	河南广播电视台	2791	2070	28

（三）B站/快手 爆款作品表现突出

截至2023年6月底，主流媒体在B站、快手平台共拥有200余个百万级以上粉丝量账号，产出了多篇爆款作品，播放量不乏过亿者。在快手平台，主流媒体擅长放大新闻时政内容的情绪感染力，强调普惠的价值观，凸显"温暖"；在B站平台，主流媒体迎合B站受众偏好，聚焦青年群体关注的内容，通过多种网络形式，产出了多篇高流量作品（见表5、表6）。

表5 快手三大央媒爆款作品播放量Top5

账号名称	作品	发文时间	获赞量(万)	评论量(万)	转发量(万)	播放量(万)
央视新闻	《习近平:经历了风风雨雨,大家痛感香港不能乱,也乱不起》	2022/7/1	408.43	1.92	2.02	17527.01
央视新闻	《习近平:江山就是人民,人民就是江山。中国共产党领导人民打江山、守江山,守的是人民的心》	2022/10/16	327.56	16.32	9.68	11117.64

续表

账号名称	作品	发文时间	获赞量（万）	评论量（万）	转发量（万）	播放量（万）
央视新闻	《习近平主席监誓，香港特别行政区第六任行政长官李家超宣誓就职》	2022/7/1	255.16	3.85	5.00	10056.43
央视新闻	《完整版视频来了！国家主席习近平发表二〇二三年新年贺词 #2023 新年贺词》	2022/12/31	356.32	8.76	8.51	8926.65
人民日报	《完整版视频！国家主席习近平发表 2023 年新年贺词》	2022/12/31	248.93	7.02	5.13	8539.89

表 6　B 站三大央媒爆款作品互动量 Top5

账号名称	作品	发文时间	获赞量（万）	评论量（万）	转发量（万）	互动量（万）
央视新闻	《我为美国偷石油》	2022/8/26	89.95	1.04	17.57	108.56
央视新闻	《习近平等护送江泽民同志的遗体上灵车》	2022/12/5	85.78	0.01	3.95	89.74
新华社	《"那是因为二舅活得好，不是因为我写得好"》	2022/7/26	71.84	1.05	8.78	81.67
人民日报	《习主席的牵挂》	2022/7/31	56.62	0.01	1.56	58.19
央视新闻	《1 日清晨，天安门广场举行国庆升旗仪式。祝福伟大的祖国繁荣昌盛！》	2022/10/1	46.32	1.67	6.72	54.71

二　主流媒体短视频传播策略分析

　　本部分数据聚焦研究对象机构的爆款短视频作品，力求通过典型案例研究发现主流媒体短视频作品的内容风格倾向和传播策略。

（一）新闻传播以小见大，强化互联网化表达

新闻类账号通过关注具体的个人、事件、现象等，反映更广泛和深刻的社会、国际问题。与传统新闻报道相比，更加注重细节的描写和情感的表达，更加贴近人们的生活和感受，引起用户的共鸣和深度思考。

1. 小切口

在短视频平台上，小切口的引入更加贴近现实生活与用户切身感受，更能在短时间内抓住注意力，增加用户停留时长。如在 2023 年 4 月云南玉溪森林大火的救灾报道中，"人民日报"并未以罗列数据等宏观层面的方式报道新闻，而是拍摄了一位灭火间隙被野蜂蜇到眼睛的消防员，视频中这位消防员虽然眼睛完全红肿，但仍表示自己并无大碍，同时抓紧吃饭以尽快投入救援工作。该视频互动量超 250 万，许多网友在评论区表示"心疼""致敬英雄"，并通过这段视频切实感受救援环境的恶劣和消防战士的辛劳。

2. 多形式

主流媒体注重作品内容和发布形式的多样化，以短视频、实时直播、话题讨论等多种方式，在短视频平台上发布作品，有效适应用户移动化、碎片化、个性化的传播需求，并充分利用画面、声音等多种元素，增强内容的感染力，助推信息传播。以 2022 年 8 月重庆山火的报道为例，"央视新闻"在多个平台上开启山火现场救援工作的现场直播，并发布相关短视频，短视频从多个维度聚焦山火，涉及采访、实景记录等多种形式。"央视新闻"在微博上还发起#他们用微光铸起防火长城#话题讨论，阅读量破 14 亿，互动量近 400 万，并带动中国日报网、CGTN 等其他主流媒体共同发布话题，助推信息的快速传播和广泛覆盖。内容的多形式发布有利于留住更多网友的注意力，实现信息深入传播和有效互动是主流媒体发布内容的重要趋势之一。

（二）主旋律报道共情传播，传播效能加倍

1. 把握重要节点，强化民族认同

在重要时间节点时，比如重大事件周年日、节日之际，主流媒体依托短

视频平台，创作并发布正能量、主旋律的主题主线作品，切实履行社会责任，发挥主流价值观影响力和引领力。在爆款作品中，可以发现主题内容易与用户实现共情，进而强化情感认同感，传播效果加倍。例如，在五四青年节之际，"人民网"在快手平台发布的《"未来属于青年，希望寄予青年。"五四青年节，重温总书记的这番话，加油!》，获赞超 1500 万，通过海报、画面等形式，与广大青年产生强烈的情绪共振。在 5·12 汶川地震纪念日，"人民日报"发布的抖音作品《汶川地震幸存者重回故地，缅怀逝者，致敬重生。祝福汶川》获赞近 300 万，通过幸存者现状去祭拜逝者的画面对比，令人落泪，网友纷纷表示缅怀过去、祝福未来。

2. 合集持续输出，传递时代正能量

目前，不少主流媒体将目光聚焦在百姓生活之中，作品内容贴近生活，有利于增强网友的代入感，在情感共鸣中助推网络传播。央视网在抖音推出《星火成炬》专题，意指每个人都如同星火，虽微小单薄但也可以耀眼灼热。该专题以短视频形式记录生活中不经意间发生的动人时刻，涵盖话题虽广，但每一个未经雕琢的画面都直抵观众内心。如《星火成炬丨遇见有趣的灵魂》，聚焦生活中一件件小事，将其重新剪辑、标注作者后呈现，伴随轻快的背景音乐，展现各行各业的主人公、各个年龄圈层的普通人的日常生活，从平凡中展现积极乐观的状态和富足的精神。网友评论"喜欢这人间烟火里满满的正能量""快乐就在一瞬间"等，引发网友内心的触动，增强视频的感染力和影响力。

除此之外，还有人民网推出的《UP 青年》、新华社的《谁不说咱家乡美》等专题，聚焦生活动人之处，在网络上皆引起热烈反响。

（三）承担社会治理功能，坚守社会责任

基层社会治理旨在消除基层群众参与治理的障碍，使其能够积极参与协同治理，并获得参与和收益的满足感。基于这一背景，主流媒体通过短视频平台账号可以为更多基层群众提供参与社会治理的路径，既可以实现传统的信息传递功能，又能够号召同一区域的群众共同参与区域社会治理。

1. 打通沟通环节，传递政策反馈诉求

主流媒体的短视频账号可以"从上至下"传递信息，令政策法规、公共安全提示和社会福利服务等重要信息直达广大观众。通过短视频的形式，主流媒体能够将这些信息生动有趣地展现出来，降低信息传播门槛，提高信息传达的效果和对观众的吸引力。这种从上至下的信息传递有助于提高公众对社会治理的了解和参与度，促进主流媒体在社会治理中的角色发挥。

同时，主流媒体的短视频账号也可以"从下至上"地协助群众监督政府政务、督促问题解决、反馈民生诉求。例如，国内首档省级融媒问政栏目《问政山东》开通抖音、快手官方账号，在抖音平台通过置顶功能将"如何网络问政"教程置顶，为山东人民提供了政府监督问询的良好通道，民众通过把问题直接放到有关部门桌面上来推动问题解决。又如河南本土网红民生节目《小莉帮忙》具有庞大的本地观众基础，依托短视频平台快速吸引了不同圈层的用户，以"事件"为单位回应民生诉求，提供实质性服务。此外，类似"帮忙"类账号会开设作品合辑，持续收集当地居民的爆料信息，并追踪相关新闻线索解决问题。这种"从下至上"的反馈机制有助于建立主流媒体与观众之间的沟通和互动通路，增强社会治理的参与度和群众的满意度，同时也可以督促有关部门事件处理进度。

双向的信息传递和反馈机制有助于提高社会治理的效果和群众参与度，更好地满足社会需求和期待，同时也能促进主流媒体与观众之间的互动和信任，进一步增强社会治理的能力和效能。

2. 基于平台受众，开发公益功能

主流媒体的短视频栏目可以基于平台受众，开发公益功能，如公益捐款、公益寻人等活动，这可以发挥主流媒体的影响力和流量势能，为社会公益事业提供支持和推广。

近年来，主流媒体联合公益组织通过短视频放大公益力量，成为主流媒体承担社会责任的一大常见模式。例如，河南广播电视台都市频道建立的二基金是河南媒体最早利用影响力为急难群众提供资金救助的专项媒体基金，其官方救助抖音号"河南公益联播"累计获赞近千万，开设的"救助反馈"

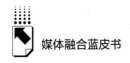

"困境群众大病救助""寻人启事"等作品合辑在大病救助、扶危助困、抢险赈灾等方面多次发挥积极作用，目前已成为河南省年度筹款规模千万元级的重要慈善力量。江苏卫视记者杨威通过个人抖音账号"小记杨威"发起益童公益项目，整体点击量突破800万。在项目当中，记者通过个人观念分享，以及对乡村真实情况的分享号召捐款、提供捐款渠道，同时通过视频明确资金流向，为乡村儿童捐书、送书。这样做不仅能够集结更多的社会力量支持公益事业的发展，还能够树立媒体IP的正面形象。

此外，主流媒体的短视频栏目在近年来持续开展公益寻人等活动。通过短视频平台的广泛传播，主流媒体可以帮助寻找失散家人、失踪儿童等，向观众传递相关信息。观众可以通过短视频的分享和转发，广泛传播这些信息，增加寻人的曝光度和寻获的机会。这种公益推广不仅有助于解决个案问题，还能引起社会关注和反思，推动相关政策的改进和落实。

通过开发公益功能，主流媒体的短视频栏目能够利用自身的影响力和流量势能，支持社会公益事业的发展。这样的举措不仅能激发观众的社会责任感，也能加强主流媒体与观众之间的连接和信任，强化主流媒体正面形象，形成更加积极的社会互动和共同参与社会治理的良好氛围。

（四）积极开发IP，新媒体内容生态初现

随着短视频平台的快速发展和社交媒体的普及，主流媒体开始依托短视频平台直接孵化新型IP。这意味着IP不是主流媒体对传统渠道内容进行的迁移与改造，而是直接从短视频平台土壤中生长，更加适应短视频平台的生态。

基于短视频平台提供的广阔流量和庞大用户基础，主流媒体新IP得以快速成长和积累影响力。通过短视频平台自身的推荐算法和社交分享机制，主流媒体开发的优质IP可以很快在平台上获得曝光和推广。这种社交传播的方式可以迅速扩大IP的影响圈层，吸引更多的用户关注。

（五）基于固有资源，突出垂类优势

主流媒体拥有尤为丰富的内容资源和广大的用户基础，还在某些特定领

域或细分市场中具有专业性、领先性和影响力等方面的优势，通过垂直化运营，更加聚焦目标用户群，能提供更加精准、个性化和差异化的内容服务。以湖南广播电视台为例，基于在剧综节目上的强大优势，打造"芒果TV""湖南娱乐""湖南卫视剧透社"等短视频账号，粉丝量达千万级；还打造剧综节目账号，如"向往的生活""初入职场·法医季2"等，结合节目中容易制造声量的片段制作短视频切条，吸引节目观众关注该账号的同时，激起网络用户的观看兴趣，为自有平台引流。

三　主流媒体短视频融合传播建议

（一）优化账号结构,从铺量到"做精"

通过CTR唯尖系统的监测数据统计发现，部分主流媒体目前存在账号"过剩"的情况，非活跃和粉丝量万级及以下账号占比较高，对短视频矩阵整体传播影响力的提升产生不良影响，如账号基数过大，主流媒体新媒体产能投入过于分散，难以集中资源力量聚焦头部账号，造成整体内容产品质量偏低，用户体验不佳。

因此，建议主流媒体从重"量"转为重"质"，提前做好账号筛选工作，将传播表现较差或长期"休眠"的账号精简优化，利用已有资源扶持发展空间较大的潜力账号，同时协助传统品牌IP的账号继续沉淀用户，尝试突破用户圈层。例如北京广电整合全台账号，围绕康养、新闻、生活、法治、文化五个赛道建立矩阵，制定账号考核KPI标准，精简优化账号数量。同时，如何平衡自有平台和第三方平台的关系也是主流媒体优化账号结构的一大方向，例如央视新闻在发力第三方时，也对自有平台进行引流吸粉。"深凿"自有平台，面向忠诚度较高的受众推出独家内容资源；"拓宽"第三方渠道，面向全网受众强化影响力和传播力，两方相辅相成，共同提升。

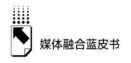

（二）关注前期调研，精准打造账号

短视频平台竞争激烈，需要明确用户需求，精准账号定位。因此，需要注重前期调研，了解平台，了解用户。

关注前期调研工作。调研分为两个方向。一是对短视频平台的调研。不同的短视频平台有不同的特征，因此短视频账号应该根据自身的目标和特点，选择合适的平台进行入驻和运营。可从以下四方面入手，进行深入调研与分析：①平台定位，了解平台的发展历史、发展目标、核心价值等，把握平台的风格和方向；②平台规则，了解平台的内容审核标准、推荐机制、数据反馈等，掌握平台的运营逻辑和优化方法；③平台算法，了解平台的内容分发、用户画像、个性化推荐等，适应平台的数据变化和用户行为；④平台内相关竞品账号，了解竞品账号的体量、内容风格、用户反馈，有助于账号避免内容同质化，制造亮点吸引流量。二是要深入调研用户的偏好。通过数据指标分析、调查内容反馈等方式，可生成全面的用户画像。用户在观看短视频时，不仅是被动接收信息，也是主动表达观点。通过提前调研用户需求，可以了解用户对内容的看法和感受，从而优化内容的质量和效果，增加内容的吸引力和传播力，也为如何进行与用户更为有效的互动提供思路，精准打造新媒体账号产品。

（三）品牌价值助力拓宽经营路径

目前，主流媒体中已有部分机构成功实现了新媒体营收，根据自身特点和优势摸索出独特的营收模式。在短视频端，不少主流媒体通过开发品牌 IP 价值拓宽经营路径，短视频平台为商业合作提供了新渠道，如湖南卫视《大侦探》、浙江卫视《奔跑吧》等王牌综艺品牌，通过在短视频平台上开设官方账号、发布精彩片段、节目资讯等，可以依托短视频平台，更为灵活地设置硬广植入、软广营销、合作赞助、商标露出等多种形式或环节，与广告主进行商业合作，进一步提高 IP 的品牌价值。在进行 IP 差异化竞争和经营路径拓展时，主流媒体机构也需要注意保持内容的质量和创新性，并与短视频平台建立良好的合作关系，充分利用平台的推广和分发能力。

（四）抓住其他平台的短视频流量

从短视频行业发展来看，流量红利期成为过去式，整体行业步入成熟期，"草根"再难一夜爆红。从平台来看，创作者不断增加，传统赛道趋于饱和，竞争难度日益加剧。因此，主流媒体的短视频账号的受众大多已转化沉淀，账号矩阵结构已趋于稳定，用户增速已明显放缓，互动数据难再提升。同时，市场上其他内容平台均开始尝试短视频业务，并依靠良好的流量基础获得大量用户入驻。以小红书为例，数据显示，截至 2022 年 12 月 31 日，该平台注册用户突破 4.5 亿，月活跃用户达到 2.5 亿，其中短视频用户占比超过 60%。

因此，主流媒体应关注该类平台的短视频模块，找到与账号特征相契合的平台，结合原有的内容形式，打造专属账号，挖掘流量潜力，丰富内容生态，提高主流媒体的影响力。

（五）提升数据化管理意识

通过近期主流媒体的账号布局策略来看，在自有平台和多个第三方平台进行跨平台运营已成常态。主流媒体面临着账号分散难以统一管理、整体数据不易标准化考核等挑战。在新媒体运营和管理中，主流媒体机构需要提升数据化思维，通过数据化管理能力，运用数据分析工具，汇总集纳多维度多来源数据进行科学分析，并将分析结果运用到生产、营运、销售等各环节，提升新媒体管理和运维效能。

四 结语

主流媒体借力短视频平台触达 10 亿用户，依托强劲内容生产力，深挖传统文化底蕴，精细化打造新媒体短视频内容作品，大批精品创新内容产品

喷涌而出；坚守社会责任，承担社会治理职能，多场景应用满足用户不同实际需求；积极迎合市场变化，创新经营模式，商业化路径初见成效。"传媒征途，未有穷期"，我们期待主流媒体短视频融合传播不断迈向新的未来。

数据说明：

研究对象：8家央媒+37家省级广电机构。

统计时间：2022年7月1日至2023年6月30日。

统计平台：抖音、快手、视频号、B站。

数据来源：CTR–唯尖短视频商业决策系统。

B.4

2022~2023年中国主流媒体海外社交平台传播影响力评估报告

万强 刘牧媛*

摘　要：　近年来，中国主流媒体积极部署海外社交平台账号，通过新媒体手段扩大传播声量，提升国际传播效能。基于此，CTR海外社交平台传播影响力评估体系在2022~2023年针对主流媒体机构的三大海外社交平台开设的账号进行连续性监测和评估。数据显示，中国主流媒体在海外已形成了触达上亿粉丝规模、上百个百万级订阅量头部账号、多语种覆盖的海外新媒体传播矩阵，探索出各具特色的社交媒体传播发展路径。

关键词：　海外传播　融合传播　网络传播力　社交媒体

习近平总书记在党的二十大报告中提出"增强中华文明传播力影响力"的重要工作部署，中国主流媒体机构在国际局势不断变化的全球舆论场中坚守中华文化立场，借助海外新媒体渠道扩大传播声量；抢首发、敢亮剑、争独家，不断提升自身国际传播效能。

一　主流媒体海外社交平台传播现状

截至2023年6月，中国主流媒体机构在海外社交平台上已经形成了覆

---

* 万强，央视市场研究（CTR）媒体融合总经理；刘牧媛，央视市场研究（CTR）媒体融合研究经理。

盖上亿粉丝规模、超过 150 个百万级订阅量头部账号、40 余个语种多方位覆盖的海外新媒体传播矩阵。根据 CTR 主流媒体海外社交平台传播影响力榜单，2022 年 7 月至 2023 年 6 月，国内有 5 家央媒机构和 5 家省级广电媒体上榜（见表 1）。从传播量级来看，中央广播电视总台整体粉丝规模大，头肩部账号多，奋力打造国际一流新型主流媒体；中国日报拥有粉丝过亿的顶级账号，高效触达海外受众。从传播质效来看，新华社和人民日报在科技、体育等垂类内容持续发力，软资讯内容传播效果突出。湖南广播电视台和浙江广播电视集团深耕文娱领域，在综艺、短剧传播方面一骑绝尘。上海广播电视台聚焦财经、思政类内容，多个垂类内容传播表现优异。

表 1 国内主流媒体海外社交平台传播影响力榜单 Top10

排名	机构	得分
1	中央广播电视总台	98.70
2	中国日报	84.40
3	人民日报	84.00
4	新华社	83.30
5	湖南广播电视台	77.99
6	上海广播电视台	76.69
7	浙江广播电视集团	74.15
8	安徽广播电视台	69.70
9	中国新闻社	69.41
10	江苏省广播电视总台	68.53

（一）传播覆盖粉丝规模大

截至 2023 年 6 月底，国内主流媒体中，中央广播电视总台、中国日报、新华社和人民日报 4 家机构累计粉丝规模过亿，其中中央广播电视总台（CGTN）和中国日报（China Daily）Facebook 账号粉丝量均在亿级以上；中央广播电视总台 CGTN、新华社的 China Xinhua News 两个 Twitter 账号粉丝量在千万以上，在国内媒体中排名前列。

整体来看，央媒机构 Facebook、X（原 Twitter）平台整体粉丝量较高。

广电机构在视频平台 YouTube 上粉丝量普遍在百万级以上，视频传播优势较为突出。但是，需要明确的是，YouTube 和 Twitter 平台上用户规模上亿的账号分别有 11 个和 6 个，可以看出国内主流媒体账号在用户规模上与平台头部账号依然有一定差距（见表2）。

表2 各家机构三大海外社交平台粉丝量汇总

单位：万

社交号	Facebook	YouTube	X（原 Twitter）
央媒机构			
CGTN	12000	302	1303
China Daily 中国日报	10500	5.8	416
新华社 China Xinhua News/New China TV	9400	136	1202
People's Daily，China 人民日报	8500	41	668
环球时报 Global Times	7472	8.3	188
中国新闻社	121	17.8	63.5
省级广电机构			
湖南卫视 芒果 TV	71	493	5.59
SMG ShanghaiEye / SMG 上海电视台官方频道 / Yicai Global 第一财经	266	188	23.43
中国新歌声 SING CHINA/ 中国浙江卫视官方频道	38	236	0.03
江苏卫视	0.7	133	0.1

注：数据统计时间为 2023 年 6 月 30 日。

（二）百万级订阅账号数量多

截至 2023 年 6 月，国内主流媒体在海外三大平台布局超 1100 个账号，百万级以上订阅量的头肩部账号共计 151 个。其中，中央广播电视总台在三大平台头肩部账号共 98 个，头肩部账号数量最多；新华社（10 个）、中国日报（10 个）、人民日报（15 个）均有 10 个或以上百万级头肩部账号，累计订阅量过亿（见图1）。

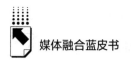

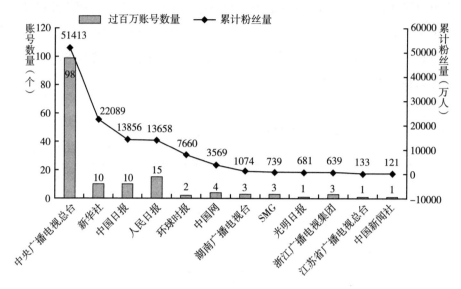

**图1　2023年上半年国内媒体机构在三大平台百万级以上账号
数量及百万级账号累计订阅量统计**

注：账号通过机构、产品相关关键词检索，认证信息明确归属该机构的账号纳入统计。

（三）IP账号矩阵层级全

国内主流媒体在海外三大平台已形成较为完善的IP账号矩阵，如中央广播电视总台已形成"主品牌主账号-海外总站-内容品牌-记者主持人账号"多维度立体传播矩阵，仅三个平台账号触达用户规模已超2亿。人民日报在文化、社会、体育、科技等垂类发力，其中Facebook账号"Modern China"讲述中国经济社会发展点滴，强大的基建能力获关注，目前已吸引647万订阅。

（四）覆盖语种多，小语种头部账号影响力大

国内主流媒体机构积极布局小语种账号，实现精准传播，语种覆盖全面。截至2023年6月，中央广播电视总台已覆盖40余个不同语种。如影视剧传播品牌"China Zone"在YouTube平台开设"剧乐部"中文主账

号，并基于此形成了包括英语、西语、阿语、法语、印尼语、越南语、缅甸语等多个语种，用户规模超百万，累计播放量超 10 亿的影视账号矩阵。新华社在社交媒体平台开设 10 余个区域账号，覆盖北美、欧洲、非洲等大区，新加坡、尼泊尔、缅甸、西班牙等重点国家以及意大利语、西班牙语、葡萄牙语、乌尔都语、印度语、俄语、阿拉伯语等多个语种。

国内主流媒体多个小语种账号在用户规模上已与国际媒体机构同类账号比肩，如中央广播电视总台乌尔都语 Facebook 账号（FM98DostiChannel）用户规模达 1100 万，超过 BBC 同语种主账号，发展势头迅猛。

二 主流媒体海外社交平台传播亮点

（一）信源传播：首发首达独家，成为全球媒体信源

1. 突发快反，抢首发争独家

近年来国际事件频发，中国主流媒体逐渐适应全球媒体定位，在重大突发事件中第一时间出现，充分动用强大资源抢占先机，独家报道成为全球媒体信源。

2022 年初，汤加火山爆发，CGTN 第一时间连线以实现现场直播，成为唯一联系到视频发布者拿到拍摄素材授权使用的媒体。中央广播电视总台独家采访报道被 64 个国家或地区的 418 个电视台和新媒体平台引用播出 2932 次。CGTN 发布的《独家：中国员工在汤加依靠瓶装水生活》《CGTN 独家连线汤加中企员工》《汤加：中国居民称蔬菜买不上，到处都是灰》等报道内容累计触达 5.4 亿人次全球受众，被累计 70 个国家或地区 1278 家海外主流网络媒体转载报道。

2023 年俄乌冲突越演越烈，CGTN YouTube 账号直播俄罗斯总统普京全国讲话，播放量达 5.2 万。4 月俄罗斯圣彼得堡咖啡馆发生爆炸，总台记者在现场发布独家镜头，相关视频《圣彼得堡咖啡馆爆炸后果的独家报道》播放量 5147 次。

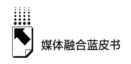

2022 年 5 月，香港国泰航空乘务人员歧视不讲英语的乘客一事发酵，人民日报海外版新媒体"侠客岛"率先响应、梯次发声，相关报道得到国际高度关注，获路透社、CNN、ABC News 等近 50 家知名境外媒体转载，覆盖汉语、英语、日语、韩语、越南语等多个语种。

2. 强化新闻评论力，深度报道

中国主流媒体在海外报道争抢新闻第一落点的同时，积极做好国际热点新闻评论，通过评论强化话语权，提升舆论引导水平。中国日报、CGTN 等多家主流媒体海外网站开设 Opinions（观点）专区，针对国际热点事件、国际关系及人工智能、环境可持续等国际议题发表评论观点。

CGTN YouTube 账号发布系列视频合集《真相放大镜》（Facts Tell），围绕如"美军在叙利亚频繁'偷油'备受争议，究竟图什么？""新闻自由的泡沫：揭秘美国如何#操纵全球#舆论""美国原住民是如何被美国政府'遗忘'的？"等美国社会问题，深入剖析背后原因，引导话题导向，有力反击。

中国日报 YouTube 栏目 The world laid bare（全球传真）专栏深度解析全球热点事件，通过揭示美国历史上人造灾害、美国贫富差距、美国社交媒体舆论战、全球去美元化等议题直击痛点，对西方展开舆论反击。近期视频《Why does NATO, a so-called "defensive organization", see China as a challenge?》[1]、《Top 10 worst man-made disasters in US history》[2] 分别获得 7 万+、10 万+播放。

3. 多形式有力有效回应舆论斗争

新华网、人民网等主流媒体海外网站采用漫画、海报方式对美舆论反制，通过深入浅出的图文结合，传递真实而有力的信息。新华网发布一系列漫画海报抨击美国污蔑中国[3]、经济压迫[4]、贸易战[5]、贫富差距[6]、枪支药

---

[1] 资料来源：https：//www.youtube.com/watch？v=QRR55sObIEM。
[2] 资料来源：https：//www.youtube.com/watch？v=mw8_dVx68YU。
[3] 资料来源：https：//english.news.cn/20230613/8f3ee3a42891424cb5e95c9de4946b66/c.html。
[4] 资料来源：https：//english.news.cn/20230530/3687f38cdeca40bfa481321ddb94889f/c.html。
[5] 资料来源：https：//english.news.cn/20230429/e2b349344f3146339d55ee8e4822695b/c.html。
[6] 资料来源：https：//english.news.cn/20230403/84317dafbe0e492da7b94bb8ae862b19/c.html。

114

品管控①等。人民网②采用漫评美国"去风险化"实则带来更大的全球风险，引导读者思考。中国日报《We Comment》（大家热评）③ 原创融媒评论专栏每周围绕国内外热点话题推出可视化评论作品，以专家点评国内外热点的短视频为主要形态，综合漫画、海报等形式，契合国际传播视听时代的受众需求。

（二）区域传播：多语种、本地化内容精准触达

中国主流媒体以精准传播方式推进中国故事和中国声音的全球化、区域化和分众化表达，增强国际传播的亲和力和感召力。近一年来，中国主流媒体聚焦中东（阿语地区）、非洲和俄语地区社交媒体账号建设和内容发布，借助社交媒体平台建立区域影响力。

1. 头部账号与国际媒体同类账号比肩

在 Facebook 平台，中央广播电视总台阿语主账号（CGTN Arabic）订阅量已达 1590 万，与 BBC 同类主账号 BBC News Arabic（1616 万）订阅量基本持平，远超 CNN Arabic（349 万）。CGTN 非洲主账号 CGTN Africa（450 万）在 Facebook 平台已进入百万级账号俱乐部，赶超 CNN 非洲主账号 CNN Africa（120 万）。CGTN 俄语账号（CGTN на русском）订阅量过百万，与 BBC News Russian（120 万）基本持平。

2. 抓住时机快速起量

CGTN 俄语（CGTN на русском）在 YouTube 上的账号聚焦俄乌战争局势，发布多篇战地日记，直击一线实况，账号快速发展，三个月内订阅量增长近 13 万，增长 1.7 倍，累计播放量达到 76 万，有效助推俄语地区传播声量提高。CGTN 报道员马斯拉克在炮火延绵之际不惧危险赶赴一线，以客观公正的态度为公众及时传递一手资料，展现真实的战地状态，受到国际用户

---

① 资料来源：https：//english. news. cn/20230328/0d064e71b4804620833761ede0d0f1f9/c. html；
  https：//english. news. cn/20230329/cf1742980975477895c720c24f6aa587/c. html。
② 资料来源：http：//en. people. cn/n3/2023/0725/c98649-20049108. html。
③ 资料来源：https：//www. chinadaily. cn/opinion/wecomment。

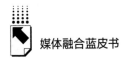

广泛关注。"马斯拉克日记"系列有16篇内容播放破百万。

3. 本地新闻与中国叙事并重

从相关账号的发布作品来看，有本地时政新闻或者是由当地报道员发来的一线内容，新华社在俄乌冲突发生一年后，由当地派驻记者深入各国街头，记录超市、商店、加油站实况，深入报道俄乌冲突发展至今对西方国家居民实际生活的影响，YouTube平台观看量达1.2万次。此外，关注目标国与中国的关系，中国国内的新闻内容占比也比较大，CGTN阿语账号就中方发表关于政治解决乌克兰危机的立场文件、美方粗暴击落中国民用飞艇、中国与中东国家关系等议题阐述中方原则立场，通过Facebook平台发布的"中阿关系论坛"视频内容获17万次观看，超千次互动。非洲账号新媒体图文报道《总书记视察沧州：非洲可从"黄骅旱碱麦"学到什么》，介绍旱碱麦种植对非洲相似气候地区的借鉴意义，受到非洲媒体和民众的广泛关注。

（三）朋友圈传播：扩大媒体合作

中国主流媒体充分利用不同资源展开朋友圈传播，促进海外传播质效提升。

1. 打造政要名人朋友圈，名人效应助力传播

中国主流媒体基于重要外交外事活动、中外关系进展等重要时间节点等开展高端访谈、专业论坛等，相关内容被海外媒体积极转发，借力扩大传播效能。

中央广播电视总台《高端访谈》栏目在巴西总统访华期间专访卢拉总统，访谈直面热点问题，卢拉总统坦诚回应"中国的国际角色和现代化道路"等话题，认为中国通过竞争和共话发展成为大国，而不是煽动战争，批评抹黑中国对外投资的言论，希望打造更紧密中巴关系。视频内容被卢拉总统个人社交媒体账号和巴西国家电视台、旗手电视台和多家国际媒体转发，并被全网置顶，引发广泛好评。

人民日报在新中国成立70周年之际独家策划《我在中国当大使》系列

作品，借"外嘴"讲好中国故事，以烟火气的讲述方式打动人心。目前该系列作品已通过中、英、俄、法、日文等15种语言面向全球80多个国家或地区传播，累计超550家海内外媒体和网络平台推介转载，总阅读量和播放量近20亿次。

中国日报YouTube推出了《Straight Talk》系列节目，围绕热点议题直接对话相关国家政府官员和企业负责人。访谈嘉宾围绕国企深改进行的对话[1]，其中吉尔吉斯斯坦前总理Djoomart Otorbaev阐述中亚地区对欧亚大陆发展的重要性。[2]

2. 打造媒体朋友圈，以资源聚合影响力

中国主流媒体在文化、科技等领域积极开展媒体合作活动，跨国联动有效传播中国形象。

CGTN推出"因乐之旅"，近期以中国航天日为契机推出跨国合作音乐作品《寰宇畅想》，冰岛音乐制作人、中国青年唱作人以及中国古筝演奏家的合作为作品赋予了丰富多元的跨文化基因，相关视频在YouTube平台观看量超千次，相关MV、博客在冰岛国家电视台、俄罗斯圣彼得堡电台播出，获得良好反响。法国电子音乐之父让-米歇尔·雅尔特别呈现"VR元宇宙专场"，Facebook互动量达1699次。

人民日报组织"一带一路 大道同行"大型跨国融媒体报道活动，采访团在俄罗斯站深入莫斯科中国文化中心、别雷拉斯特物流中心、莫斯科中国贸易中心、红十月糖果试验厂、米丘林大街地铁站等，采写中俄文化交汇、同舟共济的故事。

环球网与国资小新、中交集团、环球网联动举办"在世界第一大港，目送'中国制造'走向全球"全球直播活动，中国外交部发言人、多位驻外使馆大使以及10多个中国使馆官方账号在国外社交媒体纷纷转发，在Facebook、X（原Twitter）双平台累计触达近千万海外受众。

---

① 资料来源：https：//www. youtube. com/watch？v=J_ eaoCLo7Vk。
② 资料来源：https：//www. youtube. com/watch？v=uhIPJ2NYxRo。

3. 打造网红朋友圈，第三方视角精细化传播

外国网红实地探访，以客观视角向全世界网友展示中国乡土人情，拓宽全球网友对中国社会的认知。借助外国网红以实地探访、体验、记录和见证中国社会的全新面貌，以客观视角向全世界网友展示所见与所感，拓宽全球网友对中国社会的认知。

2022年8月，佩洛西窜访台湾引发中国民众强烈不满，而对于海外网友的不解，中央广播电视总台阿拉伯语网红"中国阿伊莎"在YouTube和Facebook平台个人账号发布视频作品《中国是懦夫？有关佩洛西窜访中国台湾地区一事我的看法》，从普通中国国民的角度出发，向网友澄清事实，视频播放量分别为3.3万和73.5万，两个平台共有近1万条评论。

中国日报在2023年两会期间借助中国日报外籍记者发声，中国日报YouTube专栏PodsideChats（围炉漫话）发布视频《China and US on board "different buses"》（《围炉两会特辑：中国政治像一辆目标明确的大巴车》）①，外籍记者石花姐（Stephanie Stone）、瑞恩（Ryan Usher）对话中国人民大学国际关系学院教授王义，就中国政党制度展开讨论，并与美国对比，纠正部分人对中国制度的偏见。

（四）符号传播：打造多元文化精品，讲好中国故事

1. 中国热点吸引全球受众目光

2023年以来，随着"丫丫"回国，"和花""萌兰"等成为顶流明星，社交媒体平台再次掀起一波熊猫热。中央广播电视总台打造国宝熊猫IP形象，开设专有账号进行专门运营，iPanda在四大海外社交平台账号矩阵（Facebook YouTube Twitter TikTok）累计订阅规模突破3000万人。"iPanda" Facebook账号用户超过2500万，YouTube账号订阅量半年内增长1.7倍，截至7月初，该账号订阅量已达160万。通过"IP+热点事件"模式进一步深化IP形象，打造丰富多元的衍生产品，泛化IP外延，如依托"神州12

---

① 资料来源：https：//www.youtube.com/watch? v = 8njJnoUl9CI。

号发射成功"事件推出熊猫宇航员卡通形象，并以中国"天宫"太空站为主题重新演绎热门英文歌曲小星星，推出音乐作品《一闪一闪亮晶晶：天宫太空站之歌》①，发布2天内播放量破万，萌翻全球网友。

上半年"全民打卡"的淄博烧烤同样火到国外，CGTN、南华早报（South China Morning Post）在YouTube上发布相关视频，"寻尝姐妹"②、"LAOFEI老费AGENT OF FOOD"③、"英国OMG"④等国内外YouTube博主发布体验视频，吸引全球网友关注。

同样备受全球网友关注的还有贵州"村超"、"村BA"这一系列民间体育赛事。2022年8月，"CCTV中国中央电视台"YouTube账号发布《火爆的"村BA"……》，专门介绍贵州村BA赛事；2023年6月中国新闻社YouTube平台直播《贵州村超，足球之夜来了》，在主流媒体的助推下在海外社媒平台越发火爆，"BBC News中文"YouTube也发布了相关介绍视频⑤，网友评论正面积极，表示"这次不酸中国"，并被"这种拼搏向上的精神"所感动。

2. 瞄准文化契合点，打造文化精品

主流媒体瞄准文化契合点，推出文化精品融媒体节目，借助海外受众熟悉的平台开展中国文化对外宣传。

中央广播电视总台CGTN与欧洲新闻台共同推出《中欧非遗》节目，聚焦大理扎染和苏格兰粗花呢、景德镇瓷器和代尔夫特蓝陶、龙泉剑和托莱多刀剑等中国和欧洲具有相似性和文化魅力的非物质文化遗产，以英语、西班牙语、法语、阿拉伯语、俄语等10种语言在欧洲新闻台电视端、数字端和社交媒体平台面向全球观众播出。

中国日报借助数字虚拟人热点，在YouTube账号推出"中华文化探源

---

① 资料来源：https：//sw-ke.facebook.com/CCTVAPOfficial/videos/twinkle-twinkle-little-star-a-song-for-tiangong-space-station/322155882720121/。

② 资料来源：https：//www.youtube.com/watch? v=A3fHSgLCKiI。

③ 资料来源：https：//www.youtube.com/watch? v=YFYq5TSSaZE。

④ 资料来源：https：//www.youtube.com/watch? v=XToAInFAjcQ。

⑤ 资料来源：https：//www.youtube.com/watch? v=18l3gyR8hzg。

者"的国风元气少女——数字人"元曦"系列视频，结合最新元宇宙概念展示中国城的繁荣和文化底蕴，涉及中国传统文化、城市探寻、国内时政热点等多种话题类型，其中关于茶文化的视频播放 24 万次。

新华社在国际博物馆日当天发起文创直播活动，"带货"西安大明宫的炫酷文创并分享其背后的历史故事。海外网红记者商洋（Sylvia）和美籍记者李柯（Rick）一同"开箱"鉴"宝"，同时新华社相关账号特别发布大明宫主题推文，向世界展示唐朝之美，触达海外受众 2000 多万人次，好评如潮。

（五）泛娱乐传播：探索更多出海路径

近年来，国剧出海，国产综艺模式输出，中国泛娱乐文化产品不断走红海外。主流媒体也积极投身其中，从自身优势出发，从不同角度探索泛娱乐内容产品的创新出海路径。

1. 打造传播品牌

中国影视节目海外传播品牌"China Zone"目前已在多个海外社交平台登陆，覆盖全球 200 多个国家或地区。除了译制推广、会员付费等传播路径，"China Zone"还通过本地平台实现落地，拓展中国影视内容产品出海新路径。

2. 微短剧模式崛起

微短剧作为近两年火热的出海品类，在海外已有多部爆款作品，如腾讯的《招摇》、优酷的《偷偷喜欢你》，在海外播放量均在千万以上。主流媒体机构也在不断开拓这一赛道，芒果 TV 在其国际版上线 90 余部短剧作品，同时在 YouTube 平台开设"芒果 TV 大芒 ShortPlay"账号，上线仅一年，累计订阅人数已超 10 万，累计播放量 4.7 亿次。

3. 节目模式售卖与本地化制作

上海广电综艺节目《我们的歌》节目模式输出西班牙，以"中国标准"进行制作，并于 2022 年 9 月播出首期，节目收视份额位列同时段西班牙全国第一。中国原创节目模式第一次完整输出到欧洲，是主流媒体综艺节目继参展推广、版权售卖、模式引进等出海模式后的新突破。此外，据悉中央广播电视总台《国家宝藏》将与 BBC 世界新闻频道（BBC World News）合作推出《中国的宝藏》纪录片；《朗读者》的节目模式与同款书籍被德国出版社订购，还参加了法兰克福国际书展，这也为国产综艺节目出海模式提供了新的思路。

三 从数据角度看主流媒体海外社交平台传播面临的挑战

当前的国际传播环境充满着挑战和机遇。随着中国崛起速度和进程的不断加快，西方反华势力的压制不断加大，国内主流媒体面临更加复杂和严峻的舆论环境；主流媒体在国际传播市场，特别是通过海外社交平台传播仍处于发展初期阶段，在艰难复杂的舆论斗争环境中面临多重挑战。

（一）第三方平台掣肘，主流媒体传播力受限

一直以来，中国主流媒体在不断适应错综复杂的海外媒体市场环境，海外社交平台因为国家层面和自身利益等各种因素，有意或无意地通过各种规则限制非西方主流价值观的媒体机构的传播影响力。自俄乌开战后（2022年3月18日），三大社媒平台均出现部分国家用户无法打开 RT/SPUTNIK 俄罗斯官方媒体账号的情况。从监测数据来看，X（原 Twitter）平台上我国主流媒体机构百万级以上订阅量的账号在近一年中基本处于下降趋势，而西方国家媒体机构账号中并没有类似的趋势。

从主流媒体在三大平台的头肩部账号布局来看，百万级以上订阅规模账号主要集中在 Facebook 平台。反观国际媒体机构，如 BBC，其在 YouTube 平台优势较为明显，有 5 个千万级账号，22 个百万级账号；CNN 在 X（原 Twitter）平台订阅规模（CNN 9 个账号累计订阅量达 1.58 亿，BBC 14 个账号累计订阅量 1.39 亿）优势突出。我国主流媒体在 YouTube 平台尚未出现千万级订阅量账号，与平台头部账号上亿的用户订阅规模相比，我国主流媒体在 YouTube 和 Twitter 平台均有较大的发力空间。

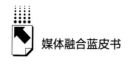

（二）对外话语体系国际兼容度依然不高

在新闻类报道中，我国主流媒体虽然已在不断调整叙事方式，但相较于BBC等国际新闻媒体，我国主流媒体依然倾向于宏大视角的自我正面叙事。

一是本地化新闻占比偏低。通过对比发布作品数据发现，BBC、CNN等国际媒体账号针对特定国家/地区的账号，发布内容中聚焦当地新闻时事、深度解析问题的纪实类内容占比在80%以上，而我国主流媒体账号发布的本地新闻数量占比相对偏低，发布内容中我国国内发展、体现我国与传播对象国友好关系的内容占比较高。

二是以宏大叙事为主。主流媒体发布内容依然倾向以宏观视角进行表达，在内容上过于追求主题性、宣传性，而缺乏真实细腻的细节，导致只有口号化的"高大上"，而缺乏能够触动用户的共情力。不可否认，外宣报道中已经有意识地选择具体的人物进行呈现，如具体的共产党员形象、"两会"中具体的代表委员、疫情后努力恢复生产的民营企业家等，但是在作品叙事中依然偏"脸谱化""模板化"，缺乏对个体真实细腻带有"瑕疵"的描述或报道。表达的对象和主体呈现100%的完美状态，反而让人难以信服。

尽管主流媒体海外传播有挑战也面临困难，但新技术新平台也在不断推陈出新，Facebook、Twitter、YouTube 等平台面临变革，Mastodon、Threads等新平台层出不穷。ChatGPT 开启"生成式"人工智能时代，新闻机构纷纷入局，全球首个完全由人工智能生成新闻报道的平台 NewsGPT 已经问世，传媒领域的变革也带来了诸多机遇。

四　主流媒体海外社交平台传播优化建议

（一）发力自有平台建设，争取战场主控权

随着中国实力的不断崛起，越来越多的国内机构开始搭建自主可控的海外传播平台，国内主流媒体机构特别是央媒机构都已经搭建了网站或 App

产品，如何运营好这些产品，更好地更新迭代掌握更多的战场主控权是当下国内主流媒体机构需要解决的重要课题。从目前来看，国内主流媒体的出海路径以内容出海为先，通过社交媒体平台的分发了解海外用户的需求和喜好，夯实内容市场根基，建立品牌认知；建立自有平台，在运营自有平台时需要强化内容分发的分级意识，将高价值有流量的内容放在自有平台分发，在借力第三方平台渠道的同时摆脱平台的制约和掣肘；加强与国内出海厂商的合作，如与华为、小米等出海手机品牌进行预装合作，或者与美的、海尔等出海品牌进行联名直播，强强联合打造中国品牌。

（二）关注海外社交平台发展新动向，差异化打造内容产品

基于主流媒体在 Twitter 和 YouTube 账号与平台头部账号订阅量依然有一定差距的现实情况，建议主流媒体机构结合海外平台发展趋势，依据账号属性差异，有针对性地进行新媒体账号矩阵打造。

在 YouTube 平台推出的"YouTube Shorts"竖屏短视频模块，其播放数据明显高于普通视频作品，国内主流媒体账号都开始尝试发布，结合主流媒体在国内短视频平台的成功经验，利用好 Shorts 功能，弯道超车指日可待。海外社交平台产品不断出新，7 月 Meta 推出的 Threads 上线 5 天用户已破亿，国内主流媒体机构可尝试布局更多新兴内容平台。国内数字人、AI 智能已处于国际水平，可扩大技术亮点，并进一步探索 AIGC 对于内容生产、运营策略等方面的应用，助力海外传播。

（三）持续发力本土化内容，扩大区域影响力

主流新闻媒体已建设较为完善的区域传播矩阵，但因侧重中国叙事而影响力受限。加强内容本地化，充分了解受众关注点、内容消费偏好，针对各地区推出差异化内容更有利于提升区域影响力。新闻媒体可更多关注当地的政治、经济、社会、文化等情况，增加切中受众关注点的本土化内容占比，成为受众认可的媒体信源更有利于对外传播。

近年来，影视剧、综艺节目、纪录片等不同形式、不同主题的文化产品

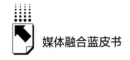

不断出海，主流媒体机构可在版权售卖的基础上，进一步深化合作模式，与本地媒体机构合作，实现本地化选题、本土化制作，将中国价值的内核包裹在其中，让海外用户看得到、看得懂、看得进去。

（四）关注小众垂类内容，提升机构品牌影响力

目前，主流媒体出海内容多关注政治、经济、文化相关内容，可进一步拓展垂类内容，以更加丰富的内容类型扩大影响力。新闻类内容，可进一步发力深度报道、纪实类内容等，如打造真实案件纪实类内容产品；聚焦跨文化传播的观点对冲，尝试打造辩论类或深度解读类内容产品，针对部分较有争议的话题，形成结合不同立场嘉宾辩论、街采体现大众不同认知等多种形式的融合报道。

针对非新闻类内容，一是着重关注音乐类内容，打造中国风音乐或舞蹈内容产品（如马蛟龙在外国街头表演中国水袖，播放量8.1万）；二是聚焦垂类体育比赛如女性体育赛事（如女足），小众赛事如UFC（综合格斗）、飞盘，街头民间赛事等。近年来中国选手张伟丽、李景亮均有较好的成绩，是中国力量的体现（如UFC发布的张伟丽夺冠前的视频，YouTube平台播放量217万），可进一步开发相关品类的内容产品。

（五）创新中国元素IP，丰富中国故事内涵

中央广播电视总台等主流媒体围绕传统文化、现代发展等打造多个融媒体产品，但能够形成系列IP，有足够持久和足够大范围影响力的较少。一是针对一个IP进行深入、多维度的挖掘开发，打造爆款内容；二是依托我国深厚文化内涵，进一步发掘民俗文化、传统手工艺、历史文物、传统艺术、饮食文化等方面的独特元素，打造系列IP内容，或推动国内已成熟的相关纪录片出海。

（六）泛娱乐化传播仍有探索空间

文化传播是对外传播中的重要一环，除打造传统文化相关的融媒体产品

外，影视剧综的出海也能够提振国际影响力。目前，已有 China Zone、上海广电、湖南广电、浙江广电等宣传主体，在传播模式、传播内容上还有更多探索空间。一是打造契合平台的泛娱乐化内容，如在 YouTube 平台可更多发力音乐、舞蹈、综艺等用户需求较大的内容；二是推动国内热门内容形式出海，如国内短剧形式已较为成熟，并已在日韩开始流行，发挥内容优势或可获得较好传播效果。

数据说明：

研究对象：8 家央媒＋布局出海的省级广电媒体。

统计时间：2022 年 7 月 1 日至 2023 年 6 月 30 日。

统计平台：Facebook YouTube Twitter。

数据来源：CTR-唯尖短视频商业决策系统（海外版）。

热 点 篇
Hot Topic Reports

B.5
2022~2023年大模型传播渠道应用报告

林 润　燕东祺　张洪忠*

摘　要： 基于大模型所开发的对话人工智能应用上线后引发新一轮传播技术迭代和传播范式革新。本报告梳理了大模型技术的开发现状，从传播渠道角度观察并归纳大模型在传播渠道领域的应用。在开发现状方面，基座模型与垂类模型形成了当下大模型技术开发的两个主要方向。在传播渠道领域的应用方面，大模型的集成性和通用性使得通用一体化应用逐渐成为主流，实现信息的平台化互通互联；大模型的语言理解生成和泛化推理能力突破传统推荐系统技术阻碍；大模型从后台入手赋能广告营销行业，实现与目标受众的精准化匹配。最后，从大模型技术、算力、云端、"对话即平台"四个方面探讨下一代互联网产业发展趋势。

* 林润，北京师范大学新闻传播学院硕士研究生，研究方向为智能传播；燕东祺，北京师范大学新闻传播学院博士研究生；张洪忠，博士，北京师范大学新闻传播学院教授，研究方向是传播效果测量、智能传播、传媒公信力。

关键词： 大模型 传播应用 传播渠道 ChatGPT 智能传播技术

2022年末，对话人工智能ChatGPT上线，并在短短两个月内用户突破1亿。在此之后，微软将其背后的大模型GPT-3.5接入旗下Bing搜索引擎，打破了信息检索的传统生态。由此，大语言模型技术（本报告后面将大语言模型简说为大模型）成为能够赋能千行百业的社会关注热点，传播领域面临着新一轮技术迭代所带来的巨大变革。

大模型是一种基于深度学习算法来训练模型理解和生成人类语言的人工智能技术。在以十亿为单位计的参数支持下，大模型可以捕捉语言中复杂的模式和结构，进而执行各种自然语言处理任务。在这些大模型基础上，图像生成应用Stable Diffusion、语言对话应用Bard等人工智能应用也先后成为互联网市场的宠儿，大语言模型已经成为人工智能技术发展的新路径，ChatGPT只是大模型应用的冰山一角。

大模型目前具有三个方面的技术优势。第一，大模型实现了基于生成式的自然语言处理，具有流畅的生成能力。早期生成式模型以句段为单位的块状文本拼接生成方式，即由用户预先设计好写作内容格式，再由机器搜索并匹配相关内容嵌入格式，或使用规则、模板或者检索式的方式匹配用户输入的问题，进而根据预定义的文本拼接方式生成新的文本[1]，只适用于高度格式化文本，具有难以生成态度观点等的局限。大模型技术则从底层算法上实现了基于概率的"字词接龙式"文本生成，即利用机器学习所得的字词关系等自然语言信息形成上下文的预测序列，逐字段预测回复文本的各个字词，脱离了固定模板与衔接逻辑，继而能够生成更加灵活多样、自然流畅的文本内容。第二，大模型开始面向多模态领域。ChatGPT等当下大模型技术应用则在海量跨领域数据学习的前提下支持开放域的多模态交互，既在适用

---

[1] 韩晓乔、张洪忠、何苑：《文科思维与技术思维的碰撞：新闻传播经验应用在机器写作技术开发中的个案研究》，《全球传媒学刊》2018年第4期，第81~91页。

任务范围上支持同一模型下的多类型对话，又在适用信息模态上支持多模态信息的输入输出。第三，大模型做到了多轮交互与对语境的敏感，具有类人对话能力。多轮交互指模型可以进行多轮次人机互动，理解交互上下文语境并产出符合互动语境回复，对人工智能应用交互实现拟人化效果而言十分重要。通过引入"上下文学习"的模型训练机制，大语言模型获得了自回归的语言处理能力，即不断回溯上下文内容，学习并整合用户多轮对话信息，逐轮聚焦、精准理解用户需求，以提供更准确的响应。①

基于大模型所开发的 ChatGPT 等应用，是人工智能技术发展的里程碑标志。本报告梳理了大模型技术的开发现状，并对大模型在传播渠道领域的应用进行归纳。传播技术迭代也会带来传播范式的革新，大模型目前已经在信息分发传播中展现了巨大的应用潜力，本报告从传播渠道角度进行观察。

一　大模型开发现状

（一）基座模型

基座模型是大模型应用的原型模型，一般呈现为通用大模型，经大量通用数据训练，具有较强的基础能力。目前的基座模型在技术上主要有三类，即解码器结构（如 GPT-4）、编码器结构（如 BERT）以及编码器-解码器结构（如 GLM）。②

国内大模型领域对通用基座模型的开发呈现出科技企业与科研院所百花齐放的景象。企业一端，百度于 2023 年 2 月发布"文心一言"对话应用，其背后的大模型"ERNIE 3.0"成为国内首个公开推出的大模型。除此之外，阿里巴巴达摩院开发"通义"大模型、科大讯飞开发"星火认知大模型"、华为开发"盘古大模型"、腾讯开发"混元大模型"，互联网企业与 AI 科技企业在大模型

---

① 钱力、刘熠、张智雄：《ChatGPT 的技术基础分析》，《数据分析与知识发现》2023 年第 3 期，第 6~15 页。
② Yang, Jingfeng, et al. "Harnessing the power of llms in practice: A survey on chatgpt and beyond". arXiv preprint arXiv: (2023), accessed by June 2, 2023.

领域上均已有所布局。科研院所一端，有清华大学研究团队发布的"GLM-130B"，并与北京智源人工智能研究院合作开发的"CPM"基座模型，复旦大学研究团队发布的大模型"MOSS"等。除此之外，更有一批创业者转型投入大模型赛道，包括美团创始人王慧文创建的"光年之外"、创新工场创始人李开复创办的"ProjectAI 2.0"等，目标对齐GPT模型，开发通用大模型。

海外大模型领域对基座模型的开发则以科技巨头企业为主要引导者。在ChatGPT走红之后，又通过微调其基座模型GPT-3.5升级出GPT-4，在ChatGPT热度的影响下，OpenAI所开发GPT大模型也成为当下最受关注的基座模型。除此之外，谷歌公司也先后研发了"T5""LaMDA""PaLM"等通用型的基座模型，其参与投资的AI科技公司Anthropic则研发出大模型"Claude"。DeepMind推出了"Gopher""Chinchilla"等基座模型。Meta公司所开发的模型"LLaMA"则凭借开源性与多元的数据尺寸版本得到了较多的应用。

基座模型接受海量数据训练并适配于多元化的下游任务，其开发水平是大模型应用表现背后的能力来源。也正因此，开发基座模型需要具备一定的超算能力和互联网数据资源基础。总体来看，基座模型领域已经成为大模型赛道头部企业与科研院所的角力场。

（二）垂类模型

超算能力、大规模数据、高成本人才等成为大部分机构入局通用大模型的"门槛"。与此同时，一批企业机构跳过通用大模型培育，关注场景应用诉求，锚定垂直领域大模型开发。同时，依托基座模型也出现了相应服务平台支持定制化大模型的开发，成为大模型技术的一个新发展方向。

一方面，在绘画、创意文案、教育、医疗等领域，一批拥有用户数据积累的中小型企业已开始基于国内外基座模型，训练适配自身应用场景的垂类模型，探索垂类大模型应用开发。① 在绘图领域，Midjourney公司开发的生

① 《国内大模型迎来中场战事》，澎湃新闻网，2023年5月25日，https://www.thepaper.cn/newsDetail_forward_23217585，accessed11August2023，最后检索日期：2023年5月26日。

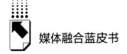

成式模型"Midjourney"，StableAI 开发的"Stable Diffusion""DeepFloydIF"，OpenAI 开发的"DALL·E2"等模型，通过自然语言生成图像。在商业文案领域，AI 企业 Jasper 基于 GPT 模型开发同名文案生成模型，可根据需求提供广告与社交媒体账号运营文案。医疗领域，剑桥大学研究团队在 LLaMa 模型基础上构建的大模型"Visual Med-Alpaca"可根据输入的 X 光片、病情描述等多模态信息对病情进行自动诊断并给出治疗意见。① 国内市场上，学而思基于大模型技术开发了"MathGPT"，主要用于数学学科的教辅工作，网易有道则开发了"子曰"模型，可辅助进行语言教学，展现出大模型技术在教育垂直领域应用的广阔前景。AI 公司毫末智行开发"DriveGPT"，主要为自动驾驶等领域问题提供解决方案。

除此之外，结合专业数据进行微调的大模型，还接入金融、办公、医疗等诸多领域并提供产品服务。例如，在金融领域，投资银行摩根士丹利已接入 GPT 模型以构建知识库，涵盖投资策略、市场研究和评论以及分析师见解，员工通过查询知识系统就可获取信息支持。微软 Office 基于 GPT 模型提供的 Copilot 功能、GitHub 所上线的 AI 编程助手 GitHub Copilot 等，将大模型能力应用在办公编程等领域。

另一方面，拥有自研基座模型的大型企业在同步训练垂类模型的同时，也打造开发者服务平台。如百度基于"文心大模型"推出的"文心千帆"大模型服务平台，提供包括百度自研基座模型和第三方开源模型在内的大量基座模型资源，并提供各种 AI 开发工具和整套开发环境，支持用户开发定制化垂类大模型。②

自 ChatGPT 推出以来，各行各业已开始基于行业场景构建大模型应用产品设想，但更多停留在好莱坞电影式的想象之中。垂类大模型的涌现，可

---

① 《剑桥华人团队搞出多模态医学大模型，单个消费级显卡就能部署，借鉴斯坦福"羊驼"》，澎湃新闻网，2023 年 4 月 17 日，https：//www.thepaper.cn/newsDetail_forward_22716143，accessed11August2023，最后检索日期：2023 年 5 月 20 日。
② 《什么是文心千帆大模型平台》，百度智能云，https：//cloud.baidu.com/doc/WENXINWORKSHOP/s/Slfmc9dds，accessed11August2023，最后检索日期：2023 年 4 月 10 日。

以实现各行业与大模型的触达，推动电影式想象向现实化落地。同时，新产品研发倒逼垂直领域的大模型优化提升，与通用大模型发展形成正向反馈，有望加速大模型应用生态形成。

表 1 为基座模型和垂类模型简介。

表 1　基座模型和垂类模型简介

模型	模型类型	开发团队	技术能力
GPT	基座模型	OpenAI	基于 Transformer Decoder 的自回归语言模型结构，并采用 RLHF 的方法进行微调。alignment（对齐）训练过程可以提高模型事实性和对期望行为遵循度的表现。2023 年 3 月，GPT-4 发布，能够阅读文字和识别图像并生成文本结果，较历史版本有较大提升
T5		谷歌	采用谷歌最原始的 Encoder-Decoder Transformer 结构，将每个文本处理问题都看成"Text-to-Text"问题，即将文本作为输入，生成新的文本作为输出
LaMDA			具有 137B 个参数，在微调阶段，生成式任务（给定上下文生成响应）和判别式任务（评估模型生成响应的质量和安全性）应用于预训练模型进行微调形成 LaMDA，以提升模型响应的真实可靠性
PaLM			540B 参数规模的大模型，采用 decoder-only 的单向自回归模型结构，在多步推理任务上的表现优于经过微调的 SOTA 模型，且显示出性能随模型规模的扩大而不连续提升的特质
Claude		Anthropic	通过监督学习与强化学习训练模型，2023 年 7 月 Claude2 发布，在编写代码、分析文本、数学推理等方面的能力得到加强，并且可以产生更长的响应
Gopher		DeepMind	参数规模达到 280B，参数规模的扩展对阅读理解、事实核查和有毒语言识别等领域性能提升较为明显
Chinchilla			参数规模 70B，对模型规模大小和训练 tokens 的数量规模进行了权衡，结果在大量下游评估任务上一致且显著优于 Gopher、GPT-3 等参照模型，使用更少的计算来进行微调和推理，利好下游使用
LLaMA		Meta	LLaMA 包含 7B、13B、33B 和 65B 四种参数规模，其中 13B 版本仅以 1/10 规模的参数在多数的 benchmarks 上性能优于 GPT-3，65B 版本与业内最好的模型 Chinchilla-70B 和 PaLM-540B 比较也具有竞争力

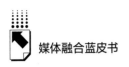

媒体融合蓝皮书

续表

模型	模型类型	开发团队	技术能力
ERNIE	基座模型	百度	ERNIE3.0Titan 版本参数规模达到 260B,目前为止全球最大的中文单体模型,在 68 个 NLP 数据集上的表现优于最先进的模型
通义大模型		阿里巴巴达摩院	以 M6-OFA 模型作为统一底座,可同时处理图像描述、视觉定位、文生图、视觉蕴含、文档摘要等 10 余项单模态和跨模态任务,且效果达到国际领先水平
星火认知大模型		科大讯飞	2023 年 6 月 9 日,讯飞星火认知大模型 V1.5,在综合能力上实现三大升级:开放式知识问答取得突破,多轮对话,逻辑和数学能力再升级
GLM		清华大学	属于 PrefixLM 方式,GLM-130B 参数规模达到千亿,表现达到世界一线水平,在微调下形成 ChatGLM2-6B、ChatGLM2-12B、ChatGLM2-32B、ChatGLM2-66B、ChatGLM2-130B 等不同参数规模版本的通用模型
CPM		智源研究院	2023 年 6 月,CPM-Bee 模型开源,考虑了任务模式增强、多语言融合、复杂结构处理等新特性,在中文零样本学习权威榜单 ZeroCLUE 上分数达到榜首
MOSS		复旦大学	MOSS-RLHF 版本经 RLHF 实现人类对齐,为大模型人类价值对齐训练提供了更加稳定可靠的解决方案
Midjourney	垂类模型:内容生成	Midjourney	2023 年 5 月,Midjourney5.1 发布,加强了连贯性、提高了对文字提示反应的准确性,减少了不需要的边框和文字工件,提供了更加清晰的画面
Stable Diffusion		StabilityAI	2023 年 7 月,Stable Diffusion XL1.0 发布,几乎能够生成任何艺术风格的高质量图像,可以在没有任何特定的"灵感"的情况下进行提示。在色彩的鲜艳度和准确度方面做了很好的调整,对比度、光线和阴影得到升级,并全部采用原生 1024×1024 分辨率
DeepFloydIF			采用 FrozenT5XXL 来提取 text embeddings,可以很好地解决生成文字的问题
Jasper		Jasper	利用 GPT 模型,辅助撰写广告文案、标语、网页文案、电子邮件、博客以及社交媒体文章等不同场景的内容,并且还集成了 Grammarly 这样的工具来检查内容中涉及的抄袭和错误修复

132

续表

模型	模型类型	开发团队	技术能力
Visual Med-Alpaca	垂类模型：医疗行业	剑桥大学	构建于 LLaMa-7B 之上，辅助分析 X 光片、提供用药建议
HuatuoGPT		香港中文大学	通过融合 ChatGPT 生成的"蒸馏数据"和真实世界医生回复的数据，以使语言模型具备像医生一样的诊断能力和提供有用信息的能力
MathGPT	垂类模型：教育行业	学而思	MathGPT 将结合大模型和计算引擎两者的能力，大模型负责理解题目、分步解析，并在合适的步骤自行调用计算引擎，帮助人们更好地解决学习数学、思考数学的问题
子曰		网易有道	"场景为先"的教育垂类大模型，提供虚拟人口语教练、作文批改、习题答疑等教育服务
DriveGPT	垂类模型：自动驾驶	毫末智行	采用 GPT 模式，将障碍物、车道线、行人等作为 token 训练模型，能够做到智能捷径推荐、困难场景自主脱困、智能陪练等功能
Office Copilot	垂类模型：办公领域	微软	接入 GPT 模型，可实现生成文档总结、重写修改 Word 内容、自动配图、格式优化调整等功能
GitHub Copilot		GitHub	可作为插件接入编译器中，实现解析代码、修改代码、转换语言、及时代码调整等功能

二　大模型在信息传播渠道上的应用

（一）大模型打造通用型一体化平台，拓宽传播渠道

ChatGPT 上线后，在两个月时间里获得超过一亿的月活用户[①]，移动端应用上线后 6 天时间下载量超过 50 万次[②]，呈现出广阔的市场前景。随着

---

① 《史上增速最快消费级应用，ChatGPT 月活用户突破 1 亿》，澎湃新闻，2023 年 2 月 3 日，https：//www.thepaper.cn/newsDetail_forward_21787375，最后检索日期：2023 年 3 月 17 日。
② 《上架 6 天，iOS 端 ChatGPT 累计下载量突破 50 万次》，IT 之家，2023 年 5 月 27 日，https：//www.ithome.com/0/695/642.htm，最后检索日期：2023 年 5 月 30 日。

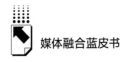

大模型技术的不断成熟，通用一体化的平台式应用逐渐成为主流，目前已经出现了依托大模型技术构建的智能对话、办公、家居等集成式平台投入在应用当中，实现了信息的平台化互通互联。

1. 智能对话平台

ChatGPT 发布后，OpenAI 对其进行持续的更新升级，通过插件形式实现了对话平台的"全能""全知"。2023 年 3 月 23 日，OpenAI 发布 ChatGPT 的最新版本，支持插件功能，将插件定义为在安全原则下，为语言模型专门设计的工具，帮助 ChatGPT 访问最新信息、完成运算和使用第三方服务。目前已经有一部分第三方插件接入 ChatGPT，例如"一站式"旅游服务平台 Expedia、生鲜杂货电商平台 Instacart、综合比价电商平台 Klana Shopping 和 Shop、网络浏览器和 Python 代码解释器等，极大地拓展了 ChatGPT 的应用场景。

网络浏览器插件则可以指示 ChatGPT 访问互联网获取最新信息的方式，解决大模型训练数据无法动态更新和内容有限的重大问题。插件基于 OpenAI 的 WebGPT，类似的解决方案还有 DeepMind 和 Meta 的 GopherCite、BlenderBot2、LaMDA2 等。目前，插件借助微软 Bing 搜索 API 和信息可靠服务，会使用 ChatGPT-User 作为网站访问标记，尊重所访问网站的内容创作和访问规范，网站也可以设置是否允许 ChatGPT 获取其信息。ChatGPT 会在文本输出中标记所访问的网站地址供用户确认数据源和可靠性，这也是对之前无法确定数据来源的使用方式的重要升级。

2. 智能办公平台

2023 年 3 月，微软宣布将 GPT 大模型引入 Office 应用程序，推出了 Microsoft 365 Copilot，帮助用户提高办公生产力，引发办公场景根本性变革。Microsoft 365 Copilot 将大语言模型的能力与储存在 Microsoft Graph 中的数据如邮件、文档、会议、日程、聊天等以及 Word、Excel、PowerPoint、Teams、Outlook 等办公产品全部联系到一起，通过四个步骤将用户的文本命令输入转化为应用层的执行。Copilot 以迭代的方式来处理和编排这一系列流程服务，形成了集合大模型、用户数据和应用的 Copilot System，打通了微软的办公产品线，数据在各个产品中能够自由流通，形成智能办公平台。

3. 智能家居平台

在多模态技术融合背景下，大模型多维度提升智能家居协同能力，打造一体化智能管家平台。家居大模型通过融合智能传感、智能安防等设备获取多模态数据，实现分析决策并控制智能照明、智能温控等设备，提升多个智能家居设备间的协同能力。2023年4月，天猫精灵宣布将接入阿里巴巴通义千问，阿里集团首席执行官张勇透露，未来天猫精灵会成为"个性化的智能助手"。2023年7月，中国信通院联合海尔、中移杭研、美的、思必驰等企业形成家居大模型标准，围绕大模型在智能家居中的应用场景、实现效果、服务成熟度等方面建立指标，助推家居大模型健康可持续发展。[①]

（二）大模型优化推荐算法技术

GPT-4大模型由于在语言理解和生成方面具有出色的能力，以及令人印象深刻的泛化和推理能力，改变了自然语言处理和人工智能领域。因此，最近的研究尝试利用大语言模型的强大能力来增强推荐系统，并且已经在推荐系统多个子任务上进行了初步尝试。[②]

1. 搜索引擎

信息分发环节中，大语言模型可以作为一个自动化、智能化的分发系统，创新信息分发模式，这一应用方式主要基于其对文本信息理解、情感分析和提取标注的可拓展性。在ChatGPT爆火之后，微软将GPT大语言模型整合进New Bing搜索引擎中，在搜索引擎中实现了检索、浏览和聊天的统一。在大模型嵌入Bing搜索引擎后，每日活跃用户首次突破1亿

---

① 《填补行业空白！海尔智家牵头制定首个家居大模型标准》，腾讯网，2023年8月9日，https://baijiahao.baidu.com/s?id=1773736308156475172&wfr=spider&for=pc，最后检索日期：2023年8月10日。

② Fan, Wenqi, et al. "Recommender systems in the era of large language models (llms)". arXiv preprint arXiv：2307.02046 (2023), accessed by June 2, 2023.

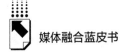
人，每天大概有 1/3 用户会与基于 ChatGPT 开发的 Bing ChatAI 进行交互。① 这种新的信息检索方式有望成为传统搜索引擎之后的新一代互联网入口。

2. 新闻推荐

个性化新闻推荐系统已经成为用户浏览海量在线新闻内容的重要工具。香港理工大学与东京早稻田大学几位学者介绍了一个基于 LLM 的生成式新闻推荐框架 GENRE，它利用来自大型语言模型的预先训练的语义知识来丰富新闻数据。目标是通过从模型设计转向提示设计，为新闻推荐提供灵活统一的解决方案。② 主要思想是利用现有的新闻数据，如每篇新闻文章的标题、摘要和类别来构建提示或指南。由于 LLM 拥有丰富的预训练语义知识，因此它能理解新闻数据的基本分布，并生成丰富的新闻数据和信息。这些生成的新闻数据和信息可以整合回原始数据集，以迭代的方式进行下一轮知识生成，或利用这些数据集来训练下游的新闻数据和信息，或用于训练下游新闻推荐模型。

3. 电商推荐系统

当前电商行业已经进入内容电商时代，直播带货的普及让"人找货"变成了"货找人"。平台利用大模型的人工智能算法可以实现海量数据集的深度学习，分析消费者的行为，并且预测哪些产品可能会吸引消费者，从而为他们推荐商品。目前，电商平台的搜索功能往往基于关键词建立，模糊搜索的能力较一般，往往难以理解消费者的真实需求。而与大模型结合的电商推荐系统，消费者可以详细叙述自己的用途和要求，把大模型当作"导购员"，直接输入问题就能得到推荐。

2023 年 4 月 11 日，阿里云智能首席技术官周靖人正式宣布推出大语言

---

① Microsoft Bing hits 100 million active users in bid to grab share from Google, theverge. com（March 9, 2023）. https：//www. theverge. com/2023/3/9/23631912/microsoft-bing-100-million-daily-active-users-milestone, accessed by June 1, 2023.

② Liu, Qijiong, et al. "A first look at LLM-powered generative news recommendation". arXiv preprint arXiv：2305. 06566（2023）, accessed by June 2, 2023.

模型"通义千问"。阿里云智能集团 CEO 张勇表示，阿里巴巴所有产品未来将接入"通义千问"大模型，进行全面改造，包括天猫、钉钉、高德地图、淘宝、优酷、盒马等。GPT-4 发布之后，跨境电商企业吉宏股份接入 GPT 模型能力，应用于 SEO 监测、广告投放等业务助力跨境营销。根据企业消息，GPT 大模型根据"线路、平台、时间、商品特征"四个维度优化主推选品策略，辅助选品超过 1 万件，同时服务于 NLP 团队挖掘新的需求概念，在千万级的商品中，新挖掘了 150 万种商品之间的关系，丰富了公司的关联关系推荐业务。[1]

（三）大模型助力精准化广告投放

在广告领域，除了文本图像等广告营销内容生成外，大模型还以资源整合等方式，从后台入手赋能广告营销行业。腾讯发布广告混元 AI 大模型与广告精排大模型，分别用于理解广告中蕴含的丰富信息以及使广告投放目标人群与投放场景更加精准。目前，腾讯广告精排大模型已累计给广告主带来 15% 的 GMV 提升，并有望在未来带来更为可观的正向效果。[2]

除此之外，海外广告营销企业也纷纷尝试引入大模型。数字营销巨头阳狮就在 2023 年 5 月将阳狮智慧人工智能实验室与微软、谷歌、亚马逊等合作企业训练微调大模型。[3] 电通安吉斯也开发了 MIXER，可分析亚太地区多个市场的消费趋势、社交情绪、电商平台等大数据内容。[4]

---

① 《烧掉 13 亿广告费的大卖，用 ChatGPT 上架 1 万新品，靠谱吗》，36kr，2023 年 3 月 21 日，https：//36kr.com/p/2179880134899717，最后检索日期：2023 年 3 月 29 日。

② 《"太极"助力，腾讯广告如何借大模型降本增效?》，机器之心，2022 年 6 月 20 日，https：//www.jiqizhixin.com/articles/2022-06-20-5，最后检索日期：2023 年 4 月 20 日。

③ "Publicis Sapient acquires full stake in Publicis Sapient AI Labs". Publicis Sapient（May 23, 2023）. https：//www. publicissapient. com/news/publicis-sapient-acquires-full-stake-in-publicis-sapient-ai-labs，accessed August 11, 2023.

④ 《电通中国首发两大 AI 互联营销解决方案》，Campaign China，2023 年 7 月 10 日，https：//www. campaignchina. com/article/%e7%94%b5%e9%80%9a%e4%b8%ad%e5%9b%bd%e9%a6%96%e5%8f%91%e4%b8%a4%e5%a4%a7ai%e4%ba%92%e8%81%94%e8%90%a5%e9%94%80%e8%a7%a3%e5%86%b3%e6%96%b9%e6%a1%88/485265，最后检索日期：2023 年 8 月 11 日。

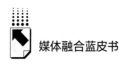

三　大模型对互联网生态的未来影响

目前，大模型已实现互联网海量信息和功能的集成一体化，形成对话平台等通用型平台，并提供后台技术使作为信息分发关口的算法技术迎来升级迭代。

首先，大模型可能成为未来互联网竞争的入门门槛。[①] 大模型目前展现出集成互联网功能的巨大潜力，并可以使用自然语言进行交互。这意味着窗口化的大模型应用能够降低互联网使用的技能门槛，发展成为未来互联网流量的入口。

其次，大资本支持的算力可能成为互联网竞争的基石。[②] 当前，人工智能的算法技术发展趋于成熟，基于算法技术的突破量小力微，芯片与算力成为大语言模型能力提升的新切口，每一次模型的迭代都建立在更强算力的基础上。除此之外，大模型的训练成本还包括服务器成本、电力消耗等。以GPT 模型为例，其算力基础设施至少需要上万片英伟达 GPUA100，而一片英伟达顶级 GPU 的采购成本和 GPU 服务器成本都是昂贵的，总成本远超中小型企业负担能力。[③] GPT-3.5 的每一次训练，则都需要上千块高性能 GPU并行运行数周时长。GPT-3 模型每次训练需借助超算设备，单次训练费用达到 460 万美元。[④] 此外，大模型研发训练还需多种智能算法集群、海量可用数据、大量高技术人才等多项支持。从目前来看，主要的大语言模型开发主体均为微软、谷歌、Meta 等巨头企业，大模型研发整体已经呈现出资本壁垒所引导的封闭化趋势。大资本的投入，可能成为未来大模型技术发展的硬门槛。

① 张洪忠、任吴炯：《大模型对互联网生态影响及其发展趋势》，《中国网信》2023 年第 6 期。
② 张洪忠、任吴炯：《大模型对互联网生态影响及其发展趋势》，《中国网信》2023 年第 6 期。
③ 吕栋：《ChatGPT 带飞英伟达，中国芯片成色几何?》，观察者，2023 年 2 月 16 日，https://www.guancha.cn/economy/2023_02_16_680133.shtml，最后检索日期：2023 年 6 月 5 日。
④ ChengHe. GPT-3: The Dream Machine in the Real World, Medium（June 24, 2020），https://towardsdatascience.com/gpt3-the-dream-machine-in-real-world-c99592d4842f, accessed by June 2, 2023.

再次,云端竞争可能会成为下一场互联网竞争的窗口。[1] 大模型发展以算力、数据为核心,而目前云端正在成为互联网市场计算与储存的主要阵地。一方面,云端的数据存储、传输和计算功能将用于大模型的开发和场景化应用,在大模型计算任务执行与大规模算力基础设施之间形成链接。另一方面,云端为人工智能的芯片层、框架层、模型层和应用层提供了跨地理的连接与信息交流的窗口,形成大模型及其应用汇聚、衍生、对话、竞合的洼地。在国内市场上,阿里云、华为云、腾讯云和百度智能云四大云计算巨头占市场总额的79%,而四大厂商的自研大模型也均依托自身的云计算基础设施。[2] 随着云端在大模型技术与应用的重要性凸显,云端的竞争可能成为通向下一场互联网竞争的窗口。

最后,"对话即平台"成为大模型时代可能的产业趋势。2016年,微软CEO萨提亚提出"对话即平台"的理念,认为对话将成为下一代人机交互的界面,并将其视为人工智能时代的核心革命。大模型的出现,将人机交互的形式由计算机语言、图形界面切换为基于自然语言的对话,回归到人类最自然的交互方式,对话似乎成为主流趋势。随着人机交互程度的深化,大模型应用可能进一步强化情感体验,对人类情感的理解与机器情感的建构有望成为重要突破方向。尽管通用型人工智能助理仍是一种展望,但GPT-4大模型与微软办公软件的接入使"对话即平台"的理念在大模型应用中已有显现。随着大模型应用场景的增加,单一功能产品可能无法顺利"出圈";通用型、一体化新产品或将成为主流趋势,以满足个性化用户需求。

---

① 张洪忠、任吴炯:《大模型对互联网生态影响及其发展趋势》,《中国网信》2023年第6期。
② 《互联网大厂逐浪GPT,"大模型背后是云计算的竞争"》,南方周末,2023年4月29日,https://new.qq.com/rain/a/20230429A00DZW00,最后检索日期:2023年6月5日。

B.6
2021~2023年广播电视
媒体融合发展报告[*]

漆亚林　田梦媛**

摘　要： 媒体融合已经历了九年的发展历程，其间，媒体形态和内容传播
方式都发生了深刻的变革。本报告对 2021~2023 年媒体融合的
整体环境进行了分析，从技术融合、内容融合和业态融合三个方
面洞察了近三年广播电视媒体融合的发展态势和方向：随着全方
位媒体内容矩阵的成熟，广播电视媒体在 5G、8K 和元宇宙等技
术的助力下，实现了内容跨多平台、多终端的传播，促进了媒介
逻辑、场景适配的优化，同时，广播电视媒体积极转变经营模
式，以寻求可持续发展的路径。基于此，本报告从思维转变、资
源利用、人才培养、话语体系塑造等层面提出了几点思考。

关键词： 广播电视　媒体融合　媒体功能

一　2021~2023年广播电视媒体发展概况

2023 年，媒体融合进入第十个年头。各级电视媒体的媒介形态、内容
传播与营销方式都经历了巨大转变，已建立起较为成熟的台网联合生态系统

---

* 本报告系国家社会科学基金一般项目"一体化战略视阈下媒体融合的现实困境与实现路径"
（项目编号为 19BXW030）的阶段性成果。

** 漆亚林，博士，中国社会科学院大学新闻传播学院执行院长、教授，研究方向为应用新闻
学、智能媒体；田梦媛，上海大学新闻与传播学院硕士研究生，研究方向为智能媒体。

和全方位媒体内容矩阵。广播电视媒体融合正加速进入"服务、系统、生态融合"的下半场。

（一）政策导向：顶层设计推动媒体融合高质量发展

政策导向对媒体融合发展起着重要指导和推动作用。中央办公厅和国务院在 2020 年 9 月联合印发了《关于加快推进媒体深度融合发展的意见》。该文件以习近平总书记有关"全程、全息、全员、全效"特征的"全媒体"理论概括为指导，提出了建设全媒体传播体系的发展目标，并强调完善中央媒体、省级媒体、市级媒体和县级融媒体中心四级融合发展布局。[①] 随后，《广播电视和网络视听"十四五"科技发展规划》（以下简称《规划》）正式印发，其中纳入了"推进国家、省、市、县四级融媒体中心（平台）建设"的重要内容。在《规划》中，"媒体融合""媒体深度融合""融合媒体"共出现 40 次，"智慧广电"共出现了 61 次，凸显了推进广播电视媒体深度融合发展和智慧广电建设的中心任务。[②] 为加快深度融合发展和成果落地，2022 年 4 月，中宣部、财政部、国家广播电视总局联合发布了《关于推进地市级媒体加快深度融合发展实施方案的通知》，在全国范围内选择了 60 家市级融媒体中心建设试点单位，并要求提出具体举措、细化建设项目、明确任务书、时间表，以确保推进试点建设的实效。

（二）发展方向：媒介逻辑转向社会治理原则

"媒介逻辑"（Media Logic）概念最初由美国学者阿尔塞德和斯诺提出，他们将"媒介逻辑"定义为"一种看待和解释社会事件的方法……（传播）的结构构成要素包括各种各样的媒介和这些媒介所使用的组织规划……包括

---

① 杨驰原、鲁艳敏、左志新：《我国地市级媒体深度融合发展研究报告》，《传媒》2022 年第 22 期，第 9～15 页。
② 《国家广播电视总局科技司负责人解读〈广播电视和网络视听"十四五"科技发展规划〉》，国家广播电视总局，2021 年 10 月 28 日，http：//www.nrta.gov.cn/art/2021/10/28/art_3730_58328.html，最后检索日期：2023 年 5 月 26 日。

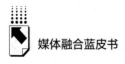

素材如何组织，它所呈现的风格，所关注的焦点和强调的内容以及媒介沟通的语法"①。也就是说，媒介逻辑外化为媒介的运行规律，它包括媒介内容呈现的法则和规范。从媒体这一形式来看，媒体所运行的媒介逻辑在数字化发展的进程中发生了巨大改变，主要体现在组织方式、信息加工、传播方式、价值生成等方面。

从横向看，强化跨界融合，提升融媒体平台信息服务能力。例如，北京市大兴区融媒体中心与大兴区人力资源和社会保障局、生产力促进中心以及政务服务管理局合作，共同创办了名为《直播大兴》的栏目，为北京地区的疫情防控提供支持。该栏目内容涵盖了国家有关恢复生产政策、人员招聘、企业服务以及优化营商环境等方面的信息，满足疫情期间企业和职工对政策信息的迫切需求。

从纵向看，社会治理的媒介逻辑向更下层、更深层发展，加速丰富县级融媒体平台服务场景。例如，江西省大余县融媒体中心依托省级云平台"赣鄱云"，与县大数据中心"城市大脑"建立后台链接，在客户端开设"智慧政务""智慧教育""智慧交通""智慧旅游""智慧医疗""智慧社区"等板块，集新闻、娱乐、旅游、商务、学习、生活、交易等功能于一体，打造"智慧大余"融媒体服务圈。山西省广播电影电视总台与山西省内100个县级融媒体中心以及重点旅游景区展开了"百场直播—千名主播投射山西"的合作活动，在旅游业受疫情冲击背景下，有效促进了山西省文化旅游产业的发展，为经济复苏提供助力。②

（三）角色转变：广播媒体的新地位与新功能

1. 应急广播地位突出

近年来，应急广播体系建设被各地摆到更加突出的位置。2020～2022

---

① 麦奎尔：《麦奎尔大众传播理论（第五版）》，崔保国、李琨译，清华大学出版社，2010，第270页。
② 黄楚新、李一凡：《2022年我国县级融媒体发展盘点》，《媒体融合新观察》2023年第1期，第4～7页。

年，山东、江苏、安徽、黑龙江、湖南、贵州、云南等地在政府工作报告中都部署了应急广播工作。[①] 河南 2021 年中央财政共下达 5180 万元，支持 11 个县开展应急广播体系建设，现均已完成验收。吉林 2022 年下达的 134 个应急广播体系建设任务县已有 110 个处于验收或施工阶段，较 2021 年同期增加 97 个，增长 646%。

应急广播扮演的角色日益显著。通过应急广播，地方能够快速传递预警信息，提醒民众采取必要措施，从而有效减轻灾害的损害。此外，应急广播还为受灾民众提供关键的生存指南和自救方法，帮助他们在灾后得到妥善照顾。2022 年 6 月 11 日，在四川雅安地震中应急广播平台以及"大喇叭"广播在预测地震、应对突发事件以及灾后人们自我照顾方面十分高效。这些成功经验彰显了应急广播在危机管理中的重要性。目前，应急广播借助 5G 等先进技术提高信息传递效率和准确性。2022 年，广西应急广播已覆盖 60%以上县（市、区）。云南建成了 6.6 万个 5G 基站和 79 个县级应急广播系统。

2. 车载广播积极适配车联网

车载广播作为用户收听广播的主要场景，在我国不断增长的汽车保有量基础上，成为广播+音频媒体融合的重要领域。2022 年，中央广播电视总台声音新媒体平台——"云听"正式登录上汽大众 ID. 纯电家族，最大限度满足广大汽车用户收听需求，丰富车内驾乘体验。2022 年，广东广播电视台的重点移动客户端产品"粤听"也针对车载端等各类端口推出全新版面，且完成了华为、小鹏、比亚迪、艾安等智能车机版，全场景服务汽车用户。

3. 数字化音频丰富广电媒体内容矩阵

音频服务的数字化和智能化也是广播电视媒体新矩阵中的重要组成部分。根据 2022 年数据，广电融媒体音频服务应用的 Top5 包括云听、听听FM、北高峰、阿基米德和深爱听，其中云听的广电融媒体 App 行业指数为 87.5 分，其他应用均低于 80 分。与市场上热门的音频服务 App 如喜马拉

---

① 韩晓杰：《强化总局与地方协同 筑牢广电事业发展根基——2023 年全国省级政府工作报告涉广电内容分析及建议》，《中国广播电视学刊》2023 年第 4 期，第 4~7 页。

143

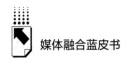

雅、荔枝 FM 相比，广电融媒体音频服务应用依托广电媒体独有电台广播、电视音频等栏目资源，打造产品的独特卖点。云听 App 的"听电视"板块，将中央广播电视总台各频道的电视节目音频化呈现，如优质电视剧《县委大院》等。北京广播电视台推出的听听 FM 也同时播放北京各频道的电视节目音频，实现节目价值最大化。同时，这些应用还提供丰富多元的音频资源，包括头条、脱口秀、有声书、播客、相声小品、党建等。

（四）话语权争夺：充分利用海外网络平台的可供性

以习近平同志为核心的党中央高度重视国际传播工作，各主流媒体也在探索媒体融合的路上越发着力。通过深入贯彻学习党的二十大精神，推动中国获得与其综合国力和国际地位相匹配的国际话语权，国家主流媒体也在把握海外各个网络平台的可供性，积极策划国际议题报道，有针对性地进行精准传播，挑战西方话语霸权，持续在国际舞台上发出中国声音等方面承担重要责任。

中央广播电视总台不断创新国际传播工作的理念和机制，并充分利用其拥有的 44 种语言、CGTN 融媒体平台、多语种网红工作室、国际视频通讯社、海外总站等对外融合传播优势，提升其在国际舆论场上的权威性和影响力。在阿富汗局势报道中，CGTN（中国国际电视台）成为美军撤离后塔利班首场新闻发布会上唯一的媒体发言者，相关报道触达受众超过 73 亿人次；在孟晚舟回国报道中，中央广播电视总台发布了 17 条独家快讯，并成为全球唯一的信源，相关报道触达受众为 34.19 亿人次，新媒体平台上的点赞数超过 4 亿；在乌克兰局势报道中，中央广播电视总台的前方报道员多次第一时间深入事发现场，发布了多条重要消息并成为全球独家信源，覆盖了海外的多个地区。

二 2021~2023年广播电视媒体融合发展新格局

2021~2023 年广播电视媒体融合呈现出从细节创新走向整体创新，从摸着石头过河到整体布局的深度融合发展势态，具体可以表现为技术融合、内容融合、业态融合这三个维度。

（一）技术融合：迭代升级为广电媒体深度融合创造基础条件

2023年1月4日全国宣传部长会议上提到"以数字化为宣传思想工作赋能"的指导思想，表明要将数字技术与广播电视相融合，以优化和升级宣传思想工作，并推动形成以宣传内容为核心、以技术平台为基础的"有机体"。在媒体融合的背景下，5G、大数据、云计算、物联网、区块链、人工智能等信息智能技术已经融入信息传播环节。2020年起，北京市广播电视局面向全国发起了媒体融合创新技术与服务应用遴选推广计划。截至2023年，全国各地已经申报了约350个媒体融合技术项目，其中216个项目已入库。这些注册项目广泛涉及多个技术领域，包括5G、大数据、云计算、AR/VR、物联网、区块链、人工智能等。项目所涵盖的产品类型也多种多样，包括应用工具创新，系统解决方案、集成平台或服务模式创新等。这些媒体融合技术项目在市、区、乡、村四级媒体技术应用中解决实际问题，满足了各级媒体机构对先进技术的需求。目前已有20多个市级媒体机构成功采用了这些技术并取得良好效果。[①]

1.5G是媒体融合的技术基石

5G技术是推动广电媒体高质量融合发展的重要动力之一。5G移动技术为赛事、集会、文化旅游活动带来了室内外超高清的实时传播，并加速了央、省、市、县级融媒体直播的常态化和全面化。2022年北京冬奥会期间，中央广播电视总台利用5G技术，在高达350公里的高速列车中搭建超高清直播演播室，确保高清信号的长久稳健传达。2022年4月，中央广播电视总台在《全球会客厅》中运用5G+超高清视频系统，使"神舟十三"返回地球的特别节目在各大新媒体平台上直播，同时5G技术应用也保证了飞船信号的顺利传输。[②]

---

① 《媒体融合创新技术与服务应用项目推介暨成果发布会成功举办》，光明网，2023年6月30日，https://economy.gmw.cn/2023-06/30/content_36664926.htm，最后检索日期：2023年6月30日。

② 卢迪、孟祥东、杜洋：《场景开拓 数智融合——媒体深度融合中的5.5G创新方向》，《视听界》2023年第2期，第5~9页。

同年10月，在中国共产党第二十次全国代表大会期间，新华社也采用5G传输技术，成功实现了跨越千里的连线。可以说，5G技术使融媒体传播变得更加稳定、灵活、高效和智能。未来，在5G向6G演化的5.5G时代，移动通信技术不仅仅作为传输网络存在，还将作为媒体融合发展的技术基础、信息器、渠道触点和智能化发展的土壤等多重角色，参与构建全媒体传播体系。

2. 8K助力跨屏融合

自2019年首个基于"5G+4K/8K+AI"等新技术打造的国家级5G新媒体平台"央视频"正式上线以来，中央广播电视总台彻底从技术上、流程上实现了内容数据到用户数据的共享分享、互联互通，完成了传播形态升级。[①] 2022年冬奥会赛事转播时，联动城市户外8K超高清大屏、示范社区中屏和个人终端小屏，首次呈现出不同场景下的跨屏融合传播。"央视频"私有云平台还借助4K/8K超高清修复增强系统，应用在"基于4K/8K超高清AI增强制作平台的庆祝建党百年七一庆典演出《伟大征程》历史素材修复""一大纪念馆新馆展陈视频修复""历届冬奥会开幕式集锦修复""《飞向月球》增强""百首经典影视金曲修复"等多个项目上，实现可持续化运营。[②]

3. 元宇宙产品不断落地

为了推动节目形态创新，提高内容生产的智能化水平，2021年，国家广播电视总局发布《广播电视和网络视听"十四五"科技发展规划》提出，积极推广虚拟主持人在新闻广播、天气预报、文学、科普教育等领域的应用。工业和信息化部、教育部、文化和旅游部、国家广播电视总局、国家体育总局于2022年联合印发了《虚拟现实与行业应用融合发展行动计划（2022~2026年）》，明确规划了虚拟现实技术在视听领域的融合与应用。

① 《CTR发布：广电媒体数字化发展研究报告（2022）》，CTR，2023年3月24日，https://www.itopmarketing.com/info12629，最后检索日期：2023年3月24日。
② 陈格平、李洋、王惟沙等：《人工智能4K/8K修复增强项目创新与应用》，《广播电视信息》2023年第6期，第16~18页。

这一行动计划将加速"未来电视"的发展进程。①

目前，若干个广电元宇宙产品在多个场景中尝试落地。在电视综艺升级上，面向元宇宙探索了沉浸式综艺。在新闻产品上，广电媒体面向元宇宙迭代出了沉浸式新闻；在融媒体内容链上，基于区块链和NFT布局广电融媒体产品超级共享，还有广电传播生态全域数字人的探索等。在党的二十大期间，新华社客户端通过语音、唇形、表情和深度学习等多种技术手段，"克隆"出与真实主播有同等播报能力的虚拟人物，以"新小浩"和"新小萌"为代表的AI主播尤其受到青年观众的热捧。在地方广电方面，2022年3月，湖南广播电视台发布了基于自有区块链技术"光芒链"的芒果数字藏品平台，同年6月，芒果系首发元宇宙产品——《芒果幻城》在PICO、爱奇艺奇遇、NOLO等各大VR平台首发上线；安徽卫视于2022年5月发行了以"数字台标"为创意的数字藏品；山东广播电台聚焦齐鲁大地宝贵IP资源，于2022年推出"齐鲁数藏"系列数字收藏。

4.广播在技术融合方面的探索

广播媒体在技术融合方面的探索也颇为显著。例如"云听"通过"话音互动"来实现多个终端间的人机交互，搭建虚拟音频空间与场景，提供24小时全天候陪伴服务。"云听"还自主开发了AI智能阅读评价技术，并发布了主流媒体第一款面向少年儿童的在线朗读产品"云听朗读评测"。②

值得一提的是，在2022年中央广播电视总台中秋晚会的直播中，"云听"首次展示了三维声技术（Audio Vivid菁彩声）的应用，这不仅是中国自主研发的三维声技术，同时也是世界上第一个以人工智能技术为基础的音频编解码标准，标志着用户收听体验实现了重要的飞跃和变革。

---

① 刘寅、高会萍：《元宇宙与广播电视媒体深度融合的路径探索》，《中国广播电视学刊》2023年第3期，第29~31页。

② 李向荣、程姝：《元宇宙视域下云听如何"声"入人心》，《广播电视信息》2023年第6期，第73~76页。

（二）内容融合：回归信息传播的本源

在当前"内容为王"的时代，优质内容成为媒体竞争的核心要素。2021~2023年，媒体行业对文艺精品作品的重视达到了前所未有的高度。在过去，媒体可能更倾向于将不同形式的内容混杂在一起，追求数量堆积和热闹效果。如今，这种"大杂烩"的模式已经无法满足观众的感官体验和现实需要。因此，广播电视媒体在内容融合方面更加注重场景的适配度，对内容进行精准定位和差异化融合。

匹配特定场景。广电媒体根据特定场景选择性结合图文元素、音频效果和虚拟技术，打造更沉浸式、更具观看性和体验价值的产品。例如，四川卫视2023新年晚会围绕三星堆文化创作了定制化的歌曲，并将摇滚乐队手办变身为动态的"虚拟数字人"在舞台上表演。两会期间，央视结合"时政+vlog"形式，推出了《两会上的"Z世代"》节目，邀请95后记者对同代的年轻人大代表进行深入采访，展现广电媒体在政治场景的主体定位和新表征手法。

匹配重要场景。在一些重大事件的场景中，广电媒体更加注重信息质量与传播形态的匹配，创新报道视角和话语表达。例如，《跟着习主席看世界》的融媒体产品进行了场景与用户的适配创新。该栏目更关注形式与内容的融合适配，主要内容形式采用了易于分享与传播的短视频形式，在有限的时间内传达核心信息，同时巧妙地将必要的图文元素融入其中，共同建构栏目的内容主旨。

匹配生态场景。媒体栏目的内容生产日益与新传媒生态深度契合。湖南卫视通过芒果TV深度融合，不断进行原创内容的开发和创新，加强与各大品牌的合作，两个平台整合资源，共同构建起48支综艺制作团队、29支影视制作团队和34个新芒计划策略工作室等，形成了目前国内最大的内容生产智库生态，并建立起一套系统的内容创作体系。[①] 河南卫视自从推出《唐

---

① 王芳：《电视媒体融媒体发展的四种模式与发展建议》，《中国广告》2023年第6期，第65~68页。

宫夜宴》以来，不断推出以元宵节、清明节、端午节、七夕节等中国传统节日为题材的文化生态作品，进行内容原创、开发和二次传播。河南卫视还与平台媒体B站携手推出了民族风情浓郁的舞蹈节目《舞千年》。该节目跳出以往宏大的主题框架，融合叙事+舞蹈+传统文化，叙述了中华五千年的文化脉络。

（三）业态融合

近年来，广播电视媒体融合发展的步伐加快，逐渐形成了强大的媒体矩阵，展现出规模优势和集群效应。2021年《广播电视和网络视听"十四五"发展规划》提出了一系列重要举措，其中包括推动中央和省级融合媒体云平台拓展至垂直行业。在政策推动下，广播电视媒体积极探索多种融合路径和策略，媒体深度融合从零散的尝试逐渐向整体协同的方向迈进。

拥抱多元化的功能与行为。在功能上，通过与互联网、科技、电商等领域的企业合作，广电媒体能够借助其技术和市场资源，拓展广电媒体的功能与发展边界，共同创新、共享成果。例如，河南广电集团在《唐宫夜宴》走红后，迅速投入文创产品的研发，申请注册了多个与唐宫相关的商标，并推出了多款产品。与此同时，他们与潮玩手办品牌、汉服品牌和游戏公司等行业领先企业合作，延续了唐宫夜宴的IP价值。中央广播电视总台融媒体App产品融合了视频、新闻资讯、音频、教育、购物等多种服务，广电融媒体App综合指数91.5分，矩阵丰富，满足用户多元的网络休闲娱乐学习需求。

广播电视媒体在行为上的变化在两会的报道中表现得尤为明显。近年来，主流媒体在两会报道中大胆创新，借助当下流行的数字媒体形式，运用知识普及、互动鼓励和轻量化的表达策略，将政治议题转化为有看点、有内涵、有趣味、易于理解且易于吸引观众的内容。例如，新华网在微博上启动了"两会你问我答"的互动活动，鼓励民众提出自己关心的议题，邀请相关代表为其进行答疑，如讨论中医药如何国际化、乡村振兴的显著效果等，这不仅加强了公众与政府代表的互动，同时也为相关议题注入了新的活力。

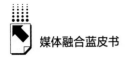

中国日报在两会期间推出了《国风小姐姐上两会》，由身着国风服饰的记者参与报道，展示代表在服饰上的国风元素。可以看出，传统媒体正在从宏大叙事走向细微深处。

转变经营模式和商业策略。广播电视媒体积极探索新的经营策略，整合现有资源，促进多元主体一体化，以寻求可持续发展的路径。SMG 通过结构性机制改革，已构建了一套内外一体化的融合生产机制。在与其他市级电视台的协作中，SMG 创建了覆盖数百家的内容生产联盟 CPTN，且有望进一步强化其在国际领域的合作。另外，SMG 与上海的 16 个区级融媒体中心构筑了紧密的合作网络，依托 SMG 的内容生产系统 X-NEWS 合作生产内容，不仅提高了资源利用效率，还为社会化的专业内容生产指明了新的方向。

此外，广播电视媒体积极探索新的商业模式，如与电商合作，以寻求可持续发展的路径。浙江民生休闲频道在 2021 年底推出了"1717 惠生活"线上购物平台，借助《1818 黄金眼》等一批优势节目，通过传播矩阵引流用户，将地面频道的客户商品和自选商品销售转移到线上。仅半年就实现了超过 500 万元的销售额，会员数量达到 5 万多人。安徽经济生活频道运营中心也利用直播产业积极转变商业策略，在 2021 年举办了 6 场助农带货直播，并承接了安徽省广电局和地方政府的融媒宣传服务项目以及新媒体代运营工作等。上述融媒传播服务不仅得到了广电局和政府的认可，还带来了可观的收入，2021 年安徽经济生活频道运营中心的融媒体服务收入接近 1 亿元。

三 对广电融合发展路径的思考

2023 年全国两会期间，"媒体深度融合"被写入政府工作报告。这标志着媒体融合开启新阶段，尽管媒体融合发展已经取得了许多具有革命意义的实践成果，但仍呈现出从"加"到"融"的诸多挑战，要在技术创新的基础上实现新闻传播领域深层次的融合，亟须转变新的思维，落实到具体操作。

（一）跳脱传统电视思维，力求实现精准传播

目前，大部分电视媒体都开始涉足短视频领域，但仍然囿于传统电视思维。内容制作上，仍在用传统的方法来制作短视频新闻，简单地将其视为电视新闻的简化版，多采用"字幕+画面+背景音乐"的呈现形式，而没有对新闻进行二次创作。尽管这种简单粗暴的传播形态迎合了受众碎片化阅读的习惯，但没有从用户角度考虑短视频的差异化和个性化，难以形成自己独特的用户群体。此外，许多地方媒体的短视频账号定位模糊，内容也存在着宽泛和同质化的问题，没有根据平台特性和用户特点进行精准传播。因此，电视媒体需要进一步探索如何明确主流媒体的定位，如何根据不同平台的传播特点进行内容发布，以实现自身品牌效应。

（二）发挥现有资源优势，构建社会生活的基础架构

媒体融合承载了政治、经济、文化以及人民生活的各个方面，其发展逻辑以沟通连接为基础，旨在实现信息服务的易得性、便利性以及与服务需求之间的资源适配性，不仅要产生"1+1>2"的传播效果，更要致力于成为人们社会生活的基础架构。

广播电视媒体以其权威性和专业人才的优势在传媒领域占据重要地位。作为传统媒体形式，广播电视媒体通过严谨的新闻采编流程和编辑审核，确保信息的准确性、真实性和可靠性，赢得了大众的广泛信任。广播电视媒体的从业人员都接受过系统的专业培训，并拥有丰富的实践经验，具有深厚的专业知识和技能背景。广播电视媒体应充分发挥权威信息、专业团队、品牌文化的优势资源，借助互联网和数字技术，与不同行业领域的资源进行适配和整合，实现信息服务的易得性和便利性，为用户提供更具价值的信息和服务。

（三）平衡"内容"和"产品"天平，塑造全媒体人才

随着媒体融合不断深入发展，广电媒体在高成本下创作原创内容经常面

临回报不足的问题，阻碍其内容生产动力产生。产品化思维强调内容的普及性和标准化，即紧贴用户需求，出发点回归到"人"，解决高质量信息供应短缺与公众对高质量信息需求之间的矛盾。为确保新闻内容的深度和持续吸引力，其产品化过程需遵循专业的逻辑架构和内容策略。具体来说，这要求新闻产品不断地进行技术与内容的迭代更新。产品化思维是"以用户为中心"的逻辑，收集和分析用户的反馈信息，了解用户的痛点和需求，以此为依据进行产品或内容的改进。有了这些数据基础，就可以对新闻内容进行针对性优化。在技术层面，融媒体 App 应该持续升级其技术框架，确保平台的运行速度、稳定性和用户体验都能满足或超越行业标准。

这就要求媒体工作者要掌握互动 H5 小程序、游戏新闻、App、微电影、微综艺等适合移动传播的点击形态媒体的传播特征，熟悉创意、策划、设计、制作、运营、管理、维护等与产品相关的全流程工作，并与技术、设计等多方人员密切合作，成为适应融媒体时代的全媒体人才。更重要的是，媒体工作者需综合考量产品数据和用户反馈，更好地了解用户的偏好和需求，从而调整内容制作和发布策略。但这种适应并不意味着放弃专业主义，高质量的内容仍是融媒体产品和内容生产的核心理念。全媒体人才需要始终坚守专业伦理和核心价值观，确保内容的真实性、客观性和准确性。只有如此，广电媒体才能在信息爆炸的时代维持其权威性和公信力。

（四）拥抱网生一代，建构主流媒体年轻态话语体系

信息的多样性、传播的分散性，以及网生一代的选择能力与自主意识的增强，对主流话语的传播形成了挑战。部分传统媒体因为受众的离散而陷入困境，而新兴媒体赋权机制的快捷性和灵活性吸引了众多用户，从而形成传统媒体主导的主流舆论场和新媒体主导的民间舆论场，国家高度重视两个舆论场的话语碰撞与舆论导向问题。[1] 为了全面挺进主流媒体主战场，广电媒

---

[1] 漆亚林、郝源：《融媒体环境下移动直播的类型特征与视听机制》，《电视研究》2018 年第 9 期，第 23~26 页。

体必须与时俱进，考量网生一代的需求，采用更贴近他们的方式，在传统与现代、主流与互联网之间找到最佳平衡点。在这方面，广电媒体可以借鉴平台媒体的传播案例。例如，平台媒体哔哩哔哩推出的原创动画《那年那兔那些事儿》，采用年轻化的话语和修辞讲述重大历史事件，将中国的爱国者比喻成"种花家"（谐音"中华"），并用不同的动物形象象征不同国家，获得了良好的传播效果。

同时，注重 5G、人工智能、虚拟现实等技术的运用，促进社交群体传播路径破圈化。例如，用虚拟主播打破传统媒体与网生一代之间的"次元壁"，让虚拟主播作为 KOL 引导社会议题在网生一代的舆论方向，缩短传统媒体与网生一代之间的距离。利用社交推荐算法和内容分发网络等先进技术，破解社交圈子的封闭性，将内容推送到更广泛、更年轻的受众群体。

B.7
2022年数字技术赋能媒体
深度融合发展报告

王凤翔　张梦婷*

摘　要： 2022年数字技术赋能媒体融合进入加速期，虚实结合的传播新形式带给受众沉浸式体验，人机协同推动内容生产的智能化升级，形成用户服务思维导向的新生态格局。但同时，媒体也在面临数据安全、部门监管、行业落地、传播效能等方面的挑战。因此，媒体机构需树立正确的数字价值观，形成中国自主知识体系，加强监管体系建设，深化市场化战略，推动与用户连接，构建数字化纵深。

关键词： 媒体融合　数字技术　人工智能　智慧化发展

党的二十大报告指出，要加强全媒体传播体系建设，塑造主流舆论新格局，巩固壮大奋进新时代的主流思想舆论。数字技术赋能媒体并推动媒体深度融合，是实现这一国家战略的积极探索与有效路径。如今，我国融媒体正在以数字技术塑造自己的发展实践，形塑主流新媒体的品牌传播，并以技术和复杂的使用实践与信息传播嵌入社会交流与社会心理的结构，以中国式现代化构建融媒体的发展景观与文化盛宴。

---

* 王凤翔，博士，中国社会科学院新闻与传播研究所研究员、中国社会科学院大学教授，研究方向为网络广告、品牌传播、新媒体与互联网治理；张梦婷，中国社会科学院大学新闻传播学院研究生，研究方向为新媒体与品牌传播。

一　发展现状

经过 10 年的媒体融合发展，我国融媒体建设进入了关键发展时期。2022 年，在智能技术及其实践探索的引领下，我国融媒体建设在内容生产、产业发展、AI 大模型与技术共融等方面迈向新发展阶段。

（一）虚拟现实技术带给受众沉浸式体验

1.5G 技术支持下的沉浸式用户体验

2022 年，5G 技术从浅层次理论发展转向深层次实际应用，实现了沉浸式体验提升与专业化发展，形成了新闻传播的用户新体验与发展新空间。《2023 年移动市场报告》显示，2022 年用户应用下载量增长至 2550 亿次，同比增长 11%，用户使用时长达 4.1 万亿小时，创纪录新高，其中非游戏应用下载量为 1650 亿次，占整个移动市场的 65%。在短视频方面，TikTok 成为有史以来第二个用户支出总额超 60 亿美元的非游戏应用。[①] 随着数字新技术普及与人工智能升级，媒体内容建设及其传播场景呈现革故鼎新的发展态势。其中，5G 通信技术的链入为主流媒体发展沉浸式新闻提供技术支持。沉浸式新闻是基于沉浸传播生态系统，以"第一人称"视角让观众或用户产生身临其境之感[②]，其常见形态有 VR 视频、360 度全景视频等。一方面，新闻生产者通过 VR、AR、MR 等技术再现"新闻现场"，利用 3D 模拟影像使新闻人物"动起来"。2022 年全国两会前夕，新华社新立方智能化演播室以元宇宙技术应用场景推出首个沉浸式融屏访谈，实现了全实景、全息化和真融屏的发展飞跃，形成了从"同屏"到"跨屏"再到"融屏"的融媒体发展新范式。另一方面，以感知技术与传感器介入构建用户的虚拟场景互动

---

① 《2023 年移动市场报告》，data. ai，2023 年 1 月 11 日，https：//www.data. ai/cn/insights/ market-data/state-of-mobile-2023/，最后检索日期：2023 年 6 月 5 日。

② 李沁：《沉浸新闻模式：无界时空的全民狂欢》，《现代传播（中国传媒大学学报）》2017 年第 7 期，第 141～147 页。

感。以智能可穿戴设备将受众的感官链接入虚拟场景，使受众完全"浸入"新闻场景，用户以视觉、听觉、触觉等多种感官调动并将其融为一体，以虚拟真实感构建"身体是媒介的延伸"的智能传播场景。

2. 以新技术跨屏融合传播提升"破圈"新效能

我国主流媒体以数字技术为支撑，形成移动传播、多端融合、跨时空等优势，实现"内容-端口-场景"的可及性。2022 年央视春晚现场录制采用 XR 虚实融合超高清拍摄系统和 130 台 4K 超高清摄像头构建的自由视角拍摄系统，依托 5G 技术链接多渠道，形成率先推出"竖屏看春晚"的跨屏直播新业态，使用户可以通过央视频、央视新闻、央视视频号等第三方平台随时随地收看春晚。同时，央视通过"5G+8K"技术连接城市户外的地标大屏，让各地市民享受体验 8K 超高清的视觉盛宴。2022 年 3 月 3 日，《天地融屏｜王亚平代表在太空讲述履职故事》一经发布，就成为了"出圈"爆款，并持续得到舆论关注与认可。我国新型主流媒体以跨屏融合等崭新的传播业态形成"破圈"态势，有利于增强新闻信息传播的横向连接价值与圈层沟通能力，构建我国主流价值影响力版图与发展图谱。

3. 元宇宙构建与形塑新闻传播新业态

元宇宙是在整合多种新技术基础之上产生的虚实相融、虚实共生的全新互联网应用和全新社会文明形态。① 我国广电媒体积极抢占元宇宙赛道，形成广电媒体深度融合发展新业态。从芒果幻视到芒果幻城，湖南广电形成虚拟综艺、沉浸式游戏、虚拟社交三大板块，芒果以自主可控技术正在探索一条元宇宙赛道中融媒体转型的全新发展路径。河南广播电视台"大象元"元宇宙平台纳入全息投影技术、三维制作、大空间定位、动捕系统、CAVE 成像等多项前沿技术，正在探索广电媒体如何转型升级。2022 年 12 月，山东广电元宇宙创新实验室成立，推出数字孪生空间、高仿真数字人、功能性数字人等服务，其中女性数字主持人"海蓝"已广泛应用在新闻播报、数

---

① 雷霞：《元宇宙发展现状及其应用于传媒业的前景展望》，胡正荣、黄楚新主编《新媒体蓝皮书：中国新媒体发展报告（2022）》，社会科学文献出版社，2022。

字客服等领域。央视与网易合作 2023 年"春晚+元宇宙",以 AR、XR 等打造惟妙惟肖的虚拟舞台,形成更加立体、动态、逼真的视觉盛宴,为用户带来了与众不同、前所未有的春晚体验与文化场景。

(二)人工智能生成内容(AIGC)推动内容生产智能化升级

ChatGPT 等生成式人工智能大模型与新闻媒体深度融合将变革整个新闻传播发展生态,推动内容资源的再生产、市场资源的再布局和场景资源的再建构,并重组这三方面社会要素与社会资源,推动新闻信息传播的深度转型,引发新闻价值变化、新闻内容生产、新闻传播形态、新闻发展业态等方面的深刻变革,形成基于人工智能的新闻传播新技术、新业态和新模式。[1]

1. AIGC 技术协助内容生产流程高效发展

基于自然语言处理(NLP)技术的文本生成在生成式人工智能领域发展较早,在结构性报道中已被广泛应用且表现出色。2022 年,ChatGPT 横空出世进一步提升了 NLP 技术能力,其文本续写、文学创作、多轮对话能力推动 AIGC 引领传媒业变革。在内容生产流程中,AIGC 技术在信息采编、内容制播、产品创新等多环节发挥出色的技术协同作用。在采编环节,AIGC 借助语音识别技术能快速将语音转换成文字,从而提高新闻生产效率与内容时效性。2022 年冬奥会期间,科大讯飞智能录音笔通过跨语种语音转写助力记者 2 分钟快速出稿。在制播环节,智能视频剪辑可以提升视频采编的工作效率,生成全新写作风格。在产品创新方面,AI 技术赋能传统媒体形成传播新动力,重构媒介形态与发展业态。在 2022 年两会报道中,央视将两会现场实景与虚拟"词云"视觉画面穿插剪辑,制作创意融媒体视频呈现国策与民意;湖南广电风芒 App 原创新媒体产品《飙·湖南》采用"时间+数字+图景"的创新表达,形成全媒体、多维度的融媒体传播态势。在 2023 年两会报道中,央视网首次将 AIGC 与主题主线报道结合,推出创

---

① 王凤翔、张梦婷:《ChatGPT 在新闻传播领域引发的生态变革、前景应用与风险挑战》,《市场论坛》2023 年第 5 期,第 1~6 页。

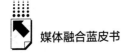

意微视频《AI绘意中国》，以其非"凡"想象力量与非"常"传播图景开创融媒体传播新语境与新境界。

AIGC技术对新闻媒体内容生产流程的智能升级，建构了融媒体创新发展新景观。新华社感知智能视听交互技术形成跨界多域赋能，形成新闻传播工作的内容生产力。基于大模型的AIGC技术使新闻生产转向更具深度、广度与高度的内容创作，为用户提供更丰富多元、更快速便捷的内容服务与参与内容生产的机会，推动媒体融合发展新进程。

2.虚拟数字人推动宣传生态智慧化转型

人工智能技术对数字人发展形成强力支撑，数字人成为各大广电入局元宇宙的"先锋"业务。国内互联网平台及其MCN机构已孵化诸多"出圈"的虚拟偶像，但广电系统仍是我国最大的虚拟数字人IP孵化和运营机构，形成虚拟主持人、虚拟主播、虚拟记者等系列数字人。2021~2022年，我国广电系统上线虚拟主持人33名，形成融媒体发展新气象、新景观。中央广播电视总台（CMG）、湖南广播电视台、浙江广播电视集团等10余家广电融媒体机构已开展或计划开展虚拟数字人主播业务，如CMG有"AI王冠"，湖南卫视有"小漾"，浙江卫视有"谷小雨"，北京卫视有"时间小妮"等。有近40家地市级广电发布虚拟主持人形象或数字人计划，如苏州广播电视集团"苏小新"、江西广播电视台"小燕"、广西卫视"小晴"等。从知名主持人虚拟分身到二次元偶像，再到真假难辨的高精度3D超写实数字人，数字员工日益成为传媒行业新生产力，助推我国新闻传播生态走向智能化、数字化。

当前，虚拟数字人应用场景集中在专业服务和偶像娱乐两方面。主流媒体应用场景以视听播报服务为主。在该功能场景下，主流媒体虚拟数字人形象主要分为两种：知名主持人的数字分身和新的虚拟主持人IP。首先，主流媒体虚拟数字人提高视听新媒体内容生产效率，减少新闻数据采集与建模周期与成本。其次，主流媒体虚拟数字人创新视听媒体内容宣发。湖南卫视《你好星期六》节目中主持人与嘉宾同虚拟主播"小漾"实时互动，北京卫视春晚中虚拟邓丽君与王心凌、韩雪同台合唱，为观众带来耳目一新的视听体验。最后，主流媒体虚拟数字人提升用户服务体验。CMG研发的数字虚拟主播小C已连续3年在两会报道中亮相，并在《中国神气局》中与全国人大代表、各领域专家学者同框交谈，分别就当时各类大热的科幻与科技、人工智能等话题展开讨论。

在偶像娱乐场景下，主流媒体将虚拟偶像个人IP作为中介化和虚拟化的"消费符号"，以此提升主流媒体品牌影响力。浙江卫视与腾讯互娱联合打造的数字人"谷小雨"是国内首个使用虚幻引擎在广电AR实时舞台实现实时渲染的、超过200万面数的高精度写实虚拟人。2022年6月3日，"谷小雨"首次亮相于音乐综艺《天赐的声音》，并与张韶涵跨次元合作歌曲《但愿人长久》，引起极大反响。在后续发展中，浙江卫视将使"谷小雨"与宋韵文博场馆、文旅地标、数字应用等场景进行深入融合，形成融媒传播新场景、新未来。

（三）形成基于用户服务的传播新生态

1. 打造业态"破圈"IP，撬动新增长空间

QuestMobile数据显示，2022年6月Z世代群体线上活跃用户规模达3.42亿，其用户月人均使用时长近160小时，月人均单日使用时长7.2小时，明显高于全网平均时长。[①] 其中，网络视频、社交媒体、游戏娱乐成为Z世代的生活、交往与传播方式。随着区块链、云计算、人工智能等技术的发展成熟，以数字藏品（NFC）为代表的数字文创在年轻人群体中迅速走红并形成新业态、新经济，数字藏品成为Z世代追求的新潮流，也成为媒体机构"破圈"布局的重点领域。CMG携手腾讯音乐，推出原创IP数字藏品"十二生肖冰雪总动员数字纪念票"。芒果超媒上线"芒果数字藏品"平台，发行多款剧综IP衍生数字藏品、艺术品、图片等，如《乘风破浪3》系列数字藏品、《声生不息》系列数字藏品等。浙江卫视联合中国蓝TV多产业并进，与《王牌对王牌》节目共同推出"王牌仔"IP品牌，

---

① 《2022 Z世代洞察报告》，QuestMobile，2022年8月16日，https：//m. thepaper. cn/baijiahao _ 19474558，最后检索日期：2023年5月11日。

与《奔跑吧》联动线下策划"奔奔事务所"快闪店。山东广播电视台主导建设的"一千河"数字藏品平台，与山东省多个重要文化 IP 方签订协议，获得授权设计并发行数字藏品。随着用户需求日益多元化，媒体机构以数字藏品、IP 内容等传播新技术与新业态，推动 IP 运营与数字藏的新建设与新布局。

2.拓展"媒体+"生态场景，转变为服务型平台

积极探索"线上+线下"融合创新模式，形成"媒体+"平台服务的发展态势。作为浙江省首批发展媒体融合建设单位的安吉融媒体中心将自己定位为安吉新媒体集团，立足于意识形态主阵地、市场经济主战场，打造了融媒体应用"爱安吉"App。该 App 集新闻资讯和政府民生服务功能于一体，嫁接政务信息及社会治理大数据等资源，设置了近 20 个贴近民生的便民服务板块，为用户打通了相关政务服务的线上通道，基本覆盖了群众日常交通出行、娱乐、旅游、美食等方面，形成主导县域新闻信息传播与社会经济建设的新力量。2022 年 4 月 19 日，中宣部、财政部、国家广播电视总局联合下发《推进地市级媒体加快深度融合发展实施方案的通知》，在全国范围遴选 60 家市级融媒体中心建设试点单位。诸多地市级融媒体中心利用现有媒体资源，在自有新闻资讯平台上增加了教育、医疗、交通、旅游等使用场景，进而形成"媒体+"模式，构建"智慧广电+政务服务+商务+民生"的多功能集合化平台。

3.拓展互联网新思维，抢占 AI 大模型赛道

在移动互联网浪潮冲击下，多家主流媒体官宣接入"文心一言"，建立生态合作伙伴关系，成为传统媒体与新媒体融合的标志性事件。2023 年 2 月 14 日，上海报业集团旗下澎湃新闻率先宣布成为百度"文心一言"首批先行体验官。截至 2 月底，约有 120 家媒体机构宣布接入。此次合作不仅标志着对话式语言模型技术在国内广电媒体数字化聚合平台、内容创作及信息智能服务场景的首次着陆，更加快了新型全媒体信息产品及服务迭代升级，推动了高效率、智能化、可视化的内容生产与传播。

除接入大模型、形成合作外，浙江媒体率先推出行业专业大模型"传

播大模型"平台——"传播大脑"。2023 年 1 月 18 日，技术公司"传播大脑"在杭州正式成立，开始探索主流媒体技术统一支撑模式。

二 问题与挑战

媒体融合进入深水区，数字技术推动媒体融合带来新成效、形成新生态，同时反观技术渗透媒体行业发展，其在数据安全、网络监管等方面存在融合困境，传播效能难以达到预期效果，在走向智慧全媒体过程中，仍存在"高热度，低效能"的发展困境。

（一）安全问题：伦理风险和数据安全并存

对用户个人而言，网络空间看似是私密性较高的个人空间，实则是一个全球透明化的公共区域。用户在互联网上包括身份、行为、喜好在内的一切信息都将成为被记录和分析的数据。随着用户信息获取效率与效度的大幅提升和在技术助推下平台的逐利行为加剧，出现了算法偏见、信息茧房、同质化的信息过载等信息窄化问题。从算法推荐的技术逻辑来看，数据采集是信息定制的基础，受众需要"让渡"一部分数据使用权才能实现"千人千面"的信息专属定制和精准推送，数据可视化功能将人的行为习惯、情感关系抽象为数字化图像，管控漏洞亦使信息安全存在隐患，用他人数据伪造身份的案例屡见不鲜，甚至出现了"精准诈骗"的高科技犯罪手段。另外，AIGC 算法训练模型具有不可控性，有着算法歧视的隐患，即便是使用了 1750 亿参数、45TB 预训练数据的 GPT-3，仍明显存在宗教偏见与性别歧视等方面的问题。除此之外，假新闻的检测和甄别极具挑战，各类人工智能生成内容为新闻的真假甄别工作增加了难度。

（二）监管问题：多模态数据对传统治理方案的挑战

数字技术深刻改变传媒行业发展生态，各媒介平台的壁垒走向消解。电信、广电和信息产业原本各自有着独立的监管机制，界限的消解给传统内容

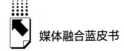

监管带来了新挑战。一方面，复杂的数字内容使得监管审核的精确度不可控。网络视听内容中监管难度最大的是短视频，通过个体化的传播渠道，海量的数字内容被发布在平台上，部分不法分子蓄意隐藏违法违规内容逃避审核，对监管审核提出更高的要求。另一方面，传统监管模式与当前媒介形态发展不相适配。以人民日报的"中央厨房"为例，整个融媒体平台需涵盖数据采集、数据处理、数据资产管理、数据治理、数据分析、数据服务等多个层次，因此数据管理对媒体运营有越来越重要的作用。异构网络下产生海量多模态数据，这些数据具有高速度、高精度特点，对传统的数据治理体系形成巨大挑战。

（三）落地问题：技术适应成本高、运营常态化消耗大

2022 年，媒体融合步入深水区，如何将 5G、人工智能等技术进行应用开发，充分发挥其效用，满足当前媒体市场的发展需求，是当下媒体融合所面临的巨大挑战。以数据处理为例，尽管很多人工智能应用的开发不再受困于算力算法、直接采用大模型即可，但是大模型在"精准度"和"适应性"方面仍无法满足媒体行业多场景、多元化的任务需求，"人工标注"仍是当前数据处理主要方式。这造成两方面问题：一是企业单位需投入大量的人力物力财力完成标注工作；二是人工标注过程中不可避免会有"人为主观偏见"，导致形成一种个性化的算法偏见。

（四）效能问题：主流新媒体"可及性"有待加强

当前，很多媒体的全媒体传播体系已建成，传播渠道得到加强。视频、漫画、海报等多种表达方式并用，表达方式日益丰富。但是，渠道与形式丰富均未能彻底解决媒体影响力和价值可及性问题，只有"可及"才意味着有效抵达。从效能角度出发，媒体还存在两方面问题：一是盲目追逐技术，内容缺乏深度、广度，生产投入与传播效果不成正比；二是缺乏用户思维，花大力气打造优质内容，但不能完全把握用户的需求，无法实现"破圈"传播。

三　建议与对策

反观技术渗透媒体行业发展所面临的困境后，技术如何更好地进行媒体实践成为当下急需解决的问题。要在数字理念、体制机制、品牌塑造、共情传播等方面发力，推动媒体融合的数字化转型。

（一）树立正确的数字正义观和价值观

在智能传播体系架构中，内容生产者关注技术的同时，还要关注"人"本身。在智能传播过程中，人与人工智能的关系是一个将人工智能人性化的过程，存在主体性的发展冲突。重新定位人与媒介的关系是当下的迫切需求，在使用数字技术时应树立正确的数字正义观和价值观，倡导科技向上向善，创造以用户为中心、开放共享、高可信度、永远在线、富有情感温度的智能媒体。在隐喻空间上，用户个体及其身体是社会关系和自我认同的枢纽和"支点"，要使现实身体得以回归，实现技术去魅化。因此，在进行人工智能类产品开发的过程中，语料库建设需将人文精神、人道情怀与人本思想贯穿于技术应用之中。

（二）完善政策法规与监管机制

智媒时代法规建设应以人民群众为中心，重视提升各类媒体引导力，解决由信息过载、刻板印象、话语陈旧所引起的信息飞沫化、解读负面化、危机常态化等传播问题。完善内容审查与舆论监管机制，督促相关企业定期发布责任报告，切实解决数字空间中的实名制问题，避免网络狂欢和网络暴力等滥用技术赋权的现象。同时，需警惕技术在执法过程中的运用，避免数据盲信与数据独裁，"用人性的洞察设计更人性的社会"。

2022年11月，国家互联网信息办公室、工业和信息化部、公安部联合发布《互联网信息服务深度合成管理规定》，其中第十七条明确要求提供智能对话、合成人声、人脸生成、沉浸式拟真场景等生成或者显著改变信息内

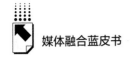

容功能的服务，应当进行显著标识，避免公众混淆或者误认；上线具有舆论属性或者社会动员能力的新产品、新应用、新功能，应当开展安全评估。①随着媒体融合的深度发展，政府部门及相关机构需设计更加规范的数据治理体系，同时深化业务数据的标准设计，从而推进数据管理正规化、流程化与法治化。

（三）以中国自主知识体系驱动提升融媒体价值

在数字化时代，我国媒体品牌建设要遵循中国式现代化发展趋势，顺应媒体融合发展规律与互联网传播规律，以技术链为核心，以创新链为基础，构建垂直化推动、定制化转型、跨圈化发展、数字化智联的发展态势，形成媒体及其品牌的传播力、影响力、引导力与公信力。②

随着媒体融合继续演进，市场、用户对媒体内容的认知边界也在拓宽。广电媒体机构应摆脱传统媒体内容运营思路，通过协调整合平台内外部资源，培育平台IP资源内容，并据此构建IP内容矩阵。当前，各主流媒体机构已构建了较为成熟的台网联合全方位媒体内容矩阵，通过全方位媒介触达用户。借助此类矩阵，媒体可通过全方位平台进行内容营销，驱动提升融媒体价值；积极探索"线上+线下"的融合创新与多场景，深入贯彻"媒体+"平台服务理念，以数字技术为抓手，综合市场热点和受众诉求，探索更多可持续发展的数字化商业模式。

（四）深化媒体与用户的连接，实现内容的创新传播

新型视听平台作为主流媒体优质内容的"集散地"，通过渠道可及，支持主流媒体的优质内容与用户深度连接，在实现内容可及的基础上使大流量

① 《互联网信息服务深度合成管理规定》，中国政府网，2022年11月25日，https：//www. gov. cn/gongbao/content/2023/content_5741257. htm？Eqid＝fb80e86900094abc00000004645e095c，最后检索日期：2023年3月1日。
② 王凤翔、张梦婷：《主流媒体品牌建设的基本要求、态势重塑与发展路径》，《新闻战线》2022年第24期，第50~52页。

助力主流媒体价值传播。直播是媒体营造新公共空间、打造新商业空间的有效手段，在视频号上，媒体直播营造的仪式感、共同在场感超出传统电视直播。2023 年元旦，央视新闻与微信联合发起"全球日出·追光 2023"视频号直播活动，央视新闻和微信优势互补、分工协作，通过门票分享、朋友圈晒图、红包预热等方式，吸引用户踊跃互动，直播观看人数超 3600 万，实现了经济效益和社会效益的双丰收。该活动的"出圈"表明，具备社交属性的新型视听平台能让作品快速实现人际分享、点赞、二次传播，成为爆款。同时，视频号的强连接社交属性，能为短视频作品构建传播圈层，打通社群共情链条，实现区域传播扩散。

B.8
区块链助力数字版权保护
运营的探索与思考
——以中国搜索"媒体融合链"为例

王娇妮[*]

摘　要： 我国已进入数字经济时代，数字版权具有极大的资产价值和经济潜力。随着区块链迅速发展，新技术为数字版权的保护、交易、运营赋能，已显现出重要的推动作用。中国搜索信息科技股份有限公司（以下简称"中国搜索"）作为中国新闻媒体版权保护联盟秘书长单位、国家区块链创新应用试点，自主研发"媒体融合链"区块链技术，积极探索把区块链技术应用作为解决版权保护开发困境的新路径，赋能数字版权和数据资产确权、保护和流通，助力数字经济发展和数字文化繁荣。不可否认，当前区块链作为新兴产业还处于发展早期，其商业模式尚在探索期，对于长期深耕区块链赋能数字版权、数据交易的平台和企业来说，需要进一步加强政策引导、行业支持、市场运营，以加快应用推广，促进创新积极性，为推进数字中国建设提供坚实保障。

关键词： 区块链　媒体融合链　数字版权　数据交易

---

* 王娇妮，中国搜索信息科技股份有限公司党委委员、企划运营部主任、董事会办公室总监、法务总监。

一 数字版权产业发展现状

（一）传统版权资产管理和开发面临的难点痛点

随着数字中国建设的深入推进，数据成为新型生产要素和战略资源，数字版权成为文化产业的重要资产。保护知识产权就是保护创新。在数字版权产业快速发展的同时，版权资产保护管理和开发的难题尚未得到有效解决，主要体现在以下三个方面。

1. 确权难

根据《中华人民共和国著作权法》，著作权即版权。著作权为权利人的无形资产，版权确权是确保后续版权交易、消费和流转顺利进行的关键。传统版权登记与公证确权主要为线下人工处理，周期较长、效率较低、成本较高，特别是对于海量作品，完成确权需消耗大量的成本，导致媒体、自媒体等权利人版权登记积极性不高。

2. 维权难

在互联网环境下，文字、图片、音视频等形式数字作品的复制、传播更加容易，版权侵权问题更为普遍。特别是数字作品成为侵权重灾区，侵权证据变动快、易篡改、易删除，侵权事实认定难度大。简单的截图或视频取证可能会由于效力不足导致其取证失败；委托第三方取证方式耗时长、成本高。维权成本高、过程复杂、取证难，导致权利人维权得不偿失，心有余而力不足。

3. 流通难

数字经济背景下，数字资产的形态不断丰富，大量数字作品在不同领域被收集和应用，在现有互联网模式下，由于缺乏公平、透明、规范的数字资产确权和流转机制，文化产业大数据资源无法定价，权利人的数字化产品上网即免费，利益得不到充分保护，合理流通难以实现。

（二）"区块链+版权"创新应用受到国家高度重视

以习近平同志为核心的党中央高度重视区块链技术应用发展和知识产权保护工作。2019年，习近平总书记在中央政治局第十八次集体学习时强调，把区块链作为核心技术自主创新重要突破口，加快推动区块链技术和产业创新发展。2020年，习近平总书记在中央政治局进行第二十五次集体学习时强调，全面加强知识产权保护工作，激发创新活力，推动构建新发展格局。近年来，我国陆续出台一系列政策，充分体现了对区块链技术在版权领域应用的高度重视，也为这一市场发展提供了积极信号。2021年12月，国家版权局印发《版权工作"十四五"规划》，提到加强大数据、人工智能、区块链等新技术开发运用，支持数字版权保护技术研发运用，充分利用新技术创新版权监管手段。2022年，中共中央办公厅、国务院办公厅印发的《"十四五"文化发展规划》指出，加强数字版权保护，推动数字版权发展和版权业态融合，鼓励有条件的机构和单位建设基于区块链技术的版权保护平台。近年来，人民法院大力推进区块链技术在司法领域应用，建成人民法院司法区块链平台，2022年5月发布《最高人民法院关于加强区块链司法应用的意见》，将进一步推进人民法院运用以区块链为代表的关键技术加速人民法院数字化变革、创造更高水平数字正义。

2022年初，中央网信办、中央宣传部、最高人民法院等十六部门联合公布国家区块链创新应用试点，要求各地区省级网信办和行业主管监管部门要高度重视国家区块链创新应用试点工作，积极引导区块链应用向价值化、规模化、产业化方向发展。2023年3月，中宣部版权管理局向12家"区块链+版权"特色领域国家区块链创新应用试点单位正式下发试点任务书，中国搜索作为试点代表分享了阶段性成果。

中国搜索是中宣部委托新华社主管主办的国家搜索引擎、信息科技企业"国家队"，坚持"国家站位、搜索定位、科学品位、市场地位"，实施算力、算数、算法三大基础工程，引领搜索引擎和大数据、区块链、人工智能融合创新。中国搜索历时5年自主研发区块链技术，联合主流媒体机构共建

"媒体融合链"，与法院、运营商区块链完成跨链对接，打造权威可信、开放易用的联盟链，在版权、文旅、文创等场景广泛应用，入选国家区块链创新应用试点。

（三）"媒体融合链"的建设理念和运作机理

作为中国新闻媒体版权保护联盟秘书长单位，在中宣部指导下，中国搜索自主研发区块链技术，建设"媒体融合链"系统，搭建主流媒体联盟链，并与新闻搜索、大数据、人工智能优势相结合，围绕媒体版权保护难点与痛点，建设版权应用平台。"媒体融合链"的名称，代表了产品的初心，就是借助区块链等前沿技术，帮助解决媒体融合过程中版权工作难点、痛点，提升新闻作品的版权价值，推动媒体价值互联，构建协同、融合、创新发展的生态，助力传媒产业做大做强。

"媒体融合链"区块链平台整体分为四大域，即底层基础能力域、业务运营域、用户体验域、跨链域。底层基础能力域包括区块链、AI、搜索与大数据。其中，区块链子系统包含区块链网络、智能合约、SDK三层基础结构，通过BaaS平台为开发者提供便捷、高性能的区块链生态环境和生态配套服务。AI子系统提供特征模型、向量索引、智能标签能力，提供图片、视频、音频、文本等融媒体的侵权监测能力。搜索与大数据子系统提供海量数据存储、数据计算、数据索引、数据推荐等功能。业务运营域包括版权存证、侵权监测、证据保全、数字版权藏品。用户体验域有中国新闻媒体版权联盟平台产品、媒体融合链节点服务产品、开放平台产品、"时藏"数字版权藏品平台产品，对用户提供产品化的服务。跨链域方面，完成了与北京互联网法院"天平链"、中国电信"天翼链"等的跨链对接。

其中，版权联盟平台为权利人提供版权保护解决方案，打通版权存证、侵权监测、取证维权完整链路，电子数据在"媒体融合链"和"天平链"同步存储，对传统版权工作进行了数字化升级。"时藏"数字版权藏品平台运用"媒体融合链"区块链技术，通过藏品的创意策划、设计制作、上链

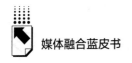

发行，建立基于版权的安全使用和合理付费交易机制，虚实结合，打造优质价值平台、新型传播平台。

二 媒体融合链：区块链赋能数字版权保护运营

（一）区块链技术全面助力版权保护实现降本增效

1.区块链应用降低了版权保护的成本

传统版权管理往往需要权利人、中心化机构和用户之间多次沟通，区块链技术通过去中心化的分布式记账，使版权资产以公开、透明、可验证的方式进行存储和交易，消除了中心化机构需求、降低了中介成本。基于"媒体融合链"，中国搜索在区块链存证方面，自主研发了一套网页、视频、音频等版权存证系统，通过版权存证智能合约，绑定权利人与作品之间关系，当用户发起版权存证时，执行智能合约，权利人、作品指纹、时间戳等数据信息上链永久固化，存证内容直通北京互联网法院。在智能监测方面，依托中国搜索的大数据与人工智能算法算力优势，以及专业的数据挖掘、清洗、分析能力，高并发的数据处理能力，采用业内先进的深度学习框架，通过对框架的改造和数据的再训练，提取了符合新闻类图片的特征向量，自主研发了分布式向量索引系统，在10亿数量级下实现毫秒级定位，监测结果准确率超过99%。在取证维权方面，对侵权数据一键取证，取证全程留痕证据固化，同时将取证数据实时上链，高效固化形成具备司法效力的电子证据，大大降低了整个行业的维权成本，提高了对海量版权作品的保护效率。

基于"媒体融合链"的中国新闻媒体版权保护联盟平台，面向新华社等媒体逐步开放版权服务能力，解决了困扰其多年的版权保护问题，通过区块链技术简化确权、取证流程，大大降低了维权成本。目前，"媒体融合链"存证总数不低于2400万条，其中，新闻存证2374万条，图片存证79万条，视频存证14万条，音频存证5万条。监测数据覆盖网络媒体、微博、微信、移动客户端和社交平台，已有10亿新闻存量，每日百万级增量，监测发现1500万疑似侵权的高度相似图片、视频数据，固化的电子证据文件超过5万个。"媒体融合链"及版权服务平台入选了2022中国互联网法治大会"法律科技成果案例"。

2. 区块链实现了对版权流转的溯源监管

传统版权管理中，往往难以追溯到作品真实来源和所有权，容易产生版权纠纷和盗版现象。区块链技术作为新的数据治理手段，其去中心化、防篡改、可溯源的天然属性，非常契合版权使用场景。权利人可以借助区块链上的时间戳和记录，证明其对作品的所有权和创作权，还能加强版权资产监管能力，降低盗版和侵权行为发生。"媒体融合链"攻破了智能监测难点，支持文字、图片、视频、音频的自动快速监测，具有精准高效的图片和视频检索比对能力，监测速度达毫秒级。

自2021年1月以来，"媒体融合链"对接新华社稿件生产系统，为全部中文稿件开展区块链版权保护，作品诞生实时上链确权，所有稿件实时生成存证证书，同步到北京互联网法院天平链，目前已完成百万以上作品版权确权，取证功能服务新华社31个地方分支机构，在开展新华社及新华网、中国证券报、经济参考报、中国财富网维权和授权工作中发挥了重要作用。借助"媒体融合链"区块链取证证据，新华社新闻信息中心北京中心对某在线图书馆进行行政举报，北京市文化执法大队已发布处罚公告，维护了主流新闻媒体合法权益。在"剑网行动"中，针对大量对新华社文字图片侵权行为，中国新闻发展有限责任公司北京分公司采用"媒体融合链"存证取证证据进行投诉举报，版权行政执法部门经审查予以采信，2022年3月对侵权方发布了处罚公告。2022年5月到6月，新华社新闻信息中心山东中心运用"媒体融合链"区块链版权平台对某日报社及某市广播电视台共计400余条侵权稿件进行证据固定，提供"媒体融合链"证书，并向两家侵权单位发送维权函，为新华社版权维权工作提供了极大助力。2022年下半年，中国新闻发展有限责任公司云南分公司借助"媒体融合链"区块链系统，进行了版权确权、证据取证和版权维权等过程，并成功维权三次。

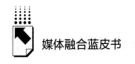

（二）区块链创新应用助力作品版权实现价值增值

新闻出版和传统文化产业的大量优秀作品，在现有互联网模式下，由于缺乏数字资产的确权和流转机制，其数字化的产品上网即免费，导致其无法定价和流通。中国搜索积极开发数字版权新模式，"媒体融合链"通过智能合约技术，确定此类数字作品的权属信息，使其在区块链网络上变成一种可流通的资产，无法被复制和盗用，只能通过智能合约交易，在区块链的场景下，这些版权作品就成为可被市场定价和交易的数字商品，可以轻松实现数字作品版权确权、精准分发、可信交易，同时也为版权商业化开辟新空间。中国搜索推出全国首家具有国家新媒体背景的数字版权藏品平台"时藏"，通过发掘作品版权价值，创建和发行版权衍生商品，满足市场多样化的数字产品购买需求，为数字版权提供开发运用新路径，帮助传媒文化产业实现内容变现，探索赋能重大主题宣传，赋能中华文化传播，赋能文化产业化发展。

1. 探索数字版权藏品新模式初见成效

通过区块链、智能合约，基于"媒体融合链"研发推出的"时藏"数字版权藏品平台，自主可控、信息透明、不可篡改、可溯源，适应市场需求，提供版权保护、开发运用的新渠道。"时藏"数字版权藏品平台实现秒级确认、快速确权，大幅提高数字资产确权和追溯效率，同时把安全与合规放在首位，确保对外每个应用服务的安全，敏感数据全部加密存储，采用自主研发的数字藏品创建系统及链上发行模式，确保其在发行和收藏过程中全链条的真实可信，发行模式支持多种时下年轻人偏爱的潮流玩法。

"时藏"于2022年3月中旬上线后，坚守"时空珍藏"的内涵，坚持大品牌、大文化、大创意理念，以扎实的技术，迅速占据行业头部地位，与国家通讯社、国家非遗保护单位、国家有关部门合作发行的系列藏品均成为行业标杆产品，受到业内广泛关注。"时藏"围绕重要时刻、传统文化、国潮文创、文旅文博等IP策划创作数字作品，发行上百款精品标杆藏品，IP类型涵盖新闻、出版、非遗、文学、艺术、文创、文旅、文博、邮政、航天、科技、音乐十二大类型，用户主要为 18 岁至 40 岁受众群体，传播覆盖受众超 6 亿人次，服务数字版权运营，激发创作活力，助力 IP 增值、品牌传播以及数字营销，为品牌和数字版权的增值变现提供了新渠道。中国新闻广电出版报以"用数字技术为优秀版权作品服务"为题，对中国搜索的探索进行长篇报道，"时藏"入选由中国广告协会评选的 2022 年度数字藏品营销热度十大平台以及由中国科学院主管的权威媒体《互联网周刊》发布的 2022 年度数字藏品企业 Top30 榜单。

2. 助力传统产业通过数字版权藏品完成数字化营销

"时藏"平台打造优质价值平台，为新闻出版、传统文化、文旅文博等产业提供数字藏品发行服务，实现数字营销创收。半月谈、新华出版社、中国年鉴、杭州日报、海南日报、天津人民出版社、天津杨柳青画社、天津人民美术出版社、河南美术出版社、永城市旅游发展集团、武汉博物馆、洛阳博物馆、中国苏州刺绣研究所、南京云锦研究所、内蒙古视听版权服务中心、厦门航空、北京值得买科技等在"时藏"成功发行 IP 数字藏品。其中，半月谈杂志社在"时藏"发行"《半月谈》·1980 年创刊号"数字版权藏品，带着无数的岁月珍藏，让陪伴了几代读者的"中华第一刊"有了第一份"元宇宙"身份，1 万份藏品迅速售罄。儿童节当天新华出版社在"时藏"发行《国家相册·我的小人书》，首创 3D 数字展馆形式，并附赠"我的小人书"之童年回忆视频藏品，高品质藏品受到用户喜爱，仅仅几分钟 5000 份藏品就被抢购一空，助力实体图书的营销。天津人民出版社有限公司根据《茅盾讲中国神话》书中常羲、帝俊、西王母、女娲、精卫、夸父等神话形象，在"时藏"发行《梦回上古·溯神之源》中国神话数字形象卡牌系列藏品，10 款藏品每天都秒售罄。当它们由书本上枯燥的文字变成图文并茂的藏品，并以数字化的形式呈现在年轻人面前，其承载的传统文化也变得生动活泼起来，并带动线下实体书籍的宣传与售卖。

3. 助力政企单位有效开展数字藏品新型 IP 传播

作为一种新模式，对于品牌方和数字营销企业来讲，数字藏品的品牌营销价值要远大于销售价值。自"时藏"平台上线以来，积极打造新型传播

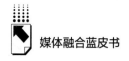

平台，分别为新华社、工业和信息化部、住房和城乡建设部（以下简称"住建部"）、中华全国新闻工作者协会、四川省林业和草原局、中国装饰股份有限公司、郑州万科房地产开发有限公司等政企单位、传媒文化企事业单位提供数字版权藏品发行服务，深入 Z 世代群体破圈传播优秀文化，实现品牌文化数字化年轻化。其中，新华社多个部门单位积极在"时藏"开展新型传播，中国搜索在世界读书日之际携手第十届茅盾文学奖得主陈彦发行"陈彦藏书票 数字盲盒"，近 10 万人参与预约抽签；中国照片档案馆在高考恢复 45 周年之际发行"时光相框·《77 级大学新生》"，获得用户热情好评；新华社音视频部在新春佳节即将到来之际携手六位著名书法家发行数字春联送福系列，用户争相收藏；新华社新媒体中心联合住建部共同发行"传统村落保护"系列数字藏品，在第 8 个"中国航天日"之际配合报道发行"AR 新闻丨中国空间站"数字藏品，广大藏友纷纷珍藏，市场反响积极。

此外，"时藏"积极助力新闻出版、文旅文博、乡村振兴等传统产业实现数字化、品牌化、多元化发展，通过发行数字藏品赋予用户实体权益，如实体书籍、购书券、公园门票、特色农产品等，带动实体业务营销，形成 Z 世代用户社群。积极探索建立与地方文化品牌推广、IP 产业以及实体产业的链接，提供创新传播服务，拓展多元发展模式。

（三）"区块链+版权"规模化商用尚处于起步阶段

虽然区块链技术为数字版权的保护和开发提供了有益的解决方案，展望未来区块链发展潜力巨大，但面对当下的市场实际，相关从业企业面临一些生存发展方面的问题和挑战。当前，区块链赋能数字版权的应用和推广范围不够广泛，市场尚未形成刚性需求，商业运作还处于发展早期。主要有以下两方面原因。

1. 数字资产意识尚未深入人心

在建设数字中国背景下，数据作为新型生产要素成为国家战略性资源，数据资源应用与开发成为社会经济发展的重要驱动力，数字经济发展前景广阔、动能充足。但由于数字版权、数据要素是无形资产，加之数字作品的高度可复制性和可传播性，数据资源的分散性，大众难以真正意识到数字版权和数据要素的真实价值，因此存在社会各界对数字版权、数据资产的认知程度、重视程度与当下数字时代潮流、数字中国建设大势不相匹配的现象，有待政府、行业和企业等多方全方位密切配合，不断推动数字资产意识深入人心。

2. 数字作品价值变现尚未形成商业闭环

数字藏品作为基于区块链进行版权作品创新开发的新业态，在经历了2022年行业的井喷式发展过后频繁曝出问题，甚至有平台停摆，目前市场整体较为清冷。在数字藏品领域，藏品买家一般获得的是数字作品带来的精神满足、社交价值，但由于缺少更多的渠道去实现藏品的评估、变现、流转交易，数字藏品的资产属性得不到体现，长此以往藏家的购买欲、对行业的关注度都可能逐渐减弱。数字资产要实现完整的价值闭环，需要得到政策法规的引导，在合规的前提下积极探索更多样化的变现途径、获得更广泛的市场参与。

三 区块链助力数字版权产业发展对策

（一）加强政策扶持，支持区块链版权产业可持续发展

一是版权部门、知识产权部门、大数据部门、网信部门、工信部门等有关管理部门进一步出台政策，推动区块链行业加速应用，支持区块链技术在数字版权领域广泛应用。二是设立专项资金，重点扶持有应用需求和前景的平台企业加强研发和推广，加速数字版权市场应用，形成规模化的产业链条。三是构建数据确权体系，对数据的所有权、管理权、使用权、经营权、知晓权等进行明确界定。四是构建多部门监管协调机制，明确法律规则底线，引导市场主体依法运营，严厉打击披着区块链"外衣"的各类骗局，防范金融风险，引导产业健康发展。

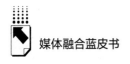

（二）政府行业媒体带头数据上链，推动数据开放共享

党的二十大提出要加快建设数字中国。"数据二十条"首次将数据作为新型生产要素，并提出"建立数据可信流通体系，增强数据的可用、可信、可流通、可追溯水平"。除了数字版权领域，区块链的技术优势还可与政务、身份认证、工业、农业、金融、电商等行业紧密结合，为释放各行业数据价值提供新思路，而数据上链将成为提升社会数据资源价值、完善数据要素市场化配置的关键一步。政府、行业组织、媒体带头数据上链，可以起到示范引领作用，大大促进全社会对数据要素价值和数字资产上链必要性的认识。通过数据共享，提升社会数据资源价值，培育数字经济新业态和新模式。

政府机构、行业组织带头实现数据上链，建立数据共享机制，实现降本增效、助力构建诚信体系。政府机构可将采集的公共数据进行上链，将区块链不可篡改的特性与链下数据库强大的增、删、改、查能力结合，保证开放政府数据共享的效率和安全，全方位、多角度、最大限度地释放政府数据价值。

主流媒体、文化企业等带头推进数据上链，实现版权保护、数据共享和智能管理。主流媒体、文化企业等著作权人等拥有大量、优质的原创作品，通过将作品上链存证确权，及时对数字版权进行保护，探索多元授权模式，可以有效保护知识产权和创意创新，激发人们的创作热情，促进传媒文化产业高质量发展。

（三）鼓励加强数据开发运营，提升数据资产变现能力

没有进行资产化的以及无法流动的数据很难创造价值。应引导鼓励市场主体加强对各类数据的确权、开发和运营，有效促进数据按需流动，因此不仅要关注数据本身的价值，更要强调数据流动到不同场景中的应用价值，形成在数据资产化运营中按贡献分配的新机制。现阶段，数据流动和资产化运营还是一项新事物，只有经过政策、技术、法律、经济等多个方面的系统推进，才能更有效推动数据流动，促进数据资产化运营，提升数据资产变现能力。

四 基于区块链的数字产业未来发展趋势

（一）以区块链为底座将构建起虚实相融的数字商业生态

未来在数字世界如何保护产权和实现价值传递非常重要。区块链是打造可信数字化商业模式的坚强保障。互联网完成了信息互通却无法传递价值，而区块链能够对数字版权等各类数据的所有权进行确权，解决了数字世界中复制边际成本为零的困境，数字价值由此将得以保护、传递和流通。区块链作为奠定数字经济发展基础的关键底层技术，通过智能合约和分布式共识技术，使数字资产得以实现可信流转。因此，区块链技术可以与各类传统产业结合，服务企业数字化转型，实现数实融合发展，并且打通产业链上下游各类主体之间在物理世界的隔阂，实现生产协同、信息共享、资源整合，创建互联互通的经济体系，带动经济发展降本增效，促成合作共创、利益共享，拓展数字空间的商业模式。

（二）数字经济的兴起有望推动区块链市场应用爆发式发展

数字经济的信息化、智能化、高效化等特点，与区块链的去中心化、不可篡改、透明化等特点相辅相成，共同推动区块链应用的发展。数字经济的兴起，不仅给版权、金融、供应链等领域带来了一系列新的机遇，也推动了区块链技术在各个领域的应用。随着数字经济的不断发展，区块链技术可以在政务服务、医疗管理、社交网络、资产管理、信贷管理、风险控制、物联网等领域发挥巨大作用，并带来创新和变革。例如，在医疗信息管理方面，区块链技术可以实现医疗数据的安全共享和隐私保护；在社交网络和数字娱乐领域，区块链技术可以增强数字娱乐平台的版权保护、数据管理、支付和经济模式等方面，同时也可以使社交网络更加安全、可信和普惠。区块链提速有望推动数字经济更广阔发展，同样，数字经济的崛起也将推动区块链技术应用出现爆发式发展。

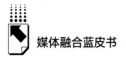
注：报告部分数据来自媒体融合链系统统计与时藏数字版权藏品平台数据统计。

参考文献

李俊、王娇妮、肖碧松：《智媒时代 深度融合发展策略》，新华出版社，2021 年，第 11~19 页。

王娇妮：《数字经济时代积极打造我社区块链版+权基础设施》，《新华社经营管理业务》2022 年第 6 期，第 34~37 页。

《2022（第 8 届）中国互联网法治大会法律科技成果案例选》，《中国搜索"媒体融合链"区块链系统及版权服务平台》，第 62~66 页。

B.9
企业媒体的融合平台建设：维度与策略

陈昌凤 黄丹琪 黄家圣 张 梦 俞逆思 袁雨晴 韦龙颔*

摘 要：从推动传统媒体和新兴媒体融合，到建设全媒体传播体系，塑造主流舆论新格局，媒介融合深入开展。本报告聚焦企业媒体融合的平台建设，从建设主体、建设方式、建设效果、建设难点和建设前景五个方面梳理了企业媒体融合的实践模式与特征。在此基础上运用 SWOT 分析了国家能源集团新媒体账号的全媒体内容，包括微信、微博和抖音等，从传播体系、技术支撑、组织架构与文化融合四个维度为企业型媒体融合的建设提出实战策略，助力企业加快建设符合国家战略的媒体融合的业务与运营体系。

关键词： 媒体融合 平台建设 能源央企 传播技术

一 企业媒体融合政策与实践要求

2005 年，媒体融合概念进入中国，学界对这一概念的运用更多体现

* 陈昌凤，博士，清华大学新闻与传播学院教授、新闻研究中心主任、智媒研究中心主任，安徽大学讲席教授，主要研究方向为新闻传播史、媒介与社会变迁、媒介伦理；黄丹琪，博士，广州大学新闻与传播学院讲师，主要研究方向为媒体融合、数字劳动；黄家圣，清华大学新闻与传播学院博士研究生，主要研究方向为智能传播、媒体融合；张梦，清华大学新闻与传播学院博士研究生，主要研究方向为智能传播与媒介伦理；俞逆思，清华大学新闻与传播学院博士研究生，主要研究方向为智能传播、媒体融合；袁雨晴，清华大学新闻与传播学院博士研究生、主要研究方向为智能传播、媒体融合；韦龙颔，香港中文大学新闻与传播学院博士研究生，主要研究方向为计算社会科学。清华大学新闻与传播学院硕士毕业生王方对本报告有贡献。

179

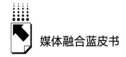

在媒体产业学理层面的探讨，尤其是以互联网为代表的新兴技术而引发的传媒生态变迁。自 2014 年《关于推动传统媒体和新兴媒体融合发展的指导意见》审议通过，媒体融合正式上升为国家战略。《关于加快推进媒体深度融合发展的意见》①与习近平总书记二十大报告都着重强调了构建"网上网下一体、内宣外宣联动的主流舆论格局，建立以内容建设为根本、先进技术为支撑、创新管理为保障的全媒体传播体系"的重要性。②

"全媒体建设"成为众多大型企业数字化转型中必不可少的一环。以能源领域为例，随着新一轮能源革命蓬勃兴起，2014 年习近平总书记提出了"四个革命、一个合作"能源安全新战略和碳达峰、碳中和的目标要求。③为响应党中央的号召，国家能源集团以"战略+运营"工业互联网为基石，为能源工业经济实现数字化、网络化、智能化发展提供关键支撑。基于 ERP 系统的一体化管理平台，不仅实现了集团全业务覆盖，还促进新闻宣传工作创新，开启国家能源集团"智慧新闻宣传"新模式。2020 年 7 月，国家能源集团传媒中心有限公司成立，国家能源集团新闻宣传智慧传播平台肩负内外宣传、业务运营、调度统筹、智慧中枢、行政管理、传媒实体一体化等新闻宣传工作创新职责。在能源行业积极践行政治、经济和社会责任的过程中，新闻媒体外塑形象、引领舆论，内聚人心、促进生产的效能将发挥重要作用。因此，能源行业亟须专业媒体的有力支持。

① 《中共中央办公厅 国务院办公厅印发〈关于加快推进媒体深度融合发展的意见〉》，中国政府网，2020 年 9 月 26 日，https://www.gov.cn/xinwen/2020-09-26/content_5547310.htm，最后检索日期：2023 年 3 月 24 日。

② 《习近平：高举中国特色社会主义伟大旗帜 为全面建设社会主义现代化国家而团结奋斗——在中国共产党第二十次全国代表大会上的报告》，中国政府网，2022 年 10 月 25 日，https://www.gov.cn/xinwen/2022-10/25/content_5721685.htm，最后检索日期：2023 年 3 月 25 日。

③ 舒印彪：《践行能源安全新战略为"六稳""六保"注入新动能》，求是网，2020 年 7 月 9 日，http://www.qstheory.cn/dukan/hqwg/2020-07/09/c_1126215789.htm，最后检索日期：2023 年 3 月 26 日。

二 企业媒体融合的实践模式与特征

（一）建设主体多元化

大型企业集团往往具备健全的人员与管理机制，大致包含以下三类建设主体。

一是以企业或内部特定部门为建设主体。强调以单一企业或特定部门为主导，由集团决策层提供执行方案、大致预算以及具体目标，并在后续的具体实施中承担决策主体的角色，责任主体一般为集团负责人。最终形成的融媒体平台将服务整个集团，负责集团企业的整体新闻采编和对外宣传工作。例如中国建筑集团有限公司内部组织成立了中国建筑融媒体中心，主要承担了选题策划、新闻采编、审核分发以及资源存储等功能。该中心由中国建筑集团企业文化部统一管理。①

二是以媒体子公司为建设主体。强调由集团内部特定的子公司来负责集团媒体融合的具体进程，常见形式为集团独资子公司进行媒体中心的资源分配、组织结构的搭建工作。这些子公司往往具备独立的法人资格，同时肩负市场化运作的职能，主营业务围绕新闻传播领域开展。例如南方电网数字传媒科技有限公司的媒体融合。该公司是中国南方电网有限责任公司的控股子公司，通过构建《南方电网报》、《南方能源观察》、南方电网公司官方门户网站（含手机微网站）、官方新媒体@南网50Hz、网络电视台及南方电网办公楼宇及营业厅电视联播网等设施，形成了全媒体传播矩阵。②

三是兼并外部媒体机构作为建设主体。该类型媒体融合路径的特殊性在于媒体公司的属性，通常以集团注资或外部融资的方式筹措媒体资源，采用

---

① 中国建筑集团有限公司：《国有企业加强融媒体建设研究》，《企业文明》2020年第8期，第10~13页。

② 中国南方电网数字传媒科技有限公司简介，http：//cm.csg.cn/gycm/gsjj/201810/t20181026_12423.html，最后检索日期：2023年4月1日。

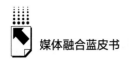

独立、扁平化的管理层级体系成为与原有集团并行的媒体组织。该类媒体公司需要充分协调集团、子公司之间的关系，以确保信息效率和权力结构之间的协调。例如，阿里巴巴在2015年收购了《南华早报》及其旗下的媒体资产，进一步将企业自身的科技能力和《南华早报》的内容优势有机结合，提升了企业的综合知名度与海外传播力。

（二）建设方式内外兼收

大部分的企业建设融合平台主要通过以下两条路径。

一是以内部结构调整为路径。采用这一路径的企业倾向于将原有的宣传部门作为起始资源，通过引入硬件设施、技术平台以及控制中心等资源，在原有的宣传架构上形成全新的融媒体平台，兼备指挥、采编调度与新闻生产等职能。例如中国五矿集团不断革新宣发机构和团队，相继推出了传统媒体《中国五矿报》、新型媒体集团公司内外网、中国五矿新闻手机报、官方微信等，开启了全面媒体融合的新阶段。[1]

二是通过寻求外部合作达成媒体资源的再分配。部分企业乃至政府部门在媒体融合过程中，通过不同新媒体平台的联动来实现自身的数字转型和融合传播。例如，中国航空工业集团联动了《中国航天报》、中航文化及其中国航空报社等资源，由此成立的航空工业融媒体中心具有融媒体报道、传播服务、舆情+数据、平台运营、产业赋能等五大核心功能。[2]

（三）建设效果垂直化与专业化

企业会结合自身的业务特色与深耕方向，形成专业化的资源整合链接。在不同的垂类领域拓展"媒体+"的更多增值服务，具体形式包括"新闻+政务+民生服务""媒体+互联网+旅游"等。例如，南网数字集团参加了世

---

① 黄海：《当前国企新旧媒体融合发展的思考与实践》，《企业文明》2017年第1期，第58~59页。
② 《媒体融合走向纵深：航空工业融媒体中心通过试运行功能验收》，中国航空新闻网，2021年9月19日，http://www.cannews.com.cn/2021/09/19/99332675.html，最后检索日期：2023年4月5日。

界人工智能大会，打造了"媒体+电力+AI"，积极探索将人工智能技术应用于电力行业并通过媒体进行传播宣发。①《中国石化报》，从纸质的周报逐渐转型为集报、刊、台、网于一体的综合性企业，实行"线上线下"（O2O）的融合模式，将网络购物、广告流量、线下活动推广等有机结合，通过多种经营强化媒体融合效果。②浙江安吉新闻集团以"新闻+应用"为主要方向，开发"爱安吉"App中多元化的热门应用，基于公共服务和产业经营，总收入突破2.6亿元。③

（四）建设难点聚焦技术与机制

技术与机制是媒体融合的两大关键。一方面，媒体领域长期"重内容轻技术"的观念让诸多企业的宣发团队与媒体部门缺乏优质技术人才与先进技术引进。但随着媒体智能化程度的跃升，技术平台搭建可以极大地提升媒介融合中的信息迭代与传播效率，通过聚合信息智能采集、生产、分发与传播等资源，优化传播路径。同时，以ChatGPT为代表的通用人工智能技术将在媒体融合的各个领域进行赋能，达到人机协作的理想模式。另一方面，相较于专业的媒体机构和互联网平台，媒体宣发在企业的组织架构中仅占较少的一部分，在资金预算、薪酬人才等各个方面稍有欠缺，集团的总平台与子公司的分平台的关系需要重构，与其他部门的联动机制也有待进一步完善。

（五）建设前景集中端口与生态

随着媒介化程度提高，媒体融合的未来前景将不限于局部的功能融合，而是以接入端口为入口，形成有机的媒介生态。企业应当以目标用户为中

---

① 《综合资讯丨南网数字集团参与世界人工智能大会 共建电力AI生态》，南网数字集团，2023年7月24日，https://mp.weixin.qq.com/s/fY3dmzdcQsNpFFEM0xbFEA，最后检索日期：2023年7月24日。

② 于永生：《从整合到融合从单向到互动——中国石化报社的媒体融合之路》，《传媒》2014年第20期，第13~15页。

③ 《浙江安吉新闻集团：媒体融合实现"贴地飞行"》，新华网，2019年4月9日，http://www.xinhuanet.com/zgjx/2019-04/09/c_137962084.htm，最后检索日期：2023年4月9日。

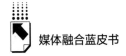

心，洞察用户的业务场景需求，在移动互联网的背景下，通过端口接入，获取用户流量。同时，企业可以将媒介生态的打造与内部 ERP 系统的管理平台有机结合，搭建全集团新闻宣传人员、业务、资源网络协同一体化的智慧平台，促进"智慧企业"的有序转型。企业可以通过宣传平台，打造独具专业领域特性的传媒生态，成为具备权威的宣传者与发言人角色。

三 央企媒体融合现状案例剖析：以国家能源集团为例

本报告以国家能源集团为例，窥视大型企业数字化转型过程中新闻与宣传实践所面临的挑战与机遇。国家能源集团拥有庞大的二级、三级子公司体系，近 90 余家子分公司，涵盖煤炭、电力等八个产业板块，作为新中国成立以来最大规模重组的中央企业，其极具典型性与代表性。

国家能源集团传媒中心有限公司（以下简称"传媒公司"）是国家能源集团新闻传媒业务的归口专业公司。既是宣传部门，也是新闻机构。宣传内容涉及全国 30 个省份的子分公司，包括上传下达的新闻与宣传业务。生产频率每天更新，每天制作发布图文、音视频与新媒体内容。一部分新媒体账号受众以 35 万名员工为主，一部分对外发布的报纸与杂志、国内外新媒体账号以关注国家能源行业的受众为主。

（一）国家能源集团新闻宣传现状 SWOT 分析

研究运用了 SWOT 分析法——S（strengths）即优势、W（weaknesses）即劣势，O（opportunities）即机会、T（threats）即威胁，即基于内外部市场环境下的态势分析传媒公司的新闻宣传现状。

1. Strengths（优势）

国家能源集团拥有强大的子公司集群，不但拥有煤炭、煤制油、煤化工、电力、热力等资源性产品，港口、运输业等传统能源运输产业，还涉足金融、国内外贸易及物流、房地产、高科技、信息咨询等多种行业领域，丰富的业务实践为国家能源集团提供了庞大的媒体资源。因此，合理、有序地分配媒体资源，不仅能对外赋能，为国家能源集团与能源行业形象塑造、价值观传递提供最佳平台，还能对内聚合有效资源，将媒体资源与权力结构结合进行分发与调配，提升内部资源传播力，为培育企业文化提供适宜生存的温室。

2. Weaknesses（劣势）

集团公司下拥有超过 90 家的二级公司、三级公司，对全媒体传播平台的信息传递效率、资源传达的机制都有着极大的挑战，全媒体传播平台资源部署最远仅能触及二级子公司，亟须集团出台有关公司对二至三级子公司的信息传递相关规定，加长触手以抵达企业基层。此外，国家能源集团各级媒体账号未达成运营上的有机统一；在内容生产方面缺乏融媒体时代标准化的信息采集、发文、审核、反馈流程；新闻成果缺乏统一的汇总、保存和共享机制。

3. Opportunities（机会）

与拥有媒体融合平台建设经验的企业合作，可以为平台提供基本的软件、硬件设施，加速实际运行的步伐，参考以往建设经验，完成四个突破：一是在传统媒体构建互联网新型媒体机构上有新突破；二是在打造平台级项目上有自主创新与突破；三是在探索以技术和运营为主驱动的技术应用上有新突破；四是探索传媒公司网络宣传内容服务模式，在宣传模式上有新突破。

4. Threats（威胁）

调度指挥中心已建成、人员制度已完善，如何迈向深度融合是较大挑战。新闻内容生产、分发、反馈每个机制都需要在实践中完善，并不能在一开始就能规避所有风险。集团内部原有的编制人员相对固化的办事方式、办事效率，人员调动的效率和人员的传媒素养，以及平台规模庞大，需要调动的资源维度巨大等问题，在某种程度上可能导致媒体平台建设陷入疲软的状态。

（二）国家能源集团子公司新媒体账号全媒体内容分析

1. 微信账号：龙源电力子公司账号——"龙源电力"

以 2021 年 11 月 16 日至 2021 年 11 月 26 日为研究时段，分析"龙源电力"近 10 天在用户端的传播效果。总阅读数、头条阅读数整体呈现下降趋势，最高阅读量出现在 11 月 16 日，达 2053；最低阅读量出现在 11 月 24

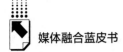

日，达 476。平均阅读数总体呈现下降趋势，综合来看，近 10 天总排名在波动中呈现下降趋势。WCI（WeChat Communication Index，微信传播指数）也是在波动中呈现下降趋势，最高为 11 月 16 日的 619.06。

对"龙源电力"近 30 天文章的发布习惯进行分析。从 24 小时来看，发布时段有两个高峰，一是早上的 9∶00，二是下午的 17∶00，较为符合新媒体采编和运营人员的工作规律。从一周的时段来看，首先是持续性，每天都有文章发布；其次是两极性，发布次数最多的集中在周一（5 次）；工作日与周末的发文次数相差较大（见图 1）。

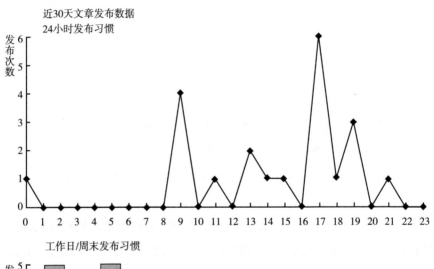

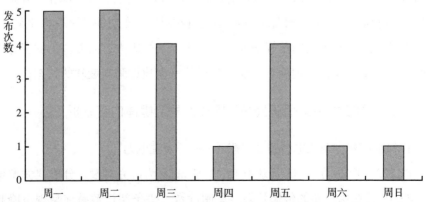

图1 "龙源电力"24 小时发布习惯趋势图 & 发布习惯

对"龙源电力"近30天发布的热文Top10进行内容分析（见表1）。通过人工编码类目，将内容分解成若干个分析项，并对这些分析项进行逐一细化，得到每个分析项反映的事实，达到对微信公众平台管理的传播内容进行客观地、系统地、定量地描述与分析。[①]

表1　"龙源电力"微信账号近30日高赞作品分析

一级类目	二级类目		数量	占比（%）
推送形式类	文字+图片		8	80
	文字+图片+音频		—	—
	文字+图片+视频		2	20
推送题材类	党务宣传		3	30
	企业业务动态		3	30
	企业形象/文化宣传		3	30
	员工组织活动		1	10
	招聘信息		—	—
	本地新闻		—	—
传播效果类	阅读数（次）	100以下	2	20
		100~500	3	30
		500~1000	3	30
		1000以上	2	20
	点赞数（个）	5以下	6	60
		5~10	3	30
		10~20	1	10
		20以上	—	—
优化类	图片数量（张）	5以下	—	—
		5~10	6	60
		10~20	2	20
		20以上	2	20
	视频	有	2	20
		无	7	80

[①] 万米洋：《基于内容分析法的博物馆微信公众号信息传播主题研究——以北京天文馆为例》，《科技传播》2021年第14期，第121~124页。

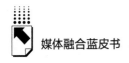

在推送题材上，主题分布较为均衡，主要涉及党务宣传、企业业务动态、企业形象/文化宣传以及员工组织活动等内部宣传。在推送形式上，更多以"文字+图片"的形式呈现，占比达到了80%，其中图片数量多在5～10张，占比达到了60%。有2则推送内置了视频。在传播效果上，平均阅读数达228，点赞数大多集中在5以下，互动行为较少。综合来看，"龙源电力"微信公众号的热文呈现出主题的内宣化、形式的多样化以及效果的单维度。

基于以上内容分析结果，本报告为今后的微信公众号发展提出如下策略建议。

（1）持续发布中遵循用户阅读习惯

微信公众号在发布规律上一般都遵循七天不间断的频率，较好地保证了稳定的内容产出与活跃度。但是在发布时段上，可以通过调研目标用户的阅读习惯，有的放矢，在高频阅读时段发布内容，提高内容阅读的传播效率，优化传播效果。

（2）坚持内宣下拓宽题材与形式表现

"龙源电力"的微信公众号内容多以内部宣传为主，包括党建与公司业务的动态介绍，有助于增强企业内部的交流沟通。今后，可以增加对外交流的题材比重，契合社会热点，体现公司作为。并且，在拓宽内容题材的基础上，丰富内容的表现形式，在重大事件的报道中打造"文+图+音+影+动画+交互+X"的融媒体产品样态，从内容和形式两方面提高文章质量。

（3）内容生产时打造用户反馈闭环

公众号在内容生产方面依靠传统媒体的优势已具备一定的基础和经验。但是在Web 2.0的新媒体时代下，用户的地位逐渐凸显，要更多借助公众号后台提供的用户画像数据或者第三方平台的用户分析，对用户层面的反馈进行及时深入收集，从而指导下一阶段的内容生产，由此打造用户反馈的闭环。

2. 微博账号：集团账号——"国家能源集团之声"

"国家能源集团之声"微博共有粉丝 4.1 万，共发布微博 3526 条。该账号平均发博频率较高，例如，2021 年 12 月 1 日单日发布微博 8 条，12 月 2 日单日发布微博 12 条，12 月 3 日单日发布微博 8 条。虽然内容发布频率高，但获得的转发、评论和点赞数量较低，大多不超过 10 次，部分微博未获得转评赞。这说明账号的内容虽然保持着一定的可见度，但粉丝互动意愿不高，很少形成二次传播、裂变传播的效果。若想提高该新媒体账号的传播效果，需要加强粉丝运营工作，促进内容反馈和互动。

2021 年 11 月 28 日发布微博"大美国家能源集团——872 公里包神铁路@国资小新"，用视频的方式展现了包神铁路的工业之美和铁路沿线的壮丽景观，在传播包神铁路的同时建构了"大美国家能源集团"的企业形象。该微博共获得 28 次转发，4 条评论和 34 次点赞。评论中有粉丝表示"这视频做的真不错""卡点真棒"等，是对视频本身的肯定。高质量的视频内容是对企业形象和企业价值的生动表达。在如今以短视频流为内容主导的社交媒体平台中，高质量的视频内容具有较强的传播潜力和互动性。

2021 年 12 月 2 日发布微博"#中国人对完全对称有多执着#【'对称日'来看国家能源集团的对称美】对称，意味着秩序与规律？意味着庄严与安全？在 20211202 这个'对称'的日子里，小编忍不住带你们来看看咱们能源的对称之美。@ 国资小新"。该条微博属于自主策划的选题，通过"20211202"这个形式上对称的日期联想至国家能源集团业务建设中具有"对称美"的瞬间。它运用新颖有趣的形式传播了企业形象。本条微博还使用了多种功能提高内容的互动性：通过话题（#）的方式参与#中国人对完全对称有多执着#讨论，通过"提及（@）"的方式与另一微博账号@国资小新互动，在话题中形成一组讨论，有利于话题的传播（见表 2）。

因此，在微博中积极主动地使用各种互动功能，参与话题讨论，策划新颖、直观、可共情的内容有利于传播效果的提升。

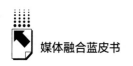

表2　"国家能源集团之声"微博账号代表推文分析

一级类目	二级类目	推文一	推文二
内容要素	标题(感叹句、疑问句等句式)	陈述句	陈述句
	文本tag(#tag了什么主题)	无	#中国人对完全对称有多执着#
	多媒体表达(图片量/视频/音频)	视频	12图
	动画元素(有/无)	无	无
	人物角色(工人、媒体记者等)	无	工人
主题构成	党务宣传、企业业务动态、企业形象/文化宣传、员工组织活动、招聘信息、本地新闻等	企业形象	企业形象
信源类型	官方(政府及公告、官员)、企业内部、总集团、员工	总集团	总集团
传播效果	点赞量(次)	34	12
	评论量(条)	4	1
	转发量(次)	28	6

3.抖音与快手账号:国电电力子公司账号——"国电电力"

本部分选取国电电力官方抖音号和快手号"国电电力"作为代表,进行基本情况、高赞内容、账号对比等分析,据此提出策略建议。

截至2021年12月5日,"国电电力"抖音号现有粉丝1.4万,获赞数2.6万,关注数31,作品数240,该抖音号主页体系化程度较高,能通过设置封面标题等实现系统化呈现;内容生产的丰富性与整合性完成度相对较高,紧跟短视频热点,生产国电特色内容。截至2021年12月5日,"国电电力"快手号现有粉丝达1.5万,作品量达249,快手号内容呈现与抖音号基本保持一致(见图2)。

对"国电电力"2021年8月31日至2021年10月20日的高赞作品进行内容分析,发现抖音的互动情况较优(见表3)。

图2 "国电电力"抖音号（左）、快手号（右）基本情况

表3 "国电电力"抖音账号高赞作品分析

一级类目	二级类目	视频一	视频二
内容要素	标题（感叹句、疑问句等句式）	感叹句	陈述句
	文本tag（#tag了什么主题）	#青春的样子、#工作照	#竖屏定格拍照 #正青春不负芳华
	配乐（旁白、同期声、背景音乐、背景音乐+同期声）	背景音乐	背景音乐
	动画元素（有/无）	无	无
	叙事角度（第几人称）	无	无
	人物角色（工人、媒体记者等）	工人	工人
主题构成	党务宣传、企业业务动态、企业形象/文化宣传、员工组织活动、招聘信息、本地新闻等	企业形象/文化宣传	企业形象/文化宣传
形式特点	视频时长（秒）	15s	15s
	镜头数（个）	13	5
传播效果	点赞量（次）	226	213
	评论量（条）	32	18
	转发量（次）	—	—

　　"国电电力"的高赞视频内容均为 15 秒左右的热门背景音乐卡点内容，如图 3 所示，视频中均为工人装扮的年轻"小姐姐"，她们以灿烂的笑容诠释着国电人的青春活力，较好兼顾了国企自身的企业文化和互联网的年轻趋势，实为国电电力的"流量密码"。

图 3　国电电力高赞抖音视频截图

四　企业媒体融合"四个维度"的实战策略

（一）传播体系

　　企业在构建融媒体传播体系时要注重以下三个方面，以实现传播体系的"全流程管控"、"全主体连接"、"全要素调配"、"全周期运营"和"全维度分析"。

1. 多媒体素材的全要素运用

　　多媒体素材的全要素运用一方面考虑融合新闻生产的多媒体素材搜寻问题，即在采集阶段就要考虑文字、图片、音频和视频等多媒体素材的搜寻问题。如果前期没有采集到充足的多媒体素材，后期的融合呈现就无从谈起。另一方面是对"全能型记者"的应用。这要求记者要基本掌握新闻采访与写作、摄影与摄像、录音及编辑等全媒体采访报道技能，从而有能力适应融合媒体新闻生产的需要。

2.融合产品与细分产品相结合

在媒体融合的语境下，融合新闻和细分新闻应是相互补益的。企业可以在专门的报刊、电视等传统渠道，以及微信、微博等互联网融合媒体平台上都有所开拓。这样的多媒体矩阵能为融合产品和细分产品相结合的融合传播创造基本条件。

3.用户群体的运营

融合媒体平台具有传统媒体所不具备的高互动特性，成为如今新闻生产流程中不可忽视的环节。数字媒体中的新闻发布后，用户可以通过点赞、评论、转发等方式进行互动或二次传播。在如今的融合媒体新闻生产流程中，媒体从业者的工作并不仅仅是生产新闻、传播新闻，还包括与用户之间的互动，从而增强用户与平台之间的黏性。

（二）技术支撑

技术的迭代革新提供了多库储备的数据资源支撑，多库储备主要指构建以下五大数据库：一是宣传队伍库，即集团公司内部的媒体记者、宣传员、通讯员、网评员、舆情员、发言人队伍资料库，外部媒体人员资源库；二是媒体资源库，包括全集团的报、刊、网、端、影、视、微、屏等媒体矩阵库；三是新闻素材库，是指各类新闻宣传资料，包括文稿、音视频、图片图标等过程素材库；四是媒体资料库，包括内外部媒体矩阵所需的资源与数据库；五是宣传成果库，包括内外部媒体已开发的新闻宣传成品库（见图4）。

同时，企业应搭建全媒体融合资源库面向各个业务系统、应用系统提供全媒体资源服务。软件架构从下往上包括基础层、服务层、应用层、门户层。从业务上讲可分为后台服务、资源输入及输出、资源管理及加工、系统管理、门户服务以及供第三方集成的组件等。在平台的基础设施建设方面，

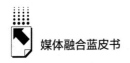

媒体融合蓝皮书

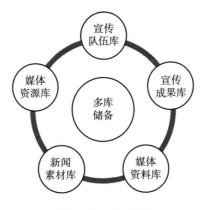

图4 五大数据库

首先，基于互联网的远程计算和存储是基础，它使传媒中心和各级子分公司的融媒体中心能够在一个平台上"互联互通"；其次，标准化的内容生产流程是融合媒体业务开展的基本要求，因此该技术平台需要为各级子分公司融媒体中心的业务开展以及中心之间的协作提供整合的业务接口（包括党建业务、新闻宣传业务等等）；最后，基于业务需求整合的平台接口是融合媒体传播业务开展的窗口。

此外，以ChatGPT为代表的通用人工智能的发展是最新的媒介技术之一。作为一项大模型的自然语言处理工具，它在文案撰写、内容翻译、创意策划、数据分析方面有着出色表现。企业可以通过飞书等内部协同共享工具接入ChatGPT，或者将ChatGPT用于内部的客服机器人，准确识别企业的媒体宣发需求和应用场景，以此为桥梁，有机整合企业业务和媒体宣发资源。同时，企业也能结合自身业务特色，向ChatGPT"投喂"特定的专业数据，形成服务于企业垂直领域的内容生成工具。企业还能利用ChatGPT向用户收集和获取进行媒体融合之后的体验意见，进一步反馈优化今后的媒体融合方向与策略。

（三）组织架构

组织结构是指企业内部各个有机组成要素相互作用的联系方式或形式，

以及各要素的权利和责任。组织结构在整个管理系统中起着"框架"作用，保障人流、物流、信息流正常流通，使组织目标的实现成为可能。企业的组织融合应呈现以下特点：一是趋向扁平化，即缩减管理层级的内部管理"扁平化"；二是形成无边界组织或网络型的项目化管理组织，从而减少内部交易成本和运行成本。①

企业总公司与各子分公司新闻宣传部门之间的协调关系可参考"省级融媒体技术平台–县级融媒体中心"的二级结构进行搭建。即以省级技术平台覆盖全省，并通过平台建立起与省域内县级融媒体中心互联互通、信息共享、协同互动的机制。具体到企业内部，企业的总公司应承担起"融媒体技术平台"的核心角色，基于面向融合媒体的"前端"和"后端"平台，发挥"资源"、"服务"和"管理"三个层面的功能。各级子分公司融媒体中心能够在这一标准化平台的基础之上发挥各自的能动性，在党建、新闻宣传和公共服务等方面凸显各子分公司的特殊性。

根据上述经验，本报告设计了"两个中心，一家公司"的企业融合媒体组织架构（见图5）。其中，集团融媒体中心负责统筹协调集团新闻媒体业务，可由集团办公室、党群工作部、财务部牵头组建。其主要任务是，承担集团公司报纸、音视频、网站、微博、微信、融媒体客户端、职工网上家园、

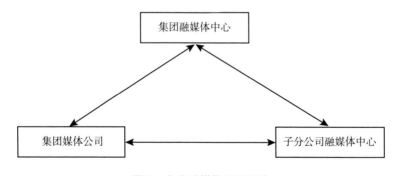

图5　企业融媒体组织架构

___

① 阮璋琼、尹良润：《媒介融合背景下报业集团的组织结构与流程创新》，《东南传播》2011年第10期，第9~11页。

入驻媒体账号等各媒体平台的策划、审核、刊发（播）以及重要会议报道、重要言论、政策文件的撰写和解读等工作。同时也包含舆情研判、舆论应急管理等职责。集团媒体公司的主要职责是承担集团媒介内容的采制工作、融媒体平台技术保障工作，可以包括全媒体采制中心、技术保障中心以及经营管理部。子分公司融媒体中心负责主动上报新闻素材、舆情监控，配合公司重大媒体行动等。

（四）文化融合

从根本上来说，媒体融合是理念融合、文化融合。作为一项历史性的系统工程、创新工程，媒体融合要求思想高度统一、认识高度一致、步伐高度协调。因此，推进企业内在的文化融合，是媒体融合发展的生存之道。国有企业应大力加强企业文化建设，把社会主义核心价值观内化为企业精神和发展理念，培育一种符合融合发展、开拓创新、永争一流的企业文化精神，提升干部群众的思想道德素质和科学文化素质，培育员工的新闻职业理想及对党组集团的忠诚度、归属感和责任感，减少员工的职业倦怠，增强企业内生动力。

本报告提出"大党建、大格局、大发展"的全媒体建设战略，以实现内容可控、阵地可控、技术可控、数据可控为路径，激发并提升全集团的宣传能力。

1. 大党建：强化党性思维

一方面，要牢固确立集团党组的核心领导地位。集团党组是平台指挥中枢，负责宣传任务的统筹、策划、指挥。将集团党组的政策政令通过责任清单嵌入企业整体工作，以一体化流程落实党的宣传，打破信息孤岛，实现数据共享，提高协作效率，使得党的宣传主体权责边界明确，运行无缝对接，确保党在企业中的领导力得到加强。另一方面，要提高党宣的传播力、影响力、公信力与引导力。坚持围绕中心工作抓原创、围绕社会民生抓爆款，深入挖掘生动形象的人物或故事，以人民大众喜闻乐见的形式传播党的声音、讲好集团故事。

2. 大格局：树立平台思维

一方面，聚焦"内容建设大提质"。紧扣重大主题，按照"深挖、提炼、扩面、广传"方针，坚持围绕中心工作抓原创、围绕社会民生抓爆款，把创新作为重中之重，不再将报纸、网站、手机等载体视为各自独立的媒体，而是统一进行内容设计和生产。另一方面，坚持"平台传播大赋能"。与字节跳动、腾讯等大型互联网平台进行战略合作，积极融入其媒介生态，聚合媒介资源，降低传播成本，提高传播效率。应用前沿科技，全面提升企业融媒体产品的传播力。

3. 大发展：弘扬共建思维

要实现"大发展"，则需要带动全集团成员参与协同宣传。鼓励报、网、端、微采编人员按兴趣组合、项目制施工，资源嫁接、跨界生产，充分释放全媒体内容生产能力，最终实现所有产品都能移动化，前、后方采编人员时刻在线连接，各终端渠道一体策划，逐步形成新媒体优先发布、报纸深度挖掘、全媒体覆盖的工作模式。一是要统一身份。带动宣传人员实现全程化、全息化宣传，形成有指挥群、工作群、对接群的网络全员宣传，拓展非媒体与自媒体资源，参与集团公司主流资讯宣传。二是要统一指挥。改变原来各媒体、各部门分别指挥、各自为战的局面，所有宣传人员全部进入指挥中心，统一指挥，统一调度，所有稿件全部进入平台集群的"新闻超市"，供报纸、网络和新媒体根据各自的特点抓取选用。三是要统一考核。集团成立大考核部，重新制订分值体系，按照稿件质量和传播效果比如点击率、阅读量等考核打分。记者采访的稿件，以新媒体采用稿为主进行基础分值评定，再根据报纸、网络选用情况进行加权计分，选用次数越多加权越大。

案 例 篇
Practice Reports

B.10
报业新型主流媒体建设的成效与进路
——基于对中国报业深度融合发展创新案例的追踪研究

冯玉明　耿晓梦*

摘　要:　当前阶段,我国报业新型主流媒体建设呈现产品服务新、用户关系新、组织形态新、发展模式新的特点,资源能力向移动端与数智化转型,借助新表达实现新服务,体制机制和人才保障较以往强化,内容产品服务的新价值场景涌现。报业深度融合的新业态与新路径集中表现为系统性创新、平台化发展,全媒体生产、精品化供给,专业类信息、垂直化服务,智慧型枢纽、社会化连接。展望未来,报业新型主流媒体建设应在战略、产品、运营以及创新型队伍建设方面继续用力。

---

* 冯玉明,华闻传媒产业创新研究院院长,编审,主要研究方向为文化传媒产业创新、数字出版与媒体融合发展;耿晓梦,传媒经济学博士,天津大学新媒体与传播学院副教授,主要研究方向为数字媒介与数字社会。

关键词：　新型主流媒体　产品　用户关系　组织形态

报业历来是国内新闻宣传和传媒产业的重要力量，在习近平总书记关于新闻舆论工作和媒体融合系列讲话精神指引下，国内报业加强舆论引导力、信息传播力、社会影响力和媒体公信力建设，加快融合创新，报业融合发展得到了由点到面、由表及里的深度推进，取得了显著成效，报业新型主流媒体建设之路径方法既是国内媒体融合发展的阶段性成果，又是研判经验和发现问题的典型样本，值得认真盘点和总结。

本报告将对全国报业深度融合发展创新案例进行追踪研究，研究对象为国家新闻出版署 2020~2023 年先后分三期推出的 180 个中国报业深度融合发展创新案例，研究周期为 2021 年 3 月至 2023 年 6 月，采用文献研究、案例研究、量化数据定量分析和跟踪体验定性分析等研究方法。研究有效整合了竞争优势理论、资源编排理论和动态能力理论等多种工具，以基于资源观的动态创新能力为理论视角和分析框架，结合可采集、观测的客观数据，全面解析当前阶段中国报业新型主流媒体建设的特点与成效。在此基础上，以创新案例类型为视角，进一步归纳梳理报业融合发展的新业态格局，结合典型案例，阐释各类业态的创新路径。基于对现阶段报业新型主流媒体建设成效与进路的洞见，探究下一步媒体深度融合发展的用力重点与破局之道。

一　何以为新：报业新型主流媒体建设的特点与成效

20 世纪后叶经济学理论中的动态能力理论是企业能力理论的一个重点突破，用其研究文化传媒产业的创新，既可以从资源理论的视角观测创新结果，也可以用动态能力建设的逻辑挖掘创新的成因。产品、服务、顾客关系、业务流程、运营模式等构成了企业资源的基本要素。动态能力是指为了适应企业外部环境的变化而针对产品、服务、顾客关系、业务流程以及运营模式进行的创新。之所以强调动态能力，是因为其可以在不确定的外部环境中维持或加强竞争优势。

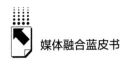

基于上述动态创新能力视角观察，当前阶段我国报业新型主流媒体建设呈现产品服务新、用户关系新、业务流程新、运营模式新的特点。

（一）产品服务新：强化技术赋能，资源能力加快向移动端与数智化聚集

当前阶段媒体融合转型的核心动能之一就是对数字技术的应用与升级，报业新型主流媒体建设的特点之一便是技术赋能产品服务创新。报业新型主流媒体主动顺应新时代数字技术发展趋势，创新各类移动化、社交化、视频化、数据化、智能化的内容产品和服务，资源能力向移动端、数字化、智能化聚集的特征十分突出。

纵观现阶段的报业深度融合发展创新案例，通用型前沿先进技术得到了普遍应用，新技术催生的 App、小程序、平台号、融媒体产品、数据新闻产品、全媒体矩阵、信息服务平台、音视频栏目、智能播报、内容风控系统等新产品、新服务正百花齐放。特别是大数据、人工智能等前沿技术的赋能作用十分明显，据研究团队对 180 个创新案例的深度体验可知，创新项目的核心技术应用频次最高的前 5 种技术为：大数据、数据库、流媒体、人工智能和云计算，分别占比 49.44%、34.44%、31.67%、30.00% 和 27.78%。大数据技术应用率连年排名第一，应用频次占比从 2020 年的 35%，发展为 2023 年的 48.33%，反映出以大数据为代表的前沿数字技术在报业创新中的应用已十分普遍（见表 1）。

表 1　报业深度融合发展创新案例的核心技术体验统计

2020 年		2021 年		2023 年		总计	
核心技术	应用率	核心技术	应用率	核心技术	应用率	核心技术	应用率
大数据	35.00%	大数据	65.00%	大数据	48.33%	大数据	49.44%
云计算	20.00%	数据库	51.67%	流媒体	43.33%	数据库	34.44%
人工智能	16.67%	流媒体	43.33%	数据库	43.33%	流媒体	31.67%
科学可视化	10.00%	人工智能	35.00%	人工智能	38.33%	人工智能	30.00%
5G	8.33%	科学可视化	35.00%	二维码	36.67%	云计算	27.78%

资料来源：CMII 新闻出版创新资源库。

与此同时，以中央主要新闻单位和各省级党委机关报为龙头的报业创新主阵营，已初步构建了以移动端、数智化创新业务为核心的全媒体传播体系。当前国内报业的媒体深度融合创新项目在组织内部的战略定位，接近80%是战略支撑型，且作用明显。辅助型和延长型各占10%左右（见表2）。由此可见，国内报业转型升级第一梯队的融合创新方向明确，重视程度高，投入力度大，与新时期党和人民对新型主流媒体的期待高度吻合。

表2　报业深度融合发展创新案例的战略定位

战略定位	2020年	2021年	2023年	合计
支撑型	83.33%	78.33%	75.00%	78.89%
辅助型	8.33%	8.33%	14.29%	10.32%
延长型	8.33%	13.33%	0.71%	10.79%
合计	100%	100%	100%	100%

资料来源：CMII新闻出版创新资源库。

（二）用户关系新：坚持以人民为中心，借助新表达实现新服务

深度融合发展中，媒体向外建立的最重要连接关系就是和用户的连接。近十年的报业媒体融合发展进程表明，无论传播环境发生怎样的改变，媒体的传播力、影响力、公信力的养成，都离不开围绕中心、服务人民，离不开对目标用户的用心、用情、用力。只有根据用户需求进行产品和服务的开发设计，提供便捷的用户触动手段和接受方式，新产品才能满足新需求，新服务才能实现新价值。

近年来的报业深度融合发展创新案例，越来越呈现"内容转服务、读者变用户、资讯成系统、栏目平台化"的新型用户关系特征，与传统互联网新闻资讯服务明显不同的新产品形态、新服务模式构成了创新案例的主力阵容。如健康知识传播和线上诊疗咨询、旅游大数据平台、师资能力提升、社区康养服务、助农直播等，均为此类典型。新产品/新服务在本课题研究对象中占比逐年增加（见表3）。

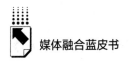

表3　报业深度融合发展创新案例的新产品/新服务

研究对象		2020 年	2021 年	2023 年	合计
跟踪案例数	数量	32	49	37	118
新产品/新服务	数量	18	32	25	75
	占比	56.25%	65.31%	67.56%	63.56%
其他	数量	14	17	12	43
	占比	43.75%	34.69%	32.44%	36.44%

资料来源：CMII 新闻出版创新资源库。

（三）组织形态新：重塑组织架构，通过体制机制创新加快实现融合发展

推动媒体融合向纵深发展是一项系统工程，是一场涉及思维观念、生产流程、运行机制、管理制度的深刻变革，不仅要创新产品服务、用户关系等外向性要素，更要通过再造生产流程、深化组织变革来激发活力，催生融合质变。研究发现，大多数创新案例表现为通过业务流程创新，将组织架构转向以全媒体中心为核心的一体化平台建设，运行机制转向资源共享型的一体化内容管理和内容分发机制建设，人事制度转向以复合型能力培养和虚实结合任用为主的新型人力资源管理体系建设，分配制度转向原创内容精品化程度和全媒体影响力指标支撑的多元绩效模型建设。

构建管理创新保障体系，是报业新型主流媒体建设进程中的重要环节。研究报业第一梯队的创新案例发现，并不是仅有全媒体传播体系建设类项目和管理创新类项目才重视体制机制变革，内容供给创新类、媒体+政务服务商务类乃至前沿技术应用类项目，都非常重视业务流程再造和组织结构变革。研究 2021 年度的 60 个中国报业深度融合发展创新案例发现，有 73.33%的案例为项目主体单位本级直接管理，21.67%的案例为项目主体单位的下属部门管理，还有 1.67%的案例是与外部机构合作且委托运营管理；

但在 2023 年度的创新案例中，项目主体单位本级直接管理的案例数量和占比上升为 81.67%，项目主体单位的下属部门管理的案例占比减少为 18.33%，与外部机构合作且委托运营管理的案例降为零。可以看出，创新业务的管理模式正逐渐理顺（见表4）。

表 4　报业深度融合发展创新案例的创新业务管理模式

创新业务管理模式	2021 年	2023 年	合计
项目主体单位本级直接管理	73.33%	81.67%	77.50%
项目主体单位的下属部门管理	21.67%	18.33%	20.00%
与外部机构合作,委托运营管理	1.67%	—	0.83%
未填答	3.33%	—	1.67%
合计	100%	100%	100%

资料来源：CMII 新闻出版创新资源库。

（四）发展模式新：多维开放协同，内容产品服务的新价值场景涌现

观察现阶段国内报业深度融合发展创新案例可知，报业深度融合发展阶段的发展模式已由媒体融合初级阶段的"报""网""两微一端""一号"向更加广阔的多维纵深突破，内容产品服务的新价值场景不断涌现。据不完全监测，目前有 17 种业务类型成为报业机构较为普遍的新业务发展模式选择，如综合信息服务平台、新媒体品牌栏目/活动、App、全媒体内容传播矩阵、互联网政务服务平台、技术平台系统、第三方平台账号（学习强国、微信、小程序、抖音、快手、微博等）、数字内容生产传播平台、数字化智能化体制机制创新、智库服务、音视频栏目/产品、AR/VR/XR 等技术支撑的智能产品、数据库、知识服务、专业信息服务平台等（见表5）。这些业态均有不同的价值变现形式，报业机构往往选择其中几种进行叠加，构建复合型的价值体现和发展模式。

表5　现阶段国内报业创新业务统计

类型	2020 年	2021 年	2023 年	总计
App	13	3	6	22
内容传播矩阵	3	4	7	14
生产传播平台	—	—	10	10
入驻第三方平台账号(学习强国、微信、小程序、抖音、快手、微博等)	4	—	7	11
综合信息服务平台	16	14	3	33
生活服务平台	2	—	—	2
知识服务	1	1	1	3
智库服务	2	2	2	6
品牌栏目/活动	5	12	8	25
音视频产品/栏目	2	1	3	6
AR/VR/XR 技术支撑的智能产品	2	2	—	4
数据库	1	1	1	3
舆情监测工具	—	2	—	2
政务服务平台	2	10	1	13
专业信息服务平台	—	—	3	3
技术系统	5	3	3	11
体制机制创新	2	3	5	10
其他	—	2	—	2
合计	60	60	60	180

资料来源：CMII 新闻出版创新资源库。

二　何以为路：报业新型主流媒体建设的实践路径

（一）系统性创新，平台化发展

近年来，国内报业以建设"四全媒体"为目标，积极构建"报网端微屏"各展所长、互为补充的全媒体传播体系，已涌现了一批实现新闻生产传播链重构的融媒体生产传播平台、新型主流媒体矩阵、综合信息服务平台和国际传播平台，充分彰显了系统性创新、平台化发展的方向路径的正确性和可行性。例如南方+移动发布平台、中青报"融媒云厨"、天津海河传媒中心报网融合媒体平台、封面新闻智媒体平台、"壹刻宝"社区融媒服务平台、重庆国际传播中心海外传播平台等。

特别值得关注的是,南方+移动发布平台探索了省级党报充分利用主流媒体的公信力背书,发挥在地政务资源和人才资源优势,动态提升发展能力,走出了一条特色鲜明的融合创新之路。南方+移动发布平台与南方日报、南方杂志、南方新闻网深度融合,内容一体化生产、技术一体化支撑、经营一体化统筹,构建南方报业特色的立体传播体系,聚焦传播力建设,海量信息与实用工具实现多维服务。中国青年报"融媒云厨"作为报社聚焦可视化改革的支撑项目,承载了报社加强一体化集团化管理、打造上传下达的新时代治国理政信息新平台的战略目标,现已基本构建起"内容、管理、技术、运营、团务"五大融合板块,正在形成"媒体+智库+团务+服务"的整体架构;通过打通报社、中青网、中青在线岗位、人员交流任职,采编、技术资源统一调配、共享融通,"报、网、端"协同联动、一体发展,形成了集约高效的中青报内容生产体系和全媒体传播链条。

(二)全媒体生产,精品化供给

无论是从党对新闻舆论工作的目标要求出发,还是从资源能力理论视角看,优质内容生产力永远是媒体的"硬核能力"。近年来,国内报业在优质内容供给方面涌现出一大批优秀创新案例,这类案例的突出特征是全媒体生产、精品化供给。无论是围绕中心服务大局弘扬时代精神的宏大叙事,还是深耕垂直领域强化民生和社会服务的专精特新呈现,都有形式新颖的精品力作输出,涉及时政、司法、财经、医疗、体育、交通、自然资源等众多行业领域,通过新闻网站、专业网站、移动客户端,入驻商业平台网络账号(视频、音频及其他富媒体技术)、微信公众号、微信小程序、直播、移动音视频栏目、互动类 H5 内容单品、数据新闻或服务等。典型案例有人民日报海外版的"侠客岛"栏目、《中国青年报》的"青蜂侠"新闻短视频栏目、《中国证券报》的资本市场财经短视频发布与直播平台、《中国交通报》

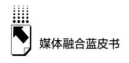

的"好生活在路上"交通发展成就融媒体宣传项目、江西日报社的原创全
媒体文化牌"寻赣记"等。

研究发现，不同级别、不同类型、不同领域的报业机构，在全媒体内容
供给方面有着不同的路径和方法选择。如人民日报海外版推出的"侠客岛"
栏目，是以时政、热点新闻解读为主，将"高大上"的时政话题变成了
"接地气"的网络言语，内容涉及面宽，表达方式灵动新颖，在党委机关报
的内容产品创新中独树一帜；江西日报社的原创全媒体文化品牌"寻赣
记"，则侧重于对江西本土文化的深度挖掘和全网传播。它们从选题到内容
形态、表达方式都精耕细作，融新闻性、知识性、文学性为一体，融通版
面、短视频、直播、H5、海报、地图、折页等多种文本样式，有效凝聚了
不同兴趣爱好、不同知识阶层的受众，构建了良好的副刊生态圈，探索了综
合类报纸文化副刊在全媒体时代的创新之路。

（三）专业类信息，垂直化服务

数字技术与数字平台极大拓展了垂直领域专业信息服务需求与供给的深
度与广度，一批专、精、特、新的数字内容产品及服务正在成长壮大。研究
发现，在专业化、分众化、移动化、互动化的趋势下，中央行业类报纸出版
单位及地方行业类、生活服务类报纸出版单位，充分利用品牌影响力和内容
资源的专业化、权威性优势，针对专业领域提供独具价值的信息服务和知识
服务，推出了垂类信息聚合平台、专业数据库、知识服务平台、行业智库、
职业培训等创新业务，形成了独具特色的我国中央和地方两级行业专业类媒
体的新格局。这类创新案例多选择深耕垂直领域的信息服务和行业治理服
务，产品或服务项目呈现垄断性、权威性、专业化、精准化的特征。

一般行业专业类报纸的用户规模尽管相对受限，但用户画像清晰、内容
需求明确、目的性强、忠诚度高，行业专业媒体如能抓住机遇，拓展专业化
的信息服务市场，极有可能实现社会效益和经济效益双丰收。例如，人民日
报健康时报社承担建设并运营的"人民日报健康客户端"，涵盖了健康类内
容资讯和健康服务两大板块，集健康新闻、疾病咨询、健康科普、临床学术

于一体，打造了一个集问医生、找医院、查疾病、寻好药于一体的央媒健康功能服务平台；中国教育报刊社以提升行业服务能力为目标，孵化出一个服务中小学教师专业发展的移动端学习平台，形成了包括"好老师"App、"好老师"H5、"好老师"微信公众号、中国教育报好老师专刊在内的集聚了报刊社多种内容资源和行业资源、通过技术创新构建融媒体矩阵的全媒体助教助学平台。

此外，经过四川日报封面新闻的"封面智库"、南方都市报的"南都智库"等媒体智库的先行探索，媒体智库化转型深度参与政务服务和社会治理、行业治理也成为可行之路。例如，南财智库依托广东南方财经全媒体集团多年积累的各领域专业人才优势，成立多个研究院和课题组，形成智库矩阵，集中服务我国相关中央职能部门、多个地方政府。

（四）智慧型枢纽，社会化连接

在深度媒介化的今天，媒体与社会各行业的联系日益广泛而深刻，媒体开始成为社会政治要素、经济要素、文化要素的激活者、连接者和整合者；媒体的角色定位已不仅是公共信息的提供者，更是社会活动的发动者，是各方资源的连接者，是国家公器与社会公众的强枢纽、大平台。当前，报业发挥主流媒体影响力和公信力，建设智慧媒体、打造智慧政务、承担智慧城市运营项目等，就是"通过智慧型枢纽，承担社会化连接，实现新型主流媒体价值"的创新发展模式。

报业机构利用体制机制优势获取稀缺资源，增加主流媒体的市场竞争意识和能力、增强自我造血机能的创新之路，并不是传统的政企业务创新，而是新时代报业主流媒体生态位的重塑与确立，是业务流程和管理体系的深刻重构。一方面，将政务资源转化为媒体内容体系的一部分；另一方面，将信息服务和商业价值融入传媒生产运营的全流程，真正实现两个效益相统一。

近年来，"媒体+"的创新路径为国内各级各类媒体普遍认可、积极尝试，涌现了许多优秀案例。例如，人民网的"领导留言板"、山东大众日报社齐鲁壹点传媒有限公司的"齐鲁壹点媒体中台"、安徽日报报业集团的党

媒云"乡镇融"平台、海峡都市报的"智慧海都"产业数字化平台等,都是报业通过整合媒体资源、打造数字化平台、建设中央厨房等方式,构建集新闻资讯、生活服务、智库服务等于一体的"交互生态圈",为更多用户提供内容和服务。

此外,以"新时代江阴融媒基层治理新平台""杭州城市大脑市域媒体一体化云平台"等为代表的媒体+智慧城市运营类案例,充分展现了报业积极参与智慧城市建设、运营、维护和投资管理事业的全流程,既突出了地方主流媒体的权威性和专业化,也借机进一步夯实根基,强化了自身在新时代的公信力和影响力。例如,江苏江阴市构建"1+1+N"的江阴"城市大脑",即1个数据资产中心、1个智能化城市大脑中枢平台和N个公共服务应用,打造智慧医院、智慧交通、智慧社区等应用场景,为数智政府建设赋能。

三 何以突破:报业深度融合发展的着力重点与破题之道

尽管当前阶段国内报业深度融合发展取得了显著成效,形成了诸多新业态和新模式,明确了一些可行的路径和方法,但随着技术环境和社会环境的变迁,传播生态仍将持续改变,内容与科技的融合亟待深化,新型主流媒体建设仍任重道远。展望未来一个时期报业新型主流媒体建设的新征途,需要在以下几个方面着力突破。

(一)做好战略规划

报业在推进深度融合发展工作时,应始终坚持系统性思维、一体化发展思路,从全局出发将国家战略、行业规划转换为本地区、本部门、本单位的行动计划;应明确创新主体地位,让权威、专业、原创、精品内容稳居产业创新价值链的顶端。具体而言,应从以下几个方面着力:一是系统性规划布局,统筹考虑已有的资源要素,在产品、技术、队伍、制度体系等多个方面做出有利于新型主流媒体建设的结构性设计；二是强化内容与技术的深度融合，加大内容精品化供给力度，扩大传播效果和影响力；三是在跨界共生与自主可控平台建设之间做好布局，既要用好第三方平台，努力实现跨门类、跨区域的多层次融合，又应加快布局建设有自主可控的新型全媒体传播平台；四是健全创新制度保障体系，在重大创新项目管理、采编流程再造、内容监管智能化、复合型人才培养和激励、资源共享与协同等方面，形成完备的制度体系，确保创新之路行稳致远。

（二）树立产品思维

数字内容时代，如何将主流媒体的内容生产优势转化为全媒体发展优势，是报业深度融合发展的基本要务。具体而言，应着力打造新型主流媒体的产品力。互联网传播的产品力建设，应重点在内容的选题价值、视觉体验、交互友好性、表达方式、品牌调性等方面精耕细作，此外还应在产品或服务项目的安全性、兼容性、稳定性、用户体验、可量化数据、个性化服务能力等方面用心打磨。

（三）强化精细运营

精细化运营是保障产品或服务项目可持续发展的关键。如何做好报业机构的全媒体产品的精细化运营，是现阶段国内报业的共同课题。要做好内容产品与服务的运营工作，在"拉新促活"过程中，首要原则应是以用户为中心，让活跃的用户成为平台的生生不息的力量之源。除抓好基础运营、保证线上内容足量按时更新外，应通过大数据云计算技术支撑，有针对性地适配细分市场和目标用户，通过算法匹配，及时跟进反馈用户需求，及时优化，通过精细化运营实现精准化服务。

（四）建设创新型队伍

"媒体竞争关键是人才竞争，媒体优势核心是人才优势。"现阶段国内报业深化媒体融合，建设新型主流媒体，亟待建设一支有创新能力的人才队

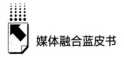

伍，而建设创新型团队，除了要营造创新文化氛围、提升组织内部的创新接纳度和风险包容度，还应确立创新业务的组织位势，缩短创新业务的决策路径，构建与新业务相匹配的绩效考评和人才激励体系，同时应破除来自"人"的创新障碍，如主要管理人员创新动力不足，陶醉在已有的市场竞争力上，惧怕失败、回避风险，排斥创新、拒绝改变等。

参考文献

冯玉明、程涵阁：《繁荣背后的问题与局限：对媒体产品创新热潮的冷思考》，《中国记者》2017年第3期，第38~41页。

郭全中、张金熠、杨元昭：《智慧融媒：媒体深度融合发展的新阶段》，《传媒》2023年第12期，第28~31页。

胡正荣、李荃：《推动媒体融合向纵深发展的系统论思考》，《新闻战线》2023年第6期，第54~57页。

喻国明、耿晓梦：《"深度媒介化"：媒介业的生态格局、价值重心与核心资源》，《新闻与传播研究》2021年第12期，第76~91页。

曾祥敏、董华茜：《平台建设与服务创新的维度与向度——基于2022年主流媒体深度融合发展的调研》，《中国编辑》2023年第Z1期，第26~31页。

B.11
主流媒体融合路径新探索

——以安徽广播电视台融媒体工作室实践为例

邵晓晖*

摘　要： 媒体融合是时代赋予党媒的使命与责任，也是传统媒体在互联网时代转型升级的必由之路。如何有效破解制约融合发展的体制机制难点，是每个主流媒体都面临的重大课题。安徽广播电视台的创新实践说明，融媒体工作室制是一项激活内部机制的针对性举措，对推动媒体深度融合能起到全局性作用。在打造新型主流媒体的道路上，融媒体工作室制也是地方主流媒体轻量化机制化转型的重要路径之一，可以赋能主力军全面挺进主战场。

关键词： 融媒体工作室　媒体深度融合　体制机制改革　安徽广播电视台

一　工作室是破解媒体融合发展痛点的突破口

（一）广电媒体融合发展的四大痛点

媒体融合是时代赋予党媒的使命与责任，也是传统媒体在互联网时代转型升级的必由之路。相对于纸媒而言，广电媒体体量大、负担重、情况杂，融合转型"船大难掉头"，普遍存在以下四个"跟不上"。

一是理念能力跟不上。互联网媒体与广电媒体在传播理念、传播语态、

---

* 邵晓晖，安徽广播电视台党委委员、副台长，研究方向为党委政府、宣传部门政策研究。

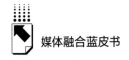

内容生产逻辑和市场运营机制等方面存在明显差异。互联网媒体在传播理念上具有去中心化的特点,鼓励用户参与互动和传播;在传播语态上,网络语言具有平民通俗化、娱乐流行性等特点,有着天然的圈层社交属性;在内容生产逻辑上,互联网媒体鼓励用户生成内容,注重速度和创新,追求内容形式多元化;在市场运营机制上,互联网媒体更加注重流量和用户黏性,能够实现更精准的广告投放和个性化推荐。此外,互联网媒体还具备数据驱动运营、全球化传播等特征。

二是发展投入跟不上。广电媒体要同时运营传统业务和新兴业务,需要统筹解决新媒体和传统媒体发展的资源匹配和一体化管理问题。一方面,传统端虽然市场份额逐年萎缩但仍然是创收的最主要来源,仍然是主流媒体"喉舌"地位与公信力的主要担当,必须要继续投入大量人力物力财力保障日常运转和播出安全;另一方面,推进媒体融合发展需要持续投入大量资金,以解决自有互联网平台建设运营必需的技术设备与基础设施、市场营销与品牌推广、数据分析与业务优化等投入问题。加上绝大多数广电媒体的自有新媒体平台短期内均无法实现自收自支,投入不足成为制约广电媒体转型的一大痛点。

三是体制机制跟不上。广电媒体的体制机制制约了跨部门工作协同和资源整合,导致沟通和决策效率较低,无法满足融合转型中快速决策、灵活运作的需求。传统端内容生产流程和传播机制的固化,无法适应新媒体竞争。尤其是事业体制带来的用人论资排辈与分配"吃大锅饭"等组织文化,严重影响了员工的积极性和创造性。现有事业体制与高度市场化的商业互联网平台之间的体制机制不对等,造成了广电媒体难以适应互联网时代激烈的市场竞争的问题。目前,全国尚无一家媒体基于事业体制成功打造出有强大影响力的自有新媒体平台。

四是人才结构跟不上。多年来,广电媒体培养了大量播音员、主持人、编辑记者、摄像导演、制播技术人员、市场经营人员等专业团队,拥有较高的音视频内容创意策划、项目执行、广告营销等能力。但由于人才培养滞后与管理机制落后、收入下降带来的骨干人才大量流失,以及技术、内容形态和商业模式的快速变化，广电媒体普遍存在人才老龄化与业务能力缺位的结构性短缺，现有人才结构难以有效应对数字化转型的内容、技术与市场挑战。

（二）工作室成为激活内部机制的"关键一招"

破解四个"跟不上"，深化体制机制改革是根本途径，激发作为第一生产力的人的活力则是主要入口。体制机制改革需要寻找到突破口，以点带面，从局部突破来解决全局难题。近年来，全国广电媒体纷纷"试水"的融媒体工作室，正是以人才为着眼点来突破现行体制下的用人、分配等固化机制的束缚。据不完全统计，全国仅广电媒体就已成立超过300家融媒体工作室。

近年来，随着新媒体平台的崛起，各级广电台纷纷组建团队拓展融媒体项目、尝试新媒体账号运营，积极探索融合内容生产运营机制。2019年可谓广电融媒体工作室元年，当年4月，安徽广播电视台（以下简称安徽台）率先出台了一系列激励政策，创办65个融媒体工作室；10月，陕西广播电视台正式成立26个融媒体工作室；11月，山西广播电视台成立40余个融媒体工作室。次年10月，广东广播电视台一次上新11个融媒体工作室等。

无论是广电工作室还是融媒体工作室，都充分赋予工作室独立的用人权、运营权、分配权等市场化运作必需的人财物权力，并明晰了考核标准。工作室收入由业绩决定，能更好地调动内容团队创新创业的积极性；工作室的申办打破了体制内论资排辈的限制，为年轻的业务精英提供了实现个人理想与抱负的舞台；工作室制度通过内部"赛马"机制，让能者上、庸者下，及时发现并留住了优秀人才，同时让人才与资源相适配；工作室的业务跨界倒逼人才多元技能的提升，能为广电媒体不断培养全媒体全能型人才。

广电工作室与融媒体工作室尽管在当下并行发展，在主攻方向、团队特征、业务量级、支撑条件等方面存在不同，但随着媒体深度融合发展，必然带来二者的边界融合，打通大小屏业务的全媒体工作室终将成为主流。

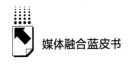

二　安徽台融媒体工作室机制创新探索

近年来，安徽台深入学习贯彻习近平总书记关于推动媒体融合发展的重要论述，把融媒体工作室高质量发展、移动传播平台新面貌上线、县级融媒体中心省级技术平台全省域覆盖作为全台媒体融合三大重点工作强力推进，积极探索全媒体时代跨部门、跨媒介、跨专业的融合内容生产运营机制。

（一）领跑起点，在全国广电台中率先规模化组织创建工作室

2019年4月，安徽台全台发动，鼓励员工跨部门自由组合，积极申办融媒体工作室，对65家融媒体工作室进行首批培育。经过四轮培育、动态调整，先后发展工作室139家，参与人数超680人，覆盖全台绝大多数部门；正在运转的工作室有75家，从业人数超300人。融媒体工作室注重用户需求，呈现出专业化、垂直化、对象化、全业态特征，涵盖资讯、文娱、纪实、营销等各细分垂直门类，运营全台90%以上新媒体账号；人员覆盖全台频率频道、节目中心、制作播控、广告经营等绝大多数部门，具有广泛的群众基础。

安徽台融媒体工作室分部门与个人两类。部门工作室由所在部门牵头组建，服务本部门融媒业务拓展，可使用台里拥有的各类资源，经营收入计为部门创收，人员主要来自部门内栏目组、节目组、新媒体部，负责人大多为栏目制片人、项目负责人、新媒体部负责人。个人工作室是员工在胜任本职工作的前提下，根据个人特长、业余爱好自愿合伙组建的工作室类型，具有在本部门或跨部门组建、利用非工作时间开展新媒体增量业务、工作室业务与个人本职工作无直接关联的特征。

（二）直击痛点，针对传统媒体现状形成体系化机制创新

发展融媒体工作室，安徽台没有现成经验。工作室在创办和运营过程中也遇到了各种困难，这集中体现为：缺人，工作室大多数是依托原有节目栏

目组建的，随着业务的拓展，必然面临人力不足、人才不够等问题；缺钱，台里没有给工作室拨付启动资金，需要工作室自己想办法，依靠自身资源创业；缺运营，大多数工作室擅长生产内容，借微信、微博、头条、抖音等大流量商业平台扩大作品影响力，虽然取得了一定的社会效益，但经济效益却不成比例。

针对上述突出问题，安徽台强化顶层设计，坚持管建同步，加强过程管理，加快推进融媒体工作室高质量发展。安徽台先后制定了《关于大力促进融媒体工作室发展的管理办法》以及《推进工作室高质量发展的补充意见》《推进融媒体工作室高质量发展的十项措施》《融媒体工作室年度考核方案》《新增融媒体工作室申报立项的有关规定》等系列文件，形成"1+X"的制度体系，明确了发展目标、总体要求、赋予权利、产权归属、创收激励、年度考核、申报立项、财经监管等各方面政策。在组织保障方面，组建"一中心、三平台"，即融媒体工作室服务中心以及管理、技术、运营三个服务平台，由台相关职能部门履责担当，为工作室日常运营提供支持与服务。四年多来，安徽台重点探索了以下三个机制。

1. 赋权激励机制

一是赋予工作室四项权利。选人用人权。本着自愿原则，工作室可在台内自由组合、自行组建团队，根据业务需要设立流动岗位，吸引各类人才兼职。自主运营权。工作室自主开展各项业务活动。资金支配权。台财务部门为各工作室设立独立台账，工作室对日常运营资金享有自主使用权，对净收入享有自主分配权。资源使用权。台里为正式成立的融媒体工作室颁发证书，工作室在台外开展业务可使用台品牌，在台内可使用办公场地、网络、机器设备，可享有业务培训、评奖评优、技术、法律、安保、后勤服务等资源支持，可以申报各类政府扶持资金、奖励资金支持。上述四项权利主要针对个人工作室，部门工作室享有权利比照个人工作室，由部门自行确定。二是明确创收激励政策。鼓励工作室通过创作优秀作品、开发融媒项目积极创收，体现多劳多得。个人工作室在第一年培育期内所有收益全部返还，经考核正式运营后，每年按净收益的50%比例发放奖励，奖励资金由工作室自

主分配。部门工作室新增非广告业务收入由所在部门确定比例，按比例给予纯利润的20%奖励。三是加大业务评价倾斜。工作室取得的业务成果作为台"首席""金牌"人才评选、职称评审、项目申报、岗位竞聘、年度考核等方面的重要依据。

2.头部培育机制

一是开展年度评星。每年对个人及部门工作室进行年度考核，对获得三、四、五星级称号的工作室在全台通报表彰和奖励资金，奖金由工作室自主分配。为五星级个人工作室提供专用办公场地，允许专职运营；条件成熟的，可探索股权激励，试点成立台全资或控股公司。二是允许弹性工时。个人工作室培育期结束、通过首次年度考核后，可在完成本职工作、不违反国家及台相关规定的前提下，适当利用工作时间开展工作室业务。三是鼓励合并整合。鼓励工作室同类合并，对合并后新的个人工作室给予延长一年培育期的待遇。四是倡导业务联合。倡导各工作室之间加强资源共享和业务合作，对联合开展业务的相关工作室，在年度考核中按合作项目分别给予加分奖励。

3.闭环管理机制

一是严格立项管理。定期启动新增工作室申报工作（每年年度考核结束后）。鼓励发展部门工作室，尤其是依托现有栏目组、节目组、活动团队、制作团队的部门工作室。鼓励工作室积极拓展垂直细分领域内容和项目。对新申报的工作室通过集中评审的方式进行立项，立项评审主要考察定位的空缺性、运营模式的清晰性、主要负责人的资源优势、团队的整体实力。二是强化过程管理。不定期召开工作座谈会，开展垂类发展调研，推动现有政策落实，做好高质量发展谋划。印制《融媒体工作室品牌手册》《商务手册》以及星级工作室海报展板等，助力线上线下宣传推介，牵线拓展政务合作、融媒产品定制等各类项目。利用大数据，提供新媒体账号诊断、爆款分析等数据服务。定制融媒系列主题课程，邀请平台运营方、业界专家来台面对面授课，提升实战性与前沿性。专门采购手机云台、三脚架、无人机、专业级相机、直播推流设备等供工作室租借。开辟工作室生产区，配置工作站安装软件，安排专人值班，服务专业内容生产。打造创客空间，为短视频取景拍摄、直播带货、业务洽谈、小型活动等各类场景需求提供场所。加强财经监管，设立公开举报箱，定期或不定期地对工作室经济往来进行抽查调查。三是规范退出管理。对出现严重导向问题、违法违规行为的工作室及时关停。对不能胜任本职工作的个人工作室负责人，及时取消其资质。每年区分新办续办、部门个人、内容项目，按照传播力、营收力、影响力、成长力四项指标，对工作室进行分类"双效"考核，停办综合排名落后的工作室，关停不配合统一调度和管理的工作室。

（三）频现亮点，取得了全国领先的排浪化运营业绩

四年来，安徽台融媒体工作室在整体规模、用户总量、作品数量、经营创收等方面取得了突出成效，受到业内外广泛关注。《综艺》《中国广播影视》《当代电视》等报刊专文推介做法与经验，中央广播电视总台有关部门以及20余家兄弟省台专门交流调研。该项工作入选"2019年度安徽省宣传思想文化工作创新范例""2020年全国广播电视媒体融合典型案例"，2个融媒体工作室分获"2023年全国广播电视媒体融合典型案例""2023年全国广播电视媒体融合成长项目"。中宣部办公厅、国家广播电视总局办公厅有关简报专文推介，国家广播电视总局媒体融合发展司、发展研究中心给予充分肯定。

1. 头部矩阵加快形成

目前，工作室全平台粉丝总量超2.1亿，千万级粉丝量的头部工作室表现亮眼。奇妙海豚君工作室粉丝总量9000万，旗下"三农时空"抖音号位列全国"三农"垂类前三、机构号第一；向前冲工作室粉丝总量2300万，其运营的安徽卫视微信位列新榜指数、清博指数全国省级卫视公众号第一；小饕战线工作室粉丝总量6500万；时间君工作室运营的新媒体账号粉丝总量为960万。五星级工作室——急先锋工作室官方微信"安徽交通广播"粉丝数量已经突破196万，省外粉丝数占比达到26%，覆盖全国所有省、

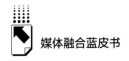

区、市及全球多个国家，连续 4 年位居新榜中国微信 500 强榜单前三，蝉联尼尔森、赛立信中国媒体民生榜单第一。

2. 作品流量快速增长

以 2023 年上半年为例，工作室发稿总量近 20 万件，作品总浏览量超 160 亿，被中央网信办全网推送作品 12 件，获得省级及以上各类荣誉 24 次。急先锋工作室大力推行"开门办台"，强化与受众的深度互动，有偿采用用户提供的线索素材，及时回复用户的留言评论，有效提升了用户忠诚度。2022 年其官方微信"安徽交通广播"推出 10 万+稿件 1013 篇，且疫情期间头条推文阅读量均达到 10 万+；微信视频号单条视频播放量突破 5000 万，发稿条数突破 5000 条，且千万级播放量视频增长 137%；直播方面，视频号年度直播数超 150 次，同比增长 25%。

3. 重要宣传精彩有力

在新冠肺炎疫情期间，各工作室强力发声，有效发挥舆论宣传阵地作用，仅 2020 年第一季度，即发布 5.7 万件作品，其中阅读量达 10 万+的作品千件。2021 年，围绕庆祝建党百年、党史学习教育，向前冲工作室基于安徽台出品的电视剧《觉醒年代》经典桥段进行二次创作，推出系列短视频专辑，播放量突破 2 亿次。急先锋工作室率先挖掘的"合肥有条延乔路"报道，被人民日报、新华社等各大媒体转发，多次进入微博全国热搜话题，相关报道浏览量突破 5 亿。理响新时代工作室发起的《从党章学党史》微博话题阅读总量突破 2000 万次，在广大青少年中引发热烈反响。奇妙海豚君工作室与抖音深度合作推出 2023 安徽省农民春晚#舌尖上的年味儿#短视频征集，话题上线 18 天播放量破 100 亿。2023 年全国两会期间，影响力工作室制作的短视频《从春天出发：时光向前 安徽向上》阅读量达 3100 万+，以"从春天出发"为主题的系列融媒体稿件阅读总量超 3 亿。

4. 融媒创收稳步提升

融媒体工作室面向移动端，注重内容细分、受众细分、渠道细分和精准传播，打通大屏小屏、线上线下，采取灵活的项目制方式，拓展传统主业之外的新媒体增量业务，探索出各具特色的运营模式，充分体现了跨部门、跨媒介、跨专业的运营特征。工作室在政务服务、电商服务、精品定制、知识付费等基础上，围绕视频+、直播+、垂类+、IP 孵化等方面积极探索变现路径，不断提升运营水平。2019 年至 2022 年创收总额分别为2200 万元、3645 万元、6700 万元、8850 万元。其中，急先锋工作室广告创收逐年攀升，2022 年的收入突破千万。另一家五星级工作室——嘻哈搜货工作室主要运营同名广播电子商务平台，该平台依托安徽音乐广播知名节目《嘻哈二人行》，节目中主持人以幽默风趣的方式推荐特色商品为电商平台引流，并通过限时特卖、节庆活动等方式拉动消费。嘻哈搜货打造了专属私域流量池，近 100 个可以反复触达的社区，免费多次利用超 80 万下单用户的信息。基于对数据"潜在价值"的探究，嘻哈搜货建成了全国领先的广播电商运营体系。

下一步，安徽台将继续把融媒体工作室高质量发展作为推进媒体深度融合的重要抓手，进一步完善激励机制，加强资源扶持，加大商业孵化，升级打造融媒体工作室 2.0 版，大幅提升融媒体工作室内容原创能力、信息聚合能力、市场运营能力和技术引领能力，重点培育扶持一批在全国叫得响、双效显著的头部工作室。

三 融媒体工作室与广电 MCN 之比较

广电 MCN 的发展与融媒体工作室的发展几乎同步，从 2018 年开始，广电 MCN 发轫于地市台、地面频道，并逐步向省级台大范围铺开，其中有代表性的有湖南娱乐 MCN（2021 年已升级为芒果 MCN）、长沙广电中广天择MCN、济南广电鹊华 MCN、浙江黄金眼 MCN、江苏广电荔星传媒 MCN。广电 MCN 利用广电台播音员主持人、栏目节目、活动等具有 IP 属性的注意力资源，在多个商业互联网平台上运营多种类型的新媒体账号矩阵，是传统广电在移动互联网场景下的一种组织形态变革。

工作室业务与广电 MCN 业务非常类似，二者已成为广电媒体轻量化转型的重要路径之一。从某种角度来说，工作室也可视为一种轻型 MCN 模式。

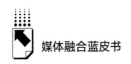

（一）相同之处

一是融媒体工作室与广电 MCN 都是广电媒体主力军挺进主战场、实现融合发展的路径之一，能够发挥广电媒体既有主播人才、专业内容生产、社会公信力等天然优势，且面向多个网络平台生产和分发多垂类、多账号的广电内容 IP，能有效破解广电影响力、传播力供需关系中的难点。

二是融媒体工作室与广电 MCN 都注重发挥主流媒体优势，在整合内部资源的基础上，积极向外拓展，与本地政府、企事业单位开展深度的"政务+服务+商务"合作，进而挖掘社会上能够合作利用的资源。

三是融媒体工作室与广电 MCN 都能解决媒体融合转型面临的一部分问题，有利于结合广电媒体本身资源禀赋实现内容再造，在一定程度上能倒逼传统媒体重塑生产流程、改变盈利模式，进而巩固广电媒体核心优势，形成完整的生产链条。

（二）不同之处

融媒体工作室与广电 MCN 在团队建制、发展难易、业务类型、业务体量、主流价值作用、与台内频率频道关系、人才培养、发展前景等方面存在一定的差异（见表1）。

表1　融媒体工作室与广电 MCN 差异对比

项目	融媒体工作室	广电 MCN
团队建制	可以是专职小型机构,也可以是兼职小团队	公司形式的新型视频媒体机构,具有较为完备的组织架构,人员比工作室多
发展难易	原地转型起步较易:传统业务、新媒体业务"一肩挑"	从零开始起步较难:拓展的是全新的新媒体业务
业务类型	大小屏一体联动,既做存量又做增量	在本体之外做新媒体增量。可以聚合频率频道、节目栏目活动、播音员主持人资源,链接互联网平台、政务、商务等多边关系,拓展融合业务新增量

续表

项目	融媒体工作室	广电 MCN
业务体量	单一工作室业务体量较小,定位较为垂直,但众多工作室形成的整体业务布局较MCN更为广泛多元(还包括技术服务等)	业务体量较大,业务渐趋多元化
主流价值作用	新闻类的工作室可专注打造新闻爆款,助力主流媒体打造主流舆论新高地	不具备新闻信息服务资质,难以在主流舆论场发挥"压舱石"作用
与台内频率频道关系	在事业体制内,部门工作室与台内频率频道是一体关系,是真正的"你就是我 我就是你"	在事业体制内,与台内频率频道是项目合作关系,难以形成真正的利益捆绑
人才培养	可以规模化培养"一专多能"的全媒体人才,有力推进整体转型	只解决部分人(MCN 机构内部人员)的新媒体运营技能提升问题
发展前景	化整为零,机动灵活,动态调整,能更好地配合传统业务的转型	面临监管趋严、成本提升、过度依赖头部主播、增长红利消失、平台政策收紧等诸多压力和挑战

(三)协同发展趋势

在"四全"媒体方兴未艾的全媒体时代,"小轻灵"单兵作战的工作室也必然要朝"集团化"协同作战的方向迭代升级。广电 MCN 无论自建或合建都是公司化运营主体,与融媒体工作室制相结合,则可以优势互补,发挥更大的作用,如广电 MCN 可以承担服务于融媒体工作室的专业培训、账号孵化、平台对接、市场运营等业务,融媒体工作室也可承接 MCN 公司的内容定制、活动策划以及大小屏联动业务,二者的协同发展,有望实现"1+1 > 2",成为推进广电媒体深度融合发展的重要路径。

四 融媒体工作室对推进媒体融合的作用与意义

融媒体工作室是支撑媒体内容作为创意产品,满足用户多元细分的消费需求、灵活机动推出新品的适宜组织形式,是融合内容生产机制改革的

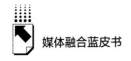

"试验田""小特区"。它以星火燎原的方式，从局部突破来推动解决全局发展难题，可谓是破解传统媒体体制机制痛点堵点的一帖对症良药、一个具有杠杆作用的改革入口，是传统媒体融合转型路径的现实选择之一。其主要有以下作用与意义。

（一）工作室是建设自有新媒体平台的有力支撑

新媒体平台建设需要海量的内容支撑，需要有相当规模的自有生产团队源源不断地提供平台需要的核心内容。发展融媒体工作室就是以"一支队伍服务多个平台"的方式，为主流媒体规模化培养面向用户需求、具有互联网基因原创内容的生产团队，为自有新媒体平台的快速发展提供强有力支撑。安徽台以工作室制为枢纽，人员"一身两役"，为台旗舰客户端——"安徽卫视·ATV"快速发展提供强有力的支持：一方面，提供大批高质量的 OGC（职业生产）内容；另一方面，进行多种方式揽户引流。

（二）工作室是全媒体人才的孵化训练营

数字化、全媒化的创意生产对媒体人才提出了更高的要求，必须在提升从业人员基本素养的基础上，提升宣传的本领、服务的本领，大力培养全媒体全能型人才。一要适应视频化，培养运用视频这个主工具的能力，包括视频的拍摄、编辑、制作，声音、文字、图片的可视化转化，熟练运用镜头语言、画面语言来表达主题思想等。二要适应技术化，掌握或了解与运营各种平台、产品相关的技术应用。三要适应经营化，打通"内容场"与"经营场"，具有信息流广告、互动广告、直播带货、短视频带货等策划、执行的能力。通过开办融媒体工作室，主流媒体从业人员可以更好地从实战中深刻把握互联网时代的用户特征、传播逻辑、必备技能、经营要诀。

（三）工作室可实现个人与组织的利益共赢

媒介生产力变化带来媒体生产关系变化的突出之处，就是个人对单位的依存度减小了，个人有了更多的自主择业空间，二者的相对地位关系发生了显著的变化。个人通过互联网能获取更多资源、发展个人品牌和参与决策；而组织需要适应互联网时代的变化，采用更加灵活和弹性的组织结构，与个人进行更加开放和平等的合作与沟通。通过赋能工作室发展，可以让有一技之长的媒体人留在体制内二次创业，同时也为一些在单位出工不出力、在家在外偷偷干私活的人员提供了依法合规的"阳光创业"机会，从而有利于平衡好个人利益与组织利益、合规与留人的关系。

（四）工作室是拓展多元营收模式的轻骑兵

在互联网精准营销的促动下，传统端广告客户更加注重品销合一，广告客户对新媒体权益要求越来越多，如果没有新媒体端的协同支持，广告客户几乎不再单一向传统端投放。融媒体工作室作为面向网端和传统端的轻量级创新团队，可以充分发挥其柔性、高效、灵活的特点，根据不同用户需要，特别是更为常见的小客户、小业务需要，提供定制化的个性产品、全媒体全案营销服务，通过精细化服务来深耕市场，拓展更加多元的营收模式，获得更多的创收增量。

（五）工作室是一体化融合的催化剂

媒体融合是党媒必须要交上答卷的时代命题，而深化体制机制改革是其中一道必答题。体制机制改革是组织内部的机构再调整、机制再优化、人员再重组、利益再分配，要实现全局性、根本性、集中性推进，任务十分艰巨。除了体制机制，传统媒体人的互联网思维的养成、新媒体运营技能的提升、理念观念的转变、市场竞争意识的内化也不可能一蹴而就。相对现实和优化的融合转型路径，应该是逐渐推进、抓点带面，寓改革于发展、以时间换空间，实现传统端业务与新媒体端业务的深度融合。融媒体工作室作为改革融合的催化剂，能够做到传统端业务与新媒体端业务干是"一拨人"、事是"一肩挑"、同吃"一锅饭"、算在"一本账"，并在运营实战中，促进新型采编流程的再造与重塑，养成用户思维、市场意识，从基层基础上推进融合发展的一体性迭代。

B.12
浙江省媒体融合战略创新研究

——以"三位一体"全媒体矩阵战略为例[*]

王飞 黄智尚 白一涵[**]

摘 要: 蜂拥而至的技术浪潮不断重塑着传媒行业生产发展的各个环节,新媒体后来居上,话语权不断向其倾斜,致使主流媒体陷入"发声难、声音小"的窘境之中。但挑战与机遇是并存的,技术与新媒体等新兴业态在向主流媒体发起挑战的同时,其中所蕴含的无穷潜能也为主流媒体的发展带来了难得的机遇。当前,如何转变媒体发展思路是破局关键。浙江省通过在省域范围内创新媒体融合发展模式,以内容、技术、平台为切入点,构建"三位一体"全媒体矩阵,在三者共融共促中实现传统媒体与新媒体的有机融合发展,为媒体深度融合发展提供浙江经验和浙江范本。

关键词: 媒体融合 全媒体 全媒体矩阵 "三位一体"

在建设数字中国的发展背景下,媒体端口的发展与运营实现了质的飞跃①,中国媒体在不断地探索和挖掘着促进媒体发展与技术进步相匹配和

---

* 本报告是国家社科基金重大项目"'双循环'新格局下中国数字版权贸易国际竞争力研究"(21&ZD322)阶段性成果。

** 王飞,日本驹泽大学媒体学博士,浙江传媒学院新闻与传播学院讲师,研究方向为新媒体传播;黄智尚,浙江传媒学院新闻与传播学院研究生,研究方向为数字媒体与智能传播;白一涵,浙江传媒学院新闻与传播学院研究生,研究方向为广播电视新闻。

① 张志安、许文嫣:《平台化突围:媒体客户端开启 2.0 阶段》,《青年记者》2023 年第 9 期,第 64~67 页。

媒体功能与受众需求相适应的可能性。以往的将各个组织简单地"相加式"融合，或是将组织架构打散重组的"拼图式"融合，早已无法满足当前媒体产业发展的需要。应对时代发起的挑战，浙江省积极应战，在思想上转变观念，在技术与体系上不断创新。除了浅层次的形式或渠道上的融合，内容生产分发、技术相辅相成、平台搭建联结都在为浙江省媒体融合的筑建添砖加瓦，并以"三位一体"全媒体矩阵战略为解，交上了一份浙江答卷。

一　浙江省媒体融合发展背景

在信息传播革命之下，数字技术的跨越式发展带来的是信息产品和媒体行业的变革，从而倒逼着媒体体制机制的变革发展。[1] 在漫漫传媒史中，印刷术催化出版业与报业，电子通信技术催生广播电视行业，新媒体行业也是在互联网技术的发展过程中应运而生的。因此，技术视域下的媒体融合也是历史发展的必然选择。

此外，数字技术发展过程中吸引的流量也是不容小觑的。CNNIC 发布的第 35 次《中国互联网络发展状况统计报告》显示，早在 2014 年全国网民规模便已达到 6.48 亿人，互联网普接程度近全国总人数的半数。[2] 而发展到 2022 年 12 月，我国网民规模已突破 10 亿，互联网普及率高达75.6%。[3] 我国庞大的网民基数构成了全球最大的数字社会，新媒体所拥有的受众量以及可能带来的巨大传播力和影响力不言而喻。但在"人人都有

---

① 卞天歌、郭淑军：《媒体融合发展的三重逻辑与六维进路》，《中国出版》2023 年第 11 期，第 30~34 页。
② 《CNNIC 发布第 35 次〈中国互联网络发展状况统计报告〉》，中国互联网络信息中心，2015 年 2 月 3 日，http：//www. cac. gov. cn/2015-02/03/c_ 1114237273. htm，最后检索时间：2023 年 7 月 21 日。
③ 《CNNIC 发布第 51 次〈中国互联网络发展状况统计报告〉》，中国互联网络信息中心，2023 年 3 月 2 日，https：//cnnic. cn/n4/2023/0302/c199-10755. html，最后检索时间：2023年 7 月 21 日。

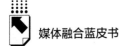

麦克风"的环境之下，新媒体的内容生产良莠不齐，仅仅凭借新媒体的力量开展我国的宣传工作，引导影响大众显然是有失偏颇且不切实际的。因此，将传统媒体的专业性与新媒体的多元技术和庞大流量进行有机融合，实现媒体融合深度发展，是现实所趋。

媒体融合发展战略的开展除了有现实基础作为基底之外，也需宏观政策进行理论指导和方向指引。从 2014 年媒体融合上升到国家战略，到 2018 年提出打造县级融媒体中心，再到 2019 年提出全媒体发展战略，中国的媒体融合正在稳扎稳打地向前迈进。印发于 2020 年的《关于加快推进媒体深度融合发展的意见》指出，要以互联网思维优化资源配置，把更多优质内容、先进技术、专业人才、项目资金向互联网主阵地汇集、向移动端倾斜，以推动主力军全面挺进主战场，做大做强网络平台，占领新兴传播阵地。①

媒体融合的纵深化、具象化是媒体融合战略步入深水区的信号。2021 年发布的《中华人民共和国国民经济和社会发展第十四个五年规划和 2035 年远景目标纲要》强调了市级媒体作为"腰部力量"对于新型主流媒体强健发展的支撑作用，实现中央与地方各级媒体的融合贯通是实现媒体深度融合的必由之路。2023 年"扎实推进媒体深度融合"的重要性被进一步强调，在第十四届全国人民代表大会中被首次写入政府工作报告。对此，浙江省在宏观理论政策的方向指导之下，开始为中国媒体融合战略的蓝图增添色彩。时任浙江省委宣传部部长王纲也曾强调"打造立足浙江、读懂中国、影响世界的重大媒体传播平台"的重要性，要"在'两个先行'中实现文化先行"。②

此外，在 2023 年发布的《数字中国建设整体布局规划》的引导之下，以及 "2025 年基本形成横向打通、纵向贯通、协调有力的一体化推进格局""2035 年数字化发展水平进入世界前列"目标的指导下，浙江省也以

---

① 《中共中央办公厅 国务院办公厅印发〈关于加快推进媒体深度融合发展的意见〉》，新华社，2020 年 9 月 26 日，https://www.gov.cn/xinwen/2020-09/26/content_5547310.htm，最后检索时间：2023 年 7 月 21 日。
② 《浙江代表团代表认真讨论二十大报告：奋力谱写全面建设社会主义现代化国家浙江篇章》，浙江在线，2022 年 10 月 18 日，https://www.zj.gov.cn/art/2022/10/18/art_1554467_59897497.html，最后检索时间：2023 年 7 月 21 日。

此为导向提出"2023年6月底前，除杭州、宁波两个副省级城市外，其余各市都要完成报纸、广电资源整合，建成统一的市级融媒体中心，杭州、宁波也要全面统筹市域内媒体资源，在互联网端形成合力"的媒体融合战略目标。[①]

二　浙江省媒体融合发展及其具体模式分析

浙江省2023年政府工作报告中明确要"发展数字政务，推动技术融合、业务融合、数据融合，破除跨层级、跨地域、跨系统、跨部门、跨业务堵点和壁垒，优化业务流程，创新协同方式，进一步提升政府履职效率和数字化服务水平"[②]。实现"三融"、突破"五跨"壁垒，是浙江省媒体融合发展战略需要达成的新要求和面临的新挑战，同时也为其实现深度有效的融合发展提供了方向——构建以内容、技术、平台三大要素"三位一体"的全媒体矩阵。

浙江省针对不同的要素打造相应的产品，形成了一支强大的媒体融合战略发展的"传媒舰队"。"浙江宣传"的横空出世以内容生产为"融合"破冰，"传播大脑"在技术赋能之下为"融合"保驾护航，"潮新闻"和"Z视介"通过构建平台"造船"出海，将话语权掌握手中，三者环环相扣、相辅相成、彼此联动。

（一）破冰快艇：深耕内容，抢占话语

2022年5月30日，浙江省委宣传部打造的公众号"浙江宣传"正式上线。作为推动浙江省省域媒体融合战略的"破冰快艇"，"浙江宣传"紧握

---

① 《浙江衢州："合二为一"，拉开新一轮市级媒体融合大幕》，光明日报客户端，2022年11月28日，https：//difang. gmw. cn/zj/2022－11/28/content_ 36193885. htm，最后检索时间：2023年7月21日。

② 《2023年政府工作报告》，浙江省人民政府办公厅，2023年1月17日，https：//www. zj. gov. cn/art/2023/1/17/art_ 1229019379_ 5056991. html，最后检索时间：2023年7月21日。

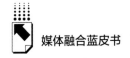

内容这一核心优势，并获得优异成绩。截至 2023 年 1 月 3 日，"浙江宣传"粉丝量达 244.2 万，共发文 464 篇，其中近七成达到 10 万+的阅读量。① 对此，"浙江宣传"曾在《"百日"了，我们想到了 9 个字》一文中将原因归结为"说人话、切热点、有态度"三点。②

1. 说人话：开门见山，上下衔接

在创号伊始，"浙江宣传"就意识到了"文风"的重要性，创刊词《我们来了》便提及"在表现形式和风格上遵循互联网传播规律，不绕弯子、不卖关子"。③ 不论是标题还是语句，或直白简洁，或设有悬念，其中文字总能快速地吸引用户或让人快速地领会其中态度与观点。如《"低级红""高级黑"的六种形式》此类标题，通过对内容要点的提炼，借助对数字的敏感性让人快速了解文章内容。《历史不会浓缩于一个晚上》全篇不长，但金句不断，通过引用、比喻等各种修辞手法，以严谨的逻辑和巧妙的话语将问题分析得丝丝入扣。大量的短句在确保文章易读性的同时，也通过视觉设计更加强调"浙江宣传"的态度所在。

在摆脱"说教者"角色过程中，"浙江宣传"也做出了其他努力。"讲故事""用网梗"也是"浙江宣传"在叙事中常用的两种手段。"讲故事"的话语策略，以循循善诱的方式将受众带入同一语境之中，在故事中传达深意。④《"一张蓝图绘到底"为何是最佳路径》一文，将习近平总书记在浙江任省委书记期间的故事贯穿文章始终，在叙述故事的过程中也将文章主旨侃侃道来。在选题和表述中，"浙江宣传"也保持着对"网梗"的敏锐度。如《研学怎样真"研"真"学"》一文在开篇就采用"神兽"这种比喻孩子的网络用语提起读者阅读兴趣，后文中也频频出现"卖爆了""花头精"

① 李攀、郑梦莹：《解码"浙江宣传"的文风之变》，《新闻战线》2023 年第 5 期，第 63~65 页。

② 《"百日"了，我们想到了 9 个字》，浙江宣传，2022 年 9 月 6 日，https://mp.weixin.qq.com/s/puAiQg4cV95WLyFzxWy16Q，最后检索时间：2023 年 7 月 21 日。

③ 《我们来了!》，浙江宣传，2022 年 5 月 30 日，https://mp.weixin.qq.com/s/PUfNE13y4bwfmJzTeWpyQQ，最后检索时间：2023 年 7 月 21 日。

④ 罗朋、李小龙：《转文风 巧叙事 强互动——政务新媒体"浙江宣传"的出圈密码》，《中国记者》2022 年第 12 期，第 61~64 页。

"烧钱大战"等网络热语。"网梗"和热点一样，都是民心的映射，"甚至更加直接地体现了社会焦虑和精神痛点"。①

2. 切热点：直面热点，聚拢眼球

"热点就是民心。"② 诸如《"人民至上"不是"防疫至上"》《嘲讽"小镇做题家"是一个危险信号》等文章通过对时下的热议话题进行鞭辟入里的剖析，聚拢了大量的关注，这不仅促使"浙江宣传"热度上升、成功"出圈"，同时也是"浙江宣传"提升内容质量的重要举措。

在面对热议话题，"浙江宣传"没有避而远之，也没有一味迎合地蹭热度，而是肩负起媒体应承担的引导责任。在直面热点、切入热点的同时，通过设置议程引导读者的行为、情绪和思维方式。此外，在讲述不同热点以及应对不同需求导向时，"浙江宣传"建立相应的叙事框架。针对正面宣传议题设有"释疑解惑""意义劝服""认知引导"三种类型框架；而对于公务、政务问题也设有相应的"解决性"框架。③ 如《买药难题如何解》一文以"先解惑，再解困"的叙事框架，积极回应新冠疫情下人们的情绪，稀释了环境中的恐慌气氛。通过议程设置与框架叙事，引导读者从多维度看待事件本身，提升其参与社会公共议题的交往理性。

3. 有态度：立场鲜明，真心互动

在当前饱和度超高，信息"内爆"的网络空间中，态度与观点从来都不会缺乏，真正缺乏的是彰显价值、突出意义、探求深度的态度和观点。"浙江宣传"以"做一个有态度的公众号"为追求指导内容生产过程。④

---

① 韦路：《塑造主流舆论新格局的创新路径——以"浙江宣传"为例》，《新闻记者》2023 年第 1 期，第 15~18 页。

② 韦路：《塑造主流舆论新格局的创新路径——以"浙江宣传"为例》，《新闻记者》2023 年第 1 期，第 15~18 页。

③ 张李锐：《媒体创新理论传播的建设性沟通策略——基于对"浙江宣传"的观察》，《中国出版》2023 年第 11 期，第 13~17 页。

④ 赵月枝、王欣钰：《"手握笔杆当战士"："浙江宣传"的舆论引领创新实践》，《青年记者》2022 年第 23 期，第 60~63 页。

"浙江宣传"是"客观性新闻"向"建设性新闻"转变的典型案例，它一改以往主流媒体惯用的客观中立叙事原则，在文字中彰显着观点和态度。并且其在输出态度中采用情绪化叙事，极大程度上避免了政治宣传中强"意志推展"带来的弊端，以合理的情绪达成"建设性"作用。① 诸如前文所提到的《历史不会浓缩于一个晚上》《"人民至上"不是"防疫至上"》等文章中，都以鲜明的态度和观点表达出自己的立场，将心比心地回应大众。

除却鲜明的立场外，"浙江宣传"还有一份赤诚的"真心"。"浙江宣传"与读者在评论区的互动与沟通较大程度地打破了传播者与受传者之间的身份壁垒，两者间的互通有无有助于合意达成。比如在《"观中国"该有怎样的"中国观"》中，微信用户@的v发表关于"最理智西方人对中国观应该有两个矛盾"的评论内容，"浙江宣传"对此做出回应和肯定。在真心实意的交流中促进关系，提高"浙江宣传"与受众之间的接近性。此外，值得注意的是，"浙江宣传"对于这些"互动"的开发不止于此。其将评论归纳、整理、再利用，展示在《3.2万条留言，那些你还没看到的》一文中，让受众声音不再是理论传播中的"副文本"，而汇聚成积极参与的"主声浪"。②

（二）护卫舰艇：创新融合，技术赋能

推动媒体融合应"坚持以先进技术为支撑，以内容建设为根本"，推动"内容、渠道、平台、经营、管理等方面的深度融合"。③ "浙江宣传"深耕内容为浙江媒体融合发展战略"破冰"前行，2023年1月18日成立的"传播大脑"则是以技术"护卫"媒体融合战略的进行。"传播大脑"脱

---

① 《喻国明：未来政治传播研究的三个可能的关键》，新京报传媒研究，2020年11月30日，https://baijiahao.baidu.com/s? id=1684773929216502996&wfr=spider&for=pc，最后检索时间：2023年7月21日。

② 张李锐：《媒体创新理论传播的建设性沟通策略——基于对"浙江宣传"的观察》，《中国出版》2023年第11期，第13~17页。

③ 《习近平：加快实施创新驱动发展战略》，新华网，2014年8月18日，https://www.cs.com.cn/xwzx/hg/201408/t20140818_4484763.html，最后检索时间：2023年7月21日。

胎于浙江日报，在省委宣传部的指导下，由浙江日报报业集团、浙江广播电视集团、浙江出版联合集团、浙江省文化产业投资集团四大省属文化国企共同发起成立。

1. 一云一张网

在实现全省媒体技术一体化这一公司战略的引导之下，"传播大脑"在成立伊始就不断推进"天目云"和"新蓝云"的整合，打造统一的"天目蓝云"平台。在"面向大融合、聚焦移动端、做强主阵地、拥抱新智能"目标的支撑之下，"天目蓝云"改变以往浙江省各级融媒体平台各自为战的旧格局，在"一张网"的掌控下实现省、市、县三级贯通。

"融媒通"是"传播大脑"实现三级贯通的重要产品之一。在"内容创作者的首席助手"这一角色定位之下，"融媒通"与 11 家市级党报、90 家县级媒体、1700 多家机构开展合作，建设融媒共享联盟。[①] 共享生态的打造促进了省、市、县三级媒体的融合发展。目前，常驻"融媒通"用户近 2 万，与"融媒通"建立优质稿件互推机制的地市级媒体有 34 家。[②] 此外，"传播大脑"还在推进数据交互中台的建设，通过将内容、账号、应用和场景连接器的集合开发，打通开放生态的"最后一公里"。

"一张网"的建设计划已初步形成，"两云"合一的工作也在稳步进行中，"传播大脑"将在 2023 年建好"一张网"，2024 年织密"一张网"，2025 年铺开"一张网"，实现"媒体平台化、技术一体化、大脑资本化"。

2. 多模多生态

在"一张网"的建设中，省、市、县三级媒体形成了生态体系，开源技术与开放生态在省、市、县三级实现共用共享，多种模式多种生态在"传播大脑"技术支撑下集合在一起。在此基础上，"跨域大融合"的脚步也在迈进——融合纸媒广电新媒体和各类传播服务的业务域、连接社会和政府数据的数据域、跨区域全覆盖的地理域、多种技术融合的能力域，以及前

---

① 金春华：《浙江媒体融合"一张网"建设启动》，《浙江日报》2023 年 3 月 29 日。
② 金春华：《浙江媒体融合"一张网"建设启动》，《浙江日报》2023 年 3 月 29 日。

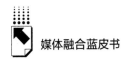

述的三级贯通的行政域，五大区域实现融合。针对不同模式与生态环境，"传播大脑"出品的"智岛"用数字感知品牌，针对政府、企业、城市三大品牌领域设置了相应的管理体系，促使"多模多生态"融合发展。此外，"传播大脑"通过搭建合纵连横的运营传播体系，整合不同模式不同生态的、零散化的、碎片的媒体资源整合，实现"1+1>2"。

3. 全链全渠道

技术是推动媒体变革的最底层逻辑，也是促使媒体融合的底层逻辑。[①]"传播大脑"将策、采、编、发、评、运、治等发展全链条和报刊、广电、网站、客户端、新媒体、物联网、元宇宙等全渠道进行联动连接，形成"全链全渠道"。"传播大脑"打造的"全新智能省域策划模式"，通过构建融合传播中枢，将省域通信、选题联想、联动策划等都融为一体，极大地提高了信息收集、策划拟订和内容生产的效率质量。此外，对全渠道的聚合也有助于用户流量的聚合。"一站式"的流量对接服务还提高了其沉淀挖掘用户数据的价值，实现流量数据便捷、准确地接入平台，形成规模效应，激发媒体品牌商业潜能。

4. 共创共发展

在党委宣传部的指导之下，"传播大脑"成立了"技术生态联盟"，将与阿里、腾讯、百度、网易、今日头条等优秀互联网公司开展深度合作，集成最优质的科技创新能力，构筑开放、多元、跨界的合作生态。

目前，"传播大脑"已与阿里和百度两家互联网公司签订合作书。其中，"传播大脑"借助阿里云达摩院现有的数字人和 AIGC 等技术成果，在阿里云传媒生态系统中运营"天目蓝云"，通过宣传文化领域的大模型训练，构建面向全国的"中国融媒云"解决方案和产品服务。而在百度"文心大模型"的帮助下，"百度+大脑"的三级媒体在专属的大模型之下能更快地实现转型融合。同时，"传播大脑"在与互联网公司的关系是共建共

---

① 窦锋昌、傅中行、李爱生：《中国媒体融合十年历程研究》，《青年记者》2023 年第 11 期，第 57~62 页。

创，绝非对任一方的一味依赖，其将核心技术牢牢地握在自己手中，确保核心技术自主可控。

截至 2023 年上半年，"传播大脑"已推出多项数字改革项目成果，其中"舆论引导在线""国际传播在线"等 5 个应用获得浙江省数字化改革最佳应用，"完善舆论引导机制"等 3 个数字化系统项目获得浙江省改革突破奖，"数智文化空间站"项目获得浙江省宣传思想文化工作创新项目。

（三）主力舰队：打造平台，"造船"出海

在中国语境下，媒体融合的实践路径呈现出专业媒体互联网化的趋势。具体而言，专业媒体的互联网化就是专业媒体以大数据、人工智能与云计算等智能技术为支撑，以自建或融入互联网平台为路径，对内容、渠道、平台、经营、管理五个层面进行改造，实现传统科层制组织在数字化环境中的调适与转型。[①]

1. 潮新闻："潮声"涌起，引领重大新闻平台建设

2023 年 2 月 18 日，由中共浙江省委宣传部指导、浙江日报报业集团主导打造的重大新闻传播平台启动。作为平台"主力战舰"，由浙江新闻、天目新闻、小时新闻"三端合一"的"潮新闻"客户端也同步上线。[②]

"潮新闻"，到底"潮"在哪儿？首先在于它"先端后报"的移动化思维。在新闻生产的过程中，浙报集团将所有的采编力量集中在"潮平台"之上，推出原创内容"首发在端"的发布模式，打造高质量、高水平、高站位的原创稿件。其次在于它创建了主流媒体"流量说话"的新打法。"潮新闻"以优质原创内容为依托，建立了以阅读量、发稿量、评论量、转载量为重点的评价体系。"潮新闻"客户端上可以呈现真实数据[③]，长此以往

---

① 冉桢、张志安：《移动、视觉、智能：媒体深度融合中组织再造的关键》，《新闻与写作》2021 年第 1 期，第 18~24 页。
② 童俊、张冰：《主力战舰，火力何来潮新闻客户端聚合内外资源构建内容生产传播新生态》，《传媒评论》2023 年第 5 期，第 18~21 页。
③ 王水明、金春华：《挺进融合深水区，塑造党媒舆论传播新格局》，《新闻战线》2023 年第 13 期，第 17~19 页。

把用户的喜好以数据形式反馈给采编人员，将"流量"转化成"留量"。作为推动浙江省媒体融合发展的"主力舰队"，"潮新闻"还担负着构建浙江省市县一体化传播格局的重任。在浙江日报报业集团主导下，一个由"潮新闻"引领的、全省 101 家市县媒体共通共建共融的新平台已见雏形。在"潮新闻"客户端首页，"看浙江"频道中的"潮联盟"栏目可直通省、市、县三级媒体界面；在"潮新闻"后台，统筹使用的是"浙江宣传"稿库、省级广电新闻媒资、11 家市融媒体、90 家县融媒体及 1926 家共享联盟、各类政务账号和优质自媒体账号等资源。① 真正形成了全省抱成团、对外一个端的融合传播新格局。

2. Z 视介：视听新物种，牵头重大文化平台建设

2021 年以来，浙江广电集团认真贯彻落实中央和省委部署要求，谋定"融合重塑、创新实干，以传播力先行推进高质量发展"战略目标，聚力党媒主业核心，4 月 18 日正式启动重大文化传播平台，其核心载体"Z 视介"同步上线。②

首先，在内容架构上，"Z 视介"既有专业垂直小圈，又有浙广内容生态大圈。在"Z 视介"首页的频道中，用户可以看到"亚运""宋韵""非遗""浙商"等包含浙江地域特色的文化内容，与"深挖浙江"的目标定位相契合。此外，还包括"奔跑吧""综艺""影视剧"等浙江广电知名节目 IP，打造了一个具有浙江特色的共同内容生态圈。其次，"Z 视介"创建"部落"，打造"视介官"，以社群玩法增强用户黏性。"Z 视介"的部落包含"亚运体育部落""天赐音乐部落""国潮艺风部落"，不同用户都能根据各自的兴趣参与不同的部落。除了参与部落，用户还能以"视介官"的身份参与短视频创作。最后，在资源聚合上，对内集结优质内容，对外不断

---

① 王水明、金春华：《挺进融合深水区，塑造党媒舆论传播新格局》，《新闻战线》2023 年第 13 期，第 17~19 页。

② 《浙江广电集团总编辑赵磊：培育"视听新物种"打造文化新平台》，国家广电智库，2023 年 6 月 13 日，https：//mp. weixin. qq. com/s/DplHzITwBsXIvOIdDtPi8w，最后检索时间：2023 年 7 月 21 日。

扩大"朋友圈"。"Z 视介"对内创作了一批有内容、有特色的文化节目，以《丹青中国心》《手艺人大会·发型师季》等节目形成优秀节目传播矩阵；对外则与浙江省的专业院校以及其他 13 家战略合作单位签约，包括杭州国家版本馆、西泠印社等文化 IP，共同做强文化传播。

三　结语

在政策导向和技术革新的数字媒体环境下，"浙江宣传"在内容生产上成为"破冰快艇"，取得了浙江媒体融合发展的"开门红"；"传播大脑"以数字技术创新打造引领媒体变革的技术集成中心、数据交互中台、融合传播中枢；省级重大新闻传播平台"潮新闻"和文化传播平台"Z 视介"在平台建设上发力，吸引更多内容生产者在自主可控的平台发声，让"正能量"产生"大流量"，继续向媒体融合发展的深水区进发。三者各有特点、相辅相成，互为一体、集团作战，为浙江省打造了融合高效的全媒体传播矩阵，让传统主流媒体实现真正的数字化转型。作为"数字大省"的浙江，数字化综合发展水平位居全国第一，其优异的成绩是其模式合理性与有效性的最好证明。

2022 年发布的《关于推进实施国家文化数字化战略的意见》中指出："到'十四五'时期末，基本建成文化数字化基础设施和服务平台，形成线上线下融合互动、立体覆盖的文化服务供给体系。"全方位、多角度的立体传播格局是目前媒体融合的发展方向，也是未来实现媒体深度融合的一大阶段性目标。此外，在时代涌动的潮流之下，各种新兴智能技术和产品蜂拥而至的同时，以云技术、区块链等为代表的技术在不断地变革着传媒行业的业态，以 AIGC 为代表的内容生产方式也在持续重构媒体运营生产的逻辑和秩序。未来，媒体深度融合迈向智能融媒方向的形式已是定局。

参考文献

陆小华:《以智能变革思维透视并赢得智能变革先机》,《青年记者》2023 年第 5 期,第 84~86 页。

朱春阳、张亮宇、杨海:《当前我国传统媒体融合发展的问题、目标与路径》,《新闻爱好者》2014 年第 10 期,第 25~30 页。

周俊杰、张宇宜:《媒体要做主流,先要成为技术流——浙江省媒体技术统一平台"传播大脑"在探索中前进》,《青年记者》2023 年第 7 期,第 68~70 页。

张垒、王妍:《中国式现代化视阈下的媒体融合发展:独特道路何以可能?——兼论中国新闻学自主知识体系建构着眼点》,《全球传媒学刊》2023 年第 2 期,第 17~30 页。

张涛甫:《"浙江宣传"的样本价值及经验模式分析》,《传媒评论》2023 年第 1 期,第 9~11 页。

张宇宜、余旻佳、林露涵:《媒体融合改革之战 浙江技术"护卫舰"传播大脑启航》,《传媒评论》2023 年第 2 期,第 9~11 页。

B.13
香港传统报业融媒体转型的实践
——以香港星岛日报集团和大公文汇传媒集团为例

王妮娜*

摘　要： 香港传媒业国际化程度高，市场竞争激烈，且正处于传统媒体向融媒体转型的过渡阶段。本报告选取星岛日报集团和大公文汇传媒集团作为研究对象，分析香港传统媒体近年来加速向融媒体转型的实践经验。研究发现，在坚持以纸质媒体为主业的基础上，星岛日报集团采用广告次生模式，大公文汇传媒集团采用资讯聚合模式。星岛日报集团以"传统媒体+新媒体+产业"的策略为主，发展出应用程序开发、社交媒体推广、跨平台广告、网络直播四种具体的转型思路。香港大公文汇传媒集团通过定位、流程、内容、资源四方面的聚合，实现内容、平台的差异化结合。报告进一步梳理香港传统媒体转型时面临的挑战，包括吸纳复合型人才、可持续的数字化发展、增强平台话语权、一体化运营以及精准有效传播。

关键词： 融媒体转型　香港传统媒体　新媒体运营

一　香港传统媒体数字化转型概况

香港虽然只有749.8万人口①，但注册的报纸有88家、期刊数量为386

---

* 王妮娜，博士，香港浸会大学珠海学院兼职助理教授，研究方向：融媒体内容生产与运营。
① 资料来源：香港特区政府统计处，截至2023年6月。

种①，33 家电视持牌机构，2 家广播持牌机构。②此外，许多国际传媒机构都在香港设有亚太区总部。香港的电信业相当发达，截至 2023 年 5 月，按人口计算的流动服务用户渗透率为 294.8%。互联网普及率也位于世界一流水平。截至 2023 年 7 月，香港的互联网供应商数目共计 297 家；截至 2023 年 5 月，光纤到户/到楼的渗透率为 85%，住户宽频渗透率为 99.5%。③丰富的媒体资源、发达的资讯基础设施让香港市民拥有便捷的信息接触渠道，也让传统媒体面临较大的数字化转型压力。

值得注意的是，尽管互联网在香港普及率高，就用户获取新闻资讯的渠道而言，传统媒体依然稳居第一。《香港媒体数码发展报告 2018》研究发现，84.7% 的市民偶尔或经常通过电视获取新闻资讯；其次是报纸的电子版，55.6% 的市民选择各报章的电子版阅读新闻，约 40.4% 的市民仍然是印刷版报纸读者。39.7% 市民是电台新闻听众。但调查研究发现，香港年轻一代媒介接触行为和习惯日趋数字化。根据香港中文大学传播与民意调查中心 2022 年发布的《香港青年如何选择接收新闻》，香港青年使用社交媒体接收新闻资讯已成主流。《香港媒体数码发展报告 2018》调查也发现，46.2% 的香港市民会通过社交媒体的分享与转发去获取新闻资讯。这是继电视（84.7%）和电子版报纸（55.6%）两大传统媒体之后，排名第三的香港市民常用新闻资讯渠道。因而目前香港各新闻媒体通过社交媒体扩大影响力是普遍做法。

面对新媒体带来的冲击，传统媒体通过推行数字化战略来扩大用户基础，主要形式为增加信息发布平台、整合信息发布渠道，包括开发与线下内容对应的网站、App 移动终端，拓展脸书（Facebook）等社交媒体内容分发平台。在发展多元内容平台的基础上，香港传媒会根据不同平台的技术特性和受众媒介接触习惯对内容进行改造。比如，传统媒体上发布的内容篇幅更长、议题更严肃、写作更规范；线上平台更注重用户体验，会综合更多的媒

① 资料来源：香港特区政府电影、报刊及物品管理办事处，截至 2023 年 6 月底。
② 资料来源：香港特区政府通讯事务局，截至 2023 年 7 月。
③ 资料来源：香港特区政府通讯事务局发布的统计数据。

介元素进行传播，大多数传媒都把增加流量作为数字平台内容创作的主要目标。《香港媒体数码发展报告2018》对40家使用数字平台的传统媒体与47家原生数字媒体进行研究发现，网站是香港媒体最常用的平台，普及率达到100%；位居第二的是流动应用，总体普及率达到64.37%；使用电子报、电子简讯的媒体分别占35.63%、24.24%；此外，该报告调研的媒体全部开设了脸书主页，并将脸书作为最主要的用户运营渠道。

二　传统报纸媒体融合案例研究

加速融媒体发展对传统媒体来说是大势所趋。就报纸而言，考虑到香港市民媒介接触习惯的特点，其数字化转型呈现出牢牢把握纸质媒介为主业的特点。由于纸质媒介相比电视和广播，在技术和传播属性上偏"冷"，数字化转型从基因上面临较大障碍，纸质媒体需要根据自己独特的资源禀赋对产品和流程进行规划。本报告在对香港传统报纸中数字化转型进程较快的两大集团——星岛日报集团和大公文汇传媒集团进行研究时发现，二者数字化转型的策略呈现明显的资源禀赋特点：星岛日报集团采用广告次生模式，大公文汇传媒集团采用资讯聚合模式。

（一）星岛日报集团的广告次生模式

星岛日报集团以"传统媒体+新媒体+产业"的策略协同发展，将媒体和产业结合，基于广告主营销推广的数字化需求，推出对应的新媒体产品，拓展新业务机遇，寻求新的盈利增长点，以应对新媒体对广告业务带来的冲击。为了加快融媒体发展，星岛日报成立了新媒体事业部，投资人工智能及大数据分析等创新技术，打造以数据化、人工智能为核心的智能化移动端多媒体平台，促进信息多元化，拓宽生活服务类型。具体如下。

1. 开发与报纸对应的应用程序

应用程序分为综合型和垂直细分型两类。综合型为对应核心产品包括旗下报纸《星岛日报》《头条日报》推出的综合平台；垂直细分型则根据用户

（广告商和读者）细分市场推出应用程序。

综合型：星岛日报集团于 2023 年初推出全新的"星岛头条网"，并陆续优化升级于 2022 年 1 月 3 日推出的"星岛头条"应用程序。该应用程序是结合生活、新闻信息、视频，分享功能及生活实用小工具的综合平台。通过人工智能机器学习算法来预测用户的阅读习惯，提供相关建议。用户随时随地浏览新闻热话、特色视频及多元化直播节目，更可免费使用不同生活服务工具，让生活更方便，同时兼享自定义个人化内容频道。应用程序针对注册会员设有"个人中心"，包括默认直播提示、收藏及分享喜爱内容，还可以透过"星岛号"自媒体平台追踪喜爱的商店及网红账户，设定优先接收的信息类型。"星岛头条"应用程序不仅为一般读者服务，也为星岛日报的业务合作伙伴和广告商服务，组成一个生态圈。截至 2023 年 1 月，"星岛头条"应用程序获得 200 万次下载。此外，旗下的免费报纸《头条日报》也推出了网站（hd. stheadline.com）和手机应用程序。

垂直细分型：除了综合内容 App，星岛日报集团根据垂直细分市场，推出了系列产品。头条日报通过"头条生活"（Headlife）跨媒体平台发放生活信息，网上平台"头条开 Live"提供直播节目，邀请名人及嘉宾畅谈热门时事话题。"头条金融网"加强了金融信息及独家专业分析，为投资者提供金融第一手资料。地产方面，星岛日报集团开设"星岛地产网"。值得关注的是，2023 年星岛日报集团调整业务布局，将头条日报网站的内容于当年 2 月转移到"星岛头条网"，原"头条日报"网站逐渐淡出。传统媒体下子品牌整合并入统一的数码媒体平台，不再单独出品子品牌的新闻网站，这既是媒体提高投入产出比的手段，也体现了传统媒体根据数码资讯产品特点、化零为整的大品牌运营思路。

2. 加强社交媒体推广

星岛日报集团旗下的免费报纸、招聘板块、亲子刊物在社交媒体拥有稳定的受众群。其中，头条日报的社交媒体粉丝平均每月浏览量超过 400 万次。截至 2023 年，脸书账号"JobMarket 求职广场""頭條搵工 HeadlineJobs"、"The StandardJobs"的粉丝量分别为 164000 人、27000 人、15000 人。截至

2022年12月，"Oh！爸妈"及"廿四孝父母"的脸书及照片墙（Instagram）的粉丝总数已接近760000人，为香港首屈一指的亲子社交媒体。

3. 跨平台广告套餐

星岛日报集团推出结合系内不同广告平台的电子网络推广套餐，各个平台互相配搭，为广告客户提供量身打造全渠道营销解决方案，提高对广告客户的吸引力。星岛日报的网站（std. stheadline. com）、英文虎报推动平面及平台结合的捆绑式广告销售。星岛日报注重以视频形式强化其网站及社交媒体的内容发布。比如，星岛日报推出环球游学（Student Globetrotters）视频系列，由在海外留学的香港学生分享海外升学体验；通过与海外教育机构的赞助合作，举办多个海外教育网上展览及研讨会，并与国际学校及教育机构制作脸书平台上的直播。集团的海外地产网上平台在流量及收入方面也有着较快增长。

根据 Adobe Analytics 的统计，英文虎报电子版在2021年的每月独立访客及网页浏览量分别按年增长70%及64%。一站式升学及亲子媒体平台"Oh！爸妈"，为香港家长提供育儿、教育及家庭生活信息。同时，"Oh！爸妈"亦为企业提供全方位营销解决方案，包括线下活动、内容营销、社交媒体营销及视频制作，有助于广告客户推广其产品及服务。

围绕广告细分市场进行的内容数字化策略让星岛日报的广告收入抵御了经济下行期带来的冲击。据 admanGo 的统计，星岛日报广告收入于2021年达到6%的年增幅，表现优于市场趋势。其多个广告类别皆见回暖，包括地产、食品以及教育和培训。学生报《The Student Standard》及《Junior Standard》于2021年9月全面转化为电子版。其两份学生报的订阅人数已超过上一学年的实体版及电子版销量总和。

4. 重视直播

星岛日报旗下期刊《东周刊》的网上平台与"头条开 Live"合作，提供各式各样的直播节目，内容包括健康、投资及文化等方面丰富而有趣的话题。根据 admanGo 的统计，2022年香港杂志市场广告开支总跌幅为16%。但《东周刊》却获得20%增长，成为占广告市场份额最多的周刊。

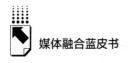

根据不同的细分市场，星岛日报推出了主题直播。教育版为学生提供各种多媒体内容，包括由创科及教育专家主持的直播节目。马经版则推出线上影片视频，让观众与节目主持人互动交流。"睇楼王"推出 WhatsApp 业务平台，为用户提供另一方便的网上物业搜索工具。"亲子王"亦加速发展在线平台，推出全新网页为用户提供崭新网上浏览体验，并联合头条 POPNews 视频网站，推出香港亲子频道。

星岛日报近两年的年报显示，星岛日报集团大力发展新媒体有助于传统报纸扩大广告收入，提升经济下行期抵御风险的能力。即便在 2022 年宏观经济整体偏疲软的环境下，星岛日报集团在该年度的收入较 2021 年也仅微跌 2.4%。

（二）香港大公文汇传媒集团的资讯聚合模式①

香港大公文汇传媒集团（以下简称"大文集团"）自 2016 年加速全媒体建设步伐，发展至今已建成《大公报》《香港文汇报》《香港仔》三种报纸，以大公文汇网、大公网、文汇网、点新闻、DotdotNews 五个网站为中心，辐射网站、App、社交媒体的全媒体资讯聚合矩阵。总体上，大文集团从传统报纸向数字化全媒体集团转型的进程可以分为三个发展阶段。

第一个阶段，2016 年至 2019 年，是全媒体转型启动和探索期。2016 年 1 月集团成立后，大文集团在原有的大公网和文汇网基础上，推出原生网络媒体点新闻，并于 2016 年 4 月开通点新闻脸书专页。这一年，为了应对新媒体带来的挑战，扩大受众尤其是年轻一代受众的用户基础，大文集团在 8 月成立全媒体新闻中心，提出"中央厨房"概念，统领新闻采访、编辑、发布的流程再造，尝试提升新闻内容向互联网尤其是移动互联网端传播和覆盖的比重。集团内部跨平台成立数十个融媒体工作室，全面进驻内地和海外社交媒体平台，积极开拓新媒体业务。

第二个阶段，2019 年至 2020 年，聚焦发展新闻产品。香港修例风波

---

① 大公文汇传媒集团全媒体发展史料来自一线实地调研。

中，大文集团旗下原生网络媒体点新闻因坚定支持香港特区政府止暴治乱，遭遇脸书封杀，账号所有的历史数据和粉丝积累被清零。这直接触发大文集团数字化转型进入全面加强自身能力建设的阶段。此阶段的一个重要转折是，大文集团重新定位全媒体新闻中心的发展重心，将资源集中在强化内容原创和自有分发平台建设上，突出新闻产品的核心定位，推出自己的官网和移动App，加强原创即时新闻产品，特别是视频类产品的采编力量，并在多个社交媒体搭建内容分发渠道。

第三个阶段，2021年至今，全媒体转型产品开发由专到广，逐步扩大产品线和用户光谱。这一阶段，大文集团全媒体新闻中心主攻精品内容打造和团队培养。如果说第二阶段是以短平快的新闻产品为主，第三阶段则是逐步扩大产品线和分发渠道，实现资讯产品细分市场内容产品和分发渠道的融合。2021年以来，大文全媒体新闻中心注重提高新闻专题制作能力，增加内容多元化程度。与此同时，大文集团全媒体新闻中心加强平台和内容协同性，根据不同平台的定位定制内容，建成平台与内容一体差异化发展体系，通过内容和平台组合满足细分受众群体的资讯产品需求。目前，大文全媒体新闻中心已初步建成新闻+服务、新闻+政务、新闻+商务三大内容制作和分发体系。

综上所述，大文集团从传统报纸走向以新媒体概念运营的现代传媒集团，体现了资讯聚合发展的特点，集中表现在定位、流程、内容、资源四方面的聚合。聚合发展战略的核心要义在于聚焦与汇合，注重以明确的战略定位统领数字化进程。该战略有利于成本管理，进而实现传播效益最大化和可持续发展。另外，资讯聚合模式面临一大挑战，即必须通过内容、平台的有机结合体现差异化，以打造新闻传媒集团的核心竞争力，达成扩大受众基础、提升影响力的目标。

1.定位聚合

大文集团数字化转型首先要解决的问题是路径选择。突出新闻资源禀赋作为大文集团的核心竞争力，是该集团数字化转型的出发点。基于这一核心竞争力，大文集团全媒体新闻中心围绕新闻进行产品转化与流程再造。此外，大文集团作为香港的主流媒体，将公信力视为立身之本。大文全媒体新闻中心总编辑黄晓敏说："我们首先是新闻机构，新媒体发展不能丢了这个属性。转型必须在喧嚣中保持冷静，从而保持主流媒体对舆论的引导能力。"他认为，大文集团数字化转型需牢牢坚持报纸产品的新闻属性和品牌定位，全媒体新闻中心不同平台推出的所有产品均需与报纸的属性和品牌保持一致，同时以垂直化、差异化和分众化运营扩大用户光谱。"我们的战术是，把新闻做得好看易读，加强服务性，反映民心、民情、民意；始终坚持新闻为主业，充分运用大文集团资源，主动为传统媒体转型提供服务，为传统媒体内容转化提供增值服务，形成生态循环系统。"据黄晓敏介绍，作为原生新型主流网络媒体，点新闻除了在网上扩展，还将推出电子杂志，通过杂志提供的延伸阅读增强用户与数字化媒体的黏性。

基于这样的定位，大文全媒体新闻中心注重投入产出率，内容与运营在组织架构上呈现一体化，以内容生产为核心，用内容带动运营，通过运营推动经营，再由经营反哺内容生产。

全媒体新闻中心组织架构分为管理层、内容和运营层、技术支持层三大块。与传统的媒体机构将采访、编辑、运营分部门运作不同，全媒体新闻中心的内容制作和平台分发运营有机统一，部门职能根据对应的内容分发平台设立，并由该部门全权负责在平台上分发内容，坚持内容就是生产力。从人员结构上看，原创内容团队不到 50 人，主要集中在视频、融媒体、社交媒体部和数据新闻部。全媒体中心各部门职能见表 1。

表 1　大公文汇集团全媒体中心组织架构

部门	职能
总编室	中心日常编务、统筹协调及行政后勤工作
评审部	稿件内容审核把关、网站评论撰写
视频新闻部	新闻直播，视频产品的策划、拍摄、剪辑制作，点新闻 YouTube 平台账号运营等，并配合三报制作生产视频节目
数据新闻部	1. 实时新闻、改图、懒人包等新媒体产品生产； 2. 点新闻网站的日常运营维护； 3. 点新闻微博、视频号、"港青快线"微信平台等社交媒体账号运营

续表

部门	职能
媒体融合部	1. 与集团内地记者合作； 2. 跟进各类对外合作项目； 3. 运营点新闻 B 站、抖音、小红书等平台； 4. 集团融媒体工作室
国际部	1. DotdotNews 网站内容生产； 2. Twitter、视频号等社交平台账号运营
大文网编辑部/ 文汇网编辑部	1. 分别负责大文网、香港文汇网日常更新维护； 2. 大公报、香港文汇报、香港仔的新媒体转化运营； 3. 大文和文汇的微信公众号、视频号、微博的日常运营
社交媒体部、 平台运营部	1. 负责脸书内容制作和分发，利用社交媒体引流，扩大报纸内容的影响力； 2. 在点新闻的脸书专页被关闭后，社交媒体部转型成为专题部，发挥团队本地化程度较高的优势，主攻论坛的策划和执行。目前举办的论坛包括：社区点论坛，议会论坛，主席论坛
运维部	提供技术支持，负责 H5 生产和专题电子刊物
舆情组	1. 重大政经及民生舆情监测，实时通报集团采编平台，供选题参考； 2. 自主策划产品传播效果反馈、分析等； 3. 围绕重要议题提交舆情分析报告

2. 流程聚合

为了确保全媒体新闻中心各分发平台推出的产品具有差异化，以更广泛地覆盖不同受众细分市场，大文集团通过"中央厨房"对采编发流程聚合，将新闻产品的制作和分发赋权于各个职能部门，各个平台运营者决定不同平台的内容发布。比如，大公网服务大公报、文汇网服务文汇报、数据新闻部负责点新闻网站内容发布；视频新闻部负责视频类产品生产，提供各平台按需选用；DotdotNews 服务在香港生活的外国人，通过 DotdotNews 的内容传播，让在香港生活的外国人形成从点新闻获取资讯的媒介接触习惯，改变长期以来境外媒体对中国报道有失公允的传播格局，有利于中国故事的传播。

流程的聚合是为了确保不同数字资讯产品序列的差异化，以精耕细分用户群。为了让流程的聚合发挥最大效能，大文集团在考核机制上确保内容的原创性、团队的协同作战能力以及团队成员的综合能力提升。具体而言，奖励原创作品，不将作品的流量作为考核关键指标；重视团队的合作和共享精神，团队根据平台分发的经验，定期总结匹配内容进行平台选择的定律，便于不同团队根据平台特点定制内容。大文集团让内容制作团队同时负责分发，掌握平台受众细分特点，并根据受众的特点制作符合受众内容偏好的作品，以免闭门造车。为鼓励"新媒体优先、移动优先"，全媒体新闻中心将新媒体发稿量计入记者的考核分值。同时，大文集团的"中央厨房"也为实现一采多发、即采即发和全媒体报道、全平台刊发提供了较好的技术支撑。

3. 内容聚合

"中央厨房"的运作模式让大文集团融媒体呈现内容聚合特色。总体上，大文集团有大公报、文汇报、全媒体新闻中心三个内容制作中心。对于即时新闻采取短平快、即采即发的模式——记者完成采写后，将作品发到评审群，评审部签发后，平台立即发布。深度报道则采取项目运营——根据选题从各个部门挑选团队成员组成项目组，制作内容。为了提高出品效率和质量，全媒体新闻中心尝试标准化、模式化内容产品制作，即先制作出标准样品，供其他项目组成员参阅后，根据每个人的分工，制作模块，最后合成出品。

全媒体新闻中心承担报纸内容新媒体转换职能的同时，亦向报纸提供优质内容，形成双向内容制作的正向循环，即内容出品的形式是立体的，报纸可以直接拿来发布。全媒体新闻中心与报纸形成职能互补，尤其发挥新媒体快速迅捷的特点，抢第一时点落地即时新闻播报，同时通过评论来实现舆论引导职能。网站新闻则注重新闻的立体多维呈现方式，每篇稿子有视频、互动、图片，让信息更加充实。数据显示，全媒体新闻中心推出的产品，从形式上看，视频和海报最受欢迎；从内容上看，紧贴时事、紧贴民情的新闻点击率居前列。

话语权的竞争根本上是传播能力的比拼。全媒体新闻中心重视英文新闻产品的制作，并采用符合西方人接受的叙事体系。较受欢迎的产品具有以下要素：主题聚焦，一事一议；观点鲜明突出，语言表达母语化。为了实现后者，大文集团聘请以英语为母语的专业评论员为点新闻制作评论，评论风格幽默轻松。总体上，中国的国际关系问题是最受欢迎的评论话题。

数据显示，过去一年全媒体新闻中心传播量前 20 名的产品表现出聚合特点。其中，政务内容占比 60%，兼具两地元素的话题占比 45%，集中体现了大公文汇集团报纸产品的定位特点。从这个意义上说，定位聚合、内容聚合的有效性在传播效果上得到了印证。

4. 资源聚合

资源聚合是指，全媒体新闻中心依托大文集团各平台，围绕自身产品特点，积极拓展新媒体+政务、新媒体+服务、新媒体+商务，通过外延扩展提升新媒体产品的附加值和品牌的社会黏性。

目前，大文集团全媒体新闻中心选题策划来源主要有三个。一是以编辑推荐为主。全媒体新闻中心会根据突发新闻热点，随时进行相应报道，在抢第一落点后，进行深度加工、专题报道和评论跟进，在第二落点让读者对事件有更全面的了解。二是根据舆情系统的统计数据和分析以及网络热词和热点话题，结合香港的政治和民生特点，主动设置议题。大文集团专设舆情组，每天根据系统的大数据提供舆情分析报告，为新闻采编部门提供新闻策划指引和报道支持，及时回应社会关注热点。后台数据显示，本港新闻中最受居民关注的话题依次为：本地民生、国际时事、健康医疗、本地教育。三是全媒体新闻中心会定期开展网络民意调查。根据热点话题设置问卷，了解民情和民意，以便新闻产品更好地发挥舆论引导的功能。全媒体新闻中心还开设了多个与政治民生相关的论坛，增进市民与政府和立法会的沟通。比如，《社区点论坛》围绕热点问题，由政界知名人士做嘉宾主持；文化类访谈《香港机遇》、医疗类访谈《肥胡医聊》等，则邀请行业里的权威人士担任采访嘉宾，将香港市民关心的舆论热点和新闻话题引入各类访谈，并在评论区加强与网民互动，加速传播裂变，吸引更多的用户关注。

三　传统纸媒数字化转型面临的挑战

传统报纸数字化转型过程中面临诸多挑战。

第一，缺乏复合型人才。融合报道背后最基本的力量是互联网技术的高速发展。整体上，互联网为新闻工作者提供了更多机遇。它增加了现有新闻报道数量。在传统的新闻工作环境中，报纸记者采写新闻后只供报纸发布；融媒体环境中，报纸记者采写的新闻以文字、图片、视频、音频等全媒体形式，发布于报纸、传媒的官方网站、移动端以及社交媒体平台。一稿多用，大幅提高了报道数量和新闻生产力。新闻工作者有机会发布几乎所有符号类型的内容，包括文字、图片、图形、音频、视频。这意味着新闻报道策划在记者进入采访或者新闻现场前，就要对这些传播元素进行规划，以便有足够多的素材做融媒体报道。融合报道允许交互性存在，让受众能根据不同体验对报道进行及时反馈，因而新闻工作者根据不同发布平台对报道内容进行调整时，就要做内容再设置的合理规划，充分考虑如何提高交互性，以便灵活地根据受众反馈重构甚至更新信息内容。互联网技术提高了新闻信息传播和更新的速度和频率。融媒体报道的新闻策划成为百变女郎，要反应迅速。文字、图片、图形、音频和视频的不同组合便是不同的传媒产品，传媒机构在网站上呈现内容类型的多样性，可以在一定程度上体现其新闻业务融合的程度，这对新闻报道的策划均提出了更高、更新的挑战。

第二，如何根据新闻媒体所在的市场受众特点以及发展阶段准确定位技术发挥的作用、合理控制成本，关乎数字化可持续发展。总体上，香港媒体一定程度上采用了新技术来进行新闻分发、呈现、增长和变现。在新闻分发技术上，香港媒体发展较为成熟，网站、流动应用与社交媒体主业都有较高普及率。传统媒体使用流动平台的更多。在新闻呈现技术上，香港媒体新技术的应用较为不足。在内容呈现上，音频、交互、图表等国际前沿技术未得到有效应用。但是香港媒体在视频直播上表现突出，发展程度处于世界先进水平。在互动技术方面，香港媒体用于实现用户互动的网页功能发展略显不足，对于国际前沿互动技术的应用较少。以大文集团为例，全媒体中心的每个工作人员都掌握不同的技术，视频剪辑主要用 Adobe Premiere 和 Final Cut。呈现技术主要为 H5、视频、图片，互动渠道和技术包括 H5、留言板、VR，变现技术采用排名广告、嵌入式广告、背景式广告。全媒体中心相比传统报纸更强调采编人员对技术的熟练运用。大文集团建立的"中央厨房"对全媒体运营起到了非常重要的技术支撑。但是另一层面，大文集团全媒体中心负责人对引进前沿技术持谨慎态度，他认为技术投入无止境，内容生产部门要有成本观念，引进新技术需考虑投入产出比，新媒体发展应"炫技"而不是"炫器"。

第三，脸书是香港最主要的社交媒体平台，一方面，社交媒体影响力日趋扩大，传统媒体可以利用社交媒体进行内容分发；另一方面，传统媒体过于依赖社交媒体会导致议程设置的优势弱化，香港传统媒体在制订社交媒体发展方略中不能忽视话语权问题——如何开发自己的社交媒体平台，降低传统媒体对脸书的依赖是一大挑战。

面临挑战的不仅是资讯传播，还有香港传媒的广告经营。《2022 年第一季度香港数字报告》（Digital Report HK 2022 Q1）显示，2022 年一季度，脸书可被广告接触的香港用户达 445 万人，占香港总人口 58.7%，其中 66.4% 为 13 岁以上用户。为了改善长期以来脸书主导的社交媒体广告生态，香港传媒以行业联盟的形式发起本地传统媒体广告投放平台：2020 年 10 月 7 日，香港报业公会成立报业广告平台"报网通广告有限公司"（报网通），股东成员包括香港大文集团、明报、星岛日报、香港商报、AM730，每家认股 50000 港元，其他参与媒体为中国日报（香港版）、信报、头条日报、英文虎报，旨在为社会及广告业提供以报业网站为骨干、具有公信力和良好内容环境的"一站式"网上广告投放渠道，"报网通"希望客户或广告公司可以透过这个网络，投放流量式广告，经由软件平台在多个网站刊出。新平台的营运方式与市场上现存的流量广告平台相近，投放广告的客户可选择在指定不少于三个报纸网站投放广告，或者按随机方式由平台根据不同要求派

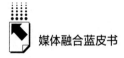
送。平台软件还会提供浏览量等数据作为反馈，供客户参考，亦提供分成佣金模式和广告公司合作。成员除了采用"报网通"销售广告，仍可自行销售，但不能参与谷歌（google）和脸书的广告销售计划。

第四，传统报纸在数字化资讯产品开发方面大有可为，但前提是内容运营去中心化，实现报纸和平台一体发展、资源共享。如何根据用户的资讯消费习惯，将内容转化为产品——开发组合内容、创意、技术、盈利模式的资讯产品，对传统报纸内容和用户运营能力提出较大挑战。比如，报纸的应用程式如何提高互动性，让受众能够参与热点新闻的讨论？如何根据用户阅读习惯的大数据，精准分析用户的阅读兴趣，从报纸的资讯海洋中"提取和生成"个性化的资讯产品，满足不同用户的多元化资讯需求？

第五，数字化是手段，最终目标是实现精准和有效传播。如何根据本地居民关注的新闻资讯及时提供内容产品，是所有新闻机构面临的共同挑战。根据大文集团全媒体中心数据，目前本港新闻受居民关注高的依次为本地民生、国际时事、健康医疗、本地教育，对本地教育的关注度已经超越本地政治。针对受众新闻内容偏好变化及时调整产品矩阵，既需要前瞻性也需要全媒体产品设计和分发的快速反应。此外，香港是国际化程度较高的都市，如何通过香港的传媒加强对外传播能力、讲好中国故事，向世界完整、客观地传递中国声音，则需要深入研究受众心理，以平台+内容的组合，优化传播策略。

参考文献

李文、黄煜：《香港媒体数码发展报告 2018》，中华书局（香港）有限公司出版，2018。

Ithiel de Sola Pool, *Technologies of Freedom* (Harvard University Press, 1983)。

B.14

触点、连接、开放：品牌型新媒体
"四川观察"的路径探索

何 健 苗 慧 刁成超*

摘 要： 2023 年，媒体融合进入作为国家战略整体推进的第十年，也经历了从相"加"迈向相"融"再到如今进入纵深发展的阶段。"四川观察"就是四川广播电视台在探索媒体融合发展中所培育的新媒体品牌，本报告将重点研究"四川观察"自 2022 年公司化运营以来，在体制机制建设、团队项目管理、内容创作运营、品牌打造赋能、技术生态建设等方面的融合实践，通过观察"四川观察"的公司化运营实践，进一步提炼总结广电品牌型新媒体的创新发展路径，为媒体深度融合环境下新型主流媒体的新媒体化发展提供参考。

关键词： 品牌型媒体 OKR 管理 内容创新 品牌赋能 全媒体建设

一 "四川观察"公司化发展的新征程

2017 年 1 月 1 日，"四川观察"客户端 1.0 正式上线，标志着四川广播电视台媒体融合发展的新征程。2022 年 1 月，"四川观察"启动公司制改

---

* 何健，四川广播电视台党委委员、副台长，高级编辑，研究方向为媒体融合发展；苗慧，四川省广播电视新闻与传播研究所理论研究室主任，广播电视新闻编辑，研究方向为广播电视发展、网络视听产业；刁成超，四川广播电视台、四川观察合创新媒体发展有限公司品牌项目总监，记者，研究方向为媒体融合发展。

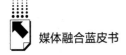

革，成立"四川观察合创新媒体发展有限公司"，实现了从四川广电两个部门团队的孵化项目到独立运营公司的身份转变。

公司化的运营要求"四川观察"建立全新的内容供给体系、团队管理体系、商业运作模式，以用户需求为根本导向，挖掘内容科技、优质资源背后的融合潜能，围绕客户端、互联网，构建起全媒体化的PUGC内容生产模式，依托全媒体技术平台实现内容的差异化分发，通过内容连接用户，在用户运营层面提升平台的商业化水平及变现能力。基于此，"四川观察"于2022年底提出打造"互联网品牌全链路服务平台"的发展构想，通过生产机制的系统性重组、内容产业链的横向扩展、媒体业态的网络化架构持续推进广电媒体融合向纵深突破。

首先，深化平台布局，建设自有平台，重构内容供给。"四川观察"积极打造客户端，组建自有技术研发团队，不断迭代技术，实现平台数据、用户、内容等资源的聚合。"四川观察"以客户端平台为依托，在广告投放、活动策划、内容合作、频道商务代理等方面进行商业化运营，同时通过研发跨平台短视频内容商业化小程序、投稿小程序、观观数据院等技术产品，以技术输出实现经营收益。

其次，整合新闻+服务，"四川观察"通过打造泛内容产品，为社会提供优质的政务、商务、品牌服务，深度嵌入社会数字化治理和智慧公共服务。针对非新闻类互联网内容的生产运营，"四川观察"通过独播、版权、合制、冠名、植入等方式实现商业化运作和内容价值的变现，并深耕垂直内容领域，通过制作轻量化、接地气、互动足、代入强的微综微剧，以合制、广告、冠名、文创、版权售卖等市场化手段让内容价值最大化。

最后，坚持移动优先、视频优先，依托内容精品提升传播效果。"四川观察"不仅重视客户端建设，也积极拓展第三方平台，在抖音、腾讯、微博等头部平台开设"四川观察"视频号，分发有价值的短视频内容，积极引进具有影响力的头部IP账号，构建MCN账号达人池，打造广电MCN生态，通过IP账号实现收入分成变现。2022年10月，"四川观察"的"互联网品牌全链路服务平台"荣获国家广播电视总局"2022 年全国广播电视媒体融合成长项目"。

二 "四川观察"的人才体系建设

为进一步打造适应媒体融合的人才队伍，以大人才观、大培训格局为指导思想，"四川观察"根据现有人才的年龄、知识结构、岗位分布等，建立分层次、多方位、有重点的人才梯队体系；实行全员扁平化管理、项目化执行、结果数据化考核的管理体系，对内激励、培养骨干团队，打造一支高精尖人才队伍，对外与高校合作建立产业学院、国际传播工作坊等，全面培养媒体融合人才支撑公司发展。

首先，以业务需求为导向，促进人才培养。在强化理论学习、注重专业能力的基础上，"四川观察"针对业务骨干创新培养形式，推进人才梯队建设。一是打造坚实的基层团队，作为公司后备力量为可持续发展提供保障；二是围绕"短视频审核专家、直播技术专家、运维工程师、信息安全工程师、架构工程师、互联网营销师"等核心岗位开展长期培养计划，培养媒体融合全媒体型、专家型人才；三是结合岗位胜任力素质模型，制订个性化培养方案，打造一支高精尖人才团队，成为新一代中坚力量，全面支持公司媒体融合发展。

"四川观察"十分重视高校人才的培养和挖掘，先后与中国人民大学、四川大学、西华大学、四川传媒学院等高校建立了一系列的人才培养计划，并通过产教融合的项目合作，挖掘有潜力的储备人才。这种"理论学习+项目实践"的联动教学模式为培养高水平传媒类人才探索了一条新路。

其次，打造高效的运营团队，推动项目落地。"四川观察"施行项目制运营模式，对项目负责人充分授权，项目负责人在权限范围内，可协调调动公司全面资源，其优势在于以项目为抓手，灵活调配内外部资源，高效实现资源的聚集和快速匹配。在项目制的运作中推行 OKR（目标和关键成果）管理，以最新业务为导向，分阶段制定目标，执行中调整路径，能够快速推

进项目落地。

2022年，"四川观察"公司化运营后，构建商务、平台、技术"三大中心"为主的组织支撑架构，逐渐培养并造就了一支有互联网思维、懂互联网内容、能开展互联网运营的年轻团队，"互联网品牌全链路服务平台"建设、"观察热搜""观察项目"等品牌建设皆有该团队的助力。

媒体结构体系的迭代升级对从业者提出了更高的要求，"四川观察"将加快推进全媒体人才的培养，不断吸纳更多具有全球视野、跨学科背景，能理解、驾驭并联结不同技术、不同平台、不同业态的人才加入，推动"四川观察"的深度融合发展。

三 "四川观察"守正创新的内容策略

"四川观察"作为四川广播电视台的新媒体旗舰产品，坚守主流媒体的使命职责，同时不断采用灵活的内容生产运营策略，构建丰富的内容生态。在创新表达方面，始终坚持平台的差异化传播，坚持移动优先，运用短视频、直播等形式实现内容的一体式策划、分屏式传播。

（一）强化新闻平台定位，重视主题主线报道

"四川观察"客户端始终以新闻资讯为主业，围绕重大主题、热点事件、民生话题等，及时准确地反映社会现实、解读政策精神、引领舆论导向。

"四川观察"客户端以全局观念建立起重大主题报道产品化、体系化的内容生产、传播机制，实现对产品的全案策划与全程追踪。推进重大主题报道产品化是"四川观察"作为新媒体平台在内容创作方面的新突破，也是主动转变话语方式、探索互联网表达的新尝试。2023年全国两会期间，"四川观察"推出新媒体产品《这一出发，就是44年！陈智林委员的梨园人生》用160秒浓缩陈智林44年的梨园人生，做到人物立体化、故事可视化。

"四川观察"重视视听前沿技术的运用加持，通过对人工智能、虚拟现

实等技术的综合运用丰富媒体产品的呈现形式，提升用户的产品体验，更好地满足用户的信息需求。"一江清水向东流"系列产品采用数字孪生技术、人工智能循声作画技术来展现长江流域、兴隆湖等地的变迁与发展，传递出成渝双城经济圈发展中的生态文明思想。

（二）丰富内容生态，提升内容运营水平

如何拓展其他内容并通过内容运营实现内容价值转换，是"四川观察"在内容创新方面的又一探索。

"四川观察"确立了坚持以用户需求为导向的内容运营理念。一方面，转变内容的传播和呈现形式，最大限度寻求媒体内容与用户个体的有效连接。积极推进短视频融合发展，将内容创作从大屏转向小屏，发挥短视频内容短平快、视频节奏强、信息密度高、现场感强烈、注重情感传播的优势，利用多种手段实现内容竖屏化、沉浸态、互动式的表达方式。2023 年 4 月推出的"联播观察"就采用了竖屏短视频形式。另一方面，"四川观察"积极与政府部门建立合作机制，联动全省的职能部门，依托"四川观察"的平台矩阵，通过"政务+新闻"的方式，进一步打通百姓与政府职能之间的信息"堵点"，建设"发现问题、沟通民意、解决问题"的"指尖"问政平台。"四川观察"客户端专门开设"阳光政务"专区，开设了包括"一呼百应""观观爆料箱""咨询""投诉"等在内的政务及民生问题反映窗口，实行"反映－核查－督办－公示"闭环管理，第一时间回应群众关切。

（三）适应差异化传播，创新内容形态

截至 2023 年 8 月，"四川观察"全网粉丝规模已经突破 1.3 亿，粉丝量不断"+1"的过程是影响力从量变到质变的过程，这使得《四川新闻》要适应互联网时代受众需求的变化，真正从"传播者本位"向"受众本位"转变。

为了实现主流媒体专业逻辑和不同类型互联网平台逻辑之间的有效对接，"四川观察"针对不同的内容平台分别组建了专门团队，展开差异化、

精细化内容运营。

以微博平台为例，"四川观察"微博运营团队从过去简单的内容发布发展为策划、分发、话题、互动、营销等全链条工作。2023年微博运营团队开启"互动提升计划"，建立线上"铁粉群"、开展线下粉丝活动，开设"观观日历""每天学句四川话""观观故事会"等系列轻互动话题，不仅提升了粉丝活跃度及黏性，还增强了相关话题的讨论热度。

"四川观察"还不断创新内容形态，在图文、视频之外，推出创意短视频、引入BGM慢直播等，在提升平台吸引力的同时，吸引更多用户关注，通过制作微综微剧，进一步推进原创内容的升级，以契合用户对多元化产品的需求。比如，"四川观察"联合搜狐视频出品的微综节目《川西徒步活动——暑与我们的夏天2》以及围绕"世界消防日"策划制作微综艺《追光的一天》，登上微博文娱榜、全国热搜榜。

随着公司化运营的开展，"四川观察"还将在内容创作形态方面不断升级，推出更加多元化的内容，在满足用户的垂直化、细分化需求的同时，构建更丰富的内容生态。

四 "四川观察"的品牌构建与平台赋能

品牌作为一种无形资产，已经逐步成为衡量媒体价值的重要指标之一。"四川观察"不断为品牌价值深度赋能，力求依靠自身品牌驱动创新，提升自身品牌影响力，破解传统媒体转型中遭遇的困境，探索品牌运营自主造血的道路。

（一）构建内容生态，丰富品牌内涵

"四川观察"定位于品牌型新媒体，是基于自身现实的转型发展，也是着眼长期的品牌建设、向纵深融合发展的必由之路。"四川观察"自2017年建立新闻客户端之后，强化内容平台建设，截至2023年，打通了台、网、端、微各板块，构建了一个集客户端、两微号、短视频号、观察

号为一体的内容分发平台。一方面，"四川观察"整合全台的新闻资源，针对不同平台的传播特性，做好重大主题类新闻内容的分发，运用新媒体语态，做有立场、有深度、有见解、有话题的新闻内容。2022年全国两会期间，推出新媒体产品报道——《两会9500问》，赋予时政类新闻以新媒体化表达。另一方面，"四川观察"积极拓展信息服务类内容，以平台提供的专业性、针对性、亲民性强的媒体内容来连接用户，积极拓展媒体+政务党建、媒体+舆情监测、媒体+便民服务等内容，实现了平台内容的多元化。

依托"一支队伍、一次采集、多元化加工、多渠道分发"的内容运营模式，"四川观察"正在形成主题主线报道出亮点、便民服务入人心、年轻用户聚集变粉圈的内容生态，这将进一步丰富品牌内涵，为品牌运营提供强力支撑。

（二）拓展网络渠道，强化品牌运营

"四川观察"能够在互联网时代火爆出圈的原因在于将内容生产、传播以及效果监测等环节进行了集纳整合，以新媒体运营逻辑取代传统媒体的内容传播逻辑，通过短视频+直播、制造话题、跟踪热点、跨界玩梗等多元化方式不断增强自身的内容与用户运营能力。

"四川观察"以客户端为核心，向外拓展连接至抖音、快手等外部平台，进而带动组织架构从传统的科层结构向扁平化的"项目式"结构转变。"四川观察"目前的三大组织架构"运营中心""商务中心""技术中心"，依托项目和工作室的业务融合，增强了生产管理的流程可控度和信息透明度，进一步提升了内容、商业与品牌间的资源转化效率。

目前，"四川观察"的品牌运营能力不断提升，逐渐构建了多平台、多账号、多媒体的互联网运营渠道，依托自身善于发现和把握传播热点的优势，推动爆款内容以多种形态快速出圈，利用自有可控的全媒体渠道进行整合营销。2022年跨年夜，"四川观察"联合著名酒类品牌剑南春合作的"一眼千年"特别直播活动，取得了全渠道宣传曝光量破亿的优异成绩，实现

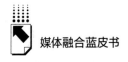

了以媒体品牌赋能其他品牌。"四川观察"还通过拍摄微综艺、定制短视频、策划活动等方式增强其他品牌影响力。

（三）打通商业渠道，依托品牌变现

面对市场竞争和媒体经营困局，"四川观察"重新定位经营战略，突破传统媒体依靠广告生存的发展模式，学习互联网公司的轻资产运营模式，灵活运用全媒体手段、依托全矩阵平台探索"互联网品牌全案营销"的经营模式，积极拓展创收新渠道，带动媒体经营转型，实行"创意策划+全媒体整合传播+全程活动执行+效果评估"的"一站式"品牌活动服务。

一方面，"四川观察"深耕互联网内容运营。依托新媒体运营团队，"四川观察"提供包括视频短片剪辑、活动海报制作、直播搭建、软文撰写、H5 互动产品等内容制作服务，并和其他品牌通过独播、版权、合制、冠名、植入等合作方式，开展品牌营销活动；同时，依托"四川观察"技术力量和 MCN 平台业务，研发商业化小程序、投稿小程序、区块链版权交易平台等技术产品，全面提升智能化、数字化水平。在此基础上，公司经营团队依靠"四川观察"客户端的品牌影响力，扩展广告投放、活动策划、内容合作、频道商务代理等业务。另一方面，"四川观察"着力打造广电MCN 平台，打造主播新媒体账号，积极引入其他具有影响力的垂类、机构、行业、地区、个人等 IP 账号，建立 MCN 账号达人池，布局短视频和直播带货等新业态。

（四）创新传播思路，布局国际传播业务

为加强国际传播能力建设，全面提升国际传播效能，布局国际传播业务，"四川观察"于 2022 年启动"熊猫眼"（panda eyes）全球传播计划。该计划是"四川观察"重点打造的国际传播品牌，主要发挥其品牌优势、平台优势、运营优势，从"精品内容""账号建设""课题研究""经贸合作"等方面布局国际传播业务。

首先，以"账号森林"为建设思路，"熊猫眼"通过自建一批、汇聚一

批、合作一批海外账号快速布局海外传播矩阵，加快海外传播体系建设，拓展国际传播平台渠道。"四川观察"已在 YouTube、TikTok、Twitter、Facebook 和 Instagram 五大国外平台设立 50 个垂类账号，全球用户粉丝数突破 300 万，彰显了"四川观察"的国际传播运营能力。

其次，依托重点项目，创新国际传播视听作品的表达。"熊猫眼"重点打造"子曰'国学'海外传播项目"，该项目以孔子的思想为内容核心，梳理出十二期不同主题的精品微电影，聚合了广大海外用户，通过"精品内容制作+主题直播开展+海外用户运营"模式，打造精品海外内容的移动传播链条。

最后，加强与各方的合作，多维度构建国际传播战略传播体系。2022年，"四川观察"联合中国人民大学、四川大学、中国外文局等高校、国际传播专业机构，推进国际传播智库建设，为国际传播矩阵提供智力支持、内容支持、框架分析、效果分析。同时，"熊猫眼"布局中外交流合作，联合APEC-ECBA 数字贸易创新委员会策划了"丝路商情"国际传播项目。

五 "四川观察"的全媒体技术体系建设

在新兴技术加速推动媒体的深度融合过程中，技术赋能、技术陷阱和技术伦理等问题是当前媒体面临的困境。"四川观察"也曾面临技术力量不强、技术自主创新不够、技术赋能平台不足等技术困境。2021 年起，"四川观察"立足自身实际与发展需要，不断调整具体的技术创新与业务创新方向。

（一）自主建设支撑全业务体系的技术平台

"四川观察"持续深化技术团队对信息技术革命及媒体融合发展趋势的系统性认知，主动革新技术力量、技术产品、技术系统等，围绕"技术平台"的迭代升级需求，探索契合自身发展且具有特色的技术创新路径。一方面，"四川观察"同其他媒体一样，在探索性使用新兴技术的起始阶段，曾经选择"外包技术"的方式，即通过购买等方式引入第三方的技术工具

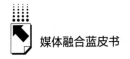

或技术服务，在此过程中遇到诸多问题后，转向"自主创新"技术发展的探索轨道。另一方面，考虑到主流媒体在技术方面普遍存在的局限性，"四川观察"采用集中力量打造重点平台的方式，寻求技术创新的突破性路径，集中力量打造并升级客户端平台及采编管理系统、考核系统等生产管理系统。

"四川观察"抓住网络社会崛起和技术范式转型的时代机遇，聚焦现实问题和技术赋能的发展趋势，从契合主流媒体职责和市场竞争需求的路径切入，通过外包技术、自主研发技术等持续迭代策略，提升媒体融合的适应力，通过功能升级、固有短板优化，形成了系统性、结构化的创新能力和竞争优势，探索出了一条广电新媒体自主寻求技术突破、提升业务创新能力的新路径。

（二）不断优化"四川观察"客户端功能

面对泛智能化社会的持续崛起、Web3.0等技术体系的持续冲击，"四川观察"客户端已经迭代了六个版本。6.0版本的"四川观察"客户端，不仅在用户互动和消息提醒、算法智能推荐扩展等方面进行了功能更新，还重点增加了记者发稿系统、观察号推荐模块等功能。同时，客户端平台底部导航调整为"首页""短视频""直播""互动""我的"等板块，更加便于用户找到需要的入口和信息获取路径。这些具体的功能更新和细节优化，体现了"四川观察"对用户需求导向的重视以及其在用户需求导向下迭代升级的理念和实践逻辑。

"四川观察"客户端的技术迭代，对整个"生产管理系统"进行了一系列的功能优化，提高了生产效率。"四川观察"始终重视技术平台使用者的需求以及大数据、人工智能等技术的赋能，持续对相关技术及集纳技术功能的平台系统进行快速迭代，通过密集的"小迭代"和有节奏的"大迭代"来实现"从量变到质变"的发展。

未来，"四川观察"将不断推进体制机制改革，释放组织活力，坚守内容阵地，输出主流价值，创新表达形态，强化网络传播，整合资源渠道，提升服务能力，扎实推进媒体的深度融合发展，也将继续以建设"互联网品牌全链路服务平台"为核心，以"短视频+直播"为抓手，以"客户端+互联网运营渠道"建设为支撑，以电视大屏和手机小屏联动为载体，拓展整合传播服务的场景，打造品牌型新媒体。

B.15
开放包容、务实管用

——四川古蔺融媒走好群众路线的探索实践

汪邦坤　杨默涵*

摘　要： 县级媒体处于我国"四级办"传媒格局中的"神经末梢",是新闻传播的"最后一公里"。目前,县级融媒体中心发展过程中主要面临三方面挑战:脱离群众导致基层官媒声音弱化;资源整合不到位导致"政务""服务"缺失;编辑、记者力量不足导致平台内容单一,无法满足群众多样化、个性化需求。本报告以四川省泸州市古蔺县融媒体中心为代表,从"开门办媒体""社会化生产""全民通讯员"三个维度,探讨古蔺融媒的创新发展模式、建设思路与实践价值,以期为相关研究与县级融媒体实践提供启示与参考。

关键词： 群众路线　开门办媒体　社会化生产　全民通讯员

2018年11月28日,四川省泸州市古蔺县融媒体中心挂牌成立,成为泸州市第一个挂牌成立的县级融媒体中心。2019年2月28日,"古蔺融媒"App客户端正式上线,标志着其成功打造"两报、两台、两微、一网、一端、一屏"于一体的融媒体宣传矩阵,按照"中央厨房"生产体系实现流程再造,实现了"智"的融合。截至2023年5月,古蔺融媒App下载用户

---

* 汪邦坤,古蔺县融媒体中心副主任、主任记者,四川省委宣传部县级融媒体培训讲师;杨默涵,中国社会科学院大学新闻传播学院博士研究生,研究方向为媒介与社会、社交媒体研究。

数 58.5 万，占常住人口总数九成以上。

从媒体融合之初传统媒体影响力逐渐下滑，到媒体融合之后"重回舞台中央"；从以时政新闻报道为主，到社会民生信息为全覆盖；从只做新闻资讯，到"融媒+政务+服务+基层治理"齐发力；从"进不来、出不去"从业人员积极性不高，到人才梯度培养、创造性组建融媒孵化园和全民通讯员队伍。古蔺融媒通过调结构实现了两个"二八比例"（见图 1）。目前，全体干部职工的归属感、荣誉感显著增加，工作积极性大幅提升。古蔺融媒App 的知名度、美誉度逐年提高，引导群众、服务群众的作用进一步凸显。

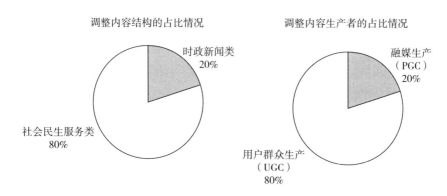

图 1　古蔺融媒调结构实现两个"二八比例"

古蔺融媒三次参加国家级融媒体建设交流活动，2022 年入选中宣部《全国宣传思想文化工作案例选编》，其网络综合治理数字化应用场景建设经验被中央网信办全国推广，获评四川省首批县级融媒体中心示范点、四川省网络综合治理数字化应用场景省级示范点，改革案例入选四川省全面深化改革十佳典型案例。

一　开门办媒体：基层官方主流媒体"可亲可信"

"开门办报"是党的新闻工作的优良传统。1948 年 4 月，毛泽东在谈论"如何办报"问题时指出："我们的报纸也要靠大家来办，靠全体人民群众

来办，靠全党来办，而不能只靠少数人关起门来办。"① 随着移动互联网时代的到来，县级融媒体首先要能够走近群众，让人民群众的所思、所想、所盼成为融媒体的关注点、聚焦点和出发点，从而使融媒体赢得大家信任。

（一）可亲：融媒体阵地免费向群众开放

长期以来，基层媒体对于普通群众来说都是有距离的，加上地方媒体垄断信息发布渠道，使媒体从业者优越感十足。随着数字技术的不断发展，人人都是"记者"、人人都有麦克风的时代到来。融媒体如果还是抱着原有的垄断心态，不愿与群众接触，这样的融媒体既缺少了人气、也错失了发展机遇。为解决这一问题，古蔺县融媒体中心提出了融媒阵地免费向群众开放，让普通群众也能随时亲近官方主流媒体。

1. 免费开放演播室、录音室

在古蔺县，除了融媒体中心建设了演播室、录音室，仅有3个私人录音室，一方面设备较差，另一方面基本不对外开放，因此对于有录音录像需求的商家、企事业单位、表演（播音）爱好者来说，存在缺少设备和场地的问题。在这样的背景下，古蔺融媒探索将演播室、录音室免费开放，还安排专人负责录音（录像）、制作、分发拷贝成片。通过免费开放，融媒体中心实现了"一箭三雕"。其一是将闲置时段的演播室、录音室资源充分利用起来，直接促使适合移动端传播的专栏不断"孵化"内容。截至2022年，古蔺融媒体中心演播室、录音室制作了电视访谈《小融发布》29期，《全民夜读》32期，《好书推荐》60余期，各类音视频作品5000余期。其二是向人民群众传播了发展理念，通过免费开放演播室、录音室，群众走进融媒体，体会古蔺融媒的"融媒·融心"建设理念。其三是通过免费开放录音室、演播室，帮助中心"活血造血"，不少企事业单位在免费使用的过程中，增进了对中心经营性业务的了解，也为后续深度合作创造了条件。目前，古蔺县郎酒股份有限公司、古蔺县人民医院、古蔺县中医院等通过

---

① 《毛泽东新闻工作文选》，新华出版社，2014。

"免费体验→获得好感→达成合作意向→创收'造血'"等过程实现了社会效益与经济效益的双丰收。

2. 吸引群众到融媒体参观交流

长期以来,基层媒体往往宣传其他企事业单位经验足,但却很少宣传自身。特别是融媒体中心成立后,群众对融媒体缺少了解、对业务不清楚,更谈不上关注与支持融媒体。为方便与群众交流,古蔺县融媒体中心首先从阵地入手,将其办公场地从宣传文化中心十一、十二楼的高层搬至一、二、三楼,同时把收集的各历史阶段的老照片在楼梯墙面展出,建成融媒时光通道;把放在仓库已无法使用的老旧照相机、摄像机、广播设备、电影放映机、线编等实物陈列在融媒大厅,建成融媒时光馆;把老的电影磁带、光碟收集起来,进行再利用,建成融媒光影体验中心;把"退役"但尚能正常使用的摄像机拿出来,作为科普教具供参观群众实操体验。在寒暑假期间,老师、学生、家长都可以免费预约参观,了解古蔺社会民生发展、媒体成长与科技进步历程。2023年,古蔺县融媒体中心建成了城市会客厅,让市民朋友可以亲身参与融媒节目录制,拉近融媒体和人民群众的距离。

(二)可信: 及时回应群众关切权威发布

曾经一段时间,古蔺县级媒体对突发事件没有第一时间发声、社会热点没有正面回应、网络谣言没有大声反驳。在舆情数量多、官方声音弱、应对压力大的背景下,群众宁愿相信自媒体也不愿相信官方媒体。

为了扭转这一现状,古蔺融媒立足"主流舆论阵地、综合服务平台、社区信息枢纽"三大功能定位,打造古蔺主流舆论阵地和综合服务平台。第一时间到达采访一线、第一时间发布群众关注信息、第一时间发布真相回击谣言,使媒体形象得到了根本扭转。"古蔺融媒客户端"也获评四川省2022年度优秀政务服务新媒体。

1. 走基层,接地气

习近平总书记强调,要转作风改文风,俯下身、沉下心,察实情、说实

话、动真情，努力推出有思想、有温度、有品质的作品。[①] 2023 年 7 月 1
日，全国首个地方流域共同立法《赤水河流域保护条例》实施两周年，两
年来的成效受到大众广泛关注。为此，古蔺融媒从年初开始策划成立专题报
道组，其中非遗船工号子、古蔺山歌以及人民群众对赤水河的一往情深成为
采访重点。从 2023 年初开始策划，古蔺融媒耗时半年采写的《"美酒河"
之变》四集系列报道和通讯稿《古蔺县：守护一江碧水向东流》被 10 多家
央、省、市级主流媒体转载，全网传播量突破百万。目前，古蔺融媒团队记
者 80% 以上的时间用于深入基层一线采写稿件，并打造出《红色故事系列
宣讲》《走在乡间的小路上》《行走古蔺》《二十四节气》《古蔺乡村创意
菜》等 10 余个在群众中有广泛影响的系列节目，实现了融媒体建在"田坎
边"的目标。

2. 转文风，重民声

在 2020~2022 年疫情防控期间，古蔺融媒发布了大量接地气的土话广
播、快板、短视频、图文消息等，古蔺融媒 App 下载量增长 16 万，聚集了
大量本地用户。2021 年 6 月，古蔺融媒播发的《古蔺县新型冠状病毒肺炎
疫情防控指挥部发布紧急公告！》，单条阅读量达 153W+。为方便群众线上
了解时事热点、知晓最新惠民政策、掌握谣言真相，古蔺县融媒体中心还利
用电视演播室建成线上发布厅，累计开展新闻发布 80 余次。同时，为适应
移动互联网传播环境，古蔺融媒重视叙事表达的趣味性和情感化，吸纳年轻
受众、"Z 世代"关注融媒体平台，把诙谐幽默段子通过情景剧的表现形式
拍摄《编辑部的故事》100 余期。

3. 解民忧，集民意

融媒体建设发展中要始终坚持"源于人民，为了人民、属于人民"的
根本性立场，纵深新闻报道的公共性与社会性价值。古蔺融媒按照"专业
人干专业事"的思路，采用"联办"模式：联合县政府办、县纪委监委、

---

① 《做好宣传思想工作，习近平提出要因势而谋应势而动顺势而为》，中国网，http://news.
china.com.cn/2018-08/22/content_ 59685474.htm，最后检索日期：2023 年 7 月 14 日。

县委网信办打造古蔺融媒7214580（有事我帮您）网络问政平台，建立健全"融媒提供平台、网信收集分发、纪委定时督办、府办提级通报、媒体集中公示"的联动网络问政机制，把为民解忧放在首位。截至2023年5月，其累计办理问政3134件，办结率达到99.5%以上。古蔺融媒App成为县域第一"指尖"政务服务平台，其创办《古蔺社情民意》内刊，针对问政和民意数据分析生成《舆情专报》183期，编制《网络舆情内参》62期，推送"微通报"400余条次，及时、全面、高效地为党委政府决策参考提供基层案例、问卷数据与网民心声，其中的83条建议直接被县委、县政府有关领导和部门采纳。

二　社会化生产：解决供需矛盾，优化资源配置

媒体融合发展过程中，平台建设至关重要。目前，四川省所有区县都已建成客户端（App），但从作用发挥情况来看，呈现出平台内容数量少、更新不及时、形式单一等问题。在走访调研中发现，如果客户端上的内容更新速度慢、信息重合度高，那么用户大概率不会再有意识打开App。与受众使用习惯相矛盾的是，从融媒体生产现状来看，普遍存在编辑记者从业人员少的问题。以古蔺融媒为例，其一线新闻内容生产者约为20人，按照每天生产2条稿件计算，全天更新稿件40条，远远不能满足受众对平台"内容丰富、更新及时"的需求。因此，融媒体平台要想让受众乐于接受、愿意推广，就必须从平台内容供需矛盾入手，在编辑记者人力资源有限的情况下推行社会化生产。

社会化生产是相较于媒体从业者专业化生产（PGC）而言的，侧重于挖掘各行各业的媒介资源，努力让受众从单向的信息接收者变成双向的内容和服务供给者（UGC）；企事业单位、社会团体等从平台的单向使用者变成双向开发建设推广者；客户端（App）从固化单一的新闻信息集成者变为动态灵活的新闻、政务、服务、治理的复合实用型工具，按照平台化运维思想，争取一切可用资源，发动一切可用力量。

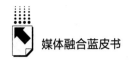

（一）以本地客户端作为主攻方向，写好"融媒+政务""融媒+服务"两篇文章

因为传统的纸媒、广播、电视在发挥政务、服务功能方面存在天然缺陷（见表1），所以融媒体建设需在平台上做进一步突破，让基层政务服务从"线下"走到"线上"，实现"群众少跑路、数据多跑路"的一端通办。

表1　融媒体客户端和纸媒、广播电视媒体综合对比

类别	融媒体客户端（App）	纸媒　广播电视
操作性	可以根据受众的偏好开发	相对固定
可控性	根据需要随时删改，节约时间	删改难度大
安全性	本地平台需要自建防火墙、安全等保障	安全压力相对较小
经济性	需要自购服务器、软件开发	无须服务器、软件
创造性	可结合自身实际开发功能	功能固定、特色固化
综合性	可实现"新闻+政务+服务+商务"	新闻为主、服务单一
便民性	适应手机使用习惯、可互动	互动性差

1. 平台本地化，不断壮大主流思想舆论

郡县治，则天下安。县级融媒体离群众最近，几乎每天都在与基层群众打交道。作为党的新闻舆论工作的重要阵地，地方党委和政府的重要执政资源，服务群众的重要平台，县级融媒体需结合地区实际，找到核心竞争力。

在建设中，以古蔺县融媒体中心为代表，很多区县都在大胆改革，把传播力差、社会影响力弱、投入产出比低的传播渠道进行整合，发展适应移动互联网传播规律的本地客户端。2019年，古蔺县融媒体中心先后停办《古蔺通讯》和《古蔺手机报》，把人力、物力集中起来，打造古蔺融媒客户端这一核心产品。2022年，古蔺融媒依托客户端中枢功能，推动上宣、外宣双丰收。全年中央级媒体用稿3171篇，其中学习强国平台用稿2981篇（用稿量占泸州市用稿总量的55.5%）。短视频《人间七月·黄荆走一走》成为古蔺首个登上海外平台的作品，《二十四节气》古风系列短片被YouTube、Facebook、Twitter、Ins等国际平台连载刊播，累计阅读量千万以上。

2. 用好本地平台，不断写好政务和服务类文章

本地平台建起后，如何用得好面临巨大考验。为破解使用难题，融媒体需要打造"一体两翼"——"一体"即以内容生产为"体"，"两翼"即以政务、服务为"翼"，只有做好"一体两翼"，才能使融媒体稳健发展。

"融媒+政务"解决问题是关键。县级融媒体中心开展"融媒+政务"有着自身优势。基层媒体长期与部门、乡镇打交道，熟悉他们的业务与服务，如果能与线上平台融合起来，就能搭建起群众与职能部门的线上"连心桥"。目前，古蔺县融媒体已将党建、教育、健康等相关内容融入古蔺融媒 App，成功打造政务服务项目 19 个、民生服务项目 11 个。

"融媒+服务"找准受众需求是关键。对于服务功能建设，首先是要让人民群众能够用起来。2021 年 1 月，古蔺县融媒体中心"农民工之家"专栏上线。截至 2023 年 5 月，专栏内容浏览量 10 万+，稿件数量达到 47 篇。目前，"农民工之家"是古蔺融媒 App 浏览量最高、活跃度最好、互动性最强的专栏，其成功的秘诀就是把解决"找工作难"这个问题作为服务重心。同时，古蔺县融媒体中心还抓住了智慧城市建设的契机，设立融媒网上便民服务中心，实现医院挂号掌上办理，企业广告掌上免费打，旅游景点掌上"云游"。

（二）以"活动"为抓手，让"融媒+"成为社会化生产的不竭动力

社会化生产除了要有自己的平台，在平台上做好"政务""服务"，还需要让大家产生持续的向心力与吸引力。

1. 策划线上活动是重要法宝

融媒体中心平台建设的难点是如何进行平台推广和发展用户。在成长初期，如何让群众心甘情愿下载 App，策划并发起线上活动发挥着重要作用。为了展示脱贫攻坚取得的成效，古蔺融媒策划了"点赞家乡美"征文活动，两个半月时间共吸引了 68 所学校的 941 名学生参与创作投稿，并斩获 449.66 万人次以上的浏览量、6.3 万个点赞、4.35 万条评论和 52.58 万次转发分享，其间平均日活高达 15%。疫情防控期间，古蔺融媒通过系列

"宅"活动,"宅一起运动""宅一起广场舞""宅一起唱歌""宅一起写字"等,用户数从 15 万增长到了 30 万。2022 年,先后开展了积分商城、投票、答题等活动 14 次,做到了活动不断档,实现了用户数持续增长的目标。

2. "共建共享"是现实选择

古蔺县融媒体中心探索的"共建共享"模式是按照平台建设思维,把融媒客户端资源与乡镇部门、企事业单位、社会团体等的资源进行对接整合,旨在解决融媒体专业性不强、覆盖面不广等问题,努力实现"1+1>2"的效果。在具体运作方式上,融媒体中心主要负责平台建设、宣传推广、内容审定等内容,合作方主要负责活动策划执行、发展规划制订与落地等环节,这种做法既解决了融媒体人员不足的问题,同时也可以降低资金投入,充分发挥融媒体客户端发布海量信息、提供个性化服务、承载巨量数据的优势,更好地为人民服务。

古蔺县融媒体中心按照"共建共享"的思路,与县委组织部共建"党建"栏目,与县委宣传部共建"新时代文明实践"栏目,与农民工服务中心共建"农民工之家"栏目,与县民宗局共建"民族团结"栏目,提升内部资源对接整合能力。

三 全民通讯员:立足长远发展,引来"源头活水"

"全民通讯员"是相较于传统体制内的"通讯员"而言的,其以全体人民群众为动员对象,只要愿意提供信息资讯、服务项目、建设方案、参与融媒体建设,都可以发展成为全民通讯员。

从内容供给上看,全民通讯员提供的内容多样;从人员构成上看,其注重吸纳各行各业精英,填补融媒体内容生产、服务项目空白;从传播互动上看,其旨在建立"强关联",实现"分众化"传播和用户发展;从资源赋能上看,其便于网格化、圈层化联动。实行全民通讯员策略的最终目的是扩大融媒体的传播力、引导力、影响力与公信力。

（一）发展全民通讯员，突破创作时间、空间限制

以媒体融合前的古蔺县广播电视台为例，当时发展的通讯员大多集中在体制内，但这样的模式存在一个问题：提供的稿件内容同质化比较严重，内容形式非常单一。如果能够把大众都发展成为通讯员，就可以第一时间全过程提供信息，同时也解决了记者到达现场的"时差"问题。古蔺县黄荆老林是北纬 28°唯一一片保存完整的原始森林，动植物资源丰富，全民通讯员"黄荆—无波"以黄荆为大本营，拍摄大量精美图片、视频，提升了黄荆老林景区的知名度。截至 2023 年 5 月，一年发布相关作品 153 个，成为当地小有名气的户外美景大 V。

目前，古蔺融媒"全民通讯员"队伍人数已达 6000 余人，日均发稿量超过 140 篇，并涌现出年发稿 3694 篇的"YCL"、每天骑行拍摄不间断发布美图美景的"骑行邂逅"、通过融媒号发稿《一颗猕猴桃带来的巨变》拿下全国学习强国平台"Ta 改变了我"主题征文大赛三等奖的"东新杨茂华"等一批发稿积极、黏性较高的全民通讯员。此外，《"统战+融媒"构建网上网下最大同心圆》全民通讯员宣传机制获评全省统战工作实践创新优秀成果。

（二）发展全民通讯员，巩固主流舆论阵地

随着记录工具的普及，一部手机就可以录音录像，制图和音视频编辑在手机上就可以完成；发布渠道更多更广，群众可以通过各类社会化媒体等发布信息；宣传人才已不仅局限于新闻从业者，普通群众就可以大规模介入公共信息传播过程。为顺应技术迭代更新与社会多元发展需要，适应自媒体时代"人人都是记者"的社会趋势，融媒体有必要团结基层宣传人才，让党的声音"飞入寻常百姓家"。

1. 建设融媒体"孵化园"，实现与自媒体的深度融合

媒体融合后，古蔺融媒按照"不为我所有、能为我所用"的思维与自媒体融合发展。据统计，2023 年古蔺县内拥有 2 万以上粉丝的自媒体账号

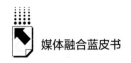

为 53 个。为解决长期以来官方媒体和自媒体"两个声音"的问题，2020 年古蔺县融媒体中心创新"县融孵化园"模式，通过"引进入驻"与"联系服务"两种途径，将有一定粉丝量的自媒体成员转化为"全民通讯员"。一方面，为引进孵化园的自媒体、工作室减免办公场地租金和水电费；另一方面，联系提供业务指导培训的自媒体不定期上门开展培训服务，从而使全县媒体阵地"一盘棋"。目前，古蔺县最大的自媒体——古蔺郎网已经入驻"孵化园"实现融合发展，最大的影视工作室——"蔺乡影视"也与古蔺融媒实现资源共享、合作共赢。2022 年，"孵化园"与古蔺融媒一起化解舆情风险 224 次，成为参与舆论引导的重要力量。

2. 创新管理培训方式，持续激发全民通讯员动能

全民通讯员发展是动态过程。古蔺融媒安排编辑记者深入基层一线、田间地头开展全民通讯员业务知识、平台使用流程、宣传法规纪律等培训，目前已集中开展全面培训两轮，同时进行不定期培训 100 余期，全民通讯员业务能力、专业知识明显提升；先后组织"双月赛""年度赛""十佳大 V"等全民通讯员及作品评选活动，对表现突出的全民通讯员进行表扬奖励；畅通全民通讯员上宣渠道，扩大影响力，学习强国平台供稿超过 80% 的稿件来自全民通讯员，稿件《万象"耕"新 大地作画春意浓》还荣登人民网首页滚动大图；创新"全民通讯员"培训提升策略，按照"圈层"管理模式，通过线上"微讲座"、线下"沙龙"，让表现优异的全民通讯员走上"讲坛"，谈感受、讲办法、话发展。

3. 开展针对性策划，注重发展新生力量

全民通讯员具有很强的流动性，需不断吸收新力量，为此古蔺县融媒体中心结合全民通讯员的特点，有针对性地开展活动策划。2023 年 3 月，古蔺融媒策划"春三月·家乡美"征集活动，累计吸引全民通讯员发稿 300 余篇，浏览量超过 200 万，活动带动全民通讯员新增 200 余个；为了让全民通讯员有归属感，古蔺融媒 App 开发积分商城、给予积分奖励，通过打开 App、发稿、转发等方式可以获得相应的积分，每年开展"积分兑换"活动，以此激励老用户、吸引新人关注古蔺融媒，成为全民

通讯员的一员；邀请全民通讯员参加记者节、各种采风等活动，把融媒体策划的有奖征集活动向全民通讯员推送，通过"以老带新"来发展新生力量，全民通讯员人数平均每年以30%的速度递增，实现了良性发展。

四　古蔺融媒发展模式的价值及思考

受限于经济社会发展现状，古蔺县融媒体中心的发展模式并不"高大上"，但从群众使用效果与用户黏性层面来看，确实走出了一条务实管用的路子。用最少的钱（总投入260万元建成融媒体中心）取得最大化成效，"投入产出比高"是其具有的独特价值，值得在欠发达地区普及推广。

目前，古蔺融媒《县级融媒体平台本地化和社会化生产》入选四川省县级融媒体中心从业人员专业能力培训班重要课程，已面向全省县融媒中心从业人员开班19期，培训学员6000余人次，同时还在重庆、新疆、西藏等地开展交流互动，其建设思路、模式被证明高效管用。

（一）融媒建设为人民

习近平总书记强调："走好新形势下的群众路线，善于通过互联网等各种渠道问需于民、问计于民，更好倾听民声、尊重民意、顺应民心。"[1] 服务群众无小事，要从点滴做起。古蔺融媒在做产业宣传时，能够打破以往只报道发展现状、产值、助农增收情况等新闻信息的"老路"，转变为更加注重报道助农增收服务信息，在新闻报道中提供销售电话、渠道等内容，引导市民采摘、客商采购。另外，古蔺融媒在旅游旺季还把吃住行的联系方式以"旅游攻略"的形式宣传出来，既方便游客获取信息，也助力群众增收……类似这些"小事"只要融媒体善于发现，肯想肯做，每天都可以帮助群众做一些类似的"小事"，最终聚沙成塔，成就融媒服务"大事业"。

---

[1] 韩立明：《坚持以人民为中心的发展思想 扎实走好新时代网上群众路线》，人民网，http://theory.people.com.cn/n1/2023/0403/c40531-32656330.html，最后检索日期：2023年7月14日。

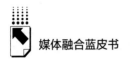

（二）融媒发展靠人民

县级融媒体最大的优势是离人民群众近，可以更好地服务于民；最大的危险是脱离群众，得不到群众的支持最终变得可有可无。所以，融媒体要深入群众之中了解实情，把群众智慧转化为融媒体发展的惠民举措。古蔺融媒很多发展新思路都来源于人民群众："农民工之家"的建设思路就来源于基层调研，融媒体中心的作用在于将其转为线上服务项目；"全民通讯员"也在不断调研总结后逐步完善，群众参与度更高；"问政"之所以会邀请纪委进行督办，就是因为群众反映，被问政单位办事速度慢、办事敷衍，所以我们必须"对症下药"。从长远来看，融媒体的发展只有与群众联系更紧密，才能更大化发挥优势。

总之，从古蔺县融媒体探索实践过程来看，走好群众路线，基层融媒体要改变传统思想观念：从资金驱动转向为服务驱动；从"办给书记看"转向"围着群众转"；从被动接受"任务式"，转向与群众走在一起，调动"主观能动性"。

探 索 篇
Exploratory Reports

B.16
从哔哩哔哩看媒介融合语境下
纪录片产业发展趋势

贺鸣明*

摘　要： 近年来，B 站在用户群体的数量、活跃度、黏性等方面的数据持续提升，在资本市场也被持续广泛看好，同时被以央视为代表的传统媒体、主流文化广泛接纳，在媒介融合探索中走出了一条具有特点的实践路径。纪录片逐渐成为 B 站内容体系的核心供给，与平台的整体转型具有深层的内在关联。B 站由形态到文化的媒介融合态势、从纪录片到泛纪实的内容生态、从去中心化到再中心化的角色重塑，体现了媒介融合语境下纪录片产业发展的基本逻辑。

关键词： 媒介融合　纪录片　文化融合　泛纪实内容　再中心化

---

* 贺鸣明，博士，中国社会科学院大学新闻传播学院讲师，研究方向为视听传播。

　　哔哩哔哩（简称 B 站）作为国内目前最具代表性与成长性的新媒体视频平台，在媒介融合探索中走出了一条具有特点的实践路径。用户群体的数量、活跃度、黏性等核心数据持续提升，逐渐被以央视为代表的传统媒体、主流文化广泛接纳。最新公布的 B 站 2023 年第二季度财报显示，截至该季度末，B 站正式会员数达到 2.14 亿，同比增长 26%；日均活跃用户数达9650 万，同比增长 15%；用户日均使用时长 94 分钟，带动社区总使用时长同比增长 22%；月均活跃用户数达到 3.24 亿；月均互动次数近 150 亿次，同比增长 19%；该季度总营收 53.04 亿元人民币，同比增长 8%；广告业务收入同比增长 36%，直播收入同比增长 32%，整体毛利率由上年同期的15% 提升至 23.1%，稳步迈向盈亏平衡的目标。①

　　纪录片作为 B 站内容体系中非常重要的供给类型，在 B 站近年来的跨越式发展与关键性转型中扮演了非常重要的角色。笔者以纪录片类型内容供给作为切入，对 B 站的媒介融合实践路径进行梳理总结，以期能够为当下及未来媒介融合发展提供借鉴参考。

　　整体而言，B 站的媒介融合之路是在主观与客观两种因素的共同推动下开始的。媒介融合于 2014 年在宏观政策层面被确立为发展战略，由国家广播电视总局专设媒体融合发展司具体推动落实。与此同时，以 B 站为代表的新媒体平台游走在主流文化与亚文化之间，饱受监管问题的困扰。一方面，传统媒体需要以媒介融合来化解青年用户流失、注意力转移、广告价值走低等多重危机；另一方面，B 站也亟待借助媒介融合来摆脱以二次元为标志的亚文化社区定位，为自身整体转型赢得机会。在此背景下，传统媒体与新兴媒体开始逐渐探索与实践媒介融合的方向与可能。

　　第一阶段。"央视综合""央视财经""央视纪录""共青团中央"等先后入驻 B 站，尝试宣传推广等项目合作。2016 年央视纪录片《我在故宫修文物》在 B 站投放，迅速成为爆款。B 站随后发起了"纪录片寻找计划"，借助社会层面的团队资源陆续推出了《人生一串》《但是还有书籍》等深得

---

　　① 参见 B 站 2023 年第二季度财务报告。

青年群体喜爱的纪录片作品。

第二阶段。2018 年，B 站与人民日报签署战略合作框架协议，举办"媒体融合发展论坛"，并共同发起成立媒体融合公益基金。2021 年底，B 站举办首届纪录片发布会，发布未来待播的 21 部纪录片片单，提出将纪录片作为其知识内容领域的头部创作核心，并发起了"暗室灯计划"，旨在扶持纪录片新人新作。同年底举办的 B 站营销大会，明确了下一个阶段内容供给战略，即在巩固既有国创优势基础上，聚焦影视、综艺、纪录片等长视频内容。

第三阶段。2023 年 5 月，B 站举办第二届纪录片发布会，再次强调了纪录片在其内容供给端的战略地位。一方面肯定了纪录片的独特品性，认为其在 B 站极具成长性。纪录片是人类历史上最古老、生命力最长久的影像形态之一，B 站用户对纪录片的消费黏性与频次超出预期。2017 年至今，B 站累计出品 122 部纪录片作品，播出 4718 部纪录片剧集，成为国内最大的纪录片观看平台以及出品方。另一方面明确了未来 B 站将在纪录片上持续性战略投入，在打造深度、有价值的纪录片内容的同时，持续挖掘行业新产能、新题材。①

可见，当下的媒介融合已经进入了下半场，传统媒体与新兴媒体将进一步相互渗透，经由产品融合、渠道融合，逐渐进入平台融合、生态融合。经由 B 站的上述转型与内容供给创新实践，可以一探媒介融合语境下纪录片的发展趋势。

一　融合态势：从形态融合到文化融合

媒介融合是一个探索中的渐进过程，如果把上半场的工作总结为以互联网为特征的新媒体对传统媒体形态与价值的重构，那么下半场则是持续推进媒介之间的相互渗透，经由平台、生态融合，最终实现文化融合。

（一）以"形态融合"始

在本质上，媒介融合乃是传统媒体与新兴媒体的彼此学习与取长补短。

---

① 参见 2023 年 5 月 B 站第二届纪录片发布会，副董事长 COO 李旎的现场发言。

传统媒体是这个融合过程的受益者，面对既有收视数据的下滑趋势与市场看空，可行之策便是与新兴媒体合作，跨越式提升系统性智能技术水平，以更加精准高效的方式实现既有内容与目标用户的触达，并推动二次传播、多次传播，实现长尾效应。

相较于传统媒体，新兴媒体同样在这个融合的过程中受益良多。B站平衡了自身文化经营模式继承与小众社群平台突围之间的矛盾，逐渐走入主流文化生态，并尝试以独有调性进行主流文化的诠释与表达。

《我在故宫修文物》在央视播出系统中的收视成绩不俗，作为优质内容继续在B站投放也被寄予了厚望，可以被视为传统媒体借力新兴媒体的典型案例。作为传统媒体的优质内容，《我在故宫修文物》在B站独特的内容分发、互动体系、社区文化中逐渐发酵，最终成长为一部"网红纪录片"。《人生一串》则可被视为新兴媒体对于主流媒体优质内容的话题衍生开发。其话题源自央视美食题材的现象级作品《舌尖上的中国》，经由热度的延续与视听话语形态的重构同样实现了爆款目标。

可以说，始于"形态"的媒介融合让传统媒体与作为新兴媒体的B站尝试了将自身的媒介理念投射到对方的广阔疆域，发现了各自传播生态网的巨大增量空间，可谓双赢。

（二）以"文化融合"终

文化作为一种实践具有成长性，而媒体则是文化生产的空间场域。相较于传统媒体，新兴媒体作为文化生产空间具有显著差异性。"文化生产新空间，是在新的历史条件下形成的一种文化生产的机制与空间，具有面向未来、着眼青年、超越传统以及走向全球的特点，在这一空间内进行文化生产，不仅只是创造文化产品，而且还将直接期待以文化人的作用。"① 新兴媒体作为文化生产空间，一方面与青年、全球、未来相互连接，另一方面与

---

① 郑长忠：《文化生产新空间中的传统文化再加工——对二次元、网上文化社区与弘扬传统文化关系的研究》，《中国青年研究》2017年第9期，第82页。

278

乡土、传统与历史相互守望，经由自身特殊的场域实现它们的融合转化。放眼当下的媒介融合进程，影响其纵深发展的关键性制约因素就是文化上的融合。

从文化融合的角度而言，B 站的探索实践乃是主流文化与亚文化的黏合。B 站从二次元群体扩展到更普遍的社会大众，小的二次元文化也逐渐解构并被主流文化所吸收融合。同时，B 站 UP 主们的内容生产不局限于动画片，已经覆盖了音乐、娱乐、科技等 11 个大类 7000 多个文化圈层。[①]

具体而言，B 站依靠平台广泛的内容生产者成功实现了转型，学习区直播、生活区 vlog、泛纪实学习资源等多元化内容成为主流。彰显 B 站传统的弹幕机制与二次创作，一方面继续聚集、黏附广大用户集体狂欢，实现 B 站生态圈的持续性与扩展性；另一方面这些方式看似解构主流文化，本质上是以社会未来中坚力量青年群体的个性话语完成了社会主流价值观的再表达与再传播。

B 站二次元的造梗能力与弹幕系统的参与机制，让主流文化经由青年话语标签实现流量的跃迁，最终完成价值的高效传播。"B 站传统文化作品的爆款现象，是差异性表象下的文化认同，也是民族文化连续性的症候再现。"[②] 某种意义上，二次元文化已经褪去了亚文化的标签，化身为因兴趣而生成的社区意识与分享精神，为民族传统文化古今之间的传承与发展注入了活力。

二 内容生态：从纪录片到泛纪实内容

B 站纪录片内容生态的逐渐形成，得益于对平台用户的准确把握。B 站的纪录片用户可以分为三类，即重度用户、兴趣用户与泛用户。其中，重度

---

① 参见 2018 年"媒体融合发展论坛"，B 站董事长兼 CEO 陈睿的现场发言。
② 曲景春、张天一：《网络时代文化的断裂性和连续性："B 站"传统题材作品的"爆款"现象研究》，《现代传播（中国传媒大学学报）》2018 年第 9 期，第 86 页。

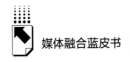

用户大部分是 25 岁以上的职业人群，这部分人对纪录片内容有着高消费力与强大需求。①

（一）纪录片"打破次元壁"

在媒介经由"形态"到"文化"的融合过程中，通过传统媒体纪录片在 B 站内容系统的再传播的初步试水，逐步开启了网生纪录片的生产序幕。"能够'破圈'的影视作品，多是在针对性和普遍性、专业性和娱乐性、圈层价值和普世价值、垂直表达和共通表达之间有妥帖的拿捏，也往往经历了'先入圈，再出圈'的过程。"②

围绕青年群体进行多元化的题材设置。从 B 站首届纪录片发布会的片单来看，21 部作品被划分为三类：烟火、万象、人间。《生活如沸 2》《人生一串 3》等美食题材作品位列"烟火"部分。《绿色星球》《科学未解之谜》《流言终结者》等自然题材作品位列"万象"部分。《人生第二次》《但是还有书籍 2》《我们是这样长大的》等人文题材作品位列"人间"部分。在与 B 站第二届纪录片发布会片单 36 部作品的比较中，除了继续深耕美食、自然、人文等题材，可以发现如下变化。一方面，题材内容围绕科幻、健康、设计、考古等专业领域大幅延展，例如与上海市精神卫生中心合作推出《是坏情绪啊，没关系》、与清华天文技术中心合作推出《了不起的实验室》等。另一方面，持续深化与 BBC Studios、国家地理、探索频道等传统海外厂牌的多层次交流合作，通过联合制作的方式在《单挑荒野》《亘古文明》等作品中注入更多的自我表达与元素呈现。

契合青年群体的话语方式与审美旨趣。首先，整体上这些纪录片能够激发年轻人的好奇心与同理心。如 B 站自制作品《宠物医院》，聚焦当下宠物医疗的现状，通过真实的故事与真挚的情感，引发青年群体的广泛参与，思考人与动物的相处方式。其次，视听语言的创新使用符合青年群体的接受习

---

① 参见 2018 年"媒体融合发展论坛"，B 站董事长兼 CEO 陈睿的现场发言。
② 刘俊：《边界模糊、景观多元、传播渗透：融媒体时代视听发展新趋势——2019 年中国影视发展观察》，《编辑之友》2020 年第 2 期，第 61 页。

惯。如《但是还有书籍》使用了极富个人色彩的声音，彰显了节目人格化属性，已经成为当下纪录片创作领域中一种新的方式。再次，B 站的弹幕机制满足了青年群体的参与诉求。他们热衷于追求个性自我与独立表达，彰显了流行文化的活力与创新。如《但是还有书籍》中的演员推荐书单环节，弹幕内容由最初的感性表达逐渐回归理性交流，最终专注于节目中的书籍与人物，这也从侧面印证了弹幕机制对用户的内驱力。最后，B 站还有以弹幕再生产与视频再生产为典型的二次创作机制，前者对作品内容进行即时评论与补充，后者按照自己的思路对原作直接进行重新剪辑，本质上它们延展了纪录片作品的表意空间。

总体而言，B 站近年来推出的优秀自制纪录片作品昭示了未来网生纪录片的精品化趋势，同时在既有的类型化与工业化生产的纪录片生态中，它在某种意义上唤起了纪录片本体话语的回归。

（二）泛纪实内容生态建构

网生纪录片作品显然只是 B 站纪实内容供给的头部，其更为海量的是泛纪实内容的生态建构。这样的战略定位深度契合当下视听产业中的融合趋势，泛纪实的跨界作品开始出现，逐渐建构与丰富着泛纪实内容生态系统。从另一个维度看，B 站是在鼓励广大用户变身纪实 UP 主，最后扶持有潜质的纪实 UP 主成长为纪录片创作者。通过这种形式，B 站将向纪录片行业源源不断输送人才和题材，让纪录片这种内容形态和 B 站的内容生态进行更深度的结合。[①] B 站的主体性在平台、用户与 UP 主之间的互动过程中更加凸显，开始引导用户品味并着手布局泛纪实内容生态系统。

B 站的目标用户被精准地描述为：物质条件优越、尊重知识、注重精神世界，甘愿为优质内容付费。[②] 基于此，B 站可以改变与用户之间生产者与消费者的传统定位，变为互联网泛纪实内容生态的共同缔造者。"人们在中

---

① 参见 2021 年 11 月 B 站首届纪录片发布会，副董事长 COO 李旎的现场发言。
② 同上。

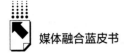

介化互动中创造了新的语言表达方式和社交线索，以此为基础创造了新的社交语境和文化，并重塑了新媒体本身。"[1] 某种程度上 B 站作为新兴媒体平台，在目标用户与内容生态之间推动了二者耦合关系的达成与实践。

在 B 站的历次官方活动中，很多知识类 UP 主被提及。如"智能路障"UP 主聚焦鲁迅，积极参与关于鲁迅的社会热点议题讨论；"茂的模"UP 主聚焦量子物理，依托专业知识讲述极具想象力的故事；"沙盘上的战争"UP 主聚焦经典战役分析，通过平实的讲述与扎实的沙盘推演来再现战役的完整过程。这些优质 UP 主已经成为 B 站泛纪实内容生态中的重要节点。

三　角色重塑：从去中心化到再中心化

（一）去中心化

带着社区运营底色的 B 站，能够在同类平台中胜出，把握了社区运营的三大基石，即机制、内容、用户。B 站曾经的运营机制的核心是去中心化，以弹幕机制为典型。弹幕已经化身为 B 站节目内容的有机组成部分，彰显了每位用户的自我选择与个性视野。

在 B 站的成长中发挥了关键作用的专业用户生成视频，也是凭借着平台流量的去中心化实现了持续生产与良性循环。如 B 站首页的推荐位，以及每个内容分区右侧设置的排行榜，可以展示优质 UP 主的内容，个人中心的订阅功能还可以及时提醒 UP 主更新视频内容。发展转型中的 B 站以去中心化为突出标志，遵循兴趣社区的基本逻辑。UP 主与用户身份高度重合，在海量的、平等的个体之间不断地互动与循环，共同营造了一种独有的文化与氛围。

（二）再中心化

当下 B 站已成长为中国纪录片产业最大的出品方之一。B 站曾经以去中

---

① 〔美〕南希·K. 拜厄姆：《交往在云端：数字时代的人际关系》，董晨宇等译，中国人民大学出版社，2020。

心化的战略实现了用户生成视频的良性生态，而当下它正在以再中心化的战略，谋求成为网络社会的新文化中心。

在媒介融合的初期阶段，B站曾经上线过一部重要的纪录片作品——《我在故宫修文物》。其由传统媒体央视出品，无论是题材内容还是叙事呈现都堪称精良，在B站播出后引发青年用户的强烈反响。不可否认，B站的广泛参与以及大众狂欢底色乃是该片达成上述成绩的主因。但这也让B站运营者开始深刻意识到，得益于传统媒体在内容把控能力上的长期积累，使得这些作品在整体质感上与以UP主视频为代表的网络视听生态形成了巨大的反差。可以说，《我在故宫修文物》为B站提供了向央视等传统媒体进行集中学习与反思的契机。

认识到源于传统媒体机构的纪录片作品的优良品质，B站开始扭转被动的姿态，主动发起"寻找计划"，其身份也悄然由纪录片播出平台转变为纪录片联合出品方，先后推出了《人生一串》《守护解放西》等优秀作品。一方面，"寻找计划"可以为纪录片创作者提供亟须的资金、平台与商业扶持；另一方面，传统媒体制作团队可以为平台提供围绕现实生活呈现的鲜活纪录片作品。"寻找计划"中的B站依旧没有彻底扭转"被选择者"的角色，本质上是以各种扶持政策与传统媒体平台、其他新媒体平台进行竞争，以此吸引成熟、优质的纪录片生产合作方。

与人民日报签署战略合作框架协议、举办媒体融合发展论坛、成立媒体融合公益基金，成为B站姿态与角色彻底转变的序幕，平台自身不再满足于作为一个分享者，而是要通过与传统媒体的深度融合，实现网络社会新文化中心的华丽变身。B站的首届纪录片发布会，以片单的形式对未来待播纪录片进行主动规划与布局，还推出了定位于纪录片创投会的"暗室灯计划"，进一步明确了自身在网络社会文化结构中的主体性定位。B站的第二届纪录片发布会，增长的片单可以视为对上述角色的持续深入践行，此外还推出了"探照灯"与"恒星"等内容扶持计划。按照"探照灯计划"，B站将针对纪实内容专设提案渠道，并举办常态化的提案会，持续筛选内容选题与创作团队。依照"恒星计划"，B站将与国内外的业内优秀厂牌与机构进

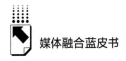

行内容合作，开拓更加多元的题材领域，产出高品质纪录片内容。

随着媒介融合的纵深发展，无论是纪录片本体的内容架构与话语方式，还是纪录片与新媒体平台之间，抑或是纪录片生产传播链条中的节点各方之间，都将发生巨变与重构。B站从形态到文化的媒介融合态势、从纪录片到泛纪实的内容生态、从去中心化到再中心化的角色重塑，体现了媒介融合语境下纪录片产业的基本逻辑，也在一定程度上昭示了纪录片的未来发展趋势。

参考文献

B站"寻找计划""暗室灯计划""探照灯计划""恒星计划"等相关内容。
曹晓静：《从小众亚文化走向主流的B站》，《新闻研究导刊》2017年第13期。
彭兰：《文化隔阂：新老媒体融合中的关键障碍》，《国际新闻界》2015年第12期。

B.17
大数据时代全媒体国际传播
跨界融合的创新模式研究

韩晶晶　赵燕飞　王金妍　赵允智　熊奕瑶*

摘　要： 国际传播是全方位、多层次、立体化、动态性的传播工程。大数据时代，基于科技创新的驱动力量，国际传播舆论生态、传播方式、叙事模式等方面发生重大变化，探索讲好中国故事的新理念和新路径迫在眉睫。本报告以中国搜索"中国好故事"数据库为实证研究案例，深度剖析其借助国际传播创新平台，助力媒体融合、增强中国式现代化叙事策略的"4I模式"，并通过多维度竞品分析，从内容、平台、技术、推广方式四个方面出发，总结提炼大数据时代有效提升国际传播效能、增强全媒体国际传播成效的创新发展路径：项目制与定制化并行的内容生产方式、提升技术能力与技术路线的技术手段、基于跨文化思维完善用户体验的平台建设思路、多方合作与产学研融合并进的推广模式。

关键词： 中国式现代化　叙事体系　国际传播　大数据　全媒体

---

* 韩晶晶，编辑，现任中国搜索国际传播部副主任，研究方向为国际传播；赵燕飞，编辑，现任中国搜索国际传播部副总监，研究方向为国际传播；王金妍，初级编辑，现任中国搜索国际传播部副总监，研究方向为国际传播；赵允智，编辑，现为中国搜索国际传播部国际传播编辑，研究方向为国际传播；熊奕瑶，初级编辑，现为中国搜索国际传播部国际传播编辑，研究方向为国际传播。

一 大数据时代全媒体国际传播的背景探析

讲好中国故事，传播好中国声音，展示真实、立体、全面的中国，是新时代我国加强国际传播能力建设的重要任务。当前，国际传播"东升西降"趋势日渐明显，但西方现代化主导下的叙事体系仍然控制了世界主流话语的生产与传播，这套叙事体系形成的"铜墙壁垒"需要用跨界思维予以拆分，以启示大数据融合传播语境下中国式现代化叙事体系的完整塑造，最终在西方话语困境中突围。

（一）时代之需：加快构建中国式现代化叙事体系

中国式现代化蕴藏了新时代中国应对全球化挑战的包容开放之道。新时代的国际传播以中国式现代化为讲述中国故事的基本线索，需要明确甄别国际话语环境的变化以及适时调整传统对外叙事思路。[①] 面对驳杂的国际话语环境和社会思潮，如何在中国式现代化话语传播中体现我们的制度、理论、道路、文化自信，讲述独立自主、逻辑自洽的中国故事，迫切需要从叙事思路上予以转变。[②] 中国式现代化叙事体系作为时代之需，是科学反映中国式现代化理论自洽、实践证道与价值融通的表达方式，是承担起中国对外叙事、凝练中国话语、回应国际质疑的关键体系，也是新时代中国建设自主独立的国际传播叙事体系的核心话语。

（二）数据之维：精准施策高效提升国际传播效能

当前，以大数据为代表的信息技术加速推进全社会数字化进程，重塑整个传媒行业的传播流程和发展业态。面对复杂的国际舆论格局和媒体深度融

---

① 张慧瑜、陈昱坤：《中国式现代化的叙事体系与国际传播策略》，《对外传播》2023 年第 3 期，第 13~17 页。

② 张慧瑜、陈昱坤：《中国式现代化的叙事体系与国际传播策略》，《对外传播》2023 年第 3 期，第 13~17 页。

合趋势，大数据技术对融媒发展的重要性与价值意义越发凸显，其信息融合与开放共享的特质，颠覆性改变了原有的国际舆论生态和传播范式，同时也对新时代国际传播工作提出了全新要求。如何借力大数据技术与智能算法，开展"一国一策"差异化传播，精准覆盖目标受众，抢占国际舆论主动权，已成为国际传播全新课题。

（三）破解之法：多维度完善大数据时代全媒体模式

全媒体主要指的是采用文字、音视频、互联网页面等多媒体表现方式完成信息的展示与传播的一种信息传播模式，具有全面综合性、个体包容性、服务精细性、实时互动性的主要特征。[①] 基于媒体在转型过程中面临的国际传播话语困境分析和大数据时代带来的技术机遇分析，为突破可能出现的传播渠道话语权被针对性压制的困境，我们应积极运用大数据时代新技术，构建线上、线下相结合的多渠道、多方面、多领域触达目标受众的全媒体传播体系，以积极拓宽传播渠道。

随着新时代国际传播范式重构与趋势演变，亟须进行系统性、前瞻性的路径创新。基于前文所述的诸多背景与现实需求，由新华通讯社主办、新华社中国搜索承办的"中国好故事"数据库，作为国家外宣工作的创新性、基础性平台应运而生。依托中国搜索的资源优势与大数据技术优势，"中国好故事"数据库实现了对中国故事的资源重组。本报告将以"中国好故事"数据库为案例，探讨在大数据时代全媒体思维的主导下，"中国好故事"如何开拓传播中国故事的新方式。

二 大数据时代全媒体国际传播跨界融合的创新模式："中国好故事"数据库国际传播的"4I 模式"

"中国好故事"数据库以"权威搜索中国故事，创新传播中国声音"

---

① 王晓：《全媒体发展现状分析和传统纸媒新闻记者转型探索》，《新闻传播》2023 年第 11 期，第 92~94 页。

为初心使命，依托中国搜索的资源优势与大数据技术优势，目前已发展成为以数据库为技术引擎，移动应用与社交媒体为传播矩阵的综合性外宣公共服务平台，在持续探索讲好中国故事，提升国际传播能力新思路、新方法、新理念基础上，提炼出国际传播实践的"4I模式"（原创价值的中国叙事、故事导向的数据库创新、面向国际的外宣公共服务平台、聚力IP的发展策略）。

（一）原创价值的中国叙事

"原创价值的中国叙事"，指"中国好故事"数据库以原创故事为主，汇聚来自多层面的中国故事，展现丰富多彩、生动立体的中国形象。无论是文学、绘画、歌曲、舞蹈等多种艺术形态中承载的文化符号，还是纵贯五千年浩瀚文明历程中的历史记忆，都汇聚成经纬交织的中华文化，这些故事反映了各自所处时代的精神风貌，也让今天的中国人重识传统文化、重塑集体记忆、重聚情感认同。

中国式现代化叙事体系的建构，需最大限度地彰显马克思主义与中国具体实际相结合的"中国特色"，以中国为观照，以时代为观照，推动中华文化在古今中西"十字路口"的对话和转化，生产在地知识，并持续增进其世界意义。在国际传播实践中，体现"文化自信"意味着要在西方文化霸权的围猎之下，客观理性地认识到本民族文化的价值，着力把握中国故事的内容设置和叙事策略，掌握文化主导权，另辟蹊径，走出一条属于自己的中华文化之路。

1. 内容设置：双重视角多点布局，复合传播打好"组合拳"

从过去传统、单一的宣教内容与宏大叙事，到今天融合、丰富的叙事视角与多点布局，中国故事的内容设置方式与时俱进。讲好中国故事，既要在宏观层面全面展现并深刻描摹中华文明、伟大实践、核心价值观，也需要聚焦个体命运，提炼浓缩普通人的日常故事，实现情感共振。

宏观层面，将宏大叙事个性化。主流话语和宏大叙事如何讲述得更亲切、更生动，如何从"宣教"意识形态转变为"宣介"中国智慧，是当前国际传播内容生产中首要面临的转型问题。"中国好故事"数据库精心打造"学习故事"原创品牌栏目，自2019年底开设专栏以来已发布31期，多期稿件被中央网信办在全网范围内重点推荐，新华社客户端、学习强国平台等端口累计访问量超过8000万，入选中央网信办主办的2021中国正能量"五个一百""百篇精品网络正能量"精品作品。该栏目以习近平的故事、习近平讲述的故事、习近平用典的故事和习近平点赞的人物故事为主线，采用"第三人称+多元叙事"方式，通过"故事"的技巧性延展与视听符号的呈现，推动"故事"背后治国理政思想与智慧的二次传播；通过"学习"意义的双重关联与"故事"概念的直白表现，技巧性地弱化了"学习故事"的政治传播语态，将中国经验与中国智慧通过习近平的叙事视角进行表达，短视频和网络推送相结合，将宏观故事以一种更有个人温度、个体情怀与个性色彩的方式传播出去。

微观层面，将日常故事情感化。"中国好故事"数据库在制作纪录短片《中国脱贫故事》时，也使用了代入感强的第一人称叙事角度，通过聚焦一个个普通人改变命运的故事，以及奋斗历程中的人情味和烟火气，交换共通情感，传递中国温情。作品凭借良好网络传播效果获得了国家广播电视总局颁发的"2021年第一季度优秀网络视听作品推选活动优秀作品"奖。除此之外，"中国好故事"数据库还邀请了外籍记者深入脱贫一线体验式拍摄，通过外籍人士讲述他们眼中的中国，打造"外眼看中国"系列作品。

内容布局，覆盖全面且重点突出。在国际传播中，中华文化的博大精深和中国实践的多姿多彩需要通过合理的布局才能发挥其最大效益。一方面，不同内容要在时间、空间、数量上进行配置，考虑不同产品在传播中的时效性、精准化和结构性；另一方面，要建立系统、完整的内容布局策略，发挥不同产品传播的协同性与一致性，展现集群效应。在内容结构上，"中国好故事"数据库中文板块设置"4+1"内容板块（见图1），较为全面地集中展现中国实践、中国方案，具体分类如下：①学习故事：习近平的故事，习近平讲故事；②治国理政：经济建设，政治建设；③合作共赢：大国外交，周边外交；④中华文化：传统文化，文化传承；⑤奋斗圆梦：时代楷模，改革先锋。"中国好故事"数据库英文板块（见图2）围绕"Xi Jinping's Stories"（习近平的故事），"China Miracle"（中国奇迹），"Innovative China"（创新中国），"Belt and Road Stories"（"一带一路"故事），"Diplomatic Stories"（外交故事），"China in Foreign Eyes"（外眼看中国），"Around China"（中国故事）七个主题搭建了内容框架。

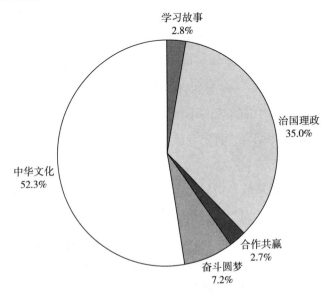

图1 "中国好故事"数据库中文板块分布

在内容主题上，此类布局细致全面地展示了中国故事的各种语态类型，既有传统文化，又有时代热点。在内容形态上，呈现多模态融合特征，文字、图片、音频、视频等形式各取所长，在布局中放眼全局、相互配合、调剂余缺。这在一定程度上避免了相同内容平移性的简单重复，为充分体现各种媒介形态的可接近性、可获取性、可接受性和可理解性及发挥其整体效应提供了可能。

2. 叙事策略：细分用户聚焦青年，突破圈层吸引"Z世代"

"Z世代"（Generation Z，95后，主要代指1995~2005年出生的人）作为伴随互联网形成与发展的"数字土著"，正逐渐成为社交媒体时代的主力

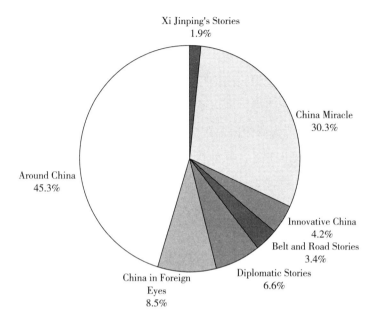

图 2　"中国好故事"数据库英文板块分布

军。他们依托社交媒体了解世界、寻求认同、展现自我。因此，要讲好中国故事，亟须把握数字时代传播分众化特点，只有根据用户偏好进行内容产品差异性策划与精准化推送，才能着力打造契合"Z 世代"文化需求的中国故事产品，实现国际传播面向青年群体的破圈突围。

采取分众化叙事策略，突破圈层茧房。放弃大众化的叙事模式，聚焦"Z 世代"进行专门化传播。当前，短视频成为"Z 世代"实现自我表达与信息消费、实现情感联结与深度社交的重要方式。针对这一形势，一方面，内容生产者从内容策划、话题选择、叙事方式等方面满足"Z 世代"用户的观看偏好，提升产品的原创性与社交性；另一方面，从传播渠道、传播媒介、交互体验等方面不断迭代升级，聚焦年轻用户的使用习惯，实现破圈传播。例如，在创作方面，积极打造具有辨识度、体系完善的动画作品，尝试以"Z 世代"感兴趣的叙事方式讲好中国故事，激发海外"Z 世代"受众在社交平台中的情感共鸣与深度互动。在渠道方面，秉承平台优先，拓展"Z

世代"新受众的理念，不断拓宽海外传播的多平台开发与宣传推广渠道，以吸引更多的"Z世代"群体。

创新垂直运营模式，拓宽触达"Z世代"人群的路径。近年来，布局海外社交媒体传播矩阵已成为我国国际传播实践的重要举措，媒体机构根据目标用户画像开设个性化账号，并以垂直模式运营，取得了一定的传播成效。"中国好故事"数据库海媒矩阵品牌分社有数十个风格各异的垂类账号，各账号累计播放总量超6.1亿，累计粉丝总数超107万，借助垂类运营方式，有效缩短传播路径，取得了良好的传播效果。

人格化账号运营，激活社交参与。"人格化"是"中国好故事"数据库有别于其他国际传播机构的显著特征。人格化所蕴含的对话意识，体现出双向对等传播、理解与尊重的国际传播共识。"以我为主"的单向传播已经难以在当下取得较好的传播效果，而对垂类账号进行人格化设计，建立起用户与账号之间的准社会关系，或是将视频中出现的文化符号打造为拟人化的IP，让用户更容易在视频观看过程中产生互动感，以提高用户黏性。"中国好故事"数据库海媒矩阵依据不同的"人设"形成海外传播账号体系，其中熊猫账号通过拟人化叙事打造了人格化账号。通过对大熊猫的自动追踪、拍摄、实时剪切以及后期故事改编，创作出一系列人格化作品，以熊猫为传播符号提升了故事感染力。此外，平台积极回应外籍用户留言反馈，并据此进行产品生产、运营和维护，这种传受双方深度互动、彼此促进的方式也是新媒体时代完善国际传播策略的有效举措。

综上所述，"中国好故事"数据库分别在分众化叙事、垂直化运营、人格化传播三部分重点突破，着力完善海外青年群体用户画像，拓宽信息传播路径，提高信息渗透力和中国故事的影响力。

（二）故事导向的数据库创新

数据库是我国国际传播能力建设的重要基础，建好、建强数据库对中国故事话语体系和表达方式的创新探索尤为关键。"中国好故事"数据库以《国家互联网信息办公室公布可供网站转载新闻的新闻单位名单》

为核心内容数据来源，提供中、英、法、阿、意五种语言的精品故事，截至 2023 年 6 月底，数据库中英文客户端及多语种页面总浏览量突破1 亿次。作为外宣基础性、创新性平台，"中国好故事"数据库对中国故事展开资源重组和数据挖掘，是在党管媒体的新闻管理模式下，向"党管数据"工作原则的靠近与实践，奠定了"故事导向"的国际传播策略基础。

1.建设策略：智能算法精准传播，蓄能资源激发原创动力

在数据库类媒体资源池常态建设中，亟须激发原创叙事动力，赋予数据以故事的温度，赋予历史以当代的关照，赋予中国故事以世界认同的情感模式。哪些案例能算作中国好故事？哪些模式可以加强主流媒体议程设置能力？哪些技术能助力中国故事的传播力、影响力提升？这些都是国际传播战略制订中需要思考的问题。"中国好故事"数据库将智能算法推荐、搜索引擎优化、多模态信息生成、AI 播报等技术运用到国际传播的工作中，这些技术在类似数据库的应用中并非首创，但"中国好故事"数据库率先将这些技术运用到国际传播能力建设中，具有重大创新意义。

优化算法推荐，实现精准传播。所谓"精准传播"，即依托智能算法推荐技术，精准分析用户画像，实现对用户的个性化推荐，打造垂直化传播，赋能用户增长。以算法为底层逻辑，"中国好故事"数据库通过深度学习实现对中国故事、中国实践和中国经验的特征分析，形成多样化传播样态，助力内容分发。以多维度检索标签为重要抓手，数据库定制专有搜索词库，提高信息搜索准确度，为用户提供"一站式"智能搜索服务。以知识图谱为技术支撑，上线展示模块和相关搜索功能，实现对信息迭代发展的深度分析和相互补充，从而更加全面地呈现内容关联，提高用户阅读体验。

智能连接用户，丰富视听体验。将内容智能生成技术运用到内容生产中，不仅可以实现故事的人格化传播，还有助于打造健康、清朗的内容生态。"中国好故事"数据库依托算法和大数据技术实现内容智能生成，并依托传播矩阵创新内容形式，以小见大地策划、生产多个细腻而生动的中国故

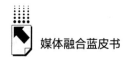
事。此外，数据库结合大数据处理技术、自然语言分析技术以及 TTS 语音合成技术，上线中英文 AI 语音播报功能，以语音讲述的方式呈现中国故事，将单调的纯文本转变为颇具现场感、沉浸感的电台节目，提高中国故事海外传播的趣味性、亲切性。

以数据驱动内容生产是融媒体时代国际传播实践的必然要求，也是高效设置国际传播议程的重要方法。通过对智能算法、AI 播报等技术的综合运用，激发原创动力，推出数字化、智能化的数据库建设策略。

2. 应用场景：数据驱动跨界融合，以故事导向打通内容链条

从选题策划、内容生产、数据分析到效果评估，拥有良好的数据库资源、实力强劲的数据库技术和充分利用数据库的能力，能够帮助国际传播平台实现贯穿内容生产全链条的效果提升，也能助力身处其中的国际传播工作者激活灵感、阐发思考、破除障碍、提供路径。

重视产品孵化，做好精准传播。通过对数据的深入分析，一方面，将大数据技术前置至选题策划阶段，提炼海内外搜索量大、包含核心主题关键词的搜索请求，并运用知识图谱技术深挖数据间的关联，匹配出备选选题；另一方面，充分利用海量的数据库资源，收集与主题相关的故事线索。根据收集到的评论和点赞等数据，描绘用户画像及其社交媒体使用情况等，将大数据分析结果作为决策依据，实现精准传播与产品创新。

依托技术支撑，实施特色方案。将智能传播与大数据技术融入内容生产全过程，立足"用户导向"，才能为消除海内外用户间的文化隔阂提供可能。一方面，"中国好故事"数据库借助大数据技术对用户进行精准划分，绘制相应兴趣地图，并针对不同地域的文化背景、语言体系、价值观念等进行深入研究，探求共同点、寻找切入点，发挥中国故事的最大能量。另一方面，依托数据资源，通过大数据技术手段，整合并提炼海内外用户搜索量大、涉及核心主题的需求，并根据不同国家或地区的受众特点，实施更具特色的"中国好故事"数据库内容传播方案。以"中国好故事"制作的国传动画《一杯咖啡里的脱贫故事》为例，在选题策划阶段，团队对国内外搜索引擎反向爬取、清洗，处理用户提交的与"中国""减贫"等搜索请求相

关的数据，并采用知识图谱技术深度挖掘数据关联，最终筛选出"咖啡"作为撬动"脱贫攻坚"大话题的小切口，从而形成《一杯咖啡里的脱贫故事》短视频作品。

（三）面向国际的外宣公共服务平台

目前，我国公共服务，尤其是公共文化服务建设与人民群众日益增长的文化需求仍有较大差距，在建设均衡化、建设数字化、建设创新机制等方面还不够完善。"中国好故事"数据库致力于依托先进的技术手段与创新的发展思路，打造外宣公共服务平台，助力构建中国式现代化的国际传播叙事体系。

1. 平台搭建：多渠道搭建传播矩阵，多语种服务提升覆盖面

传播矩阵有很多维度，或关注生产环节，运用新技术实现跨媒介叙事，推出"5G+4K/8K+AI"组合拳；或关注国际传播内容体系，在价值导向、报道主题、报道视角等层面构建多元矩阵；或立足分发环节，多点触达社交媒体、网站、移动客户端的多渠道发布矩阵——通过 TikTok、Instagram 等海外社交平台账号首发视频，形成传播矩阵，让账号间相互带动形成社群效应，达到生态互联的效果。另外，充分利用海外媒体平台、《纽约时报》广场大屏等媒介，进一步打通国际传播全链条，努力拓展全方位覆盖、全天候延伸、多领域拓展的跨文化传播路径，丰富海外话题生态圈。

此外，"中国好故事"数据库借助多语种、多模态形式推进中国好故事的全球化表达、区域化表达、分众化表达。通过多种语言实施差异化的版面语言和内容策划，除了中、英双语，还扩充建设了阿拉伯语、意大利语、法语故事专题。多语种服务模式使"中国好故事"数据库覆盖了更多不同国家、不同语言、不同文化背景的多元受众，有效提升了平台传播力与覆盖面。

在平台功能上，"中国好故事"数据库一方面设置"治国理政""合作共赢""中华文化""奋斗圆梦""学习故事"内容板块，并根据时事热点设立脱贫、抗疫等相关专题，将数据库的多语种内容进行分类，切实满足海内外用户需求；另一方面，计划推出"中国好故事"数据库英文搜索服务，既能打通国内"大外宣"英文资源的重要方式，也是构建中国式现代化话

语体系的重要一步。

2. 内外合作：整合资源区域联动，多维合作共享文化价值

建好外宣公共服务平台并非一日之功，也并非一家之力。一方面，国内信息、数据资源的充分涌流是建设、建好、建强"中国好故事"数据库的必然要求；另一方面，打通宣传推广的合作渠道，实现多区域联动的故事推广是提升品牌影响力与知名度的重要路径。

整合资源，推动区域联动。在文化资源层面，"中国好故事"数据库借助区域联动的合作模式，实现线上线下同频传播，突破了传播媒介时空场景的限制。"中国好故事"数据库举办的大型融媒体活动《记录美好时代·英雄故事》在江西、河南、吉林长春、浙江温州等地同时举行，线上活动通过微博、抖音、快手等平台实时直播。在活动中征集到 800 余部抗疫、脱贫等主题视频故事，视频累计播放量超过 2 亿。这些用户生产内容的交汇、激发、碰撞、凝聚，为"中国好故事"数据库提供了源源不断的内生动力。

力拓合作疆域，提升传播效果。通过推进跨区域、跨平台、线上线下的联动合作，外宣公共服务平台的价值和影响力得以充分彰显。根据项目和产品需要，"中国好故事"数据库与内外宣组织、媒体、教育机构开展合作，其中最为主要的是利用机构的海外平台账号传播原创视频内容。在海外，平台曾与法国驻华大使馆合作，作为联合主办方和媒体支持单位，连续 2 年开展戛纳线上线下影展活动；在国内，平台通过"故事号"方式邀请中央部委、企事业单位入驻并自发上传优质故事内容，初步汇聚各地方故事资源和各平台内容数据，为"中国好故事"数据库外宣公共平台的建设提供了基础条件和前提保障。

综上所述，通过多语种服务的拓展与夯实，吸引多元主体参与生产，推动平台内容的价值协同，共享海量权威信息资源，推动信息资源的流动和分发，为提高国际传播内容质量、传播效果，建强外宣公共服务平台的功能与效果提供了重要支撑。

（四）聚力 IP 的发展策略

IP，即知识产权（Intellectual Property）。通过共情、距离拉近、"软化"

硬核内容等方式，"IP化"凭借独有的亲和力与生动性，形成了更为灵活的中国故事海外传播产品生产策略。"中国好故事"数据库聚力以"动画里的中国"国际传播系列动画为代表的IP化策略，满足了沉浸圈层、热衷理想人设与文化跨界的"Z世代"内容需求，扩大内容产品传播力和影响力的同时，展现了IP化作为国际传播宏观策略的重要价值。

1. 共情策略：激活共通情感价值，挖掘社交传播动能

聚焦人类共通情感，增加视听产品的社交、互动属性是打造国际传播IP的有效途径。"中国好故事"数据库制作的"外眼看中国"中英双语系列短视频，讲述了外籍医护人员在中国重大疫情之下共情共鸣、共克时艰。又如以女性健康话题为切入点的中英双语动画短视频《接力》，使祖孙三代"中国医生"的形象和符号更有温度，该片海内外播放总量超5亿，斩获国家广播电视总局2021年度广播电视公益广告扶持项目电视作品类三类扶持项目、北京国际公益广告大会创意大赛一等奖等7项大奖。

2. 底层逻辑：硬核内容"软"着陆，小叙事传递大文化

在中国形象传播过程中，将海外受众眼中偏硬核、枯燥的政策性议题等内容，以IP形式实现硬核内容"软"落地，增强中国故事的可看性。"动画里的中国"系列动画在打造《一杯咖啡里的脱贫故事》时，为将"中外文化的对接与比较"这一思路具象化，对镜头语言、绘画技法、色彩运用、叙事方式、数据案例等要素进行了"软化"处理，同时，将中国古代哲学思想"阴阳"作为表达文化融合观念背后的底层逻辑，提升了咖啡作为桥接中外文化的哲学厚度。经过"软化"，不同文化背景的观众群体都能够快速理解视频内容，真切感受到中国政策对社会发展的影响，因此也扩大了中国故事海外传播的议题范围。

三 基于实证的"中国好故事"数据库传播成效

参与国际传播过程的传受双方是传播链条的两端，无论是前者作为行动者的思考、决策、行动、困惑，还是后者作为观看者的感知、体验、反馈，

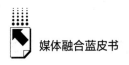

都对衡量一个国际传播平台传播效果具有重要价值。

据此，课题组开展了三组实地问卷调研。其一，对"中国好故事"数据库相关竞品进行深入调研分析，从横向比较的角度发掘"好故事"品牌在当前市场环境中的特征与价值；其二，对国际传播从业者进行问卷调查，从行动侧揭示传播过程中的普遍困境，试图厘清如何从内容生产角度建强国际传播力，如何更好地为国际传播工作者提供公共服务等问题；其三，对"中国好故事"数据库用户进行问卷调查，通过数据统计与分析，试图较为全面地呈现用户在接受传播内容、渠道、方式、形态中的感知与反馈，以科学、客观的方式评估"中国好故事"数据库产品、品牌、平台的实际传播效果。

（一）另辟蹊径积蓄"好故事"源头活水

1. 核心优势：专注垂直领域，聚焦细分需求

当前，与"中国好故事"数据库类似的平台主要包括三大类。第一类是基于传统主流媒体平台资源的图文型数据库。如由人民网制作的、已建成的"人民日报图文数据库"，收录人民日报1946年创刊至今全部图文报道；在建的南方报业中央数据视频库；中央广播电视总台拟建与论证中的"爆款短视频"数据库等。第二类是基于商用与科研服务的新闻资讯类数据库。如致力满足用户在新闻搜索/浏览、新闻传播分析、案例研究的需求等功能的"慧科新闻搜索研究数据库"；涵盖了全球政治、经济、教育、科技、体育等领域动态的、专业的电视新闻视频资讯搜索引擎"TVMVDB电视新闻资讯教研数据库"等。第三类是基于行业主题和垂直领域的科研型数据库。如收集了中国经济、金融与商学研究的综合数据平台"中国研究数据服务平台（CNRDS）""中国社会科学文库视频库""当代中国社会生活资料数据库"，以及聚焦中国传统艺术的"中国艺术研究院艺术与文献馆藏视频数据库"等。前两类数据库提供较为丰富的新闻资讯及"史料类""资料类"短视频搜索与研究服务，后一类数据库则多以科学研究为目的，论文图书文字类数据为主。

2. 创新特点：融合多重属性，汇聚优势资源

研究发现（见表1），此三类数据库都需要特定接口或服务购买才可以进行检索，并非公共服务性的免费开放平台，不直接服务内宣与外宣工作。这些数据库的案例收集、建设目的、服务对象等和"中国好故事"数据库工作形态和外宣公共服务平台的建设宗旨存在较大差异。这也突出了"中国好故事"数据库的独特性、创新性、引领性。"中国好故事"外宣公共服务平台的建设充分体现其国际性与本土性的创造性融合，独特性与公共性的连接，新闻性与原创性的整合。因此，"中国好故事"数据库基于聚焦故事的独特优势，较好地将新华社全球新闻网络的独特优势资源转化为国际传播公共服务的驱动力；同时，巧妙借力短视频和新闻数据服务，致力于打通政治传播、文化传播、公共传播的壁垒，初步搭建了新型外宣公共服务平台。

表1 "中国好故事"数据库相关竞品横向对比

数据库	数据特征	数据来源	涵盖领域	服务对象	语种	是否原创	搜索服务
慧科新闻搜索研究数据库	新闻图片、报刊报道、视频新闻、网络评论等	（1998年后）1200＋报刊、10000+网站论坛博客和1500＋社交媒体内容	图文新闻为主。包含"热门报道"和"热门关键词"搜索服务；智能化对比分析服务	企事业单位、高校、研究所	中、英	否	是
VMVD B天脉电视新闻资讯教研数据库	电视新闻资讯类视频	（2009年之后）200家国内国际电视台	视频新闻为主。涵盖界面定制，快速更新、永久下载保存、智能分析等服务	高校、研究所	中、英	否	是
人民日报图文数据库	人民日报所刊载新闻报道	（1946年创刊至今）新闻报道	图文新闻为主。涵盖搜索、保存服务	开放	中	是	是
南方报业中央数据视频库	南方报业集团视频类新闻	视频类新闻	视频新闻为主。涵盖搜索、保存服务	开放	中	是	是

续表

数据库	数据特征	数据来源	涵盖领域	服务对象	语种	是否原创	搜索服务
中国社会科学文库	1万种电子书、50万条目、70万幅图表图片	社会科学类书籍、报告、论文、图表、图片及少量视频	书籍、论文、报告为主,另有历史文献类视频。涵盖搜索、保存服务	高校、研究所	中	否	是
当代中国社会生活资料数据库	数据、文书、书信、日记、工作笔记等,总量15000余份,100多万页	来自民间	文书资料、笔记类为主。涵盖搜索、保存服务	高校、研究所	中	否	是
"中国好故事"数据库	视听形式为主,图文形式为辅,涵盖AI语音、动漫融媒、纪录视频题材,融合多种模态形式的故事数据	基于专业新闻搜索服务,聚合人民日报社、新华通讯社、中央电视台、光明日报社、经济日报社、中国日报社、中国新闻社全球新闻网络的内容资源	图文、音频、视频新闻、故事。支持PC端和移动端App的搜索、收藏、分享服务	公共服务性的免费开放平台,直接服务内外宣工作	中、英、阿、意、法	是	是

（二）创新平台赋能国际传播实践方案

1.平台建设：服务垂类需求，功能有待完善

"中国好故事"数据库打造以新闻和视听新媒体数据搜索为核心的综合性搜索。传统新闻搜索以用户搜索关键字对网址、网页内容的抓取、筛选、排列，主要以网页内容为主，对App等内容抓取能力较弱。"中国好故事"在数据搜索方面不断创新，从新闻权威性、真实性出发，容纳各大主流新闻媒体信息源，和普通商业搜索相比增加国情、理论等垂直搜索内容，既满足了用户使用碎片时间阅读新闻图文和浏览新闻短视频的强烈需求，也保证了信息的准确性和权威性。

本报告采取问卷调查的方式进行，于2022年1月1日至1月31日，向50名用户发放了问卷，列举了关于"中国好故事"使用体验的相关问题。发放问卷50份，收回有效问卷44份，无效文件5份。结合用户调查问卷，本报告发现（见图3）：在具体使用过程中，文字搜索功能得到了用户的高度认可（90.70%）；图片搜索功能则较被认可（41.86%）；语音搜索和音乐识别功能得到了少部分用户的认可（20.93%和12.95%）。

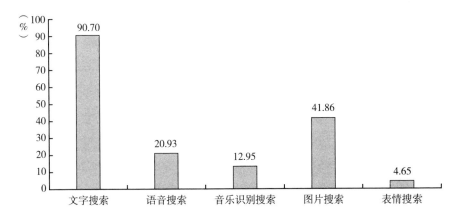

图3　用户喜爱"中国好故事"数据库的功能与服务

用户在使用"中国好故事"数据库的过程中，对"用户个人信息安全"给予了较高的评价（见图4），有65.12%的用户认为其安全性较高；48.84%的用户认为"中国好故事"数据库搜索结果准确度较高；以上两个维度是"中国好故事"数据库搜索服务的显著特征，也是用户偏好使用"中国好故事"数据库的影响因素。但页面美观程度、结果加载速度和功能更新速度这三个维度还需进一步提升服务质量。

2. 技术创新：多维标签体系，体验有待加强

从用户反馈来看，受平台特征影响，"中国好故事"数据库活跃用户及潜在用户对内容质量（检索内容的真实性和客观性）的满意度较高，值均在3.5分以上（见图5）。但在技术创新方面，虽然拥有5G+区块链+人工智能技术，但用户产品应用和感知性不强，因此"中国好故事"数据库还需

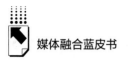

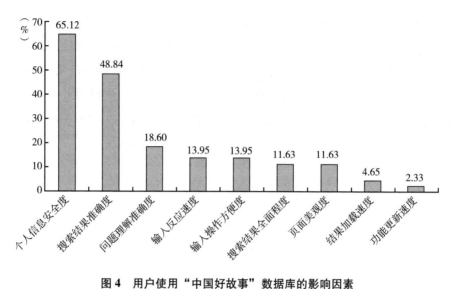

图4　用户使用"中国好故事"数据库的影响因素

要朝着智能化与个性化发展，降低技术使用难度，提升用户使用体验。调研对象普遍对"中国好故事"数据库发展潜力抱有极大的期待，认为其差异化的经营策略，能够极大规避商业搜索服务的负面因素，为用户提供"一站式"信息搜索服务，降低信息搜索时间和成本。

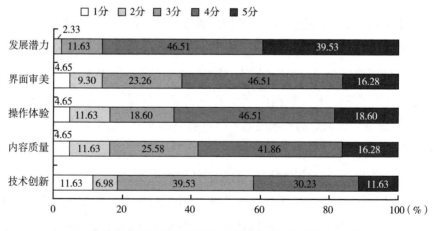

图5　用户对"中国好故事"数据库的服务打分情况一览

"中国好故事"数据库利用知识图谱技术,依托大数据对搜索关键词进行词频统计,建立数据关联。深入建立多维度标签体系,实现内容权威、分类科学、导航清晰、检索精准,为用户提供全媒体智能化的故事阅读体验。数据显示(见图6),有36.36%的用户认为"中国好故事"数据库使用比较便捷、易用,9.1%的用户认为便捷性较弱、较难使用和操作,34.09%的用户认为软件和网页UI设计有待提高。

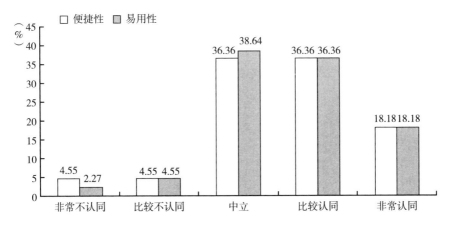

图6 用户对"中国好故事"数据库便捷性与易用性的评价

因此,"中国好故事"数据库在功能服务上需继续提升数据库技术,优化用户体验。具体而言,可以从故事受众分类指标、故事类型划分指标、故事内容选择指标、故事创作生产指标、故事质量评价指标、故事作品转化指标、故事整合传播指标、故事效果评估指标等维度入手,持续发挥技术优势,以大数据视角不断挖掘好故事,给予用户更好的使用体验。

(三)产学研联动共促传媒人才培养新路径

1.融合创新:深耕内容生产,创新内容形态

"中国好故事"数据库强调用多样化媒体形态为海内外用户提供生动形象的中国故事。本报告在进行内容产品传播效果评估时,围绕媒体形象、故事设计、内容表达、故事意义、前期期望、看后评价、转发意愿和中国形象

展示效果 8 个维度设计了评价量表，调研了用户对"中国好故事"数据库旗下系列短视频的评价。

从数据反馈来看（见图 7），用户普遍认为"中国好故事"系列短视频较好地展现了中国形象，其中《生日·节日》在前期期望中获得最高分；《一杯咖啡里的脱贫故事》在媒体形象、故事设计、内容表达、故事意义、看后评价、转发意愿和中国形象展示效果 7 个维度均赢得了最高分值。

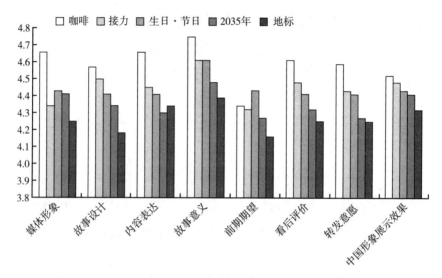

图 7 "中国好故事"系列短视频用户多维度评价平均分数

2. 反哺学界：走入智慧课堂，助力人才培养

"中国好故事"数据库为国传人才的培养提供了丰富的实践教学案例，结合数据可以看出（见图 8），超过 88% 的受访用户认为"中国好故事"数据库案例应引入高校国际新闻专业课堂，同时，绝大部分受访用户也认为"中国好故事"数据库将对高校智慧课堂建设做出较高贡献。以《一杯咖啡里的脱贫故事》为例，一方面，该片英文版作为课堂教学案例被收录进中国传媒大学的本科、研究生及双学位课程，尤其在国际新闻与传播国际留学生班的网络课程"New Media Criticism"中，教师向非洲、美国、泰国、巴基斯坦的研究生分析这则视频的背后深层意义；另一方面，该片还是 2020

年中国-东盟融媒体论坛暨"常态化疫情防控条件下的'一带一路'国际传播"工作坊的核心案例，获得与会东盟记者团的好评。

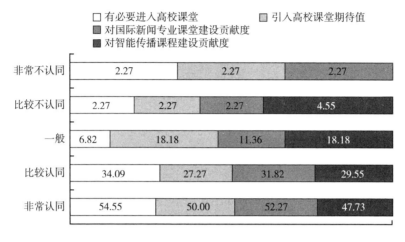

图8　"中国好故事"系列短视频引入高校课堂的用户评价

因此，国际新闻传播的创新人才培养能为我国国际传播事业的可持续发展提供强有力的支撑，具有深远的历史意义和现实意义。无论是"中国好故事"数据库中取得较好传播效果的产品成果，还是从叙事侧、技术侧、服务侧展现出的平台搭建经验，都能从业界反哺学界，展现出独特的实践视角与案例价值，未来可将其影响力从一部作品延伸开来，从"数据库"拓展出"案例库""教学库"等众多功能，为后续的国际传播课程设计、教学改革提供新的可能。

四　大数据时代全媒体国际传播的建设路径与对策

未来，国际传播体系的建设与发展不仅要抓住媒体融合技术新浪潮，更需把握跨文化传播的发展契机，做精传播内容、丰富外宣主题、优化平台渠道、拓展传播阵地，着力提高国际传播影响力、中华文化感召力、中国形象亲和力、中国话语说服力、国际舆论引导力，不断探索传播中国故事的新理念和新路径。

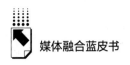

（一）内容生产：项目制与定制化并行

推进外宣工作项目制常态化发展，围绕国际热点、重大新闻与网络事件，跟踪大数据热点开展项目研发，讲述共情互惠民心相通的故事，是作为媒体机构、国际传播团队激活内容创新的流量密码，也是今后跨文化能力与数字文化新空间的建设方向。同时，深耕垂类内容，在运营过程中采取"一国一策""一群一策"模式，兼顾"普适化内容"与"中国实践"，同时拓展多语种图文、视频版本，全面打造差异化、精品化、多元化的作品，形成规模效应。做到既讲求区域协同，又讲求国别差异；既讲求长期谋划，又讲求因时而动；既讲求立场稳定，又讲求策略灵活。应当努力做到因国而异、因时而异、因事而异，注重国际传播的分众化和适用性。①

（二）技术手段：提升技术能力与技术路线

"媒介即讯息"②，媒介的形式就是内容的一部分，而媒介的形式又与其借助的媒介技术密不可分。因此，强化技术手段，不断提升技术路线与技术能力，终将反哺内容生产。在内容常态化建设下，需要大力发展技术路线，如加强大数据挖掘技术、优化推荐算法，使其能够更加智能地辅助内容的定制化生产环节。在明确技术提升的路线之后，需加大对专业技术人才的关注，实现技术团队的长效管理机制。

（三）平台建设：基于跨文化思维完善用户体验

在平台建设方面，应基于跨文化思维完善用户体验，将"补短板"与"固长处"相结合，持续优化整体平台建设。一方面，在叙事上更加注重寻找我国与当地国家的深层联系，在打造英文内容产品的同时，打造面向目标

---

① 胡正荣：《国际传播的三个关键：全媒体·一国一策·精准化》，《对外传播》2017 年第 8 期，第 10~11 页。

② 张骋：《是"媒介即讯息"，不是"媒介即信息"：从符号学视角重新理解麦克卢汉的经典理论》，《新闻界》2017 年第 10 期，第 45~50 页。

国家的多语种内容产品，凸显中国叙事的原创价值；另一方面，持续以内容为导向，探索故事众筹模式，以更开放的姿态加强与优质内容制作机构的合作。此外，应基于跨文化思维，形成"国际社交运营与矩阵宣发"的项目建设模式。在内容研发上，触及"Z世代"海外用户的视听消费圈与社交媒体圈，打造国际传播新场景、新实践与新范式，推进"技术+内容+外宣"纵深发展。

（四）推广方式：多方合作与产学研融合并进

在推广方式方面，应积极探索实践与理论、应用与知识服务的结合，充分拓展多平台、跨平台的合作，让信息充分流动起来。此外，通过与高校合作的方式，能进一步提升全媒体模式的实践价值。其一，打造学术联合体，与高校建立合作关系，促进知识共享、学术交流和研究合作。其二，定期开设论坛，使其成为集中研究和探讨"大数据时代的国际传播"案例的场域，促进知识的创新和交流。通过系统化、深入研究，梳理出一系列成功的经验案例，形成可供学术界和实践者借鉴的研究成果。其三，着力打造产、学、研一体化的开发模式，通过产业界、学术界和研究机构的合作实现资源共享和优势互补。将产业界的实践经验、创新思维与学术界的理论支撑、深入研究相结合。通过以上方式，将进一步提升"中国故事""中国叙事""中国理论"在国际传播实务、研究、教学场景中的可见度与识别度，通过将核心概念和理论纳入国际传播实践和研究的范畴，提高国际社会对中国文化和发展经验的认知和理解，为大数据时代下的国际传播提供路径和经验参考。

五　结语

对于中国式现代化的叙事不能囿于概念解读，而要在具体实践中用创新平台赋能国际传播，用大数据挖掘中国故事，用共情内容做具象化诠释。通过大数据和全媒体模式传播中国声音，讲好中国故事，在国际传播能力建设中至关重要。"中国好故事"数据库为大数据时代全媒体国际传播跨界融合

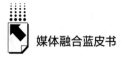

模式创新提供了启示，通过构建"数据+内容+平台"的多维传播生态链，在大数据时代的国际舞台上，以更为开放、清晰和聚焦之势全面提升国际传播效能，形成同我国综合国力及国际地位相匹配的话语权格局和具有中国特色的叙事体系。

B.18
政务新媒体发展报告与展望

秦瑜明　孙书礼*

摘　要： 当前，移动互联网技术不断深入发展，并广泛应用于社会经济发展的各个领域。信息技术的颠覆性创新和变革推动了全球范围内的媒体融合，重塑了原有的传播格局和媒介生态。在国家政策的支持和推动下，我国媒体融合呈现不断向纵深发展的趋势。在这个进程中，政务新媒体发挥重要作用，其发展形式、应用场景、媒体功能等都在不断拓展，推动政务新媒体在传播内容、传播方式、传播效果等各方面取得新的建设和发展成就。在当下新媒体快速发展和变革的时代，政务新媒体要发挥自身新媒体传播优势，继续完善信息发布、舆论引导、服务公众的功能，在我国媒体融合发展进程中发挥重要作用。

关键词： 政务新媒体　媒介功能　发展图景

在当今社会，信息成为主导社会各方面发展的重要因素，新媒体在信息社会发展进程中扮演重要角色。新媒体是伴随微电子技术、信息技术、现代通信和网络技术的快速发展而兴起的一种媒体形态。在网络信息技术发展的推动下，新媒体展现出网络化、移动化、社会化的发展态势，媒体技术和媒介样态交互融合发展，深刻影响着社会和公众的生产生活方式。新媒体发展对原有的社会结构和传播话语权产生突破和重塑的影响，使得构成社会生活

---

* 秦瑜明，中国传媒大学电视学院副院长，教授、博士生导师，研究方向为融媒体影像传播与视听创作；孙书礼，博士，民主与法制杂志社记者。

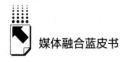

的各个组成部分之间的关系都出现新的变化。

以 1998 年北京市建立正式政府信息网站作为开端，我国政务新媒体正式起步发展。随着近年来媒介技术的创新与应用，政务新媒体的样态呈现多样化发展趋势。政务新媒体作为一种媒体样态，传播信息是其基础功能之一，在传播信息功能发挥的基础上，其服务功能日趋重要，这对于我国当下建设服务型政府具有重要意义。政务新媒体在近几年的快速发展过程中有成功的探索实践，但也存在比较明显的问题，如政务新媒体发展缺乏整体规划性、功能定位模糊、功能发挥欠佳等。因此，对我国政务新媒体建设发展情况进行分析和总结，具有较强的实践指导意义。

一　政务新媒体发展背景

（一）媒介环境的变化

根据中国互联网络信息中心（CNNIC）发布的第 51 次《中国互联网络发展状况统计报告》统计，截至 2022 年 12 月，我国网民规模为 10.67 亿，较 2021 年 12 月新增网民 3549 万，互联网普及率达 75.6%，较 2021 年 12 月提升 2.6 个百分点。截至 2022 年 12 月，我国手机网民规模为 10.65 亿，较 2021 年 12 月新增手机网民 3 万，网民中使用手机上网的比例为 99.8%。[1]

截至 2022 年 12 月，我国在线政务服务用户规模达 9.26 亿，较 2021 年 12 月增长 515 万，占网民整体的 86.7%。2022 年，我国在线政务服务相关顶层设计更加完善，平台建设更加有效，技术应用更加普及，发展态势持续向好。《2022 联合国电子政务调查报告》显示，我国电子政务水平在 193 个联合国会员国中排名 43 位，是自报告发布以来的最高水平，也是全球增幅最高的国家之一。其中，作为衡量国家电子政务发展水平核心指标的在线服

---

[1] 第 51 次《中国互联网络发展状况统计报告》，中国互联网络信息中心，2023 年 3 月 2 日，https://www.cnnic.net.cn/n4/2023/0303/c88-10757.html，最后检索日期：2023 年 6 月 1 日。

务指数为 0.8876，继续保持"非常高"水平。[①]

在新媒体建构的新的社会结构中，政务新媒体在国家和公众之间建立起一个沟通的桥梁和平台，国家和公众的关系也因为媒介的发展而发生改变。对于国家来说，可以利用新媒介样态进行优化传播，提高传播效果；对于公众而言，能够更方便地接触媒介、维护自身利益、表达自身诉求。网络媒体媒介为社会各主体多元沟通建立起跨时空、跨媒介的交流渠道。

（二）制度政策的完善

2022 年，国务院印发《关于加快推进政务服务标准化规范化便利化的指导意见》《关于加强数字政府建设的指导意见》《全国一体化政务大数据体系建设指南》，对数字政府、政务数据体系建设等方面提出一系列指导性意见。各地区各部门主动顺应政府数字化转型发展趋势，注重顶层设计与地方创新良性互动，形成了各具特色、职责明确、纵向联动、横向协同、共同推进的数字政府建设和管理格局。依托全国一体化政务服务平台，各地区各部门有力推动政务服务运行标准化、供给规范化、管理精细化。

在国家发展政务新媒体政策的支持下，各种新媒介样态广泛应用于政务信息的传播。各种新媒体的应用为政务信息公开拓展了渠道，同时也对政务信息公开建设提出了新的要求，全国各地都在探索政务新媒体发展模式，其中"互联网+政务+服务"作为主要的发展模式，在全国范围内开展建设，政务新媒体步入快速发展阶段。

二 政务新媒体发展现状分析

（一）政务新媒体媒介功能的重塑与创新

政务新媒体是以新媒体时代的发展为基础而衍生的，媒介环境和媒介生

[①] 第 51 次《中国互联网络发展状况统计报告》，中国互联网络信息中心，2023 年 3 月 2 日，https：//www.cnnic.net.cn/n4/2023/0303/c88-10757.html，最后检索日期：2023 年 6 月 1 日。

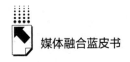

态的变革必然会对政务新媒体媒介功能的发挥产生深刻影响，媒介环境的变化是媒介功能重塑的基础条件，对媒介功能的变化具有重要影响。

首先是建构社会信任。在我国社会生活中，政府与媒体的关系一直是紧密相连的，在紧密相连的关系前提下，又随着社会环境的发展变化而不断改变，政府和媒体关系是一个不断发展变化的过程。"媒体从政府的完全附属者逐步向一个相对独立的主体方向发展"，媒体的主体性和功能性得到进一步发挥。这也体现出社会不断发展和社会结构的变化，媒体功能的沿革和变化是和社会环境变化息息相关的，并根据社会环境的变化和要求对于媒体角色和功能进行适配性改造。媒体真正意义上成为社会环境的守望者。[1] 在新媒体传播时代，信息传播呈现传播速度快、范围广的特点。针对突发事件，在新媒体传播环境下，要第一时间进行权威信息发布，并根据不同媒体特点提供不同形式和深度的信息发布。政务微博和政务短视频在政务新媒体矩阵中通常担任第一时间发布信息的角色，提高信息发布的时效性，同时配套政务微信公众号的深度报道，提供相对全面和权威的信息，形成传播合力，提高政府机构在新媒体时代的媒体公信力，建构媒介社会信任。

其次是舆论引导。随着我国政务新媒体的不断建设和完善发展，政务新媒体舆论引导功能发展已经相对完善。网络媒介利用其传播速度快、参与人群多、传播范围广等优势，对政府部门，国家公职人员进行舆论监督。网络媒介的民意表达，舆论监督功能的凸显，充分满足了公众对政治生活的知情权、参与权、表达权和监督权。[2] 政务新媒体所搭建的公共平台为民意表达提供了空间，同时也提供了舆论监督渠道。政务新媒体平台不仅是一个舆论引导平台，同时也通过相关技术的应用，成为实时舆论监测预警和控制平台，各平台可以通过大数据分析和舆情监测预警等技术的应用，实时掌握舆情的走向和动态，在完成舆论引导的同时，能够实现舆情监测和预警，进一步提高舆论引导和化解社会问题的能力。

① 费爱华、李程骅：《政府媒体公关》，江苏人民出版社，2011。
② 蒋淑媛：《网络媒介社会功能论》，新华出版社，2011。

最后是公共服务。公共服务的概念是对大众传播时代媒体服务功能的拓展和延伸，但是在内容生产逻辑上是对之前的突破和创新，是一种传播理念上的改变。在政务新媒体建设发展的新媒体阶段，公共服务的主体已经成为广大受众，受众的需求成为提供服务的决定因素，它是对"服务群众"要求的创造性发展和提升。在当下政务新媒体建设中，提供公共服务功能的作用日渐重要。政务微信、政务微博、政务客户端可以实现对数据的整合与挖掘，为公众提供精准和高效的社会公共服务（见表1）。向用户提供高效和便捷的信息服务是政务新媒体建设和发展的重要职能，通过不断提升信息服务和公共服务的能力，吸引受众的关注，这是政务新媒体提升传播影响力的根本途径。

表1　政务新媒体（客户端）板块设置统计（部分）

序号	名称	频道设置	总计
1	南方+	财经、时政、社会、影视娱乐、体育、科技、房产、互联网等	12
2	看苏州	爱心云屋、融媒产品、专题、服务、城事、深看、苏州史纪等	22
3	长江云	头条、直播、政情、思享、城市圈、乡村、出行、文旅等	25
4	长城24小时	康养、文娱、政声、本地、社会、体育、评论、经济、问政等	13
5	北京朝阳	学习、要问、专题、朝阳报、政策、文化、乐享、新时代、芳草地等	19

注：统计时间截至2022年6月30日。

（二）政务新媒体传播理念演进

1. 社交化的传播语态

媒体技术赋能传播媒介和渠道的发展，相应需要探索适合新兴媒介和渠道的传播语态。作为新媒体样态的政务新媒体，在新媒体时代的传播过程中扮演越来越重要的角色。政务新媒体功能发挥的基础是做好内容的生产传播，对于政务新媒体来说，需要根据自身发展需求，探索适合自己的传播语态和话语体系。

在以往传统媒体平台上，单向的传播模式一直占据主体地位，受众的反馈虽然会纳入传播考虑范围，但是其作用并不明显，这时候实现传播者与受众的"对话"只是一种理想状态，在具体传播实践中难以实现。基于互联网技术发展和应用衍生出的新媒体样态，则改变了传播过程中话语权分配的局面。在新媒体环境下，传播主体的地位被削弱。面对竞争日益激烈的媒体环境和受众严重分流的局面，传统媒体的传播流程必须要做出改变。受众被赋予更多话语权，可以决定传播内容的生产，实现传播者与用户之间的真正"对话"。以"上海发布"政务微博为例，"上海发布"微博在发挥政务新媒体政务信息公开、舆论引导功能的基础上，也要结合微博这一社交媒体的传播特点、应用场景、用户群体进行创新传播实践。无论是卡通形象设置、互动交流渠道建设还是传播语态转变等，都是为了建立与用户的对话关系，密切与用户之间的联系。

2. 视听化的传播方式

视觉文本是传播效果较好的呈现形式，视觉文本的呈现需要相应的技术媒介平台来支撑。技术的发展和应用驱动社会环境不断发展变化，新技术的广泛应用对于之前的传播理念和传播模式往往具有颠覆性的作用。以人工智能、大数据、5G技术、图形图像识别技术等为代表的智能技术正在取得突破性发展态势，使得人类由新媒体传播时代步入智能传播时代。媒介技术的进步赋能更多传播渠道的兴起和发展，以不同传播符号为传播载体的媒介形式快速迭代和发展，媒体形态从文字时代、图片时代演进到以短视频为代表的视频时代。[①] 截至2022年12月，我国网络视频（含短视频）用户规模达10.31亿，较2021年12月增长5586万，占网民整体的96.5%。其中短视频用户规模为10.12亿，较2021年12月增长7770万，占网民整体的94.8%。[②] 在当下政务新媒体发展实践中，视频逐渐成为主要的传播符号，

---

① 何海翔：《短视频趋势下政务新媒体困境与进路》，《中国出版》2020年第23期，第33~35页。

② 第51次《中国互联网络发展状况统计报告》，中国互联网络信息中心，2023年3月2日，https://www.cnnic.net.cn/n4/2023/0303/c88-10757.html，最后检索日期：2023年6月1日。

视频内容在政务新媒体内容中占据较高比例，除去政务抖音号、政务头条号等专门的视频媒体平台，视频内容在政务微博、政务微信、政务客户端的使用比例也逐渐提高，成为重要的内容传播形式。

以用户需求为中心的视听传播模式的发展和兴起，强调坚持的理念是在传播过程中对用户个体和群体的赋权。受众从最初的被动接收，到具有协商性的能动参与，再到主动创造视听文化的变迁，也是视听传播逻辑在当下媒介传播环境下的延展。

3. 智能化的内容生产

信息的生产和传播如同社会其他生产一样，存在同样的逻辑，其最终目的是到达受众，为受众所接受，并产生一定的传播效果。实现这个传播过程的闭环首先需要传播主体明确功能定位，其次需要高效快捷的传播渠道，最后需要根据受众需求实现个性化和精准化服务。随着我国新媒体技术和媒体融合不断深入发展，传播过程中的各个环节都有新的改变和发展。作为传播主体的媒体，随着互联网技术的不断赋能，媒体纷纷转向平台化发展，成为信息综合服务的平台，也成为受众接触信息的首选渠道。在这个渠道中，受众可以根据自身信息需求选择不同的媒介样式，可以根据自身接受习惯来选择信息的呈现方式，从传统文字和视听到新兴的流媒体视听内容，传播信息的呈现方式被不断拓展。而在这个过程中，大数据技术起到至关重要的作用，大数据技术可以让平台型媒介对信息生产传播过程进行再造，实现信息高效、智能传播，满足不同受众的个性化需求。

随着人工智能技术的发展与应用，智能媒体将愈加复杂并无限趋近于一般生态系统，系统内部的不同模块可以借助反馈机制实现连通，模块中的个体可以通过裂变等方式实现其自主生产内容信息的针对性和精准性传播。[1]满足受众需求、提供精准个性化服务成为当前媒体环境下传播的需求和导向，对于政务新媒体的发展具有针对性的指向作用。

---

[1]　程明、程阳：《论智能媒体的演进逻辑及未来发展——基于补偿性媒介理论视角》，《现代传播（中国传媒大学学报）》2020年第9期，第2~5页。

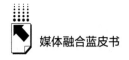

4. 服务用户的传播目的

随着新媒体时代的不断发展，以技术应用为主导的媒介逐渐占据社会传播的中心位置。信息传播的模式也随着技术发展而产生改变，传统媒体时代以传播主体为主导的传播模式逐渐转向新媒体时代多元互动的传播模式。传播模式的转变带来的是传播话语权的重塑，传播的话语权实现分化和多元化态势，受众从大众传媒时代的传播末端逐渐向传播中心靠拢，受众的话语权提升。政务新媒体用户既是社会公众，也是互联网用户，这意味着将公众视为终端用户，聚焦用户的需求、意愿与使用体验，是政务新媒体建设需要树立的理念导向。

2022 年，政务小程序数量达 9.5 万个，同比增长 20%，超 85%用户在日常生活、出行办事中使用政务微信小程序办理政务服务。① 全国已有 30 个（区、市）政务平台小程序提供健康码、核酸疫苗、政务便民服务，与人们一起防御新冠病毒、保障生活。2022 年有浙江"浙里办"、北京"北京通"、上海"随申办"相继上线并转型，办事场景越来越丰富，"一码通办""智慧社区""零工超市"等服务场景更贴近人们日常生活。②

三 政务新媒体优化发展图景展望

（一）传播主体的理念转向

政务新媒体发展的背景是媒介生态的变化，各级政府和职能部门是传播模式的建设主体，目的是建设网络媒体时代政府信息和公共服务的新模式。传播模式的转变首先要关注的就是传播主体层面，作为传播过程的起点，各级政府机关在政务新媒体建设和发展过程中要从传播理念上加以改变，适应

---

① 微信 & 腾讯研究院：《2023 行业突围与复苏潜力报告》。
② 第 51 次《中国互联网络发展状况统计报告》，中国互联网络信息中心，2023 年 3 月 2 日，https://www.cnnic.net.cn/n4/2023/0303/c88-10757.html，最后检索日期：2023 年 6 月 1 日。

网络媒体时代的传播理念需求，在具体政务新媒体传播实践中实现传播理念的转变和应用。

首先要提高政务新媒体运维团队的服务意识。服务公众是政务新媒体所承载的主要功能之一，在政务新媒体快速发展阶段，各级政府都建立起专业的政务新媒体运营团队。政务新媒体运用团队的服务意识、服务能力，和政务新媒体的传播效果及质量呈正相关的关系。因此，对于政务新媒体的传播主体，要提高政务新媒体的传播效果和质量，就要求各级政务新媒体运营团队转变理念，积极利用新媒体，不断强化服务意识，将政务新媒体的发展理念不断向提供公共服务倾斜，不断创新公共服务模式，让政务新媒体运营团队善用、会用、用好各种政务新媒体样态，积极利用政务新媒体了解社情民意，解决公众反映的热点问题，不断提高政务新媒体的服务能力和水平。

其次是以用户为中心的发展理念。从传统媒体时代到新媒体时代，用户在传播过程中的重要作用凸显，在新媒体时代，用户的选择和决定权力崛起，用户可以根据自身需求和喜好选择能针对性满足自己需求的媒介样式。政务新媒体发展的目标之一就是服务公众，以公众的需求为出发点，通过样态各异的政务新媒体渠道满足受众各种需求。在新媒体环境下，政务新媒体用户的发展也呈现个性化和服务要求多样化的特点，这就要求政务新媒体运营团队要在广泛了解用户需求的基础上，对目标用户群体个性化、多样化的信息需求有比较清晰的认识，以用户群体的需求为中心，提供更具针对性的服务。在政务新媒体日常运维中，运营团队可以通过相关数据分析技术，加强对用户需求的研究和分析，及时了解用户群体的需求转向和用户体验，不断研究用户群体的行为并总结其规律。

（二）深耕内容的生产逻辑

从传统媒体时代到网络媒体时代，在信息传播过程中，传播内容的作用对于传播效果的实现具有重要作用。"内容为王"的理念在传统媒体时代和网络媒体时代都具有适用性。从传统媒体时代内容的"权威发布"到新媒体时代内容的"精准传播"，传播内容在传播环境变迁下有了新的拓展和改

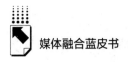

变，提高了政务新媒体的传播效果。政务新媒体要实现科学健康发展，对内容层面的调整是传播的基础，也是政务新媒体传播过程的重要组成部分。

首先是提高传播内容的质量。传播内容作为信息的一种形式，其目的是满足指向群体的需求，其对于使用群体的满意度直接决定传播效果的实现。政务新媒体平台作为信息传播的媒介形态，提供信息服务和公共服务是政务新媒体最重要的功能和职责。政务新媒体传播内容的质量是实现政务新媒体传播和服务的基础和保障，传播内容的质量和水平直接决定了政务新媒体的质量和水平。传播内容的质量不仅直接影响信息服务的满意度以及传播效果，而且还决定了用户是否长期使用、是否长期关注。所以，优化政务新媒体传播内容质量的重要性不容小觑。提高政务新媒体平台传播内容质量首先要对平台自身有明确的定位和认识，立足本部门的工作性质和职能要求，同时要精准掌握受众群体画像，进行针对性的内容生产，紧紧围绕目标受众群体的需求主动提供信息服务，不断提升政务新媒体所传播信息的精确化和准确性程度，从而不断提高政务新媒体的传播效果和服务群众的价值。

其次是丰富传播内容的类型与形式。政务新媒体的建设是多平台同步进行的，不同平台的传播特点迥异。在当下政务新媒体建设实践中，比较突出的问题就是传播内容的单一与单调化，将统一生产的内容经过简单加工，或者复制粘贴到不同的发布平台。在这个传播过程中，政务新媒体的平台特点和传播优势没有得到发挥，目标用户的信息需求和服务需求也没有得到满足，会极大挫伤用户群体的积极性，对政务新媒体建设和发展产生负面影响。丰富政务新媒体所传播信息的内容和形式，就要以不同类型的媒体特性为参考，生产和传播类型不同的内容，此外还要进一步创新信息传播的方式。当下，随着短视频的兴起，短视频用户群体在不断扩大，政务短视频的内容呈现形式要把政务新媒体平台的传播诉求和当下主流的传播形式结合起来，能够起到吸引用户注意，进而提高传播效果的作用。

最后是传播内容的精准化和个性化。在传统媒体时代，大众传播模式是中心化传播模式，以各个传播中心为传播主体，面向大众进行传播的模式，对于受众只是一个相对模糊的定位，没有明确的指向性。进入网络媒体时代，随着传播媒介的丰富和媒体技术的应用，传播模式呈现去中心化和精准化、分众化的转向。在此背景下发展起来的政务新媒体，必然要摆脱大众传播时代传播模式的局限，对当下传播环境的要求进行适配，实现传播内容的精准化覆盖和个性化传播。以政务微博和政务微信建设为例，全国各级职能部门都根据自身职能设置和传播需求设立政务微博和政务微信，这样就将受众群体进行精准化区分，受众可以根据自身的需求关注适合自己的账号，实现信息传播的精准化覆盖。在智能媒体时代，传播内容的精准化和个性化是政务新媒体发展的必然趋势，也是政务新媒体不断深化发展的方向。

（三）技术赋能传播渠道建设

政务新媒体是新媒体传播的重要实践形式，媒体技术的不断发展，使得政务新媒体传播进入了新的阶段。在新的传播阶段创新政务新媒体，牢牢把握信息发布、舆论引导、服务公众的传播主动权和传播制高点的模式及途径，扩大政务新媒体的影响力，其传播渠道方面的优化创新值得思考。

首先是技术应用赋能传播渠道的高效传播。在5G技术引领下，形成了一系列基于全新传播的功能和价值模式。这场技术革命所带来的人的内外因素的深度链接与"跨界整合"，也必然带来对传播媒介自身定义的改变。对政务新媒体来说，智能数据分析技术的应用是发展方向。未来，政务新媒体渠道建设应该利用好职能数据统计分析技术，通过数据分析为公众提供更精准的服务。当前，政务新媒体运营团队对各个政务新媒体端的传播规律和用户需求的了解比较欠缺，对用户获得信息的渠道和内容及使用规律都尚缺乏准确把握，无法高效发挥各个政务新媒体平台的传播作用。政务新媒体平台可以通过团队建设或者合作的方式，将智能数据分析技术运用到政务新媒体传播过程中，通过智能数据分析技术对不同传播渠道的用户行为和兴趣、使用爱好进行收集和分析，提高信息传播效率和精准性，实现基于用户个性化需求的信息推荐和公共服务，提高政务新媒体运营效率和传播影响力。

其次是政务新媒体各平台的协同整合发展。在国家加快推进政务新媒体发展相关政策支持下，我国政务新媒体矩阵建设已初具规模。大部分地区政

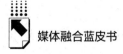

务新媒体平台建设涵盖了政务微博、政务微信、政务客户端、政务抖音号等主流政务新媒体样态。政务新媒体传播矩阵的建设为政务信息发布和公共政务服务提供了日益丰富的渠道，但是由于运营等各方面的因素，部分地区的政务新媒体平台呈现各自为政的状态，没有形成协同整体传播的效果，政务新媒体矩阵建设的作用也无从发挥。随着媒体技术和媒体新应用的不断发展和应用，政务新媒体必然要保持多元化的发展态势，为了满足公众日益增长的信息服务需求和不断拓展的服务功能要求，政务新媒体实现多平台联合、跨平台整合的综合性政务服务就成为发展的大方向。

参考文献

胡钰、王嘉婧：《中国新媒体发展：特征、趋势与调整》，《中国编辑》2021 年第 3 期，第 10~15 页。

贾哲敏：《移动政府：政务新媒体的传播图景与效果》，人民出版社，2021。

李良荣：《网络与新媒体概论（第二版）》，高等教育出版社，2019。

骆正林：《立体规划与功能兼容：我国政务新媒体矩阵的建设现状与功能拓展》，《探索》2020 年第 4 期，第 141~155 页。

彭兰：《连接与反连接：互联网法则的摇摆》，《国际新闻界》2019 年第 2 期，第 20~37 页。

王建华：《政务新媒体语言表达模式建构研究》，浙江大学出版社，2020。

王天夫：《数字时代的社会变迁与社会研究》，《中国社会科学》2021 年第 12 期，第 73~88 页。

张迪：《政务新媒体如何打破"信息孤岛"》，《人民论坛》2020 年第 9 期，第 52~53 页。

B.19
县级融媒体参与基层治理的现状与路径*

罗 昕 安沛欣 张靖华**

摘 要： 随着国家治理体系和治理能力现代化的逐步推进，县级融媒体中心也不断嵌入基层治理中，一定程度上重塑了传统社会结构与基层政治生态关系。本报告基于全国县级融媒体中心参与基层治理产品的抽样案例分析，从治理主体、治理场景、治理方式、治理形态、治理效果五方面入手，多维度探析县级融媒体中心参与基层治理的基本现状，发现目前存在的一些主要问题，如群众参与渠道有限，社会监督较弱；治理场景传统集中，涉及议题单一；治理手段生硬落后，科技运用不足；呈现形式趋于同质，内容生产优势欠缺；融媒体缺乏社会治理理念，群众参与治理的程度较低。针对这些问题，县级融媒体参与基层治理还需要在多方面加以提升，如畅通诉求通道，深挖民意链接群众；拓宽服务场景，结合政策精准落实；提升数字赋能，依托技术智能转型；创新策划制作，突出特色乡风乡土；内外横纵兼顾，传播矩阵同频共振。

关键词： 县级融媒体 基层治理 协同治理

从党的十八届三中全会上明确提出"推进国家治理体系和治理能力现

---

* 本报告为国家社科基金重大招标项目"媒体深度融合发展与新时代社会治理模式创新研究"（项目编号为19ZDA332）阶段性成果。

** 罗昕，博士，暨南大学新闻与传播学院教授，博士生导师，研究方向为媒体融合、互联网治理、网络舆情；安沛欣、张靖华，暨南大学新闻与传播学院硕士研究生，研究方向为媒体融合。

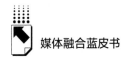

代化",到党的十九届四中全会上确定了国家治理体系和治理能力现代化的总体目标任务,再到党的二十大报告明确指出到2035年基本实现国家治理体系和治理能力现代化,这些政策话语表明有关国家治理体系和治理能力现代化的战略部署不断完善。作为国家治理体系和治理能力现代化的基础环节和重要组成部分,基层治理直接关系到社会稳定和国家整体治理成效。

县级融媒体中心早已超越传统信息传播功能,在社会治理层面发挥重要角色。县级融媒体承担着基层治理中心枢纽作用,它既能畅通和规范基层群众权益保障、诉求表达和利益协调,又能将矛盾有效化解在基层,助力基层社会治理转型与治理能力提升。

一　县级融媒体参与基层治理的政策依据

2017年8月,在全国宣传思想工作会议上,习近平总书记首次明确提出"要扎实抓好县级融媒体中心建设,更好引导群众、服务群众"。为贯彻落实县级融媒体中心的战略部署,中央全面深化改革委员会第五次会议审议通过的《关于加强县级融媒体中心建设的意见》,强调"组建县级融媒体中心有利于整合县级媒体资源、巩固壮大主流思想舆论"。为扎实抓好县级融媒体中心建设,2019年4月,中宣部、国家广播电视总局一个月内连续发布四个规范文件:《县级融媒体中心建设规范》《县级融媒体中心省级技术平台规范要求》《县级融媒体中心网络安全规范》《县级融媒体中心运行维护规范、县级融媒体中心监测监管规范》,为建强用好县级融媒体中心做了全面具体的政策要求。2020年10月,党的十九届五中全会审议通过的《中共中央关于制定国民经济和社会发展第十四个五年规划和二〇三五年远景目标的建议》再次强调,将媒体融合推向媒体深度融合,做强新型主流媒体,建强用好县级融媒体中心。

2019年、2021年、2022年、2023年的中央"一号文件"均强调县级融媒体中心的工作方向,要依托新时代文明实践中心、县级融媒体中心等平台开展对象化分众化宣传教育,弘扬和践行社会主义核心价值观。在一系列政策的指引和推动下，各地县级融媒体中心不断强化"引导群众和服务群众"的核心功能，努力将县级融媒体建成主流舆论阵地、综合服务平台、社区信息枢纽。

当前阶段，我国县级行政单位已经基本完成了县域媒体资源整合和机构建设，县级融媒体中心建设正从最初的机构重组、平台搭建、模式探索阶段逐步迈向质效合一、平台融通的2.0阶段。截至2022年8月，全国2585个县级融媒体中心建成运行，进入深度融合与长期运营的"下半场"。总体来说，全国主要省市已基本实现县级融媒体全覆盖，县级融媒体参与基层治理的程度不断加深，治理效果显著提升，积极调动媒体资源服务群众，协助打通百姓基层治理的"最后一公里"。

二　县级融媒体参与基层治理的基本现状

本报告对全国重点县域的县级融媒体中心的全媒体矩阵进行全面观察分析，包括公众号、微博、抖音、客户端（App）、网页，尽可能搜集整理县级融媒体打造的典型基层治理产品并建立案例库，多维度分析县级融媒体中心如何重塑基层治理的实践路径与行动逻辑。可以发现，不同类型的媒体产品在治理主体、治理场景、治理方式、治理形态、治理效果等不同的评价指标上呈现出不同的特点。

（一）治理主体：多元主体协同共治，提升动员组织能力

基层治理的环境、主体、对象芜杂，基层治理形态具有综合性和社会化的特点。从长期来看，基层社会治理无法将政府、社会、市场等治理主体有效地联动协同起来，各个治理主体相互独立、缺乏整合，进一步导致基层社会治理格局"碎片化"[1]、治理无序化、治理效能较低。而县级融媒体能够

---

[1] 田龙过、贺明悦：《县级融媒体参与基层社会治理的逻辑和实践路径》，《东南传播》2022年第6期，第3~5页。

较好地充当起社会协同的连接者，构建起政府牵头、社会组织和基层群众协同共治的综合治理体系。

1. 媒体+政府部门：跨部门合作，拓宽政务服务渠道

公安、司法、民政、卫生、教育、文化、城市管理等各级党政部门，与县级融媒体达成合作，共同进行基层治理，拓宽创新政务服务渠道。如湖北省襄阳市保康县融媒体中心开办《百姓点题》栏目，全县 98 个部门、52 家商业平台入驻[1]，围绕群众热点难点问题与社会关切，广泛收集并归纳梳理社情民意，及时移交相关部门办理，擘画线上线下"同心圆"。

2. 媒体+社会组织：贯彻市场逻辑，凝结多方社会力量

社团、企业等社会组织提供技术、咨询、培训服务，组织政策宣讲、带岗直播、直播带货等全媒体服务，帮助农民增收、提供高等教育和就业、聚集资源满足市场和用户的需求。[2] 如河南省安阳市安阳县融媒体中心与安阳供销合作社合作，在微信公众号"今日安东"的一级菜单"网络助农"设置链接小程序，实现网络助农。

3. 媒体+基层群众：勾连个体网络，草根群体赋能治理

乡贤、志愿者等类型的基层群众参与由县级融媒体搭建或开设的基层治理产品，将"麦克风"交到基层，激发各行动者民主参与能动性。如河北省邢台市内丘县融媒体中心与县纠风办联合推出的《百姓问政》栏目，在全县 309 个村和所有小区中招募了 460 名声望较高、热心公益的百姓代言人，通过"百姓议事厅"微信群广泛收集群众意见，第一时间移交各职能部门办理并及时跟进处理情况，向群众反馈办理结果。[3] 真正培养基层群众

① 李运方：《"百姓点题"画出同心圆》，人民资讯百家号，2022 年 5 月 17 日，https：//baijiahao. baidu. com/s？id=1733041940763495874&wfr=spider&for=pc，最后检索日期：2023 年 5 月 10 日。

② 马宪颖：《建强用好县级融媒体中心 提升基层社会治理效能》，光明网，2022 年 8 月 12 日，https：//m. gmw. cn/baijia/2022-08/12/35949820. html，最后检索日期：2023 年 6 月 13 日。

③ 《河北内丘：探索"5+X"模式 打造便民服务平台》，澎湃新闻网，2023 年 3 月 6 日，https：//m. thepaper. cn/baijiahao_ 22163268，最后检索日期：2023 年 6 月 15 日。

"自治"意识，进一步提高社会治理成效。

4. 媒体+多元主体：推动协同共治，治理环节高质高效

在更多情况下，县级融媒体负责搭建起多元主体共同参与协商的平台，和基层政府、基层群众、社会组织、专家学者、乡贤、企业和媒体等主体开展协同治理，凭借其在县域的信息资源优势，在民主协商中发挥枢纽作用，促进各环节高效率完成。如湖南省永州市宁远县融媒体中心开办的《问政面对面》节目，由县委书记亲自主抓，要求县委领导、县直单位、乡镇（党政）主要负责人、接受问政单位的班子成员及相关负责人等必须到节目录制现场，回答民生提问。

（二）治理场景：治理场景全面覆盖，推动线上线下一体化

各地县级融媒体不断拓宽便民服务渠道，整合政务服务、生活服务、公用事业服务和本地化服务等功能，通过市场运营和技术手段集中起来，有效嵌入当地医疗、住宿、教育等居民生活各领域，实现公共服务、政务服务、乡村振兴等治理场景全面覆盖，线上线下兼具且技术人力互补。

1. 公共服务：融合生活场景，实现百姓生活服务便捷化

县级融媒体在公共服务方面具有地域优势，通过融合多样生活场景来构建"服务型媒体"，为百姓提供便捷、丰富的信息服务。如福建三明尤溪县融媒体中心与中国传媒大学、千城云科（上海）数据科技有限公司合作推出的"数字赋能乡村公共服务项目"。尤溪县数字乡村公共服务平台通过党建引领构建了"县—乡镇—村（社区）—党支部—微网格"的分级管理体系，有效收集基层群众的民生诉求，把矛盾化解在基层，做到"小事不出村、大事不出县"；同时提供查天气、查违章、查快递、生活缴费、交通出行等便民服务，实时发布本地新闻资讯、重要通知公告等内容①，把融媒服务、宣传触角延伸至最基层的人民群众。

---

① 罗婳：《尤溪：数字赋能 让乡村公共服务更便捷》，福建日报网，2022年3月23日，https://baijiahao.baidu.com/s? id=1728047883775748075&wfr=spider&for=pc，最后检索日期：2023年8月25日。

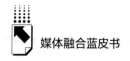

2.政务服务：拓展问政功能，强化权威信息发布优势

县级融媒体通过设置"随手拍"、留言板、网上信访、网上12345等板块和栏目，收集群众诉求，拓展问政功能，引导舆论，凝聚共识，为推动基层治理能力现代化提供了不竭动力。如江西省赣州市大余县融媒体中心在客户端首页首屏打造的"问政大余"栏目，链接大余县政府门户网站"网络问政"平台和12345市民热线平台，达成资源共享和平台互动。市民在"问政大余"栏目反映的相关投诉、咨询、建议，会立即被转投到门户网站"网络问政"平台，随即进入投诉件的交办和处理流程。

3.乡村振兴：打造"媒体+"模式，推进数字乡村建设

县级融媒体通过打造"媒体+平台""媒体+助农""媒体+文旅""媒体+公益"等一系列"媒体+"模式，推进数字乡村建设，从而提升乡村治理效能。如江苏省徐州市邳州市融媒体中心、河北省廊坊市香河县融媒体中心发挥平台枢纽功能，连接起当地农民与县级政府、农产品与市场、县域和全国，促进了社会各界的资源共享，帮助发展新型乡村经济。再如云南省文山州丘北县融媒体中心、贵阳市修文县融媒体中心充分挖掘当地乡村文化，将当地少数民族生活方式、日常习俗、工艺品制作等与当地旅游资源相结合，在新媒体平台上进行宣传推广，展现独具特色的乡村文化符号，提升了当地旅游景点的辨识度，打造出具有一定影响力的乡村旅游品牌。

（三）治理方式：科学精细便民，打通基层"最后一公里"

县级融媒体作为政府和基层群众的沟通桥梁，参与基层治理的手段承担着极其重要的作用，通过搭建专栏专区、媒体记者出面帮扶、"百姓代言人"直接参与等方式，实现治理精细化、便民化、颗粒化，从而打通基层治理"最后一公里"。

1.平台搭建

县级融媒体通过建立专栏专区灵活处理基层矛盾、有效理顺各种治理力量的关系，真正实现传播信息、监测环境、协调关系的媒体功能。[①] 如湖北省孝感市孝昌县融媒体中心 App "看孝昌"改版，新增政务服务、网络视听、短视频板块，嵌入"惠农商城"线上平台，集中展示全县特色农副产品，助推全县消费扶贫。开设"智慧党建""新时代文明实践中心""记者帮忙"等便民服务窗口，依托"互联网+"方便、快捷、实用的特点，让群众足不出户就能知晓天下事，动动手指就能解决烦心事。

2. 记者帮扶

作为媒体方人员代表的记者，凭借强大的组织能力和沟通协同能力，在疑难反馈、新闻宣传、监督报道等领域加强助力帮扶，提升基层治理在群众中的公信力，从而巩固基层治理成效。如河北省涿州市融媒体中心通过"涿州发布"移动新闻客户端开办"帮忙儿"阳光为民专栏，"帮忙儿"小编会在第一时间将百姓的意见、问题、建议汇总整理，根据情况安排采访，分别在客户端、微信公众号、电视、微博等媒体平台进行监督报道。

3. 公民直接参与

县级融媒体将采编播发等业务赋权给由来自基层的群众充当的宣传员、播报员、新闻官、发言人或组建成的记者团，由公民直接参与基层治理。如安徽省淮北市濉溪县推出"我是大总"评选活动，"大总"们在各村提倡办酒不铺张、礼金不攀比、丧葬不迷信，婚事新办、丧事简办，联合融媒体中心举办直播比赛，让 375 位"大总"从台下走到台上，推动乡村不良习俗治理。[②] 每次选拔活动都是一场移风易俗的交流会议，一次工作业务的培训课堂，一台乡风文明的传播活动。

（四）治理形态：融合丰富多样，增强百姓参与交互感

县级融媒体扎根广大乡土，延伸媒体的公共职能并借助新技术，从多维

---

① 常凌翀：《县级融媒体提升基层社会治理效能的逻辑理路与实践向度》，《新闻爱好者》2022 年第 4 期，第 20~25 页。

② 《濉溪的这件事被新华社关注了！来，围观一下…》，澎湃新闻网，2020 年 7 月 14 日，https：//m.thepaper.cn/baijiahao_8271714，最后检索日期：2023 年 9 月 27 日。

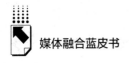

度丰富媒体产品形式，增强基层百姓参与社会治理的交互感，实现更大范围内的"融合"。

1. 广播电视节目/直播栏目

设置区域级的问政类电视节目或直播栏目是县级融媒体参与基层治理最传统的方式之一，通常围绕社会公共议题展开交流互动，主要包括监督和议政两大类型。如安徽省淮北市濉溪县融媒体中心承办的《政务直通车》栏目，每期邀请一家政府单位参与，在电视、客户端、广播、微信等平台同步直播，并设立"回音壁"民生类子栏目，反馈处理结果。有助于及时听到民之所想、所忧、所盼，充分发挥媒体在百姓与政府之间的桥梁作用，也有助于稳定基层和谐，有效避免负面舆情事件的发生。

2. 融合新闻产品

在媒体融合背景下，县级融媒体积极融合文字、图片、视频、动画、H5等新闻形式，重视选题价值及内容呈现，为充分发挥新闻报道在社会治理中的作用。既必须深挖地方资源与特色，找准撬动社会问题的支点，又得以小见大，通过符合县域特色的个性化表达来精准传达背后的治理难题并寻求关注与解困之道。如江阴市融媒体中心推出的短视频专题报道《守江人》，以水墨动画的形式讲述了20年间向长江投放四大家鱼（青鱼、草鱼、鲢鱼、鳙鱼）鱼苗累计超1.6亿尾、河豚鱼种2000多万尾的"长江放流第一人"郑金良的故事。① 因取材于动人的真实故事加之动画短视频这一新颖形式，这一报道仅在"最江阴"客户端的播放量就超过10万次。

3. 线上线下结合

县级融媒体中心想要达到"润物细无声"的效果，就必须建立起整体联动、部门协同、省级统筹、一网办理的"互联网+多样服务"线上线下联动体系，不仅要让百姓线下少跑腿，以"指尖服务"解民忧，还得用脚步

① 王平：《县级融媒如何提升"融合报道"的成色——基于2021年度江苏省好新闻（媒体融合）县级融媒体获奖作品的探析》，《采写编》2023年第1期，第15~17页。

丈量、联系广大群众。如江西省新余市分宜县融媒体中心打造的"画屏分宜"客户端，涵盖各类政务服务和生活服务，群众办事基本不用排队和跑腿，仅在线上便能轻松办理。与此同时，分宜县融媒体中心还派16名记者到乡镇担任"乡村宣传员"，负责当地的新闻报道、社会宣传及融媒体运营发展等工作，打通宣传服务乡村治理的"最后一公里"[1]。

（五）治理效果：主客观评价相统一，壮大主流舆论阵地

治理效果是较为抽象的内容，不宜观测，需要主客观相统一。主观层面可从群众关注度、参与度、满意度三个层面入手观测，客观层面则以平台数据、政府评价、行业评价、获奖情况作为参考标准，二者结合分析凸显县级融媒体的治理效果。

可量化数据结合主观评价以及获奖情况是检验县级融媒体治理效果的最佳依据，可考察媒体打通上下传播通道，融入受众、服务群众生产生活的程度。如江西省新余市分宜县融媒体中心紧抓"画屏分宜"客户端，截至2022年10月底，客户端下载量达15.3万余人，约占全县总人口的55%。不仅得到了广大人民群众的高度肯定，还入选"改革开放40年地方改革创新案例"，荣获"全国最具影响力县级融媒体中心"和"全国县级融媒体中心舆论引导能力建设十大典型案例之首"等称号[2]。

总之，衡量县级融媒体的治理效果，不仅要看媒体能否处理好信息传播和内容生产的"上下沟通"，更要看媒体能否解决好个体网络与基层服务的"关系联结"，不断激发各个行动者参与社会治理的能动性与积极性。随着深度媒体融合的推进，县级融媒体参与社会治理的效果在社会效益和媒体功能双重层面上取得了初步的统一。

---

[1] 王玉珍、朱丽丽：《乡村振兴背景下县级融媒体中心参与乡村治理研究——以分宜县融媒体中心为例》，《延边党校学报》2023年第2期，第36～40页。

[2] 王瑶、黄传庚：《媒体融合立标杆——记全国先进基层党组织分宜县融媒体中心党支部》，余新市人民政府网，2021年7月6日，http://www.xinyu.gov.cn/xinyu/xyyw/2021-07/06/content_c0e39d5dff204a32a48aba4aca93322e.shtml，最后检索日期：2023年9月26日。

三 县级融媒体参与基层治理的主要问题

整体来说，自 2018 年县级融媒体建设上升至国家级媒体融合战略层面以来，全国各地涌现出了一大批县级融媒体参与基层社会治理的优秀案例。虽然根据这些典型案例可归纳出可复制、可借鉴的经验，但仍有不少问题是普遍存在的，具体体现在以下方面。

（一）群众参与渠道有限，社会监督较弱

作为连接基层政府和基层群众的桥梁，县级融媒体在参与基层社会治理过程中发挥平台中介作用，但目前建设不完善的县级融媒体中心存在社会监督和舆论引导力较弱，不能完全"下达"基层政府、"上传"群众心声的情况。①

一方面，已设立渠道存在"形式主义"，解决群众问题时不畅通；参与治理的部分社会组织"徒有虚名"，对治理结构建设缺乏强烈的责任感，组织的专业性和自身发展能力有待考量。另一方面，县级融媒体在基层社会治理中多起到"下达"作用，"上传"机会较少。在公共决策中，少数基层政府仍由少数干部商议或个人决定，使用传统的从上到下公共决策发布机制，基层媒体仅作为基层政府的"传声筒"，向群众分发决策内容，并未起到有效连接和商议的作用。

（二）治理场景传统集中，涉及议题单一

2019 年 6 月，为推进乡村治理体系和治理能力现代化，中共中央办公厅、国务院办公厅印发《关于加强和改进乡村治理的指导意见》，意见第二部分列出了十七项主要任务，包括协助社会治安、化解民事纠纷、改善基层

---

① 方启雄：《平台化转型：县级融媒体中心参与基层社会治理的创新实践》，《河南社会科学》2022 年第 9 期，第 104~110 页。

信访、改善基层管理、优化公共决策、支持群众监督、推动村（社）务公开、促进协商民主等。然而目前，媒体治理场景集中在公共服务和政务服务，乡村振兴方面也多为传统的直播助农、纠纷调解、志愿服务，涉及议题十分有限，极少有县级融媒体中心能够跳脱出"固定思维"，开拓新的治理场景，深度嵌入到乡村治理的十七项任务清单中。

（三）治理手段生硬落后，科技运用不足

互联网是创新社会治理的最大变量，要深刻认识互联网在国家管理和社会治理中的作用。2022 年发布的《中共中央国务院关于做好 2022 年全面推进乡村振兴重点工作的意见》指出，以数字技术赋能乡村公共服务，推动"互联网+政务服务"向乡村延伸覆盖。

除了江浙等少数县级融媒体的实践，很多县级融媒体在治理手段上鲜少有大数据、智慧化的运用。技术方面，大多数县级融媒体中心在 5G、大数据、人工智能、区块链等新技术运用方面仍处于空白，场景搭建缺乏技术支撑。部分应用新技术的融媒体中心也主要开展 4G/5G 直播、无人机拍摄、大数据信息采集等基础性业务，且运行主要由第三方技术团队承担，智慧治理平台的自主研发和应用能力较弱。内容方面，则往往以传统内容嫁接新媒体传播方式，缺少个性化的产品矩阵。

（四）呈现形式趋于同质，内容生产优势欠缺

虽然近几年，不少县级融媒体中心都加大了参与社会治理的内容丰富度与创新度，但多数县级融媒体中心并未真正理解媒体深度融合思维的精髓，新闻产品的呈现形式仍停留在单一的图文，内容则搬运其他媒体的新闻内容或进行一稿多发的跨平台传播，同质化程度较高，社会治理的公共服务、民生服务、公共文化等层面涉猎不足。

从本质上看，部分县级融媒体中心的运营观念和生产路径较为保守，受传统宣传思维影响，内容主题多为政策宣讲、领导开会、活动颁奖等，视野单一、可看性差，缺乏生活化、本土化和趣味性的高质量内容，尚未将贴近

民众的地域接近性优势有效转化为内容生产优势，难以成为推动当地社会善治的有效助力，削弱了县级融媒体参与社会治理的预期成效。

（五）融媒体缺乏社会治理理念，群众参与治理的程度较低

多数县级融媒体缺乏社会治理理念，还停留在信息传播、宣传喉舌的传统角色层面。客观层面上，融媒体客户端功能不够全面，如何参与基层治理的思考不够深入，传播力与影响力较弱；主观层面上，基层群众互动性不足、参与力度弱，成为县级融媒体中心提升参与基层治理效果所面临的棘手难题。

一方面，部分县级融媒体客户端功能不全，政务服务、公共服务、文化娱乐等功能相对较弱，一些县级融媒体中心故步自封、缺乏开拓进取的精神，对媒体融合后怎样助力基层治理缺乏深入的规划设计，主动性不强。另一方面，县级融媒体中心与基层群众之间的互动不足，调动群众参与治理的力度也不大。县级融媒体客户端平台的专栏专区和内嵌的服务看似一应俱全，但用户数量却不容乐观，内容更新存在滞后，互动板块中的评论留言更是寥寥无几。[①]

四　县级融媒体参与基层治理的提升路径

针对县级融媒体参与基层治理的基本现状和主要问题，结合县级融媒体中心建设的顶层设计、战略规划和标准规范，本报告提出以下提升路径。

（一）畅通诉求通道，深挖民意连接群众

群众在教育、医疗、住房等方面都有个性化需求，对基层社会治理也有差异化表达。县级融媒体中心应当主动承担起基层政府和基层群众的纽带和渠道角色，以各种方式为群众提供自下而上、畅通无阻的诉求通道；主动挖

---

① 何加晋：《县级融媒体热的冷思考》，《视听》2020年第2期，第5~7页。

掘和设置治理议题，高效对接政府部门，为群众解疑释惑、解决问题，在对话沟通中共商治理决策。

此外，县级融媒体还应提升组织动员能力，调配多方资源，依托服务平台发挥协同整合作用，建立健全各政府部门的跨部门协作机制，实现业务部门和宣传部门协同、县域街乡多级协同、线上线下协同，激发多元主体参与治理的主动性和创造性，积极反映群众呼声，保证得到及时回馈，增强多元主体间的关系黏度，提升协同参与沟通能力。

（二）拓宽服务场景，结合政策精准落实

强化县级融媒体赋能基层治理，出发点是精准感知媒体融合的发展态势，加快推进县级融媒体转型升级，在保证内容生产、加紧关系连接的基础上，着力提升党建、政务、商务、公益等服务水平，关注媒体的发展布局与结构调整，不断创新探索治理新场景，构建县级融媒体发展新格局。

此外，县级融媒体中心要结合乡村振兴相关政策，拓宽基层服务场景，积极参与乡村精神文明建设，提升乡村治理现代化水平。积极挖掘乡村文明中的精华部分，思考如何运用治理产品提升治理效能；批判个别不良风俗，协助移风易俗，革除不正之风，倡导社会主义核心价值观。[1]

（三）提升数字赋能，依托技术智能转型

随着县级融媒体中心迈向深度融合，5G、大数据、云计算、人工智能等前沿技术也正深度融入县级融媒体的平台建设之中，赋能融媒体业务全流程。伴随着国家治理体系和治理能力现代化建设持续向基层下移，县级融媒体中心也应不断以智能技术拓展服务场景[2]，进一步提升其数据感知能力，顺应国家治理的数字化、智能化大趋势，筑牢基层治理的基石。

---

[1] 冯馨莹：《县级融媒体参与乡村治理的行动路径探究》，《乡村科技》2022年第18期，第5~8页。

[2] 黄楚新、李一凡、陈伊高：《2021年县级融媒体中心建设发展报告》，《出版发行研究》2022年第5期，第26~32页。

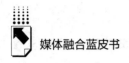

一方面，注重新型媒介技术对县级融媒体转型升级的驱动力，依托人工智能、AR/VR/MR、全息影像来助力开拓县级融媒体赋能基层治理。另一方面，深化数据思维，通过智能推荐算法驱动数据的精准匹配，在内容分发上实现"千人千面"，使内容的生产与传播更加个性化、更具针对性，提升信息服务的精细度和有效性，进而重塑基层治理体系中的信息运行流程并大幅优化基层治理生态。

（四）创新策划制作，突出特色乡风乡土

县级融媒体中心在参与社会治理中有着地缘优势，应紧抓"地域性和亲切感"，做好本土内容生产和创新内容生产两大板块。一方面，要扎根基层，深入基层群众的生活，走进万家屋舍、走下田间地头；挖掘与传播地方特色和优秀本土文化，制作精准短小、生动鲜活、富有吸引力的精品内容。另一方面，创新丰富全媒体生产内容，促进媒体思维转化为平台思维；要充分运用融媒体的技术手段创新内容生产，以基层群众喜闻乐见的方式传播乡村美景、乡村生活与乡村文化，不断增强群众的参与度与认可度，聚集更多用户和流量，从而提升县级融媒体中心参与乡村治理的成效。

（五）内外横纵兼顾，传播矩阵同频共振

作为融合县域内全部媒体形态的县级融媒体中心，其职能定位也变得多元化。县级融媒体参与基层治理的未来绝不是"一家独大"式的单打独斗，也不是"顾头不顾尾"的单向发力，而是内外与横纵同时兼顾的立体化发展。一则向上打通传播渠道，打造中央厨房，与省、市级媒体实现互联、互通、互动，形成连接各级媒体，甚至跨地域媒体的新闻素材库和新闻生产链；二则向下扎根本土，完善集电台、电视台、两微一端、手机报、报纸、抖音等多个平台为一体的县级全媒体传播体系，立足本土深耕内容，传播矩阵同频共振，放大传播效应、扩大信息发布规模从而提升基层治理效应。同时需要谨防同质化，注意不同平台之间信息的横向流动、强调差异传播，以减少信息冗余，更为高效地利用媒体资源。

随着城市化、现代化、乡村城镇化进程的加快，由政府主导的单一管理模式难以应对日益复杂的社会问题。作为汇聚民意和民智以及服务人民、引导舆论的连接器，县级融媒体勇担承上启下的连接职责，多元化地深入参与到基层社会治理之中，呈现出多元主体协同共治、治理场景全面覆盖、治理方式精细便民、治理形态丰富多样、治理效能多元评价的特点。在未来的发展中，县级融媒体必将继续承担助力基层政府实现治理能力现代化的职责，进一步畅通诉求通道、拓宽服务场景、提升数字赋能、创新策划制作、内外横纵兼顾，不断完善政府与群众的沟通对话机制，增强县域群众对基层政府的认同度和在基层治理中的参与度，从而提升自身的传播力、引导力、影响力和公信力，源源不断地为基层社会治理输送创新活力。

B.20
人工智能技术在媒体融合中的应用现状及发展趋势研究报告

刘英华　赵　熳*

摘　要： 人工智能技术正在深刻改变着新闻业的传播实践形态与人类的生活方式，影响着媒体融合的深度和广度。近年来，以人工智能和大数据为代表的新技术飞速发展，以 AIGC（生成式人工智能）、智能广告、计算舆论、智慧政务等为代表的人工智能技术在媒体融合领域的应用成果不断凸显，推进媒体深融。但同时，人工智能技术也带来虚假新闻宣传、隐私泄露与侵权、意识形态挑战等风险和隐患。未来，以 AIGC 为代表的 AI 技术将加速迭代演进，推动媒体融合进入智能化发展新时代。

关键词： 人工智能　AIGC　智能广告　计算舆论　智慧政务

现代意义上的"人工智能"概念可追溯到 1950 年，计算机之父阿兰·图灵（Alan Mathison Turing）发表的《计算机器与智能》一文中提出机器是否会思考的问题，开启了人工智能的序幕。

2020 年 9 月，《关于加快推进媒体深度融合发展的意见》指出，要以先进技术引领驱动融合发展，用好 5G、大数据、云计算、物联网、区块链、人工智能等信息技术革命成果，加强新技术在新闻传播领域的前瞻性研究和

---

* 刘英华，博士，中国社会科学院大学新闻传播学院副教授，研究方向为新技术与数字传播、计算传播、可视化传播；赵熳，中国社会科学院大学新闻传播学院硕士研究生，研究方向为新媒体与数字劳动。

应用。人工智能技术作为信息技术革命的突出成果，在媒体融合领域的应用发展如火如荼，本报告将从 AIGC、智能广告、计算舆论、智慧政务四个方面进行梳理。

一　人工智能技术在媒体融合中的应用现状及特点

人工智能技术是第三次信息技术革命的成果，是媒体融合发展的重要技术支撑力量。随着"万物互联""万物智能"时代的加速到来，人工智能技术已经广泛渗透于新闻生产传播等全过程。

（一）AIGC 助力新闻高效生产

1. AIGC 是新一代技术迭代的产物

随着 5G、人工智能、大数据、物联网技术的迭代，"算法新闻""自动化新闻""机器生成新闻"等概念频频出圈，人工智能新闻生产背后依托的是 AIGC 技术。AIGC（AI Generated Content），即人工智能生成内容，是互联网、数据、人工智能等信息技术综合发展的产物。

2022 年 9 月，《人工智能生成内容（AIGC）白皮书》将 AIGC 定义为"既是从内容生产者视角进行分类的一类内容，又是一种内容生产方式，还是用于内容自动化生成的一类技术集合"。[1] 知名市场调研机构 Gartner 将生成式 AI 列入 2022 年顶级战略技术趋势之一，在最新的研究报告中提出，到 2025 年生成式 AI 将占据网络内容的 30%。[2]

2. AIGC 产品频频出圈

近年来 AIGC 产品集中发布，多款产品出圈，引发社会广泛关注，其可

---

[1] 《人工智能生成内容（AIGC）白皮书》，中国信息通信研究院，2022 年 9 月 2 日，http://www.caict.ac.cn/sytj/202209/P020220913580752910299，最后检索日期：2023 年 3 月 26 日。

[2] *Machine Customers and AR/VR areExpected to Transform Sales in the Next Five Years*，Gartner（2022 年 10 月 10 日），https://www.gartner.com/en/newsroom/pressreleases/2022 - 10 - 10 - gartner - identifies - seven - technology - disruptions - that - willimpactsales - through - 2027，最后检索日期：2023 年 3 月 20 日。

根据数据和趋势生成新闻文章，如体育比分、金融数据或天气模式。根据媒体模态来分，目前 AIGC 的主要下游落地场景有文本、音频、图像、视频、游戏、代码、3D 生成等。与国外相比，我国 AIGC 行业仍处于刚起步阶段，体系化发展等仍待完善。

目前，AIGC 可以较好地完成新闻播报等结构化写作、帮助润色等非结构化内容。2023 年 3 月 16 日，百度正式发布了中国首个生成式 AI 语言大模型"文心一言"，其是基于百度飞桨深度学习平台和文心知识增强大模型的新一代知识增强大语言模型，能够与人对话互动，回答问题，协助创作，主要应用于自动写作、智能客服等领域。

随着算法模型的不断迭代，AI 作画水平也不断提高，随机创意图像生成与根据指定要求的功能性图像生成技术的发展接近成熟，但当前图像生成水平与专职设计师或摄影师的作品仍存在较大差距。AIGC 音频生成技术目前在语音克隆、生成虚拟人的特定播报文本、作曲与编曲生成上得到广泛应用，代表企业和应用的有倒映有声、DeepMusic、网易有灵智能创作平台等。视频生成方面，AIGC 目前对删除特定主体、生成特效、跟踪剪辑等的视频属性编辑已较广泛应用，对特定片段进行检测与合成的视频自动剪辑发展仍不完善。全自动生成长时间的视频作品还不能实现，距离依个人梦想定制电影和剧集还较为遥远。①

许多省市级媒体也在加快人工智能技术应用的推广，例如，深圳报业集团推出的"晶报"App 也通过新一代的智能融媒体解决方案——智搜·智媒平台为用户带来视听与交互层面的全新新闻阅读体验，实现传统内容媒体与 AI 智能技术的深度融合；厦门日报社推出的人工智能资讯平台"潮前智媒"App，实现了智能化采编、咨询、写作以及个性化推荐；济南时报推出的新时报 App，运用人工智能技术对采、写、编、发等新闻生产流程进行再造，构建形成"PGC+UGC+MGC 机器人生产"的智能内容生产体系。

---

① 《传媒行业专题研究：AIGC 引领内容生产方式变革》，未来智库，2023 年 2 月 10 日，https://baijiahao.baidu.com/s? id = 1757402333663497080&wfr = spider&for = pc 最后检索日期：2023 年 3 月 20 日。

3. AIGC 代表性应用案例

当前 AIGC 的代表性应用有 OpenAI 的自然语言处理模型 ChatGPT、以 Discord 频道的 Midjourney 为代表的 AI 作画工具及辅助电影制作等。

（1）以 ChatGPT 为代表的聊天机器人

2022 年 11 月 30 日，ChatGPT 正式上线，一出现即迅速引起关注。作为生成式预训练聊天机器人，ChatGPT 能够通过学习和理解人类的语言并进行对话，主要功能包括语言翻译、内容创建、客户服务等，还能在用户指令下完成邮件撰写、文案策划、多语种翻译、创建和修改代码等任务。腾讯研究院认为，ChatGPT 目前可驾驭各种风格和文体，能够做到回答后续问题、承认错误、质疑不正确的前提和拒绝不适当的请求等。

（2）以 Midjourney 为代表的 AI 作画

Midjourney 是一款搭载在 Discord 上的聊天机器人，玩家只需要@机器人并输入相关的提示词，即可在 1 分钟以内生成 4 张图片。截至 2023 年 2 月 4 日，Discord 数据显示 Midjourney 在 Discord 约有 980 万成员。2022 年 8 月，由 Midjourney 生成的《太空歌剧院》在美国科罗拉多州艺术博览会上获得"数字艺术"类别冠军。

伴随 AI 绘图的火热，国内也出现了众多 AI 作图产品，百度在 2022 年 10 月发布的 ERNIE-ViLG 2.0 是国内首个在基础模型方向取得突破的产品，可用于工业设计、动漫设计、游戏制作、摄影艺术等场景；此外，百度构建了近 2 亿的高质量中文图文数据对比，具备强大的中文语义理解能力，助力中国风元素构建。基于 ERNIE-ViLG 2.0，百度也推出了 AI 艺术与创意辅助平台文心·一格，目前支持国风、油画、水彩、动漫、写实等十余种不同风格高清画作的生成。

依托 AIGC 人工智能技术，人们获取和使用信息的广度、深度、复杂度正在快速演化，自动化生成的文本、图片、艺术作品给人们生活带来便利，颠覆了传统生产模式，赋能新闻生产的效率和效果显著提升。

（二）智能算法推荐改变信息分发方式

人工智能技术对媒体融合领域的冲击不仅体现在传统新闻的生产方式

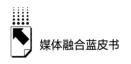

上，还体现在新闻流通与消费环节，即资讯在终端的智能分发和个性化推荐。

1. 由"人找新闻"到"新闻找人"

传统新闻时代，新闻的筛选和排列主要基于职业新闻工作者自身的价值判断，而非用户的个人兴趣。如今，包括腾讯新闻等商业门户网站的资讯客户端，以及今日头条等聚合型资讯分发平台，依托对每个用户兴趣和需求的精准捕捉，实现高效率、精准化传播。例如，头条算法综合用户喜好、浏览内容、时间场景、地理位置等信息，精准捕捉用户对不同内容的个性需求，向用户推荐定制化的资讯。

2. 智能广告精准满足用户需求

除了新闻分发，人工智能技术还深入广告运作的全流程环节，颠覆了传统广告在消费者洞察、广告创作、广告效果反馈等环节上靠人力劳动的运作方式，对整个广告产业和生态系统产生了变革性影响。

（1）计算广告与程序化购买创造广告新形态

计算广告是计算智能的表现，是智能广告的初级形态，大数据和计算能力是计算广告的核心驱动力。以程序化购买广告为代表的计算广告是目前广告传播的新兴形态，国内学者刘庆振认为："计算广告是根据特定用户和特定情境，通过高效算法确定与之最匹配的广告并进行精准化创意、制作、投放、传播和互动的广告业态。"程序化购买广告，与常规的人工购买广告相比，极大改善了广告效率、规模和投放策略，实现了从购买媒体到购买用户的转变。

（2）基于场景匹配的智能广告实现定制化传播

在4G网络下，计算广告已经实现了消费者在特定场景与广告的在线匹配，而5G技术可以打通线上场景和线下场景之间的信息渠道，实现消费者与广告匹配的全场景精准化。在5G网络中，消费者所使用的设备以及与之相关的传感器设备都将成为广告投放的接触点，这些接触点将在边缘计算的驱动下，通过对受众行为与情感的解读与预判，实时向消费者推送与其匹配的广告。智能接触点是5G时代下智能广告的新传播形态，其不局限于基于机器智能的接触点，也可以是基于人类智能的接触点。

区别于传统的广告传播，5G 网络下实时高速的信息传输和计算能够让人类智能、机器智能以及物联网智能协同针对消费者数据进行定制化广告制作与投放。例如，在车载环境中，人—机—物智能可以在消费者处于疲惫状态时，以一种温柔而体贴的声音向消费者推荐距离合适的饮品店或者咖啡厅。随着 5G 技术和物联网技术的不断发展，智能广告将出现实景广告与智能家居广告等新型广告形态。

围绕着用户需求、算法推荐和场景匹配的理论逻辑与个性化应用及优化的实践逻辑，人工智能技术让广告业务管理更趋智能化，更为人性化。

（三）计算舆论提升舆论引导精确性

以算法、机器学习等为核心技术的人工智能在新闻生产与传播领域的应用，除改变了新闻生产和分发机制外，还对新闻舆论和意识形态工作产生了一定的影响。

1. 精准化推送提升主流资讯传播效度

基于大数据的推荐性算法和精准化推送，主流新闻的内容流通可以围绕用户"画像"而变得更加精准，即通过大数据分析和人工智能推送机制，主流媒体可针对关注公共议题的特定人群进行更加智能化、有针对性的时政内容推送，从而提高舆论引导的针对性和精准性。

习近平总书记多次强调，新闻舆论工作要增强时、度、效，其中的"效"以往主要由领导批示、同行肯定来进行评价，而大数据分析方法和人工智能技术的运用可以捕捉分析网民的"瞬间情绪"、追踪研判新闻内容的传播规律，进而对网民的态度改变和行为倾向做出预判。用这些新数据、新工作和新方法来指导新闻舆论和意识形态领域的工作实践，可提升舆情监测和意识形态引导的效果。

2. 大数据提高计算舆论研究精度

大数据时代，人类的舆论表达在互联网上留下了大量关于态度、意见和情绪表达的数字足迹。互联网等新媒介技术的发展，深刻改变了舆论生态。

特别是网络舆论研究也进入了数据量更大、形态更复杂的大数据时代。与传统依赖问卷调查、小样本控制实验、焦点小组访谈等方法不同，大数据时代在数据、方法和模型三方面都为计算舆论学的兴起与发展提供了契机与条件。舆论研究的社会价值出发点是以人民为中心。计算舆论研究运用计算研究方法更好地分析舆论规律、理解舆论过程，从而更好地倾听民意、吸纳民智。

（四）"AI+媒体+政务服务商务"助力媒体深融

作为国家重大战略，服务社会、服务基层、服务人民，推进治理体系和治理能力现代化是媒体融合的题中之义。当前，数字政府建设进入全面加速期，人工智能被广泛应用于"新闻+政务服务商务"的运营模式。

例如，上海以政务服务"一网通办"和城市运行"一网统管"为载体，推动城市治理向人机协同型、数据驱动型、跨界融合型转变，实现从数字化到智能化再到智慧化的跃升；昆明市官渡区"城市大脑"建设取得丰硕成果，目前已有1.1万余只"AI眼睛"同时监控辖区内的城市安全，践行了智慧城市新发展理念；2022年杭州市第一批重点建设人工智能应用场景清单公布，清单涵盖智慧城市、智慧交通、智慧教育、智慧农村、智慧社区、智慧医疗等领域。

百度智能云基于"芯片—框架—模型—应用"四层技术架构优势，在政务领域形成了全面的产品力，目前已为全国70余座城市提供智慧化场景应用解决方案，服务政府客户200余家。例如，在北京海淀，"海淀城市大脑"实现了127个应用模型服务"三融五跨"55个城市大脑业务场景应用；在云南丽江，"丽江城市大脑"拥有12项国内领先AI能力、3000路视频识别能力，支持全天候不间断智能识别处理城市事件。[①]

[①] 《AI+政务服务，百度智能云推出智慧政务新解法》，永州新闻网，2023年6月16日，http://finance.ynet.com/2023/06/16/3634406t632.html，最后检索日期：2023年3月20日。

二 人工智能技术在媒体融合领域应用的不足

随着数字化改革向更深层次推进，人工智能技术加速落地，为媒体融合提供了强有力的技术支持。但是，人工智能在媒体融合领域的应用中，在融合的深度和广度、伦理的风险和挑战、算法和大数据的潜在隐患等方面仍存在较大的提升空间。

（一）人工智能应用的深度和广度仍有待加强

总体来说，人工智能在媒体融合领域的应用还处在比较初级的阶段。在人工智能对新闻报道内容审核方面，基本可以准确对新闻的文字和节目音量进行监测和审核，但对画面的内容就很难进行判断和审核；在用户管理方面，许多媒体已经使用机器人客服代替了传统客服，大大降低了运营成本。但由于人工智能对语义识别困难，有时反倒会增加交流的障碍，降低用户的体验感。AI 主播普遍存在语音机械化严重、缺乏情感温度等现象。还有，人工智能在应用方面存在的最实际问题是需要大量的资金和成本投入，无论是前期的研发还是后期的运营维护，对媒体单位的财政投入都有很高的要求。

（二）人工智能作为传播主体对伦理提出风险和挑战

1. 网络用户的隐私面临泄露风险

随着互联网对消费者信息采集的全场景化，机器几乎掌握了用户不同场景下的所有信息。信息伦理与技术伦理将成为智能广告在未来发展中亟须解决的问题。

例如，2018 年 9 月 Facebook 的数据泄露事件，导致用户大量隐私被曝光，引发恐慌。同时，企业所秉持的"数据主义"思维，以实现数据的最大化利用为根本目的，消费者存在被"操控"危险。2018 年 3 月，"大数据杀熟"现象开始进入公众视野，携程、去哪儿网等多家互联网企业被曝出

利用用户日常消费行为进行数据分析，对"熟用户"提升价格，给予新用户更多优惠。

2. 人身权、名誉权遭到挑战

AIGC 发展面临法律、安全、伦理和环境等问题。首先，AIGC 引发了新型版权侵权风险，国外艺术作品平台 ArtStation 上的画师们掀起了抵制 AIGC 生成图像的活动。其次，AIGC 滥用容易引发信息内容安全、内生安全、诈骗违法犯罪行为等隐患，诈骗团队曾利用 AIGC 换脸伪造埃隆·马斯克的视频，半年诈骗价值超过 2 亿元人民币的数字货币。

（三）算法和大数据背后的潜在隐患不容忽视

1. "回声室"效应致使主流媒体面临边缘化风险

大数据的个性化算法推荐虽在一定程度上更加精准地满足了用户需求，但也引发了一些主流媒体的隐忧和部分用户的反思。例如，过度推崇算法推荐的平台可能存在一定程度上的价值观偏差，算法推荐内容可能对用户制造"回声室""信息茧房""过滤气泡"等负面效应。同时，信息窄化容易造成用户的认知偏狭，使其被情绪化的片面信息影响，对整体社会和公共议题的判断可能会有失平衡或理性。此外，还可能会逐渐降低用户对公共议题的关注度，降低他们参与公共事务讨论和行为的意愿。

人工智能对传媒业生态和传播效果的评价体系具有革命性影响，导致主流媒体面临进一步被边缘化的风险。由人工智能和算法塑造的传播效果评价机制，总体上偏向于用户主导、情感主导和兴趣主导，从而导致严肃型内容不可能占据评价体系上的优势。

在未来，应在频道设置、内容推送方面强化"优先权"；严格审核过度煽情的不良内容，对发布导向存在长期偏差的自媒体账号进行关闭处理，从源头上减少负面信息的供应量；在算法推送的规则之外更加强化人工编辑的作用和价值。

2. 计算宣传导致我国舆论治理难度加大

随着智能技术的发展，计算宣传作为一种操纵舆论的新方式，对国家网络生态的安全有着重要的意义。计算宣传是为达到特定目的所开展的传递虚假或错误信息、制造信息污染、攻击政治对手等一系列破坏网络信息环境和政治传播生态的行动，具有隐匿性、自动化、精准化等特点。①

事实上，世界各地的政治竞选活动中，政府和普通公民都在社交媒体平台上使用人和机器人的组合来制造操纵性的虚假信息运动。它们可以"制造共识"或营造一种大众普遍支持某一政治家的错觉。

当前，社交媒体平台已经成为国家与国家之间进行舆论战的主要阵地，计算宣传也成为当前网络治理的重要内容。使用社交媒体进行计算宣传和传播政治虚假信息的国家和政党数量逐年增长，表明计算宣传的工具和技术已经成为政治和公共外交等领域必不可少的组成部分。而其产生的影响大多集中在负面效果上，具体而言包括虚假新闻、加剧公众舆论意见对立、左右政治选举活动结果等。同时，计算宣传在智能技术的加持下呈现着普遍性、隐匿性、代理性的特点，导致其治理难度日益增加，治理范围逐步扩大。

三 人工智能技术在媒体融合领域的未来展望

2023年7月10日，国家网信办联合国家发展改革委、教育部、科技部、工业和信息化部、公安部、国家广播电视总局公布《生成式人工智能服务管理暂行办法》，自2023年8月15日起施行。《生成式人工智能服务管理暂行办法》提出，国家坚持发展和安全并重、促进创新和依法治理相结合的原则，采取有效措施鼓励生成式人工智能创新发展，对生成式人工智能服务实行包容审慎和分类分级监管，明确了提供和使用生成式人工智能服务总体要求。②

随着人工智能在新闻传播领域应用的普及和深化，以及物联网兴起和

---

① 《计算宣传：社交机器人的舆论"操纵术"》，人人都是产品经理网，2023年1月11日，https：//www.woshipm.com/ai/5728206.html，最后检索日期：2023年3月26日。
② 《生成式人工智能服务管理暂行办法》，中国政府网，2023年7月10日，https：//www.gov.cn/zhengce/zhengceku/202307/content_6891752.htm，最后检索日期：2023年3月20日。

"万物皆媒"时代的到来，从智能收集与编写新闻，到智能推送与分发新闻，再到智能传感器采集更广阔类型的生产生活信息和发布新闻，人工智能所带来的生产流程和传播机制变革，将在新闻传播领域持续进行。

（一）语言训练模型不断迭代，AIGC迎来新机遇

未来，AIGC文本生成方面，或可实现文本生成的终稿达到人类平均水平甚至专业水平。AI作曲将不再机械化地与人类创作音乐水平相仿。AIGC图像包括文字生成图像、图像属性编辑、图像部分编辑与图像端到端生成，其中由文字到图像的跨模态生成成为重点探索方向。随着AIGC技术发展愈加成熟，在游戏、代码、3D生成等领域也将迎来蓬勃发展。目前，游戏生成中游戏操作策略生成、NPC逻辑及剧情生成和游戏资产已经得到应用，AIGC生成代码能替代编码中大部分重复性劳动，3D生成尚处于早期阶段。未来，各个领域的创意性或应用性图像有望由AI独立生成或辅助生成，AI图像领域展现出较大的潜力。

国内大厂对ChatGPT的发展持乐观态度，百度将集成"文心一言"至搜索引擎。腾讯研究院在2023年1月发布《AIGC趋势报告2023》，指出AIGC有望作为数据与内容的强大生产引擎，升级甚至重塑内容工具，申请的"人机对话方法、装置、设备及计算机可读存储介质"专利可实现人机顺畅沟通；2023年2月7日，百度公布了大模型新项目"文心一言"；阿里巴巴达摩院申请了"人机对话及预训练语言模型训练方法、系统及电子设备"专利，积极布局AIGC。

（二）舆情监测系统日趋完善

未来的舆情监测技术将更加注重数据挖掘和人工智能技术的应用、跨媒体和跨平台的监测、可视化和智能化的分析工具、自动化和智能化的舆情预警系统的发展，这些技术的应用将极大地促进舆情监测的效率和精度。①

---

① 《舆情监测技术的发展趋势和未来展望》，五节数据研究院，2023年4月6日，https://www.163.com/dy/article/I1KO896C05389MZD.html，最后检索日期：2023年3月20日。

舆情监测系统将更加充分地利用人工智能技术和大数据分析方法，建立更加高效、科学、精准的综合舆情研判和分析体系，尤其是优化研究网民情绪、态度、归因逻辑和行为预测的方法论。此外，鼓励采用跨学科方法实现科研的文理交叉，运用"舆情仿真"等系统建立人工模拟社会系统，从而强化舆情预判和风险预警水平，提高网络意识形态引导的能力。例如，通过情感分析技术，可以识别和分析社交媒体上的情感表达，判断舆情态势和趋势，为企业提供精准的舆情监测和预警服务。

参考文献

程明、程阳：《数据全场景和人机物协同：基于 5G 技术的智能广告及其传播形态研究》，《湖南师范大学社会科学学报》2020 年第 4 期，第 114~119 页。

崔雍浩、商聪、陈锶奇、郝建业：《人工智能综述：AI 的发展》，《无线电通信技术》2019 年第 3 期，第 225~231 页。

段淳林、宋成：《用户需求、算法推荐与场景匹配：智能广告的理论逻辑与实践思考》，《现代传播（中国传媒大学学报）》2020 年第 8 期，第 119~128 页。

景东、邓媛媛：《论计算广告的形式及其审美特征》，《哈尔滨工业大学学报（社会科学版）》2011 年第 1 期，第 50~54 页。

周葆华：《积极推动基于中国本土经验的"计算舆论"科学研究》，《教育传媒研究》2022 年第 5 期，第 1 页。

张雨雁、俞晓迪：《县级融媒体对人工智能运用的困境与反思》，《传媒评论》2023 年第 4 期，第 68~70 页。

B.21
虚拟数字人在媒体融合中的应用与发展报告

高慧敏*

摘　要： 现代技术正以一种全新的交互方式将人与机器关联起来。2022年以来，虚拟数字人逐渐进入蓬勃发展阶段，尤其是在政策与技术的驱动下其在媒体融合中的应用泛化。为此，本报告从媒体深度融合时代虚拟数字人兴起的必然性入手，探讨虚拟数字人在主流媒体融合中的应用与传播实践，并在此基础上提出虚拟数字人在媒体融合中应用的想象与反思。

关键词： 虚拟数字人　主流媒体　媒体融合　人机互动

一　媒体深度融合时代虚拟数字人兴起的必然性

"虚拟数字人"概念从生命科学领域拓展到人类共通命题，经过近40年的发展，其意涵、功能、应用范围不断演化。随着近年来元宇宙概念的兴起与落地以及AIGC的蓬勃发展，加之2021年到2022年新冠疫情反复为信息传播领域带来的历史性挑战及新可能，虚拟数字人的发展恰逢其时，成为媒体融合的一个新突破，这也是政策、技术、传播等多个要素共同驱动的必然结果。

---

* 高慧敏，博士，北京邮电大学数字媒体与设计艺术学院讲师，研究方向为智能传播。

（一）相关政策正日趋完善与立体化，为虚拟数字人场景化落地保驾护航

目前，我国数字虚拟人的发展方兴未艾，围绕虚拟数字人的相关政策正在出台，主要集中于人工智能、虚拟现实、数字经济等相关领域，而且形成从中央到地方、从战略到行业的立体化布局。

立足中央、部委的顶层设计，2021年"十四五"规划纲要中明确提出"数字经济"的发展规划，并首次将"虚拟现实和增强现实"列为数字经济重点产业[①]，为虚拟数字人产业的发展提供有力保障。在此基础上，国家进一步明确虚拟现实与行业应用的融合发展进程，构建完善虚拟现实产业创新发展生态。2022年10月，工业和信息化部、教育部、文化和旅游部、国家广播电视总局、国家体育总局联合发布《虚拟现实与行业应用融合发展行动计划（2022~2026年）》，提出目标，到2026年实现三维化、虚实融合沉浸影音关键技术重点突破，促进适人化虚拟终端不断发展[②]，这也加速了虚拟数字人场景化应用的落地。在国家顶层政策的支持下，区域层面的虚拟数字人政策也陆续出台，如北京、上海、广东、宁夏、山西、山东、海南、江西、吉林、安徽、重庆、浙江等省市区也出台相关政策，主要集中于元宇宙与虚拟现实技术在各行业的落地，并提出打造虚拟主播、虚拟客服等虚拟人形象的具体要求，其中2022年8月北京市经信局发布首个国内数字人产业专项政策《北京市促进数字人产业创新发展行动计划（2022~2025年）》[③]，提出目标，到2025年北京市数字人产业规模突破500亿元。

---

① 《中华人民共和国国民经济和社会发展第十四个五年规划和2035年远景目标纲要》，中国政府网，2021年3月13日，https：//www.gov.cn/xinwen/2021-03/13/content_5592681.htm，最后检索日期：2023年4月13日。

② 《虚拟现实与行业应用融合发展行动计划（2022~2026年）》，国际科技创新中心，2022年11月1日，https：//www.ncsti.gov.cn/zcfg/zcwj/202211/t20221102_101731.html，最后检索日期：2023年6月1日。

③ 《北京市经济和信息化局关于印发〈北京市促进数字人产业创新发展行动计划（2022~2025年）〉的通知》，北京政府网，2022年8月3日，https：//www.beijing.gov.cn/zhengce/zhengcefagui/202208/t20220808_2787958.html，最后检索日期：2023年8月3日。

虚拟数字人政策趋于细分化与规范化。传媒领域是虚拟数字人落地的重要场景，2021年10月，国家广播电视总局发布《广播电视和网络视听"十四五"科技发展规划》①，明确提出将虚拟主播应用于新闻播报、天气预报、综艺科教等节目生产，既创新内容形态，又提高制播效率和用户体验。随着新场景的不断拓展，虚拟数字人行业发展也逐渐规范化。2022年6月8日，国家广播电视总局、文化和旅游部印发《网络主播行为规范》②，明确将"利用人工智能技术合成的虚拟主播及内容"纳入网络主播范畴；2022年11月，国家互联网信息办公室发布《互联网信息服务深度合成管理规定》③，在监管重点中明确新增"数字人物"。

由上观之，虚拟数字人相关政策正日趋完善，为虚拟数字人领域的发展助力。据IDC预测，中国AI数字人市场规模预计到2026年将达102.4亿元人民币。④

（二）智能传播生态为虚拟数字人的发展创造有利环境

在5G、大数据、云计算、物联网、人工智能等新兴技术的驱动下，智能传播已经初现雏形，核心在于人机互动，而之所以能够互动就在于机器具有类人特征，能够实现人际交往的"真实感"。虚拟数字人是指存在于数字世界的数字存在，具有拟人或真人的外观、行为、交互等特征，因此也能够成为人机互动主体之一，目前正在进入人类的生活。虚拟数字人能够成为与

---

① 《广播电视和网络视听"十四五"科技发展规划》，国家广播电视总局，2021年10月20日，https://www.nrta.gov.cn/art/2021/10/20/art_113_58228.html，最后检索日期：2023年6月20日。
② 《广电总局 文化和旅游部关于印发〈网络主播行为规范〉的通知》，中国政府网，2022年6月8日，https://www.gov.cn/gongbao/content/2022/content_5707286.htm? eqid=dc68b3cb00 1684eb0000000364817012，最后检索日期：2023年7月8日。
③ 《国家互联网信息办公室 中华人民共和国工业和信息化部 中华人民共和国公安部令（第12号）》，中国政府网，2022年12月12日，https://www.gov.cn/zhengce/zhengceku/2022-12/12/content_5731431.htm，最后检索日期：2023年6月25日。
④ 《IDC报告：2026年中国AI数字人市场规模将达102.4亿元》，新浪财经百家号，2022年6月28日，https://baijiahao.baidu.com/s? id=1736854348348571419&wfr=spider&for=pc，最后检索日期：2023年8月25日。

人类"交流"的主体，是智能传播生态的必然趋势，也是人与虚拟数字人在技术层面"双向奔赴"的结果。

一方面，"永久在线与永久连接"已经成为一种生存常态，这为人们进入"元宇宙"的数字化迁徙提供了基础。根据调查，截至 2022 年 12 月，我国网民规模达 10.67 亿，手机网民规模达 10.65 亿，其占比为 99.8%[①]，这种全民参与的全时空、全场景的触网已经成为现实，特别是网络视频已经覆盖了人们工作与生活的全时段场景，将吃饭、休息、工作、娱乐等多元场景聚合，而主流媒体也将内容精准匹配到不同时段，大众与内容形成强连接，甚至可以参与到场景中，特别是"短视频"与"直播"的内容形式，截至 2022 年 12 月，我国短视频用户规模已经达到 10.12 亿，占网民整体的94.8%，短视频用户增长率为 8.3%。[②] 短视频已覆盖用户全场景，据 Mob研究院数据统计，截至 2022 年 12 月，我国短视频人均单日使用时长超过 2.5 个小时，而且短视频成为吸引网民"触网"的首要渠道[③]，这为虚拟数字人在视听媒介场景的广泛布局提供了可能。

另一方面，智能化技术的"主体性"日渐增强，从人机交互转向人机互动，为虚拟数字人的类人化功能赋能。虚拟数字人是通过计算机图形学、动作捕捉、人工智能等技术所创造的数字化人物形象，适用于偶像娱乐、直播短视频、数字化劳动力以及情感陪伴等场景。虚拟数字人是多元技术的综合呈现，这也是人机交互技术演化的必然。通过梳理虚拟数字人的技术发展历程，发现其呈现从"脱实向虚""脱虚向实"走向"虚实融合"的演变特征。第一阶段为 20 世纪 80 年代的萌芽阶段，以原始技术来实现虚拟人物的现实化与现实人物的虚拟化，当时的制作技术主要以特效化妆和手工绘制为主，如 1982 年日本动画《超时空要塞》制作方将女主角林明美包装成演

[①] 中国互联网络信息中心：第 51 次《中国互联网络发展状况统计报告》，2023 年 3 月。

[②] 同上。

[③] 《Mob 研究院 | 2023 年短视频行业研究报告》，MobTech 百家号，2023 年 7 月 8 日，https：//baijiahao.baidu.com/s？id=1770833938983681583&wfr=spider&for=pc，最后检索日期：2023 年 7 月 8 日。

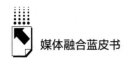
唱动画插曲的歌手，成为世界上首位虚拟偶像。第二阶段为 21 世纪初的探索阶段，计算机动画、动作捕捉等技术取代传统手绘，虚拟数字人进入实用阶段，开始应用于影视娱乐行业，以数字替身、虚拟偶像等形式出现，通常以动物捕捉技术来获取人体特征并利用计算机处理后生成虚拟角色，如《指环王》中的角色"咕噜"以及日本的虚拟数字人"初音未来"。第三阶段为 21 世纪 10 年代的初级阶段，随着深度学习算法的进阶，自然语言处理、语音识别、计算机视觉等人工智能技术发展迅速，新华社 AI 合成主播、浦发银行和百度共同发布的数字员工"小浦"等虚拟形象开始进入人们的视野，能够充当传播者和服务者。第四阶段为 2020 年以来的平台发展阶段，虚拟数字人的建模、驱动、渲染等核心技术架构都有质的飞跃，实现了虚拟数字人的脱虚向实发展，从言行举止满足用户各种需求，因此也出现了各类虚拟偶像、虚拟分身、虚拟主播、虚拟助手。从手绘到 AIGC，虚拟数字人在技术驱动下已经不仅是工具，它正朝着交流主体的方向发展，并终将走向虚实融合。

二　虚拟数字人在媒体融合中的应用与传播实践

在综合因素的驱动下，虚拟数字人已经从实验室走向社会，特别是随着 5G 万物互联时代的到来，其作为一种新兴媒介已经开始渗透在人们的日常生活中。近两年来，主流媒体也开始积极探索与虚拟数字人技术的深度融合，其在传媒业态、应用场景与传播形态方面呈现以下新特点。

（一）虚拟数字人成为媒体融合新蓝海，主流媒体积极挖掘虚拟数字人新动能

2022 年虚拟数字人行业呈现强劲的增长态势，这也激发了其在传媒领域应用的动力。据天眼查提供的数据，我国现有虚拟数字人相关企业 58.7

万余家，其中 2022 年成立的虚拟人相关企业超 27.8 万家，较 2021 年增长 41.4%。[①] 根据量子位《数字虚拟人深度产业报告》预测，在 2030 年，我国数字虚拟人整体市场规模将达到 2700 亿，其中服务型与身份型虚拟数字人的发展潜力巨大[②]，成为传媒、金融、电商、文旅、教育、工业等行业创新动力。当前，虚拟数字人在传媒领域中的应用主要以虚拟主播、虚拟偶像、数字员工等形象出现。根据艾媒咨询数据，2022 年中国虚拟偶像核心市场规模为 120.8 亿元，预计 2025 年将达到 480.6 亿元。

自 2021 年以来，随着需求的提升和技术的迭代，虚拟数字人逐渐和众多媒体场景对接。从整体布局来看，呈现遍地开花的态势，从中央到地方省市县，各主流媒体纷纷开始探索虚拟数字人的应用场景，推出虚拟主持人、虚拟主播、虚拟偶像、虚拟记者、虚拟小编、超写实虚拟数字人、虚拟文化推广者等数字"媒体人"。据不完全统计，我国主流视听媒体推出的数字人目前已达数十位[③]，这也为媒体深度融合补充了媒体新生代力量。从分布情况来看，中央级媒体仍然在虚拟数字人应用中发挥领头效应，并形成"虚拟数字人族群"，新华社自 2018 年首位 AI 合成主播"新小浩"上线后，引发众多央媒焦点，之后虚拟主播"家族"不断壮大，形成新华社"AI 合成主播超市"，新华社数字宇航员、数字记者"小净"等数字力量开始涌现；人民网的"任小融"上岗 3 小时内获得广泛关注；央视频的"央小天"、央视"小小撒""康晓辉"等一系列虚拟数字人也争相上岗；地方媒体也跟进布局虚拟数字人，各自纷纷打造具有地方特色的虚拟数字人，如北京电视台

[①] 《2022 年度〈中国虚拟数字人影响力指数报告〉》，中国传媒大学人民号，2023 年 2 月 26 日，https://mp.pdnews.cn/Pc/ArtInfoApi/article? id=34152748，最后检索日期：2023 年 7 月 13 日。

[②] 《2022 年中国数字人行业洞察报告》，36Kr，2022 年 7 月 13 日，https://36kr.com/p/1825281044006660#:~:text=%E6%A0%B9%E6%8D%AE%E9%87%8F%E5%AD%90E4%BD%8D%E9%A2%84%E6%B5%8B%EF%BC%8C,%E9%A2%86%E5%9F%9F%E8%BF%9B%E4%B8%80%E6%AD%A5%E6%B8%97%E9%80%8F%E3%80%82，最后检索日期：2023 年 7 月 20 日。

[③] 《【精选】AI 数字人"时间小妮"赋能媒体融合的策略研究》，广电猎酷，2023 年 8 月 12 日，https://www.163.com/dy/article/IBUC6VR305119UAT.html，最后检索日期：2023 年 8 月 20 日。

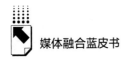

"时间小妮"、湖南卫视"小漾"、浙江卫视"谷小雨"。但是整体来看，数字虚拟人应用目前还存在不均衡现象：一是地域的不均衡，数字虚拟人应用主要集中于东部地区；二是层级的不均衡，主要以中央级和省级媒体为主，市县级媒体的虚拟数字人布局较少，仍有很大发展空间。由此观之，虚拟数字人已经开始在媒体融合中广泛布局，但未来仍有很大的探索和发展空间。

（二）媒体融合应用场景呈现多元化，全面开启数字时代用户新体验

虚拟数字人已经成为媒体融合时代的新闻媒体传媒利器。根据技术、功能和需求的差异性，主流媒体对虚拟数字人的应用呈现三个方向：一是以创建IP影响力或打造粉丝经济为核心的虚拟数字人形象，包括虚拟偶像、虚拟KOL、虚拟演员、虚拟主播等，如湖南广电的国风虚拟人"橙双双"，就打造了以中国古典神话中的"七仙女"为创作灵感的"柒仙女"虚拟数字人IP，又如广东广播电视台推出的粤语虚拟偶像"悦小满"；二是主要以真人为原型打造的虚拟数字分身，为新闻生产与传播自动化赋能，从而实现降本增效提质等目的，能够实现全天候24小时上岗工作，央视"康晓辉"、北京电视台的"时间小妮"等都是知名主持人的虚拟分身；三是能满足各种需求的超写实虚拟数字人，能突破时空、身体、应用边界，满足用户与虚拟现实世界的连接和交互需求，如山东广播电视台推出的"主持人数字孪生计划"，其推出的数字主持人不仅具有生物级数字外观和学习认知能力，能实时感知并适应在线、离线等不同场景，同时能满足媒体融合场景中的各种需求，如主持节目、生产内容、影视演艺、形象代言、教育咨询、直播电商。①

由此可见，虚拟数字人在当前传媒领域中与之前的单一新闻播报的应用场景不同，逐渐拓展为新闻传播、虚拟直播、文化推广、公共服务等多元

---

① 《山东广播电视台启动"主持人数字孪生计划" 部分主持人将实现"数字分身"》，闪电新闻百家号，2022年11月21日，https：//baijiahao.baidu.com/s？id=17501016366000759 79&wfr=spider&for=pc，最后检索日期：2023年5月7日。

场景。

一是创新新闻传播场景，推动新闻生产自动化、智能化，满足用户的全天候、多元化视听体验。虚拟主播的应用已经趋于常态化，尤其是在党的二十大等重大主题报道中。一方面，虚拟主播的应用能够助力新闻生产效率的提升，从而实时引导舆论；另一方面，虚拟主播的应用也将严肃、宏大议题以科技化、年轻化语态呈现，从而增强用户的体验认知，如湖南卫视的《小漾来学二十大》、"川观新闻"的《小观提问党代表》深受年轻人喜爱。

二是虚拟直播为网络直播的延伸，能缓解直播场景中的倦怠。根据艾媒咨询2023年第一季度数据，大部分主播每月薪资为6000~8000元，同比上年下降约30%[①]，表明直播/短视频领域的主播职业已经进入平台期，这为虚拟主播的应用提供了契机，虚拟主播直播带货已经成为2023年直播行业的热点现象之一，但目前还主要集中于短视频等新媒体平台。

三是以文化IP赋能虚拟数字人，为文旅场景带来新活力，增强用户沉浸式体验。文化IP以虚拟形象代言人、数字推广人等形象出现，特别是在国潮文化发展当前，浙江、陕西等具有古都底蕴的省份纷纷推出具有地方特色的数字推广人，如宋韵数字推广人"谷小雨"就是浙江卫视将无形宋韵文化进行有形化推广的一次有益尝试，陕西广播电视台的节目《考古中国》中首现汉文化IP虚拟人"未央"，而"知小音""汉小阳"也成为汉阳塑造新都市形象、传播新知音文化的数字载体。

四是虚拟数字人内嵌于政务服务场景，助力社会治理数字化。为了促进政民有效沟通，虚拟数字人也成为沟通的介质与桥梁，能够第一时间解决民生问题。目前，各地纷纷推出数字服务者，如江西省推出政务服务数字人"小赣事"、湖北仙桃市推出虚拟数字人"桃桃"，北京电视台"时间小妮"也在探索民生服务，这都推动了政务服务的数字智能化演进。

---

① 《618还未结束，主播降薪潮先来了》，36Kr，2023年6月19日，https://36kr.com/p/2307847535357188，最后检索日期：2023年6月19日。

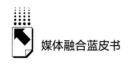

（三）虚拟数字人助力智能传播从人机互动转向人机交往

虚拟数字人的多场景应用也在重构人类的认知方式与交往方式，从而将人机交互的技术规律演化为一种人机交往的数字行为，改变了既往的传播方式，也更加印证了智能传播的交互性，重构了人、媒介、世界三者的关系。

一是回归到以身为媒、以数字化技术来实现身体的"复刻"与"再造"。以身为媒是最为古老的交流方式，然而人们对虚拟数字人的热衷也表明人们仍期待回到面对面交流的现实，由此以真人为原型打造的 AI 虚拟数字人应用就是对身体的"复刻"，利用语音合成、唇形合成、表情合成、深度学习等技术将人类身体特征数字化，从而形成"可观"的虚拟数字身体，实际上是数字分身，以此来代替真人完成全天候传播，突破身体本身的物理限制。而 AIGC 的发展为虚拟数字人注入灵魂，实现了打破边界的全场景传播，其不局限于特定的人类生物形态，而是按照需求与场景形成各类身体形态来实现传播，通常以卡通化形象、超写实数字形象为主，如新华社和 NExT Studios 联合打造的数字记者"小诤"专门面向航天主题和场景研发报道，与传统的 AI 主播不同，其物质身体达到逼真的程度，以再造身体来实现人、地、空之间的连接与传播。

二是以新媒体视听平台为主要传播渠道，实现虚拟数字人驱动下的人机互动传播，同时也开始拓展 VR 等穿戴式设备。一方面，当前围绕虚拟数字人的内容传播仍基于屏幕，而新媒体是主要传播平台，根据相关数据统计，党的二十大报道中的 AI 虚拟数字人（见表 1）相关内容的传播主要以短视频、客户端、网站等新媒体渠道为主，而当前手机已经成为全民拥有的媒介终端，因此虚拟数字人的用户端布局仍以移动端为主；另一方面，虚拟主播也为传统广电媒体转型带来机遇，声音媒体的智能化发展也深化了用户的听觉体验，如阿基米德的虚拟主持人就是针对广播场景的产品，通过"AI 对播"功能实现多主持人对播节目形态，又如上海人民广播电台的节目《长三角之声》也联合腾讯智影推出全国首个省级电台虚拟数字人"长小姣"；此外，广电媒体也逐渐将 VR 嵌入内容生产，以深度沉浸式体验来吸引年轻群体。

表1　党的二十大报道中的AI虚拟数字人

媒体	虚拟数字人	应用技术	传播平台	内容	效果
新华社	AI主播:新小浩、新小萌	语音合成、唇形合成、表情合成、深度学习等	抖音、快手、微信视频号	党的二十大权威新闻报道	截至10月20日,该系列新闻报道总浏览量近1亿,点赞量超过200万
北京广播电视台	AI主播:时间小妮	—	北京时间网站、App、微博等新媒体矩阵首发,北京市高级人民法院、北京市直机关工委、北京市民政局等单位机构的新媒体矩阵转发	从人物的先进事迹和精神品质透视时代的变迁。特点:年轻态、具有"网感"	截至10月24日,微博原创话题#二十大我的北京时间#话题浏览量达到1050万,单条视频播放量突破70万
广西云数字媒体集团	AI主播:聪聪 康康	—	广西云客户端、广西新闻网等	党的二十大盛会最新资讯。特点:严肃	截至11月12日,系列作品在客户端总浏览量28.5万
济南日报报业集团	泉小荷	智能语音合成技术、数字人面部表情算法、唇形动作合成算法架构等	"爱济南"新闻客户端	党的二十大报告及精神解读。特点:年轻化、时尚化、科技化	系列短视频内容的传播渠道较为单一,传播效果欠佳
红网、时刻新闻	AI主播:红网、时刻新闻总编辑全真数字分身	5G+AI+数字人动作捕捉+AR	红网新媒体矩阵	数字"总编辑"对话党代表。特点:严肃、科技	节目上线首日浏览量突破200万
湖南广播电视台	AI主播:小漾	—	"风芒"客户端、视频号等	对党的二十大报告知识点敲黑板、划重点,带领受众一起学习报告精神。特点:"风芒"客户端、视频号等	上线不到24小时,点击量即超过10万

续表

媒体	虚拟数字人	应用技术	传播平台	内容	效果
川观新闻	AI 主播：小观	人工智能、深度学习、卷积神经网络学习等	"川观新闻"公众号、客户端等	二十大党代表采访、会议资讯。特点：年轻化、时尚化、科技化	截至 10 月 23 日，自有平台播放量超过 500 万，全网触达量超过 4000 万

三是 AIGC 驱动下的人机互动能够创新智能传播形态，以人机对话实现人机交往。与传统的人机交互形式相比，虚拟数字人不仅能够聚合身体特征，还能够逼真地呈现人类思想、情感与行为，这也为未来智能传播提供了方向。2023 年初，AIGC 强势崛起，其为虚拟数字人在虚拟现实交融世界的存在提供了可能，更为重要的是，能够在数字世界中建构现实。这也正如媒体等同理论所强调的那样："人与计算机、电视及新媒体之间的交互归根结底具有社交性，而且与现实生活中的人际交往一样更为自然。"① 如北京电视台的"时间小妮"侧重于用户服务功能，以人工智能和情景对话的形式为用户奉上贴心服务。此外，虚拟数字人还经常出现在访谈节目、综艺节目等基于对话交流的节目，如红网打造总编辑全真数字分身并推出《总编辑面对面》栏目，通过数字分身与党的二十大代表的人机互动来实现情感共鸣，该节目上线首日浏览量即突破 200 万。

三 虚拟数字人在媒体融合中应用的想象与反思

人是社会性动物，社交是人类天性。生成式人工智能技术正在成为主流，而虚拟数字人则成为未来智能传播的一个发展方向，为媒体深度融合带来了新可能即人机融合，其本质是人机关系的变革，这已然改变了传统的媒

---

① Byron Reeves & Clifford Nass, *The Media Equation：How People Treat Computers, Television, and New Media Like Real People and Places* (Cambridge University Press,1996).

体融合思路，人机交往正生成新的媒体融合文化。目前虚拟数字人正在发展阶段，未来还会面临更多机遇和挑战。

（一）生成式媒介将成为下一代媒介形态，新闻深度造假会更为隐蔽

纵观历史，媒介一直在演进，从洞穴壁画到印刷品，到大众媒介和所谓的"新媒介"，再到"新新媒介"——合成媒介。与以人类输入产生的非生成式媒介相比，生成式媒介是在内容创建方面部分或全部由计算机生成的介质，通过机器来识别与分析用户所输入的数据，根据数据执行任务，而无须人工干预。虚拟数字人就是一种生成式媒介，它借助于 AIGC 等技术生成并传播内容，衍生出服务型与身份型虚拟数字人类型，在"去身体化"与"身体化"之间平衡以满足各类需求。一方面，自动化内容生成实现了全天候新闻生产，事件与新闻同步，节约了人力成本，提升了新闻生产效率；另一方面，生成式媒介是数字身体的再造，这为人机融合提供了可能。新闻生产的本质就是交往，而人机对话的创新形式也丰富了用户内容体验。然而，自动化新闻生产的同时也增加了虚假信息自动化生成的风险，这种造假方式也从以假乱真转变为真假难辨，有研究表明，人工智能生成的深度伪造面孔看起来比真实照片更真实①，因此眼见不一定为实。在视觉化的时代，新闻深度造假更为隐蔽，如何确保信息真实有效，如何辨别信息真伪，这些都是未来要继续探索的问题，因此一方面需要出台相应的法律法规来规范生成式媒介的发展，另一方面也应提升用户的智能素养。

（二）人机协同将成为新闻生产新范式，异质性媒体人才结构存在失衡风险

人机融合是指人类能力和机器能力在缺失的中间地带相互结合，推动了

---

① Tucciarelli, Raffaele and Vehar, Neza and Chandaria, Shamil and Tsakiris, Manos, "On the Realness of People Who Do Not Exist: The Social Processing of Artificial Faces", available at SSRN, https://ssrn.com/abstract=4061183 or http://dx.doi.org/10.2139/ssrn.4061183, accessed by July 6, 2023.

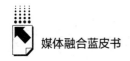

媒体在新闻生产流程方面的变革。新闻自动化生成将改变新闻生产结构，而数字员工是虚拟数字人的一种类型，在智能化技术加持下，"数字媒体人"纷纷开始在新闻编辑室上岗，规模化参与日常新闻生产与传播过程，且不局限于重大议题的报道，而是与媒体工作者协同承担新闻工作，比如浙江广播电视局开始打造"传播大脑"，从选题、策划到生产都有人工智能技术应用的痕迹，有相关人员表示，他们会对比人机在选题方面的实际效果，由此来调整具体的新闻工作节奏。这为未来人机协同提供了参考。但是，AIGC 的爆炸式发展也让媒体工作者产生了危机感，尤其是从自动化新闻生产流程到自适应流程，异质性人才结构将在一段时间内失衡，因为虚拟数字人作为新力量的加入迫使媒体工作者改变工作思维与方式，尤其对县级媒体，在数字技术人才匮乏的情况下，虚拟数字人的加入可能为其一定程度上补充力量，但是也会形成数字依赖，因此未来人类媒体工作者应转变角色，着力于生成式内容把关并挖掘自身与机器之间的价值差异。

（三）人机共情将成为用户信息消费新体验，隐私让渡与情感需求之间的矛盾会加深

人机融合在用户层面将体现为"共情"。"共情"一般是指"设身处地站在别人角度想问题"[①]，人机共情是指人类与计算机或机器之间建立的一种情感连接或共鸣，即让计算机系统能够感知、理解和响应人类的情感状态和需求，以提供更加人性化、有同理心的互动体验。随着技术的智能化与自主化发展，虚拟数字人与人类互动朝着情感、意识层面的深层次互动发展，在未来也将从人机认知信任，即基于对能力、可靠性和可靠性的信任，拓展到人机情感信任，即基于对情感纽带和关系的信任。因为全时空陪伴已成为当前用户的刚性需求，虚拟数字人一定程度上能够满足用户随时随地交流的这

① 〔丹麦〕马尔科·内斯科乌：《社交机器人：界限、潜力和挑战》，柳帅等译，北京大学出版社，2021。

种需求，有调查显示，公众对合成媒体的情绪正变得更加积极。[①] 而这种人机共情的实现主要是取决于机器的"自主性"程度，不仅在于能否精准识别用户情绪与需求，更在于实现类人的自然交流，形成定制化的专属互动陪伴体验，产生情绪共鸣。另外，当前虚拟数字人在"理解"用户时将面临让渡隐私数据，人机伦理问题迫在眉睫，在与虚拟数字人"交流"时是否面临情感安全，如何避免通过滥用共情技术来操作用户情感，这些问题日渐凸显，因此隐私保护与情感需求之间的平衡也将成为未来研究重点。

参考文献

殷乐、高慧敏：《智能传播时代的社会交往：场景、逻辑与文化》，《中国编辑》2021 年第 10 期。

---

① Victor Riparbelli，"The Future of（Synthetic）Media"，https：//www.synthesia.io/post/the-future-of-synthetic-media，accessed by August 24, 2023.

区域篇
Regional Reports

B.22

中国省级媒体融合发展与创新报告

张化冰　雷津皓*

摘　要： 随着媒体融合战略纵深化推进，我国省级媒体正稳步进行体制机
制改革与人才队伍建设，持续产出优质内容作品，探索前沿传媒
科技应用场景，各具省域特色的"新闻+政务服务商务"模式相
继落地。各省级媒体在国际传播、人工智能实践、媒体智库建
设、传统文化开发、重大主题报道等方面涌现出不少创新亮点。
但同时，议题引导不到位、融合水平差异大、分众传播不精准、
评价指标不完善、技术使用浅层化等问题也对省级媒体构成挑
战。省级媒体应坚持党性原则，向兄弟省份横向取经，深耕自有
平台，构建综合评价指标体系，秉持用户思维，满足用户需求，
营造良好社会舆论生态，进而加强全媒体传播体系建设，助力中
国式现代化。

---

* 张化冰，中国社会科学院新闻与传播研究所网络研究室副主任，副研究员，研究方向为互联
网治理；雷津皓，中国社会科学院大学新闻传播学院2022级硕士研究生，研究方向为互联网
治理。

关键词： 省级媒体　媒体融合　全媒体传播体系　国际传播

　　从媒体融合到媒体深度融合发展再到全媒体传播体系建设，省级媒体紧随中央级媒体步伐，在体制机制、内容生产、融合经营等方面展开积极探索。聚焦创新亮点，媒体融合助力国际传播，省域故事走上世界舞台；我国省级媒体善用智能技术，内容生产和组织效率大幅提升；媒体智库建设蹄疾步稳，人才价值、信息价值得以充分释放；省级广电深耕中华优秀传统文化，中国风再受热捧；因势而动、顺势而为，传播爆款层出不穷。

一　中国省级媒体融合发展现状

（一）政策引领，体制机制改革稳步推进

　　确保媒体融合走得深、力量足，首先要做到体制机制设计合理。中共中央办公厅、国务院办公厅印发的《关于加快推进媒体深度融合发展的意见》明确指出："要深化主流媒体体制机制改革，建立适应全媒体生产传播的一体化组织架构，构建新型采编流程，形成集约高效的内容生产体系和传播链条。"[①]

　　省级媒体普遍具有创办时间长、部门设置全、流程规范化的特点，在传统媒体时代，较为成熟的体制机制在极大限度上确保了大政方针的精准传递以及省域内容的高质量产出。但在新的传媒语境下，固定的层级划分、部门归属以及审批流程反而成了媒体发展壮大的阻碍力量。从 2014 年媒体融合的转型发展开始，省级媒体体制机制的变革持续展开，各省全媒体指挥调度体系、"云上"采编制作播发流程基本形成，"N 微 N 端"成为标配。2022 年，

---

① 《中共中央办公厅 国务院办公厅印发〈关于加快推进媒体深度融合发展的意见〉》，中国政府网，https://www.gov.cn/xinwen/2020-09/26/content_5547310.htm，最后检索日期：2023 年 6 月 26 日。

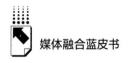

各报纸积极建立适应全媒体生产传播的一体化组织架构，构建新型采编流程。在人民网研究院考察的1330家报纸中，32家省级党报均已实现传统报纸和新媒体的采编部门一体化，65.6%的省级党报建立了跨部门的融媒体工作室。①

主流媒体的体制机制改革可以分为体制和机制两个层面。在体制层面，省级媒体需要重点对结构体系进行调整与升级，尝试垂直融合。②如黑龙江广播电视台推出的"极光新闻"，打通了省、市、县、乡、村五级的平台、数据、服务，构建起省域多级联动新体系，获评国家广播电视总局"2022年度全国广播电视媒体融合先导单位"。此外，定位重合的媒体平台、媒体部门也需要进行体制层面的横向融合。2022年3月，湖南广电集团刀刃向内，拉开湖南卫视和芒果TV双平台深度融合的序幕，双方内容规划由湖南卫视总编室、芒果TV平台运营中心和双平台综艺节目及电视剧立项委员会共同构成的"三角中枢"统一谋划、统一运作。同年11月，湖南广电的"两翼""双核"实现了"融为一体、共同生长"。③

而在机制层面，则需要明确内部组织设置，完善管理体制。2022年9月26日，国家广播电视总局办公厅对10家全国广播电视媒体融合先导单位名单进行公示，河南台位列其中。近两年，河南卫视积极推动项目制与工作室制落地，鼓励员工进行立项或建立工作室，为打造优质作品、链接网络资源创造了良好的制度条件。河北广播电视台（集团）也制定出台推动媒体深度融合发展五年规划，设计建立融媒激励考核机制、融媒扶持机制、重大活动调度机制等融媒管理运行机制，从规划设计层面为机制改革提供保障。④

---

① 《32家省级党报均实现报纸与新媒体采编一体化》，中国记协网，2023年6月8日，http://www.zgjx.cn/2023-06/08/c_1310725657.htm，最后检索日期：2023年6月26日。
② 胡正荣：《主流媒体如何进行体制机制改革？》，《中国广播》2020年第10期，第79页。
③ 蔡怀军：《守正创新 开启媒体融合新征程》，《中国新闻出版广电报》2022年11月2日。
④ 《河北广播电视台："一改四转"加速深度融合 | 媒体品牌巡礼》，中国记协网，2022年7月29日，http://www.zgjx.cn/2022-07/29/c_1310647816.htm，最后检索日期：2023年6月30日。

（二）守正创新，优质内容供给持续不断

省级媒体作为省域内的主要信息传播平台，其内容生产的质量对推动社会进步、促进地方发展具有重要意义。首先，通过客观深入的新闻报道和评论分析，省级媒体能够提供广泛多元的信息资源，增强公众对政策和新闻事件的理解，推动民主法治建设。其次，通过挖掘和展示地方文化、经济教育、旅游等领域的优势亮点，省级媒体能够为地方吸引投资、提升地方知名度、拓展对外交流提供有力支持。最后，省级媒体能够积极引导社会舆论，增强社会凝聚力和向心力。因此，持续做好优质内容供给，是媒体融合进程中省级媒体的职责和使命所在，也是党领导下的主流新闻媒体不变的初心与本色。

当前，各省级媒体持续推进内容建设，以优质作品产出为目标导向推出了诸多富有时代感、正能量、吸引力的内容精品。据统计，在第 32 届中国新闻奖（2022 年）评选中，共有 30 件省级媒体作品获一等奖，占全部一等奖获奖作品的 41%（见表 1）。

表 1　第 32 届中国新闻奖一等奖省级媒体获奖作品

项目	题目	刊播单位/发布平台
消息	大庆发现超大陆相页岩油田	黑龙江广播电视台
消息	六盘山与秦岭之间形成动物迁徙通道　秦岭 53 种珍稀野生动物来六盘山安家落户	宁夏广播电视台
消息	"我长大后也要当一名英雄"	新疆广播电视台
消息	舍弃八亿收入，换来鸥翔水美	大众日报
评论	决不允许"鸡脚杆子上刮油"	湖北日报
评论	砥柱人间是此峰——写在中国共产党成立 100 周年之际	南方日报
评论	到处人脸识别，有必要吗？	上观新闻
通讯	"生活在这样的国家，太幸福了"	新疆日报
新闻专题	人间正道是沧桑——百年百篇　留声复兴之路	华龙网首页、新重庆客户端头条
新闻专题	老唐卖"碳"记	安徽广播电视台

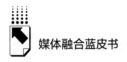
续表

项目	题目	刊播单位/发布平台
新闻专题	诞生地——不能忘却的纪念	上海广播电视台
新闻专题	（数字化改革之道）省市场监管局："闪电速度"的背后	浙江卫视
新闻专题	老表们的新生活——鸟哥"打"鸟	江西广播电视台
新闻纪录片	《百炼成钢：中国共产党的 100 年》之第三集　改造中国与世界	江苏省广播电视总台
系列报道	国之大者	湖南广播电视台
系列报道	《生命缘》百年协和系列	北京广播电视台
副刊作品	风卷红旗再出发	江西日报
新闻直播	突发！两岁女孩碎玻璃入眼　交警媒体紧急护送	江西广播电视台
新闻直播	一路奔冬奥　一起向未来——北京冬奥会开幕倒计时 100 天现场直播	北京广播电视台
新闻编排	2021 年 12 月 4 日《坐上火车去老挝》	湖南广播电视台
新闻专栏	直通 990	上海广播电视台
新闻专栏	民生调查	北京日报
新闻专栏	今日海峡	福建省广播影视集团
新闻专栏	村村响大喇叭	湖南广播电视台广播传媒中心
重大主题报道	号角催征——解码《新华日报》老报纸里的百年初心	新华日报
重大主题报道	"兴发"转型：从按"吨"卖到按"克"卖	湖北广播电视台
典型报道	杂交水稻之父——袁隆平	湖南广播电视台
典型报道	体育老师王红旭生命中最后一次百米冲刺	华龙网首页、新重庆客户端头条
舆论监督报道	向前一步	北京广播电视台
应用创新	北京时间接诉即办融合应用	北京时间 App

资料来源：《第 32 届中国新闻奖、第 17 届长江韬奋奖评选结果揭晓》，http：//www.zgjx.cn/2022zgxwjjgjx/index.htm。

在媒体深度融合浪潮下，各省级媒体也借助融媒体传播手段打造了一批知识属性强、科技含量高、人民群众喜闻乐见的内容产品。2023 年 1 月 8 日，SMG（上海电视台、上海文化广播影视集团有限公司）推出国内首档元宇宙资讯节目《早安元宇宙》。节目中的"元宇宙风向标"板块主要解读政府最新政策，"元宇宙热搜榜"板块展示行业最新应用，"元宇宙研究院"则聚焦讨论元宇宙热点。

2023年1月31日，由北京市科协、北京市科委、北京市教委、北京市广播电视局等单位联合出品的《大先生》节目在北京卫视首播。作为全国首档科学文化教育节目，《大先生》将科技、科学、科普深度结合，选取有扎实学识、有仁爱之心的现象级"大先生"，弘扬科学家精神。四川广播电视台以"新农+奇文+趣旅"为内核，打造了乡村深度体验观察类融媒体节目《沸腾吧！乡村》，沉浸体验与深度观察相结合，实现了"用时尚表达乡土、用乡愁抚慰人心"的传播目的。

（三）科技驱动，前沿技术赋能融合传播

先进技术在媒体深度融合进程中扮演着重要角色。目前，我国4K及以上电视机出货量占比已经超过70%，全国已经开通8个4K频道、2个8K频道，千兆用户超过1亿户。到2026年，我国虚拟现实产业总体规模将超过3500亿元，虚拟现实终端销量超过2500万台，建成10个产业公共服务平台。[1]

当下，省级媒体积极把握新技术的机遇，不断适应和创新，以在媒体融合时代中保持竞争力，进而实现可持续发展。2022年两会期间，天津津云新媒体集团、北京千龙网、长城新媒体集团共同推出"云瞰京津冀"系列访谈节目，采用5G+MR+AR技术，实现虚拟主播"云小朵"在线主持，并通过三维图形图像数字建模、虚实空间3D坐标同步解算等技术，实现三地演播室在"协同号"虚拟空间站的云端连线。[2]陕西广电融媒体集团建成面向融媒体生产的400平方米新闻演播室，集成360度旋转全景播报、4K高

---

[1] 《为媒体找技术、为技术找场景，北京市广电局持续关注和投入新技术带来多方共赢》，《北京日报》2023年6月30日，https://bj.bjd.com.cn/bjrbbeijinghao/contentShare/603059a8e4b0e29163266801/AP649ed1d8e4b042ca9e8e7cee.html，最后检索日期：2023年7月1日。

[2] 高枝：《融媒体时代时政报道的守正创新——以北京日报报业集团探索实践为例》，《新闻战线》2022年第6期，第28~31页。

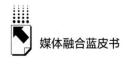

清视频制播等呈现手段。通过技术赋能，让演播室成为全媒体传播体系中的前端生产中枢。① 江苏省广播电视总台率先搭建起一套广播级的虚拟制作体系，依托虚幻引擎 4 构筑了一个具有自主知识产权的数字孪生空间，并陆续融合 AR、面部捕捉、动作捕捉、实时渲染等技术手段，实现导摄系统实时预览渲染合成画面。

（四）模式升级，融合经营延展媒体边界

2020 年 9 月印发的《关于加快推进媒体深度融合发展的意见》明确指出，要发挥市场机制作用，增强主流媒体的市场竞争意识和能力，探索建立"新闻+政务服务商务"的运营模式，创新媒体投融资政策，增强自我造血机能。② 该意见为省级媒体指明了一条功能延展、融合经营的发展道路。

"新闻+政务服务商务"已取代"内容+广告"，成为媒体深度融合的重要逻辑，这意味着省级媒体应当主动扩张业务版图，开辟"报网端融合、政企媒互动"的传媒新局面。江西日报社结合政务与商务，打造江西"营商帮办"应用，统合投诉、新闻、智库、问卷、办事、招商六大功能板块，各地营商办按照"1 个工作日电话联系、一般问题 5 个工作日办结、疑难问题 10 个工作日回复"的要求快速处置。③ 浙江广电集团整合淘宝、抖音等电商平台资源，打造"浙里云购"助农帮扶数字化融媒电商平台。新疆报业传媒集团旗下石榴云客户端于 2023 年 5 月 18 日接入"新疆公安微警务"89 项便民服务，身份证网上办理、户口迁移、出生登记等服务业务可直接"云上办理"。在广东，南方报业传媒集团旗下南方+客户端打造了南方号开放生产平台，吸引了广东政法、广东教育、广东市场监管等 7000 多家单位入驻。

---

① 胡劲涛：《加强全媒体传播体系建设，塑造主流舆论新格局》，《新闻战线》2023 年第 4 期，第 4~7 页。

② 《中共中央办公厅 国务院办公厅印发〈关于加快推进媒体深度融合发展的意见〉》，中国政府网，2020 年 9 月 26 日，http://www.gov.cn/zhengce/2020-09/26/content_5547310.htm，最后检索日期：2023 年 7 月 2 日。

③ 《江西日报社：探索"政企媒互动"融合发展之路》，中国记协网，2023 年 5 月 18 日，http://www.zgjx.cn/2023-05/18/c_1310719687.htm，最后检索日期：2023 年 7 月 2 日。

引入全新的投融资模式，是增强自我造血机能的必要举措。2022年8月8日，上海文化产业发展投资基金投资4亿元人民币，澎湃新闻实现B轮融资。这是继2016年澎湃新闻引入6家国资战略投资之后的又一次融资动作。重庆日报报业集团投资建设电商物流公司，为重庆845家机关企事业单位提供生鲜食材配送服务，2022年收入近9亿元。由中共浙江省委宣传部指导，浙江日报报业集团、浙江广播电视集团、浙江出版联合集团、浙江省文化产业投资集团四大省属文化集团共同发起的传播大脑科技公司于2023年1月18日成立，该公司遵循市场化的股份运作模式。

（五）进贤拔能，队伍建设夯实人才基础

功以才成，业由才广。党的二十大报告中强调："培养造就大批德才兼备的高素质人才，是国家和民族长远发展大计。"① 将这一论述置于媒体融合语境中，它深刻提醒着主流媒体需要切实加强人才队伍建设。

传媒"新鲜血液"的汇入对省级媒体发展创新至关重要。媒体深度融合需要引入具备相关专业技能的人员，提升媒体在深度融合中的硬实力。北京广播电视台每年拿出200个左右事业编制名额，面向全社会组织公开招聘。除了传统的面向社会进行招聘的方式，北京台也聚焦重点岗位、关键环节，有针对性地引进高端人才、复合型人才。

在人才的培养方面，山西省也做出了积极探索。2023年山西广电局与山西省作协签署战略合作协议，双方共同建立优秀文学作品版权改编、衍生、转化等相关机制，探索建立文学影视双栖人才培养平台。② 这一合作精准地挖掘到了相关人才的文学创作潜力，有效丰富了山西省广电媒体的人才

---

① 《习近平：高举中国特色社会主义伟大旗帜 为全面建设社会主义现代化国家而团结奋斗——在中国共产党第二十次全国代表大会上的报告》，中国政府网，2022年10月25日，http：//www.gov.cn/xinwen/2022-10/25/content_ 5721685.htm，最后检索日期：2023年7月2日。

② 《山西局与山西省作协签署战略合作协议》，国家广播电视总局，2023年4月18日，http：//www.nrta.gov.cn/art/2023/4/18/art_ 114_ 64007.html，最后检索日期：2023年7月2日。

储备。

人才的管理模式也需突破创新，实现传媒人才的统一管理，拓宽专业技术职称和行政职务之外的上升通道，推动全媒体融合传播综合评价体系建设。上海报业集团统筹三大报社率先在全国推行采编专业职务序列改革，实施"特聘首席"、"专业首席"和"四档十级"采编序列改革，打通了专技和管理岗位晋升通道。2022 年 12 月，国家广播电视总局云南局着手探索建立全省从业人员教育培训计划报备机制，统筹建立全媒体、全类型人才培养师资库，以职称评审制度改革促进行业人才队伍建设。

二 中国省级媒体融合亮点聚焦

（一）国际传播担使命，省域故事走上国际舞台

2023 年 7 月 1 日，《中华人民共和国对外关系法》正式施行，国际传播能力建设首次被写入国家法律。条文中提到："国家推进国际传播能力建设，推动世界更好了解和认识中国，促进人类文明交流互鉴。"[1] 国际传播能力日益被党和国家重视，越来越成为媒体深度融合背景下媒体传播力的重要体现。

近年来，省级媒体挖掘省内资源，转变话语叙事风格，使省域故事走上国际舞台。2022 年，湖北日报《跟着 vlogger 打卡三国名城》项目成功获批2022 年度中宣部对外传播专项，节目邀请外网 vlogger 寻访三国时期历史遗迹，传播中国厚重悠久的历史文明。同年，安徽台卫视中心制作的系列短视频《我们的绿色答卷》，展现安徽省各行各业转型绿色发展、高质量发展过程中所做的努力。2023 年 2 月，湖南卫视《新春走基层·相遇隆回》英文版特别节目先后在美国汉天卫视、汉天卫视 YouTube 频道、美国优视、西非

---

① 《中华人民共和国对外关系法》，中国共产党新闻网，2023 年 6 月 29 日，http：//cpc. people.com.cn/n1/2023/0629/c64094-40023665.html，最后检索日期：2023 年 7 月 3 日。

加纳黄金电视台 CGTV 主频道、黄金数字台 CECTV 西非汉语频道等电视频道播出，总覆盖人群达 5000 万。

除优质内容的打造外，各省级媒体也在着力建设完善的国际传播矩阵。早在 2019 年，海南日报报业集团就揭牌成立了海南国际传播中心，2021 年海南日报报业集团和海南广播电视总台国际传播板块深度融合，2022 年 5 月全新组建的海南国际传播中心正式运营。海南国际传播中心成立以来，先后实施"合纵连横计划""海链计划""海外传播官培育工程"，成为全国省级国际传播中心聘请外籍主持人最多的媒体。当下，海南国际传播中心制订了一个目标、一套体系、一个基地、三支队伍、三大计划、三大平台的总体发展布局，努力构建与自由贸易港开放地位相匹配的国际传播体系。①

2023 年 5 月 20 日，湖北广播电视台正式成立国际传播中心（HICC）。在湖北省委宣传部的指导下，HICC 整合湖北省相关政府部门、企事业单位和 17 个市州的国际传播资源，以精品视听生产、海外账号运营、活动策划执行、海外营销推广这四条产品线为主轴，构建具有湖北特色的国际传播体系。②

（二）AIGC 向未来，省级媒体发力智能技术

当今世界，AI（人工智能技术）深刻嵌入媒体生态，成为主流媒体融合发展不可或缺的工具。在此背景下，AI 向媒体内容生产的各个流程渗透，省级媒体顺势而为，积极探索 AI 应用与创新之路。

一些省级媒体主动与互联网科技企业寻求合作，如新京报增加 AIGC 等内容生产新渠道，智能化赋能内容生产。新华报业传媒集团和东软、百度成立了

---

① 《成立 3 年来，海南以省国际传播中心为总抓手讲好海南故事、传播海南声音》，中国政府网，2022 年 11 月 30 日，https：//www. hainan. gov. cn/hainan/5309/202211/eb77d784fd524d0992faf05fc8b6714a. shtml，最后检索日期：2023 年 7 月 3 日。

② 《湖北广播电视台正式成立国际传播中心（HICC）》，中国记协网，2023 年 6 月 9 日，http：//www. zgjx. cn/2023-06/09/c_ 1310726039. htm，最后检索日期：2023 年 7 月 3 日。

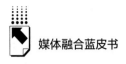

"AI智媒体实验室"，研发的智能语音、智能检校等产品应用于各媒体渠道。

2023年3月1日，山东广电首个超写实数字主持人"海蓝"亮相《山东新闻联播》。AI主播的加入有效创新了节目形态，进一步提升了制播效率。山东广电融媒体技术平台闪电云也上线AI辅助生产功能，包括文本润色、文本补全、句子生成三个功能。

浙江传播大脑科技公司旨在为浙江省媒体深度融合发展提供技术支撑，并探索智能时代"传媒+科技"的发展之路。传播大脑科技公司开发的"传播大模型"集成了内容生成、语义理解、跨模态交互、知识型搜索、编写程序等功能，进一步推进了大模型能力在媒体领域的场景落地。

（三）传媒资源新整合，媒体智库建设蹄疾步稳

智库建设是主流媒体适应社会转型的必然趋势，也是推动媒体融合的必然要求。目前，打造媒体智库受到省级媒体高度重视，省级媒体智库品牌相继成立（见表2）。

表2 省级媒体智库（不完全统计）

名称	负责单位	成立时间
川观智库	四川日报报业集团	2022年3月
河南日报农业品牌研究中心	河南日报报业集团	2021年12月
湖南日报智库	湖南日报报业集团	2021年12月
黄河文化智库	河南日报报业集团、河南大学	2020年11月
闪电智库	山东广播电视台	2019年11月
齐鲁新媒体党建智库	齐鲁晚报	2019年7月
智融网络舆情研究院	重庆华龙网集团、重庆互联网应急中心	2019年7月
红网智库	湖南红网新媒体集团	2019年4月
南国智库	海南日报报业集团	2018年12月
东方智库	上海报业集团	2018年12月
新京智库	新京报社	2018年9月
南方报业媒体智库矩阵	南方报业传媒集团	2018年6月
新华传媒智库	新华报业传媒集团	2018年5月
湖北日报楚天舆情数据研究院	湖北日报传媒集团	2018年5月

名称	负责单位	成立时间
桂声智库	广西日报报业集团	2016 年 8 月
长江智库	湖北日报传媒集团	2015 年 5 月
浙报智库矩阵	浙江日报报业集团	—
河南日报智库	河南日报报业集团	—

2022 年 3 月 25 日，四川日报报业集团旗下川观智库正式成立，其脱胎于四川日报理论评论部，内部运行采用"1+N"组织架构："1"即川观智库发展研究中心，是川观智库运转的驱动和引擎；"N"即川报全媒体各中心、部门牵头建立的若干智库单元。目前，川观智库已初步建立起顾问体系、研究员和特约研究员体系、合作伙伴和共建机构体系。

除新成立的省级媒体智库外，其他省级媒体智库也积极推进自身建设。2022 年 1 月，湖南省第一个媒体智库湖南日报智库首个实践基地落户浏阳市官桥镇九龙村，让智库研究向基层下沉。2022 新京智库春季峰会召开，峰会以"应变局开新局，高质量促发展"为主题，涉及"双碳"绿色转型、乡村振兴、粤港澳大湾区建设等多项议题。"浙报智库"及之江智库、紫藤智库、天目研究院等 11 家子智库品牌标识也于 2022 年正式亮相，浙报智库研究院将联动各子智库，合力打造具有省域影响的拳头项目。此外，一些省级媒体智库还在筹备成立中，如河北日报报业集团旗下"河新智库"已获批建设。

（四）传统文化"活起来"，打造国潮精品蔚然成风

文化是一个国家、一个民族的灵魂。近年来，省级媒体发力文化类作品，产出许多本土精品，中华优秀传统文化"活起来"，国潮成为备受国人瞩目的现象级热点。

河南卫视是国潮文化赛道的先行者，2021 年河南卫视春晚《唐宫夜宴》强势"出圈"。2022 年 6 月，河南卫视与优酷联合出品端午节晚会《2022端午奇妙游》，先后于优酷、大象新闻客户端、河南卫视播出。晚会以戏剧

故事为轴，通过五位大侠接受密令完成任务的情节，将节日民俗融入其中，带领观众进入一场故事感满满的奇妙旅游。2023 年 1 月 15 日，河南卫视携手抖音推出《奇遇新年夜》，视觉舞蹈《和合之美》将街舞、现代舞与中国传统工艺榫卯融合，展现出中国古老的文化和智慧。东方卫视也以"组合拳"的方式推出文化系列节目，经典文本围读节目《斯文江南》《斯文江南2》，立足江南辐射中华。浙江卫视、Z 视介客户端携手开拓文化节目赛道，《戏剧中国心》节目聚焦优秀传统戏剧经典作品，带领观众感悟戏剧文化中的中国精神。内蒙古广播电视台大型文化综艺节目《长城长》走遍长城沿线 15 个省区市，深入挖掘长城历史文化底蕴。

（五）高昂响亮主旋律，重大主题报道频出"爆款"

党的二十大、全国两会等具有重大政治意义的会议相继召开，各省级主流找准政治站位，结合自身发展现状，积极推出融合报道。广西日报联动自治区内 14 个设区市、111 个县级融媒体和各级党政新媒体、企业新媒体，联合内蒙古、西藏、宁夏、新疆四个自治区党报新媒体以及全国多个省级党报新媒体，重磅推出《各民族 心向党》大型融媒体报道活动。在 2023 年全国两会召开之际，甘肃日报社、甘肃日报报业集团推出《春天的答卷——甘肃深入践行习近平总书记"八个着力"重要指示精神》特别报道，以长篇评论为卷首，推出《洮水奔流润陇原》《日子越过越红火》等 6 个整版的系列报道。上海广电旗下 ShanghaiEye 魔都眼通过 Facebook、Twitter、YouTube 等海外社交平台账号，及时编译并发布两会重要信息，为两会话题解读提供全球视野。"DIALOGUE丨与世界对话"双语系列访谈引导海外专家学者理性发声，聚焦全球关注的中国话题。上海台融媒体中心的全国两会报道全网总浏览量突破 2.2 亿，海外覆盖量逾 335.5 万，海外观看总时长近8800 小时。①

---

① 《关于全国两会新闻报道，这些广播电视台分享了创新创优经验》，广西广播电视局，2023年 3 月 20 日，http: //gbdsj. gxzf. gov. cn/wzk/xyfx/t16104484. shtml，最后检索日期：2023年 7 月 4 日。

三　中国省级媒体融合发展困境

（一）议题引导不到位，舆论阵地受挑战

舆论安全与社会稳定、国家话语权密不可分，"巩固壮大奋进新时代的主流思想舆论"成为省级媒体的重要目标。在信息全球化趋势下，国内外信息流动越发便捷，国际舆论场中的不良思潮也部分涌入国内。并且，算法推荐平台上的部分用户生产内容过分追求流量，标题党、假新闻、娱乐化等现象频频出现，甚至还出现了逾越红线、底线的情况。作为全媒体传播体系的重要一环，省级媒体肩负着舆论监测、舆论引导和宣传主流价值等重要使命。然而，部分省级媒体在防范意识形态风险方面还存在着站位不够高、反应不够快、本领不够强等不足。

（二）融合水平差异大，地域发展不平衡

由于历史积累、地理位置、媒体人才、资源配置、技术创新等方面的差异，省级媒体融合进程中存在发展不平衡的问题，总体表现为东部地区、南部地区的省级媒体发展较为迅速，西部地区、北部地区的省级媒体发展相对缓慢。这是由于东部地区、南部地区的经济实力和发展水平相对较高，为媒体融合提供了较好的物质基础条件和媒体资源。并且，这些地区聚集了知名度较高的互联网科技公司，可以展开有关"媒体+政务服务商务"的合作交流。如浙江依托阿里巴巴、广东依托腾讯、北京依托字节跳动等互联网公司打造新型主流媒体产品。而经济欠发达省份则面临着资源匮乏、技术落后以及人才缺乏等难题，需要通过加大投入、加强政策支持和加强人才培养等举措来提升媒体融合发展的能力。

（三）分众传播不精准，参与互动较缺乏

大数据、算法推荐技术的迭代升级重塑着传播媒介的新格局，不同受众

群体对信息的需求和兴趣差异明显。在此背景下，省级媒体尚未有效实现垂直化、分众化传播。具体而言，部分省级媒体的内容生产与传播往往采取"一刀切"的传播方式，未能向特定行业、专业领域、特定人群精准化定制细分的媒体内容与业务。因此，省级媒体横向与纵向交错搭建的产品矩阵无法收割长尾流量。此外，分众化传播更加强调"用户本位"，形成双向的信息交流和共享，但省级媒体在互动性和参与度方面存在较大的改进空间，媒体资源优势和平台优势无法充分发挥。

（四）评价指标不完善，融合成效难量化

科学有效的评价指标体系对于衡量省级媒体融合发展成效具有关键意义。将视野面向未来，省级媒体综合评价体系的全面性、前沿性、可操作性仍待加强。合理科学的媒体综合评价体系应该吸纳省级媒体自身、上级宣传部门、网信部门、行业协会和用户等各主体，以保证指标的客观性和全面性。从评估维度来看，省级媒体综合评价体系在内容生产能力、传播引导能力、经营创收能力、技术创新能力等维度的考量仍需健全。同时，部分省级媒体侧重于媒体融合的整体效果，未能兼顾具体环节的细节；侧重于短期的考量，缺少整体阶段性规划；侧重于对自身媒体的评估，未能与不同省级媒体对标与比较。

（五）技术使用浅层化，伦理失范隐患大

当下，省级媒体面临着前沿技术快速发展的机遇和挑战。在省级媒体融合进程中，技术与内容的深度结合尚未成熟，部分优质内容的呈现往往只需文字、图片、视频等形式，过多科技因素的参与不但会构筑起一道"数字门槛"，而且易使作品"有形无神"。同时，一些省级媒体还存在着概念炒作这一问题。实际上，"热概念"更需要"冷思考"，省级媒体除了需要搞清楚这些概念是什么、为什么火热，更应搞清楚这些概念能为本省的新闻传播事业带来什么。因此，在增加技术投入的同时，省级媒体需要谨慎评估技术与媒体自身发展规划的契合程度，避免盲目引入新技术和新形式。

四 中国省级媒体融合优化路径

（一）坚持党性原则，营造良好社会舆论生态

作为党的喉舌和宣传阵地，省级媒体必须坚持党性原则，找准政治站位，始终同党中央的决策部署保持高度一致，紧密围绕党的宣传方针和政策，全面贯彻落实党的媒体工作要求。在实践层面，省级媒体需将主流价值贯穿于媒体内容生产和传播过程中，以营造优质的内容生态，促进主流价值观和意识形态的传播。同时，省级媒体需要不断提升自身的舆论引导能力，增强传播策略的科学性和有效性，充分利用各类传播平台，建立基于社交关系和消费偏好的主流价值传播网络。通过深化内容供给侧结构性改革，推动优质原创内容的传播，实现内容供需新转变。

（二）媒体横向取经，建立沟通合作联动机制

针对省级媒体融合进程中存在的发展不平衡问题，各省级媒体要充分发挥差异化优势，根据自身条件和发展需求，选择适宜的深度融合发展路径。首先，省级媒体要明确自身定位，可以利用地域优势，深入挖掘本土文化和社会资源。其次，要借鉴较为成熟的省级媒体发展经验，以优秀省级媒体为标杆，通过横向取经，为自身的媒体融合发展提供参考。最后，各省级媒体可以开展交流与合作。一方面，共建联合实验室或研究中心，促进技术创新和人才交流，实现优势互补。另一方面，建立联动机制，通过合作报道、共同制作节目等方式，增加地区间的相互了解和互动。

（三）深耕自有平台，优化算法实现精准推送

为提升分众化传播能力，省级媒体应深耕媒体客户端建设。首先，要做好用户调研，掌握用户使用媒体客户端的偏好以及阅读需求，使省级媒体客户端建设能够更加精准地定制内容。其次，省级媒体应该借助大数据、云计

算和人工智能等技术对受众进行细分定位，由此描摹用户画像。另外，省级媒体应该格外注重优化算法，以提升媒体客户端内容和服务的精准推送能力。当前，省级媒体在算法推荐技术方面的储备和实战经验相对滞后于商业化媒体平台，为了弥补这一差距，省级媒体尤其要加强技术人才的引进与培养，提高算法推荐系统的设计和应用水平。

（四）多维信息反馈，构建综合评价指标体系

促进省级媒体的深度融合发展，构建具有现实指导性和可操作性的综合评价指标体系至关重要。这一体系应当结合省级媒体融合发展的现状和实际情况，确立评估体系的目标。要选择具体的、明确的、可量化的评估指标，包括内容质量、技术应用、用户参与度、媒体经营等多个方面，充分适配省级媒体的发展目标。还要建立数据采集和整合机制，通过媒体监测、用户反馈、社交媒体数据等多种渠道收集数据，确保评估的全面性和准确性。值得注意的是，由于媒体深度融合领域的快速发展和变化，评价指标体系应与时俱进，这意味着需要持续监测和研究行业发展趋势，引入新的评估指标和方法，以确保能够准确、全面、及时地评估省级媒体融合的效果。

（五）秉持用户思维，善用技术满足用户需求

在省级媒体融合的进程中，用户思维的重要性不可忽视。省级媒体需要注重精细化技术运用，将技术与用户体验紧密结合。例如，通过优化界面设计、提升加载速度和提供个性化推荐等手段，用户能够轻松访问所需信息。同时，省级媒体在技术应用中应关注到新闻传播伦理，保障信息的真实性、客观性和公正性，媒体应建立严格的审核机制，确保技术应用不会误导用户，传播真实准确、有价值的信息。省级媒体还应加强用户的互动与参与，引入社交化的互动元素，如用户评论、弹幕、投票等，扩大用户参与和传播的范围。

参考文献

黄楚新、薄晓静：《深度融合下主流媒体助力社会治理的创新路径》，《南方传媒研究》2022 年第 5 期，第 56~61 页。

胡正荣、李荃：《深化体制机制改革：主流媒体纵深融合的内在动能源泉》，《青年记者》2022 年第 10 期，第 15~17 页。

孟威、张化冰、赵康：《国内外新媒体治理研究的热点与前沿》，《青年记者》2022 年第 11 期，第 85~89 页。

唐绪军：《迎接新挑战　当好把关人——第三十二届中国新闻奖审核委员会工作报告》，《新闻战线》2022 年第 23 期，第 61~65 页。

支庭荣：《推动媒体融合走向纵深的十二个维度》，《新闻战线》2021 年第 9 期，第 11~14 页。

B.23
县级融媒体中心发展五年的
成效、问题和走向*

谭　天**

摘　要： 我国县级融媒体中心建设已有五年，发展出了多种机构体制与业务类型，汇集大量研究，同时也在传播形式及内容、策划能力、人才队伍与经营能力等方面仍存在问题。目前，相关研究的深度和质量有所提高，县级融媒体仍在持续向纵深推进。本报告在梳理县级融媒体中心升级换代的基础上，提出如何打造新型主流媒体新业态的新设想：通过数据赋能构建良好用户关系、驱动服务业务创新、联动非媒领域，进而将县级融媒体中心向智能媒体转型。

关键词： 县级融媒体中心　新型主流媒体　数据赋能　新业态

　　2018年8月，习近平总书记在全国宣传思想工作会议上发表重要讲话，提出"要扎实抓好县级融媒体中心建设，更好引导群众、服务群众"。2022年8月18日，全国2585个县级融媒体中心建成运行。然而，县级融媒体中心建设的目标不仅仅是建成运行，而是要把它打造成为新型主流媒体。经过

---

　　* 本报告为广东省重点建设学科科研能力提升项目"广东省县级融媒体运营模式创新创优研究"（项目编号为2021ZDJS135）和横向课题"龙岗融媒体运营模式创新优化研究"的阶段性研究成果。
　** 谭天，博士，广州华商学院传播与传媒学院特聘教授、未来媒体研究院院长，研究方向为网络与新媒体、广播电视、传媒经济、纪录片。

五年的努力，如今的县级融媒体中心成为新型主流媒体了吗？或者离这个目标还有多远？本报告将深入探讨这个问题。

一 县级融媒体中心发展

我国地域辽阔，各地县级融媒体中心发展差异很大，仅从业务类型和范围来看，大致可分为三大类：第一类是只做新闻或写作，功能单一，体量和影响都很小，主要是欠发达地区和一类公益的县级融媒体中心；第二类是新闻、生活服务和政务服务业务齐全，并有一定的经营，这是目前大多数县级融媒体中心正在做的；第三类是超越传统媒体业务范畴，如智慧城市、智库等，主要是发达地区有实力的县级融媒体中心或集团，如安吉，虽然目前此类极少，但或许是未来发展方向。

在全国已经建成、运行的 2585 个县级融媒体中心（2019 年统计数据）中，营收破亿元的并不多。传媒茶话会发现，营收超亿元的县级媒体有 10 家，占比不到 1%，全国大部分县级融媒体中心，尤其是欠发达地区的县级融媒体中心营收还是比较困难的。

营收超亿元的县级媒体浙江有 6 家，广东有 2 家，江苏、湖南各有 1 家。10 家媒体中，营收 3 亿元以上（含 3 亿元）的有 3 家，分别为浙江省安吉县融媒体中心 4.87 亿元、浙江省诸暨市传媒集团有限公司 4.65 亿元、浙江省长兴县融媒体中心 3.21 亿元；营收 2 亿~3 亿元的有 2 家，分别为广东省番禺区融媒体中心 2.51 亿元、浙江省温岭市融媒体中心 2.36 亿元；营收 1 亿~2 亿元的有 5 家，分别为湖南省浏阳市融媒体中心 1.8 亿元、广东省龙岗融媒集团 1.6 亿元（不含网络收入）、浙江省海宁市传媒中心 1.35亿元、浙江省瑞安市融媒体中心 1.3 亿元、江苏省江阴市融媒体中心 1 亿元。可以发现，这些超亿元的县级融媒体中心绝大多数都在东部沿海经济发达地区。

2018 年 8 月 20 日至 21 日，中宣部在浙江省长兴县召开县级融媒体中心建设现场推进会，长兴县融媒体中心成为全国县级融媒体中心最早的标兵单

位，长兴模式作为全国县级融媒体中心建设的示范样板在全国推广。何为
"长兴模式"？强化平台建设和拓宽创新广度是它的主要特征和两大亮点。
此外，河南项城、甘肃玉门、浙江安吉等经验也值得学习和借鉴。

浙江安吉的发展势头更猛，超越浙江长兴而成为全国县级融媒体中心发
展的排头兵。在中共浙江省委宣传部官方公众号发布的题为《这家县级融
媒体何以年营收 4.87 亿》一文中，详细介绍了浙江安吉融媒体中心经营的
模式与经验。可以发现，安吉经验其实难以复制，因为它不是做传统意义上
的媒体，其更多的营收不是靠内容而是靠服务。安吉是在做智慧城市建设，
这是一块超出传统媒体范畴更大的一块蛋糕。它有两个先决条件，一是城市
发展和社会需求，二是政府把这块业务交给县级融媒体中心来做。融媒体中
心营收方式无非两大类，一是卖内容，二是卖服务，后者才是营收大头。其
实安吉也不是什么都会做，它更像一个智慧城市的承包商，高技术做不了就
找华为等科技企业。在新闻战线《县级融媒体怎么建智库？浙江安吉：既
要"阳春白雪"，也要"下里巴人"》一文中，可以看到安吉的智库建设，
这是很少县级融媒体中心能做到的，但它说明非媒体业务正在成为县级融媒
体中心新的增长点。

经过调研，笔者根据体制不同把当前全国县级融媒体中心划分为以下四
种类型。①

类型一：此类县级融媒体中心为二类公益单位（个别三类公益和纯国
企也可以归入此类），此类融媒体中心融媒体建设卓有成效，且市场化程度
较高，具备造血功能。

类型二：此类县级融媒体中心为二类公益单位，或由于改革力度不够，
或由于有有线电视网和物业的收入，或地方财政支持较大，自身创收积极性
不高或办法不多，运营的市场化程度不高，自身没有形成很好的造血功能。

类型三：此类县级融媒体中心为纯一类公益，完全靠财政，不允许开展

---

① 谭天：《县级融媒体中心可持续发展探究》，《媒体融合新观察》2022 年第 6 期，第 20~
21 页。

任何经济创收活动。这类融媒体中心功能也比较单一，基本上只做新闻，大的宣传任务只能外包。

类型四：此类县级融媒体中心虽为一类公益单位，但政策比较宽松，允许成立公司实现"体外循环"，即把融媒体中心分为事业和企业两部分，事业部分财政拨款，企业公司无编制，自负盈亏。

如果按业务发展可分为三类：第一类基本以新闻或宣传为主，在落后地区一些县级融媒体中心，或者规模较小或者没有前端，相当于过去的县台或记者站；第二类是新闻、生活服务和政务服务都做，传统媒体业务和新媒体业务并举，但比例不同，这是目前大部分县级融媒体中心的现状；第三类业务范畴已超出媒体，进入智慧城市、智库等新领域，如浙江安吉。

结合上面四类和三类的划分，再应用三个世界理论，我们大致可以把全国的县级融媒体中心划分为三个层次。第一层次是指安吉等排头兵，它们是新媒体新业务新业态，目前数量极少；第二层次是融媒体建设较为完善，无论是传播还是营收都呈持续发展之势，有较大的增长空间，大致占10%；第三层次县级融媒体中心大多处于经济欠发达和偏远地区，或属一类公益不搞经营或经营乏力，业务单一，传播力十分有限，数量占90%。这是目前需要帮扶的发展中的县级融媒体中心。

二 存在问题和主要障碍

整体来说，我国县级融媒体中心虽然从机构上实现了全覆盖，但是离建强用好还有一定的距离。黄晓新等在《全国县级融媒体中心能力建设研究报告》一文中对存在问题做了较全面的梳理①，笔者在这个基础上做进一步分析。

（一）传播形式和传播内容有待丰富

在一些地方，融媒体流于表面和形式，即所谓只是进行了"物理融

---

① 黄晓新、刘建华、郝天韵：《全国县级融媒体中心能力建设研究报告》，《传媒》2023年第12期，第11页。

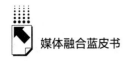
合",尚未进入"化学融合"的层面。因此,需进一步推进体制机制创新,如进一步探索事业单位、现代媒体、文化类企业三者融合发展的体制机制,对人事、财政、薪酬等方面的体制机制进一步完善,推动在平台、渠道、媒介、人员等方面的深度融合。

笔者认为融合不是目的,媒体转型才是最终目标。而媒体转型最大的障碍还是体制机制问题,如何推动媒体转型才是县级融媒体中心建强用好的成败所在。那么,如何评估融合与转型的成效呢?卢剑锋在《县级融媒体中心的传播效果与评估路径》一文中通过深入剖析县级融媒体中心传播效果的内涵及其制约因素,提出了传播效果评估体系构建的要求和基本框架。

(二)创新形式和手段有待丰富

县级融媒体中心作为党的喉舌、舆论引导的主阵地,在牢牢把握舆论引导的主动权、话语权和领导权上需创新形式和手段。然而,当前县级融媒体中心新媒体策划创作能力偏弱,采制的作品缺少与新媒体语境相匹配的"网感",节目引导力、影响力仍待持续提升。

笔者认为,要扭转这一困局需要克服三大障碍:一是观念意识障碍,脱胎于传统媒体的县级融媒体中心自然带来很强的传统媒体思维惯性,尽管它们大多都意识到了这个问题也做出不少努力去改变它,但短时间内并不容易转变,相对而言,在一些沿海经济发达地区做得好些;二是经费待遇,尽管有各级政府不同程度的资金扶持,但县级融媒体中心运营模式尚未完全建立起来,造血功能和市场机制欠缺造成资金不足、待遇较差,因此影响从业人员积极性;三是体制机制,需要转企改制才能从根本上解决这个问题,深圳市龙岗区融媒体集团是全国首家纯国企的县级融媒体中心(集团),它们的探索值得期待。

(三)人才队伍建设依然薄弱

县级媒体原本人才就比较匮乏,随着县级融媒体中心建设和媒体深度融合发展,新媒体新业务对人才的需求更大,真正精通融媒体业务特别是全媒体采编、运营、维护、5G 技术、大数据方面的高端人才较少，再加上受体制机制制约，编制、薪资等问题导致不易招聘到优秀的专业人才，且专业人才也容易流失，严重影响媒体融合发展。

笔者认为，要多管齐下才能解决这个问题，一是通过体制机制创新吸引人才，二是通过培训学习培养人才，三是建立科学先进的人才观，不为我所有、可为我所用，通过各种方式解决用人问题，尤其是难以招聘的高端人才，可以通过外包、合作和合资等途径来满足县级融媒体中心发展的人才需求。

（四）经营能力尚处探索初期

随着媒体深度融合发展，在技术、人力等方面亟须大量资金投入，这就导致财政保障难以完全覆盖运行成本，加上产业范围局限，导致很多县级融媒体中心经营仍在探索初期，发展乏力。

这是县级融媒体中心存在的最普遍问题，也是最主要的困难，它严重影响县级融媒体中心的可持续发展。有些欠发达地区干脆由政府"包养"，县级融媒体中心划归一类公益，这样一来问题依然存在，一是待遇低、员工积极性不高，二是靠"输血"运营资金不足，融媒体发展乏力。而不少二类公益的县级融媒体中心虽然可以经营，但经营理念落后、运营模式陈旧。传统的媒体经营主要由内容变现，而县级融媒体中心的经营理念要转向服务变现。像浙江安吉那样，进军新领域、拓展新业务，县级融媒体中心经营需要找到属于自己的一片"蓝海"。

近年来，县级融媒体中心开始与基层社会治理、乡村振兴紧密关联。"作为基层新型主流媒体，县级融媒体中心可充分发挥技术优势、传播优势、协同优势和效果优势，立足资源整合、文化创新、数据服务、协同治理功能定位，通过'融媒+文化创新''融媒+文旅共建''融媒+公共服务'等实践路径助力乡村文化振兴事业。"[1] 然而，面临的挑战还是不少。"县级融媒体中

---

[1] 张守信、高坤：《县级融媒体中心助力乡村文化振兴的实践路径》，《中国编辑》2023 年第 6 期，第 85 页。

心只是一个县级的媒体单位，其赋能乡村社会治理的整合性平台建设自然离不开政府适度分权的顶层设计。同时，县级融媒体中心自身的发展定位也要有'超越媒体'的眼界，以促进城乡各种要素的自由流动。"① 由此可见，这不是县级融媒体中心一厢情愿的事情，而是媒体与政府、服务与治理双向奔赴的顶层设计。

三 县级融媒体中心研究

黄楚新和李一凡②在《2022年我国县级融媒体发展盘点》一文中指出，最近五年，在知网上检索到的有关县级融媒体研究的文章高达4000多篇，论文数量最多的是2019年和2020年这两年，每年均超过1000篇。最近两年虽然论文数量减少，但研究的深度和质量有所提高，县级融媒体仍在持续向纵深推进。一方面，提质增量、降耗增效、可持续构成了县级媒体融合2.0时代的发展内涵。另一方面，县级融媒体建设与社会治理、乡村振兴日趋紧密结合起来。

李子良、朱爱敏③在《县级融媒体研究的知识图景与演进——基于CiteSpace的计量分析》一文中，将从中国知网数据库中抓取时间段为2013年至2022年4月且主题为县级融媒体的文献作为研究对象，就县级融媒体的研究现状、热点关键词、文献作者与机构等方面以科学知识图谱方式进行可视化分析，呈现我国县级融媒体研究的演进脉络、话题焦点与方向趋势等。研究发现，目前县级融媒体研究的热点主题逐渐转向媒介融合、社会治理、疫情防控、乡村振兴、公共服务等方面，理论研究较过去更为深入、具

① 仇玲：《县级融媒体赋能乡村社会治理》，《中国社会科学报》2023年6月28日。
② 黄楚新、李一凡：《2022年我国县级融媒体发展盘点》，《媒体融合新观察》2023年第1期，第5页。
③ 李子良、朱爱敏：《县级融媒体研究的知识图景与演进——基于CiteSpace的计量分析》，《湖北科技学院学报》2023年第3期，第99页。

体及多元。赵淑萍[①]在《基于 CiteSpace 的县级融媒体研究热点和研究趋势分析》中指出存在问题，她认为该领域作者与机构之间研究联系较为松散，处于高度离散状态，总体上缺少学术合作与交流，不利于学术研究发展，需加强研究机构之间的合作与交流。

黄楚新和李一凡[②]在《县级融媒体中心建设要行稳致远》一文中指出，县级融媒体要稳步推进深度融合转型，在顶层设计、跨界融合、数字治理、融合传播等方面取得了阶段性成效。然而，在建设过程中仍存在区域差异明显、内容创优能力欠佳、融合人才短缺、服务能力参差不齐、产业发展层次不一等问题。面对党的二十大报告所提"加强全媒体传播体系建设"的目标要求，县级融媒体中心应着力强化精品输出、强化技术赋能、完善机制配套、释放数字动能，推动融媒体转型与基层社会发展共荣共进。在谈到县级融媒体中心建设的未来趋势时他们提出，要发力精品输出，推动内容供给侧转型；强化技术赋能，优化平台服务体验；完善机制配套，全面释放组织活力；释放数字动能，融入基层社会发展。

罗昕和蔡雨婷[③]在《参与式治理视角下县级融媒体的角色定位与发展路径》一文中指出，在"建强"基础之上，"用好"县级融媒体中心的方向就是使之更直接地参与社会治理。参与式治理视角下，当前基层治理面临信息环境、表达渠道、沟通协调等方面的阻碍。对此，县级融媒体中心作为基层治理新平台，可在信息、渠道、平台、行动等方面发挥作用，扮演公共议题的引导者、表达渠道的提供者、互动平台的搭建者、合作行动的组织者等角色，促进多元主体参与互动、共创价值。"参与式融合"应是未来媒体融合的方向之一。相应地，县级融媒体将在信息内容、生产方式、传播手段、公共服务、传媒业态等方面呈现出一定的发展路径。

① 赵淑萍：《基于 CiteSpace 的县级融媒体研究热点和研究趋势分析》，《宁波开放大学学报》2023 年第 2 期，第 8 页。

② 黄楚新、李一凡：《县级融媒体中心建设要行稳致远》，《新闻春秋》2023 年第 4 期，第 5 页。

③ 罗昕、蔡雨婷：《参与式治理视角下县级融媒体的角色定位与发展路径》，《新闻与写作》2021 年第 5 期，第 16 页。

谭天在《县级融媒体中心可持续发展探究》①一文中指出，县级融媒体中心如何经营，将决定其能否可持续发展。在新媒体经营中，用"体外循环"的方式进行公司化运营更有效，是增强造血功能的有效途径。对于如何运营好新媒体公司，作者在文中提出了建议、对策和风险规避。他认为，就目前的县级融媒体中心的新媒体公司来看，在运营上需要从以下几个方向实现突破、增效和转型：从内容生产转向内容运营；新媒体要从配菜变成主菜；从内容同质转向垂直深耕；从在地化转向区域外发展；新媒体需要强大中台支持。谭天还在《县级融媒体中心能办成企业吗?》②一文中对县级融媒体中心能否转企改制、如何转企改制、如何办好传媒企业做了更深入的探讨。

有两篇文章对县级融媒体的研究和发展做了较系统的梳理和全面的分析。董天策等认为："县级融媒体研究尚处于起步阶段，相关学者集中在媒介经营管理领域，不同作者、机构之间的合作网络稀疏，研究者倾向于聚焦机构融合而弱化了更广泛的社会融合语境。大部分研究过于贴近政策话语，缺乏反思性、批判性，且存在同质化倾向。县级融媒体议题从学术边缘地走向前台的过程，可能造成知识生产的虚假繁荣。未来的县级融媒体研究，亟待拓展核心概念的边界，关注多元主体关系的优化，回归学术自身的逻辑。"③不过，县级融媒体研究并不是一个纯学术的研究。黄晓新等则从县级融媒体中心能力建设视角进行研究，他们先是分析全国县级融媒体中心能力建设现状和发展亮点，进而指出县级融媒体中心能力建设存在的问题与面临的困境，最后提出县级融媒体中心能力提升的建议与对策。④

① 谭天：《县级融媒体中心可持续发展探究》，《媒体融合新观察》2022年第6期，第21页。
② 谭天：《县级融媒体中心能办成企业吗》，《媒体融合新观察》2023年第3期，第10页。
③ 董天策、陈彦蓉：《县级融媒体的知识生产：基于文献计量的知识社会学分析》，《现代传播（中国传媒大学学报）》2022年第5期，第43页。
④ 黄晓新、刘建华、郝天韵：《全国县级融媒体中心能力建设研究报告》，《传媒》2023年第12期，第9~12页。

四　升级换代与下一目标

经过近五年的发展，县级融媒体建设有没有一个质的飞跃？或者说它正在进入一个新的阶段呢？其实传统主流媒体早已开始推进媒体融合，最近十年在这方面做了许多探索，如 2015 年谭天等在《"一体两翼"：电视媒体与新兴媒体融合策略选择》[①] 一文中提出的"一体两翼"策略，即以内容生产为主体，以接入互联网平台和自建平台为两翼。

2020 年底，我国基本实现县级融媒体全覆盖，在此基础上胡正荣就提出打造 2.0 版县级融媒体中心的设想，他认为自主平台建设、中心定位、功能聚合和数据生产是检验 2.0 版县级融媒体中心建设效果的四个方面。

2021 年，黄楚新、黄艾在《超越链接：我国县级融媒体中心建设的 2.0 版》[②] 一文中指出，当前县级融媒体中心已从机构重组、平台搭建的基础建设阶段迈入服务拓展、社会治理的迭代升级阶段，建强用好县级融媒体中心成为融媒发展目标。

2022 年，舒敏、杨宾在《县级融媒体中心 2.0 时代：发展模式、方向与路径》[③] 一文中进一步完善了县级融媒体中心 2.0 的内涵，提出应当重新理顺价值逻辑，在服务人民美好生活这一总的价值体系下，利用多种方式，立足公信力、筑牢服务力、提升引领力、打造品牌力，实现县级融媒体的高质量发展。

经过近两年的探索，大致可以这样概括和描述县级融媒体中心 2.0 主要特征：一是平台搭建、矩阵构建等基础设施不仅要建成还要完善，这样县级融媒体才能建强用好；二是融媒体中心的功能设置需要增加，既要做内容产

---

① 谭天、林籽舟、张甜甜：《"一体两翼"：电视媒体与新兴媒体融合策略选择》，《中国广播电视学刊》2015 年第 2 期，第 22 页。

② 黄楚新、黄艾：《超越链接：我国县级融媒体中心建设的 2.0 版》，《编辑之友》2021 年第 12 期，第 20 页。

③ 舒敏、杨宾：《县级融媒体中心 2.0 时代：发展模式、方向与路径》，《中国出版》2022 年第 10 期，第 12 页。

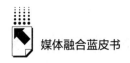

品也要做服务产品，还要做关系产品，而且还要提速增效；三是县级融媒体中心正在改变原有的业态，不但要做新闻宣传，还要做政务服务和生活服务，进行基层治理、乡村振兴等社会工作，改变县级融媒体建设的路径依赖。总之，县级融媒体中心2.0还在动态发展中。

尽管县级融媒体中心建设2.0仍在演进中，但已有人提出县级融媒体中心建设3.0，即人才赋能、智媒加持、实现融好三大特征。王姝雯等认为："作为国家治理的基础环节，县级融媒体中心充分挖掘、整合、利用各种资源，不断升级迭代，从'相加'到'相融'到'融好'，蝶变为融合化的智慧媒体。"①

然而，从全国的整体情况来看，大多数县级融媒体中心还是主营传统媒体业务，新媒体新业务还在探索和试水之中，传播力、影响力和竞争力都有待提升，离新型主流媒体的要求尚有不小距离。那么，什么是新型主流媒体呢？"新型主流媒体是兼具新兴媒体和主流媒体的功能与属性，既拥有强大实力、传播力、公信力和影响力，又有形态多样、手段先进、具有竞争力等特征的新的主流媒体。"② 这个定义含有两个重要指标：一是兼具新兴媒体和主流媒体的功能与属性，传统主流媒体以新闻宣传为主要功能，而新型主流媒体还兼有政务服务、生活服务以及其他非媒服务等服务功能；二是综合实力很强，包括传播力、公信力、影响力和竞争力。对照这样的高标准高要求，目前能做到的仅有极少数的县级融媒体中心。为什么大多数县级融媒体中心做不到呢？这是接下来要深入探讨的问题。

打造新型主流媒体的最终目标，就当下县级融媒体中心的业态已很难达成，必须转向智媒体这一新业态，而数据赋能是最主要的进路，通过数据赋能至少可以取得以下突破。

一是数据赋能构建良好用户关系。目前的县级融媒体中心尽管都在做新

---

① 王姝雯、朱婧薇、张巨才：《从1.0到3.0：县级融媒体建设的进阶之路》，《记者摇篮》2023年第5期，第48页。

② 谭天、林籽舟：《新型主流媒体的界定、构成与实现》，《新闻爱好者》2015年第7期，第24页。

媒体，但还处于粗放型的"+互联网"，我们不知道用户在哪里，不知道用户有哪些需求。只有基于数据挖掘和人工智能，通过新媒体矩阵和数据中台，才能更好地了解用户、服务用户，用"互联网+"发现新价值、实现新突破。

二是数据赋能驱动服务业务创新。"只有连接用户才能有效传播，只有开启服务功能才能发挥喉舌功能。"① 当今我们已进入移动互联网时代，目前的县级融媒体中心在服务 G 端、B 端和 C 端上。C 端也就是服务普通消费者，其最为薄弱，只有占据 C 端才能占领舆论场的 C 位。消费者有什么需求？C 端需要哪些服务？新业务的拓展离不开数据赋能。

三是数据赋能大举进军非媒领域。当今信息传播已进入智能传播，社会治理也进入智能管理。无论是智慧城市建设还是社会基层治理，县级融媒体中心要跳出传统媒体的业务框架，积极主动为开展非媒业务寻找应用场景，通过与科技企业的合作，进军智能传播领域，如智慧城市、智慧乡村、智慧社区、智库等。

四是数据赋能助推机构转企改制。面临企业化管理和日益增加的新业务，无论是成本核算还是人力资源管理，制度创新需要中台管理，全新业态也需要数据赋能。传统的媒体管理方式已经难以为继，必须充分利用大数据和人工智能进行科学管理和科学决策，要建立数媒管理系统，给县级融媒体中心换上"智慧大脑"。

新型主流媒体是一种全新的业态，除了数据赋能，还要转变功能。"县级融媒体中心出现了引导、服务与社会治理功能互融互嵌的转向，即在充分发挥县级融媒体中心引导、服务功能基础上，将其建成协同县级党组织和县域内群众治理乡村社会的枢纽，这是县级融媒体中心功能发展的必然趋势。"②

---

① 谭天：《移动社交：构建县级媒体融合新平台》，《中国记者》2018 年第 10 期，第 64 页。
② 冯广圣、裴瑞琪：《互融与互嵌：县级融媒体中心功能的实践转向》，《东南传播》2023 年第 4 期，第 40 页。

B.24
融合发展、创新运营：2021~2023年 贵州媒体融合发展观察[*]

邹　雪[**]

摘　要： 党的二十大以来，全媒体传播体系建设引领贵州媒体融合发展
开创新局面，各级媒体根据自身特点迭代升级，媒体融合发展
质量整体提升：省级媒体建设区域性传播平台取得一定成效；
市州级媒体因地制宜，逐渐探索形成适合自身的融合发展模式；
县级融媒体中心整合县域内传统媒体的舆论引导功能，在媒体
融合过程中融入基层治理的理念，着力打造治理体系现代化的
区域性综合平台。但同时，还需要有针对性地破解技术支撑力
不足、自我造血能力不强、人才缺失等问题。未来贵州建设全
媒体传播体系，需继续沿着内容、技术、机制等主线，以权威
性和公信力引导主流舆论，实现媒体融合与人民群众的美好生
活同频共振。

关键词： 全媒体传播体系　融合传播　内容建设　县级融媒体中心

　　2023全国两会上，"扎实推进媒体深度融合"首次被写入政府工作报
告，从构建"现代传播体系"到"全媒体传播格局""全媒体传播体系"，

---

　　[*] 本报告系贵州省社会科学院2022年度院省合作青年成长型课题（项目编号：QNCZ2202）的阶段
性成果。本报告部分事实材料来自贵州省主流媒体、市（州）委宣传部提供的总结材料，未另加
注明。
　　[**] 邹雪，贵州省社会科学院传媒与舆情研究所研究实习员，研究方向为国际传播。

媒体融合发展不断向纵深推进。自 2021 年以来，贵州加快构建全媒体传播体系，媒体融合的深层次变化逐渐显现。2023 年 6 月 20 日至 7 月 10 日，课题组对贵州省级主流媒体和全省九个市（州）媒体融合发展情况进行了调研，与贵州广播电视台、毕节广播电视台、毕节日报社、七星关融媒体中心等机构，部分市委、区委宣传部工作人员开展座谈会，通过直观的感受、深度的访谈和翔实的资料，比较全面地了解到贵州各级媒体融合发展的亮点、难点、经验做法和需要解决的主要问题等。调研发现，贵州推进媒体融合虽然面临媒体发展基础相对薄弱、人才流失、自我造血能力不足等挑战，但各级媒体并未陷入困境，通过创新体制机制、拓展融合新业态、发挥媒体链接功能服务民生等方式，逐个破解难题。各级媒体一边保持党媒的"内容定力"，做大做优宣传事业，一边探索发挥市场机制作用的途径，着力拓展市场空间，以贵州实践塑造主流舆论新格局。

一　省级媒体融合发展观察

2021 年以来，以贵州日报、贵州广播电视台和多彩贵州网为代表的贵州省级媒体，整合各种媒介资源和生产要素，联合市县媒体提升整体传播力，不断加强内容生产的供给侧改革，逐渐成为宣传党的主张、反映人民呼声、丰富人民文化生活、提供系列惠民服务的重要平台。各家媒体充分利用贵州独有的新闻资源和文化资源，结合时代脉搏夯实主阵地，在诸如"万桥飞架"的"贵州高度"和"村 BA""村超"的"贵州大场面"中，彰显主流媒体创新内容生产、深耕传媒精品的价值，让优质内容挺进主战场、主阵地。

（一）打造新场景、新关系和新连接，新技术驱动媒体转型升级

2022 年 11 月，工信部、教育部等五部门联合发布的《虚拟现实与行业应用融合发展行动计划（2022~2026 年）》提出，提升"虚拟现实+"内生能力与赋能能力，加速多行业多场景应用落地，加强产业公共服务

平台建设。① 伴随国家文化数字化战略实施工作推进，更具沉浸感、可视化、实时性和互动性的新场景体验正成为媒体融合发展的着力点。

继开发"天眼媒体云"补齐采编中的技术短板后，贵州日报社 2023 年2 月上线"天眼云融媒体平台"，在满足移动优先需要的同时，打通纸媒生产全流程的技术支撑体系，实现策、采、编、发全流程数据"上云端"。贵州广播电视台多维度推动技术供给侧结构性改革转型，通过推进大数据、云计算、AI、VR 等前沿技术在内容生产、安全保障、融合传播、产业发展等方面的创新运用，加快技术体系向 IP 化、移动化、轻量化方向转型升级。先后建成"全国现象级民生新闻融媒体平台""AI 内容安全管控技术平台"等一系列重大技术项目，服务全媒体传播体系的自研、自管和自控能力得到提升。2023 年全国两会期间，贵州广播电视台通过 5G+AI+全息投影+虚拟技术，搭建起元宇宙演播室，并通过采用 5G+4K 技术实现云录制、4K 节目远程录制，有效提升传播效果。AR/VR 技术应用方面，贵州广播电视台已完成从制作到发布、呈现的全流程技术研发，并运用至茶博会官网的"云端全景看展馆"项目。在资讯汇聚、媒资编目、个性推荐、语音合成等方面，贵州广播电视台全面采用 AI 技术。其应用自主研发的"媒体内容安全人工智能管控技术平台"，形成"人防+技防"的人机协同内容风险防控模式，涵盖新媒体内容审核校验、电视内容播前审核和智慧云媒资内容识别标注。

（二）转型轻量化、视频化和社交化，探索融媒产品发展新路径

随着短视频重构传播生态，"视频化+社交化"正站在行业风口，加速媒体生态变革。在此过程中，贵州各省级媒体在内容采编、传播渠道、呈现形式、技术等层面进行探索，推动融媒产品向更加轻量化、视频化和社交化方向转型。

---

① 《〈虚拟现实与行业应用融合发展行动计划（2022—2026 年）〉解读》，中华人民共和国中央人民政府网，2022 年 11 月 1 日，https：//www. gov. cn/zhengce/2022 - 11/01/content_5723274. htm，最后检索日期：2023 年 7 月 5 日。

一是以报道党的二十大等重大活动为契机，在融合报道中彰显新闻媒体的责任和担当，守正创新做好重大主题与重大活动宣传。多彩贵州网通过"黔哨""爱说""多彩时评"等网评品牌聚焦宣传思想工作主题主线，紧紧围绕学习宣传贯彻党的二十大精神、习近平总书记视察贵州重要讲话精神、新国发二号文件、全国全省两会、省第十三次党代会等重大主题、重大活动进行融合宣传。组织策划"喜迎党代会 行走新贵州""新时代新征程新伟业——贵州新闻媒体'千人百进'大型蹲点调研采访活动"等，推出"践行嘱托十年间"等系列报道、"一见多彩""百端贵州"等主题策划，探索技术赋能短视频的有效路径。

二是着力宣传阐释好"两个结合"，讲好中华文化故事。贵州广播电视台推出《大松山考古直播》，获人民日报、新华社、央视新闻及20多家省、市媒体转播；宣传贵州山水人文的大型纪录片《这一站，贵州》，全网传播数据突破3亿人次，位列全国省级媒体纪录片融合传播榜第一。在"村BA"和"村超"的报道中，贵州广播电视台全程参与，持续以系列融媒产品呈现贵州乡村运动场景，讲好乡村振兴故事。

三是通过垂直化传播探索打造本地生活平台。比如，贵州广播电视台以运动社群、养宠人士、大学生等为目标受众，结合线上传播和线下体验店进行垂直化圈层传播，挖掘私域流量，进一步扩大传播力和影响力。

（三）探索立体化、品牌化和协作化，汇聚资源提升整体传播力

建设全媒体传播体系以来，利用在省域战略顶端得天独厚的资源优势，各省级媒体探索搭建全媒体传播平台，整合汇聚市州级、区县级融媒体平台和资源，利用其在新闻热点爆发中的地理优势和资源优势，以建立制度为保障，以传播热点事件为契机，串起省市县传播链条，推动全省媒体融合向纵深迈进。

贵州广播电视台旗下"百姓关注"深耕民生新闻取得良好成效，以"动静"为新闻传播品牌，贵州广播电视台现已建成包括千万级用户的客户端、千万级粉丝短视频号、百万级粉丝的微信号在内的传播矩阵。2023年6

月，动静新闻客户端荣获"广电媒体融合新品牌——新闻品牌"。贵州日报着力共建一个"云端"、一个"阵地"推动媒体融合向纵深发展。一方面，以"天眼新闻"自主品牌垂直带动市县媒体，为全省市（州）和县（市、区）、部分经济开发区、省直重点行业开通天眼新闻客户端专属频道。此外，贵州日报建立省内首个以"云"为理念组建的跨区域编辑部，由天眼新闻客户端牵头、联合全省96家县级融媒体中心、拓展到省外兄弟新媒体平台，搭建起贵州融媒体"云上编辑部"，制作《贵州融媒体云周刊》，实现多平台内容精准投放和分发。入驻的各成员单位通过在内容、技术、创意、策划等方面"共建、共享、共融、共赢"，推动县域内容不断扩大传播圈层。另一方面，通过扩大"朋友圈"横向联动省际媒体。与江西新闻客户端、新湖南客户端等18家全国主流融媒体协作，在各自平台共同开通"省级联播"频道，实现主流融媒体之间的新闻信息共享和联动传播，为亿万用户提供全国各地的新闻资讯；与湖北长江云、澎湃新闻等27个省市党报的主流新媒体平台协作，组建全国首个区块链新闻编辑部。通过"双城对话""长江保护""东数西算"等主题联动，充分展示参与媒体的个性和亮点，有效激发各方的积极性、创造性，实现自身平台与外部平台"1+N"模式的圈际效果扩散。

二　市州级媒体融合发展观察

习近平总书记指出："问题是创新的起点，也是创新的动力源。"[1] 随着互联网传播生态的变化，人员老化、人才紧缺，财政业务补助经费削减，创收困难等因素，一度成为贵州市州级传统媒体发展的阻碍。2021年以来，在融合思路下，各媒体从问题出发差异施策，优化媒体资源配置，探索推动传统媒体资源向互联网主阵地汇集的相关机制，走出市州级媒体融合发展的

---

[1] 《问题是创新的起点和动力源》，中国共产党新闻网，2016年7月28日，http：//theory. people. com. cn/n1/2016/0728/c40531-28590893.html，最后检索时间：2023年7月1日。

新路。比如，贵阳市整合市域宣传资源，集中力量打造"3+10+100"区域性媒体传播矩阵和"一中心三平台"融媒体业务架构，形成"全市一体化"的大宣传格局；黔南州构建"2+1+N"传播体系，构建"融媒体中心+N"的放射性宣传格局；毕节市逐步建立完善融媒体指挥调度、一体化管理、移动端首发、传播力导向考核等机制。

（一）统筹谋划创新体制机制，完善规章制度

相较于省级媒体和区县级融媒体中心的大力推进，市州级媒体融合发展进程稍显缓慢，但仍有不少市（州）尝试突破已有限制，在实践中推进体制机制、人员、运营、业务及业态布局融合，成为全媒体传播体系中承上启下的重要节点。其中，毕节市广播电视台做出良好示范。

毕节市广播电视台属正县级全额拨款事业单位，总编制数118，截至2023年5月，总人数145人，内设11个机构，下属1个国有独资有限公司。2016年开通"云上毕节"微信公众号后，毕节市广播电视台开启媒体融合进程。然而，虽然有官方微信号和广告创收，但营收下滑明显，人员流失严重，包括正科级、副高人员及一线媒体业务骨干等在编人员流失，人才结构急剧变型。为此，毕节台一方面精简人员，有效激励。停办部分传统电视栏目，引进、考聘、调动20余名紧缺专业人才，探索管理和业务岗位双轨提升机制，按照新媒体平台的岗位特点重新制订薪酬绩效改革指导意见，完善新岗位、新工种、新模式下的收入分配激励措施，改变"干或不干、干多干少、干好干坏一个样"的窘境。另一方面，打破壁垒，重组部门。将原有16个部室重组为3个中心11个部室，建成融媒体中心，推动"资源通融、内容兼容、宣传互融、利益共融"。坚持"走出去"与"请进来"，抓好考察学习与培训，推动队伍理念思维融合。同时，整合原有微信、微博等媒介资源，对广播、电视、抖音、快手、网络新媒体等进行生产流程融合再造，通过信息采集、编辑、制作、审核、发布一体化管理，实现新闻产品的融合发布。截至2023年5月，"云上毕节"微信公众号粉丝量突破100万，抖音号粉丝量达222万，在全市官方抖音号粉丝量排名中位居前列，在全省

位列第一梯队，初步形成"台网端微"融合发展、协同发力的市级融媒传播矩阵。

（二）强化协调联动，跨界融合提升整体效能

整合传媒资源，强化协调联动，各市（州）着力推动传统媒体和新兴媒体在内容、渠道、平台、经营、管理、服务等方面的深度融合。黔南布依族苗族自治州整合日报社（新闻中心）、广播电视台机构、建州县融媒体中心，加挂日报社（或新闻中心）、广播电视台牌子，实行集中统一办公，下设 N 个子公司，构建"2+1+N"传播体系和"融媒体中心+N"放射性宣传格局。按照"关停并转"思路，集中资源优势打造具有影响力的平台，强化"一端、一报、一网、两台、两微、多平台"的全媒体传播矩阵建设，实现"一次采集、多元生成、多元传播"，形成载体多样、渠道丰富、覆盖广泛的新闻信息与新闻产品同步传播格局。安顺市广播电视台围绕"融为一体、合而为一"目标，在两频道、两频率的基础上，通过上线"云动安顺"客户端及网站，实现广播频率、电视频道的网络实时收听和观看、栏目视频回看、各种活动的网络视频直播和图文信息发布。

多家媒体充分发挥市场机制作用，增强主流媒体的市场竞争意识、能力和自我造血机能，尝试以更多元、灵活的对外合作拓展经营渠道。比如，毕节广播电视台建立"云上毕节"直播联盟，组织、聚合、培育和孵化本土网络达人，聚焦影响力变现、广告变现、电商变现、账号代运营变现，助推全市数字经济发展。截至 2023 年，"云上毕节"直播联盟已吸引100 多名草根网红加盟，共开展了 180 余场直播，直播带货的商品交易总额从每场不足万元到突破 60 余万元，为毕节数字经济和电商产业发展开辟了新赛道。

（三）坚持以人民为中心，服务功能深入拓展

2021 年以来，围绕"改存量"，市州级媒体在建设完善自身媒体融合矩

阵的同时，探索建立"新闻+政务服务商务"的运营模式，整合资源平台，拓展服务领域，强化民生服务、政务服务、社会治理、风险防控等功能，着力为广大人民群众提供服务。

黔南布依族苗族自治州发挥节点作用，在媒体平台开设"乡村振兴""贵人服务""我为群众办实事儿民生直通车"等专栏及互动专区，通过拓展便民缴费、文化旅游、交通出行、教育培训、健康养生、生活娱乐等便民服务连接用户，形成"探店""探房""探车""探医"系列与民生相关的"探"类节目，围绕助农增收开展百香果、金钱橘、小黄姜、脆哨、辣椒等专场直播带货，推介销售黔南农特产品，助力乡村振兴和农民增收。贵阳日报则借助贵阳市成为30个全国首批城市"一刻钟便民生活圈"试点地区的契机，打造"壹刻宝"社区融媒服务平台。以"15分钟生活圈"为应用场景，聚焦"教业文卫体、老幼食住行"等民生需求，导入全市相关设施、服务机构等信息，对接全市20余家市直部门和企事业单位，通过功能开发、资源聚合等方式，开发接入紧贴民生需求的84项服务功能。同时，依托"贵阳融媒大脑"统一技术后台搭建数据中台，进一步打造涵盖新闻宣传、志愿服务、融媒问政和商业服务四大功能在内的"两心相悦"业务中台。通过四套机制互通互转，回应市民关切：一边以数据中台汇聚社情民意，将相关新闻报料、问题反映、"心愿单"、社区留言统一汇聚到数据中台，形成民意"蓄水池"；一边通过业务中台分类转办解民忧，对汇聚的问题线索进行甄别、转办，启动相应机制解决。比如，适合新闻宣传和舆论监督的信息，转至融媒体中心，由市、县两级融媒体中心和66家市级单位融媒体分中心的采编通联人员进行采访报道；适合党政部门协调解决的问题，按照融媒问政机制转办到130家一级承办单位、600多家二级承办单位限时办结；适合社会力量帮助解决的问题，形成"心愿单"，由1818个文明实践中心、所、站和4420余支志愿服务队伍提供志愿服务；适合商务服务解决的问题，通过"壹刻宝"转至入驻商家，由商家提供商业服务。

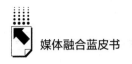

三　县级融媒体中心建设观察：以毕节市七星关区为例

县级融媒体中心作为媒体融合的"最后一公里"，不仅要承担县域内传统媒体的舆论引导功能，还需整合信息传播、内容生产、综合服务等功能，将传播力量纳入基层社会治理范畴。2019年5月底，贵州省88个县（市、区）和8个新区（开发区、旅游区）融媒体中心全部建成挂牌并投入实际运行，仅用8个月的时间就实现了全省县级融媒体中心建设全覆盖。在推进县级融媒体中心建设的过程中，七星关区融媒体中心进行了有益的探索。

七星关区融媒体中心成立于2019年3月，整合了原七星关区新闻宣传中心、七星关广播电视台和七星关区人民政府网。2022年，七星关区融媒体中心入围人民日报社乡村振兴传播计划试行点，并获新华社"全国优秀融媒体中心"称号。而在这之前，由于缺少政策支持和资金来源，七星关区融媒体中心发展一度陷入困境，主要表现在以下方面。一是人才大量流失。从2021年下半年开始，多名业务骨干通过考调等方式进入省级、市级单位，导致中心部分业务工作陷入被动。二是事业产业缺乏深度融合。区级媒体的资金主要靠地方财政直接补贴、间接投入，虽然成立了文化传媒公司负责媒体广告运营，但公司发展与媒体平台之间无直接激励机制，内生动力不足，自我造血能力不足。三是创新动力有待提升。设备缺少更新，采购的设备已跟不上内容生产需要；长时间没有"走出去"，缺少与国内媒体先行者互动，找不到平台发展方向。为解决上述发展难题，七星关区融媒体中心于2022年起从创新体制机制入手，激活融合发展动力。

（一）探索企业事业联动机制，增强融合发展后劲

为增强自我造血机能，七星关区融媒体中心把事业产业联动发展作为改革的突破口。2022年7月，经区委常委会审议通过，正式印发《七星关区媒体深度融合发展实施方案》《毕节市七星关区融媒体中心体制机制改革方案（试行）》，积极探索"区融媒体中心+国有文化企业"运行模式，明确

改革目标任务。为建立有效的激励机制，区融媒体中心探索打通企业事业人员的晋升路径。明确和规范了区融媒体中心职能配置、机构设置和人员编制等事项，在确保采编和经营相分离的前提下，同工同酬人员与企业人员一体使用，实行全员竞聘上岗。同时，建立适合行业特点的薪酬体系，鼓励公司探索岗位绩效工资制、项目奖励机制，建立符合行业特点的考核管理机制和薪酬体系。

（二）立足本地深耕优质内容，在服务中引导群众

内容建设是媒体融合发展的根本，也是媒体坚守底色和核心价值观的重要表现。作为县域媒体，七星关区融媒体中心扎根本地引导群众。一方面，以移动优先做精平台。停办《毕节晚报》纸质版、《民生八点半》电视栏目，缩短《七星关新闻》时长，最大可能减少传统媒体人力物力投入。以"两微一端一抖"（微七星关、云上七星、掌上七星关、百抖七星）为核心建设主体，推动区融媒体中心提质升级，着力将更多优质内容、先进技术、专业人才、项目资金向互联网主阵地汇集、向移动端倾斜。另一方面，深耕本土做好原创。坚持传播力导向思维，对区属媒体平台实行扁平化管理，通过创意策划和创新技术手段，围绕区内开展的大型主题活动，实现优质内容的新媒体化和碎片化阅读，增强传播力、亲和力和影响力。比如，2023年，围绕乡村振兴、乡村旅游、红色文化等主题，打造了"'瞰'好七星关""'村'意盎然""家门口的变化""走·游记""红色七星关""榜样七星关""重走绝壁天渠"等专题专栏，各平台累计共发布稿件1000余条次，阅读量超500万。2023年4月，首届贵州古茶文化节在七星关举行，七星关区融媒体中心紧抓"古茶文化"这一主线，强化内容生产和内外宣传，发布稿件500余条次，全网累计阅读量超1000万。

进一步探索县级媒体深度融合发展模式和路径，七星关区融媒体中心从加强线上线下互动入手，以品牌带活动，构建本地具有影响力和竞争力的新型主流媒体矩阵。截至2023年，已打造"七星关十二时辰"、七星关城景交通慢直播、七星关综合广播FM91.2高品质同步音频直播间，以及"912

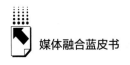

爱帮忙""912找到了""小编帮你跑窗口"等具有标识性的区域性品牌。仅2022年，省级以上媒体平台刊播七星关稿件3000余条次。

（三）整合资源外延融合触角，在公益中引导舆论

推动媒体深度融合发展，七星关区融媒体中心着力整合资源进一步向外延伸，在公益中引导舆论，做大宣传事业。一方面，联合网络达人扩大正能量传播辐射范围。结合网信工作，以媒体平台合作、专业技术培训、网络活动策划等为抓手，全面梳理全区有影响力的网络达人，建立沟通联动机制。签约30余名网络达人作为融媒体中心的"特约拍客"，围绕红色旅游、乡村振兴等方面开展宣传推介，着力传递社会正能量，传播家乡发展好声音。另一方面，提升服务民生能力，做大做强公益品牌。七星关城区人口较多、面积较大，区融媒体中心充分利用七星关综合广播FM91.2、"微七星关"、"云上七星"等平台知名度高、影响力大、辐射范围广的优势，策划备案注册"912公益"，开展系列公益活动，发动群众积极参与公益、接触公益。2022年，开展"912公益""童梦学院""融媒小主播"等公益活动20余场。

融合聚力新时代文明实践中心和县级融媒体中心，区融媒体中心在"掌上七星关"App增加便民信息发布平台，免费提供求职、找跑跑、找家政、广告发布、预约挂号等便民信息，通过平台系统调度，实现群众点单、新时代文明实践中心志愿服务团队接单的精准服务双向运作模式，创新"志愿小哥"上门提供差异性服务，打通线上线下"双线合一"服务群众渠道，更好地发挥舆论主阵地作用，实现社会效益和媒体影响力双提升。从2022年6月运行至2023年7月，共开展志愿服务活动260余场次，服务群众3500余人次，"掌上七星关"App装机量从零迅速增长至超47万次。

四 结论与讨论

媒体融合是时代所向、大势所趋。贵州各级媒体努力以"闯"的精神、

"创"的劲头、"干"的作风，深入理解全媒体时代的挑战和机遇，结合自身特点推动媒体融合发展。省级媒体建设区域性传播平台取得一定成效，打造了"天眼新闻""动静贵州""百姓关注"等特色新媒体品牌，联动各级媒体提升整体传播力，服务地方经济社会发展。市州级媒体因地制宜，逐渐探索形成适合自身的融合发展模式。县级融媒体中心则以优质内容贴近人民群众，整合县域内传统媒体的舆论引导功能，在媒体融合的过程中融入基层治理的理念，着力打造治理体系现代化的区域性综合平台。

然而，省市县各级媒体之间、同级地域不同媒体之间，融合发展程度还存在较大差异。从技术应用上看，各级媒体虽然坚持科技是第一生产力、创新是第一动力，紧盯技术前沿，但在应用技术开辟发展新领域新赛道方面，多数市州级媒体、县级融媒体中心面临支撑不足、后劲乏力的困境。对于部分媒体来说，融合发展目前还处于从"相加"到"相融"的过渡阶段，相关激励制度、人才岗位制度、媒体运营模式还有待探索，"一域多媒"、自我造血能力不足、媒介同质化、蛋糕不够大等难题仍有待破解。

未来，贵州进一步加强全媒体传播体系建设，既需要在顶层设计上全方位规划全媒体传播体系的战略蓝图和实施路径，也需要各级媒体在实践中不断摸索，继续沿着内容、技术、机制等主线，以权威性和公信力引导主流舆论，以优质内容和惠民服务发挥媒体的链接功能，提升媒体的服务与治理效能，实现媒体融合同人民群众的美好生活需要同频共振。

B.25
芜湖传媒中心的快速发展
现状与趋势展望

许欣 马梅 韩万春*

摘 要： 2014年开始，随着媒体生态环境的急剧变化，芜湖日报报业集团、芜湖市广播电视台分别组建新媒体部门，拓展新闻信息传播渠道。自2018年9月在安徽省率先推进芜湖日报报业集团和芜湖市广播电视台整合、成立市级传媒中心以来，芜湖传媒中心便不断对自身进行改革，找准自己的方向与定位，努力打造高质量全媒体传播体系，强化城市运营管理和社会民生的深度融合，推动城市媒体平台化转型，逐步探索出了城市媒体融合发展中属于芜湖的"芜湖路径"。2021~2023年，芜湖传媒中心成立芜湖大江传媒有限公司，运营"大江"系列新闻品牌与移动平台，上线"大江资讯"以及"大江看看"客户端；2023年2月，与"大江资讯"错位发展的互联网民生新闻品牌运作"大江晚报融媒体"，形成"两品牌一平台"核心矩阵。面对媒体生态环境急剧变化的挑战，展望未来，芜湖传媒中心需全力做好融媒体综合专业信息化平台，塑造并强化自身核心竞争力，推动芜湖传媒中心向新的时代迈进，实现"城市媒体平台化"的转变，探索城市媒体深度融合发展的新路径。

关键词： 媒体融合 传媒中心 融媒体

* 许欣，安徽师范大学新闻传播学院硕士研究生，研究方向为新媒体；马梅，博士，安徽师范大学新闻与传播学院执行院长，博士生导师，教授，研究方向为新媒体、乡村振兴；韩万春，芜湖传媒中心总编辑。

2010 年 11 月 25 日，北京举行首届"中国媒体融合与发展论坛"，发布了《中国媒体融合发展报告》蓝皮书，明确界定了"媒体融合"的定义，即在数字化技术的驱动下，一切传播信息的载体相互之间在技术、产业、组织、规制等方面的融合。

党的十八大以来，以习近平同志为核心的党中央十分重视新闻舆论工作，对加强和改进新闻舆论工作作出一系列重大决策部署。2014 年 8 月，习近平总书记主持召开中央全面深化改革领导小组第四次会议，审议通过《关于推动传统媒体和新兴媒体融合发展的指导意见》，指出融合发展是适应媒体格局深刻变化，提升主流媒体传播力、引导力、影响力和公信力的重要举措。

2020 年，中共中央国务院印发《关于加快推进媒体深度融合发展的意见》，并发出通知，要求各地各部门结合实际认真贯彻落实。

在以习近平同志为核心的党中央的指导下，芜湖传媒中心遵循各项"指导意见"，坚信融合发展是适应媒体格局深刻变化的重要举措，坚持打造新型主流媒体，提升芜湖市主流媒体传播力、引导力、影响力与公信力。

一 芜湖传媒中心的融合道路

芜湖传媒中心多年来坚持平台型改革并形成"两品牌一平台"核心矩阵，在多方努力下，影响力日益增加，经济效益与社会效益齐头并进。

其中，大江资讯坚持时政新闻的新语态表达，在今日头条、央视频、人民网、澎湃等近 20 个平台开设账号。自 2022 年 1 月 1 日上线以来，微信公众号关注用户增长 15 万（目前关注用户数 30 万）。一年多以来，"大江资讯"累计编发原创稿件超 5000 条，全网总阅读量超 8 亿，其中阅读量 10 万+以上稿件超 1000 条，100 万+以上稿件超 80 条。[1]

大江晚报融媒体是生活频道、大江晚报共同打造的以民生服务为侧重点

---

[1] 本报告所用数据来自芜湖传媒中心内部资料。

的新媒体矩阵,共有 7 个账号组成,总关注用户(粉丝)量超 310 万,其中大江晚报微博粉丝数超 224 万。自 2023 年运营以来,大江晚报融媒体累计刊发图文稿件 1663 条,视频稿件 5560 余条,推出融媒体(报纸、电视、新媒体联动)策划 8 个,全网累计阅读量超 1.5 亿,其中阅读量 10 万+以上稿件 253 条,100 万+以上作品、话题 30 个。

以"人民城市智慧生活平台"为建设目标的"大江看看"客户端是芜湖传媒中心自主打造的一款集新闻资讯、数字政务、生活服务、电子商务等功能于一体的生活服务类应用。2022 年 6 月上线运行,目前下载量 213 万,占全市 370 万人口的 55%,注册用户 126 万,平均日活 17%。客户端已开发完成的应用有芜湖共读、市民心声、文明芜湖、校园看看、大江版权、大江美食、大江房产、大江院线、大江游戏等。其中,芜湖共读累计约 600 人次在线观看,市民心声网络服务平台累计访问量超 400 万人次。

(一)芜湖传媒中心改革发展的三个阶段

以时间为轴,以重要标志性成果为节点,芜湖传媒中心的媒体融合前期历程可概括为三个阶段。[①]

1.0 时代:2014 年开始,面对媒体生态环境的急剧变化,芜湖日报报业集团、芜湖市广播电视台分别组建新媒体部门,打造移动客户端,将新闻信息传播渠道拓展至互联网,形成了微博、微信、网站、客户端"四驾马车"。

2.0 时代:2017 年 9 月,芜湖日报报业集团、芜湖市广播电视台新媒体部门整合成立芜湖市新媒体中心,共同研发上线移动客户端"今日芜湖"。

3.0 时代:2018 年 9 月,芜湖推动芜湖日报报业集团、芜湖市广播电视台整合,在全省率先成立市级传媒中心。通过新闻策划统筹、绩效考核统一、广告经营一体这三个手段,芜湖传媒中心初步实现了传统媒体稳住阵脚、新媒体矩阵影响力快速提升、产业经营持续向好的目标。

[①] 韩万春、江帆:《平台化转型推动城市媒体深融发展——以芜湖传媒中心的实践探索为例》,《新闻战线》2022 年第 17 期,第 52~55 页。

（二）芜湖传媒中心发展的具体举措

1. 注重顶层设计，打造高质量全媒体传播体系

建设头部平台。2022 年 1 月，以"大江澎湃闻天下"为口号的互联网新闻资讯头部平台"大江资讯"上线，以芜湖、安徽及长三角地区时政、思想类新闻内容为报道主体，传播有思想、有温度、有品质的新闻资讯；6 月，以"人民城市的智慧生活平台"为目标定位的"大江看看"（原今日芜湖）客户端上线，努力在政务服务商务上实现更多拓展。"大江资讯"创新时政报道形式，精心策划新媒体产品，突破了传统媒体的束缚，紧抓新闻"时效度"，集中优势兵力在短视频产品生产上发力，形成短视频先行，图文报道、新闻评论并进的"一体两翼"宣传模式，开创了"飞入寻常百姓家"的独有时政新闻语态表达，放大了宣传效果。2022 年，"大江资讯"微信公众号发稿 2123 篇，微信视频号发布视频 1671 篇，全网累计 10 万+稿件 753 条，其中 50 万+稿件 131 条，100 万+稿件 63 条。上线一年多以来，"大江资讯"全网阅读量已达 8 亿+，品牌传播力、引导力、影响力、公信力持续增强。

"大江资讯"新媒体平台上线以来，采取了一系列的创新做法，取得了显著的工作成效。一是开创时政新闻新语态表达。创新时政报道形式，形成短视频先行，图文报道、新闻评论并进的"一体两翼"宣传模式。二是打通媒体融合赋能新路径。"大江资讯"平台可根据实际工作需要从各部门调取资源，同时芜湖传媒中心也多措并举激励各部门员工积极向"大江资讯"供稿。三是为政府与民众沟通架起新桥梁。"大江资讯"深耕芜湖本土，与中心内部部门实现融通赋能后，积极走出传媒圈，与芜湖各职能部门联动，采用新媒体手段聚焦民情民意，关注群众急难愁盼问题，走深走实群众工作路线。在全媒体大潮中，守住了新闻宣传主阵地，有效地宣传了安徽和芜湖，并获得了 2022 年度城市党报"双胜利"宣传工作荣誉称号以及安徽省文明账号。

在内部部门进行调整、促进改革。以"无传播不生产"为原则，推进

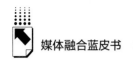

内容生产供给侧改革。果断停播收听收视率低迷的广播电视栏目、减少冗余报纸版面、关停手机报和互联网平台"僵尸账号",将优质资源向优质互联网平台聚集。在组织架构上,推进大部制改革,整合资源、集中发力。组建时政新闻中心、民生新闻中心、广播中心、政企号运维中心,整合行政科室,调整职能、简化流程,更好服务一线。多措并举激发人才活力。实施"首席"制,"首席"待遇不低于部门(频率频道)负责人。激活编制存量,利用市"紫云英人才计划"选拔优秀员工入编,解决后顾之忧。组建融媒体工作室,给予政策扶持,激励创新创优。

合作学习优质媒体。跳出"地市级"圈子寻找标杆。2021年9月开始,先后与澎湃新闻、新京报等国内知名优质媒体展开深入合作,通过跟班学习、驻点指导等方式,结合自身实际、学习借鉴互联网端运营思维,不断拓展眼界、提高水平。

努力形成属于自己的媒体矩阵。以"大江资讯""大江看看"为引领,对中心所属的"报台网端微"再梳理、再定位,结合大部制改革,形成了更加科学合理、更有竞争力的"双头部五中心"媒体矩阵。坚决打破部门间"藩篱",实现各类资源无阻互通。

2. 搭建群众平台,助力社会治理

党的二十大报告提出,"健全共建共治共享的社会治理制度,提升社会治理效能""建设人人有责、人人尽责、人人享有的社会治理共同体"。作为城市党媒,应在社会治理和创新中发挥重要作用,为社会治理模式创新贡献党媒力量。

助力物业综合整治行动。从2022年1月起,芜湖市委、市政府开展了全市物业综合整治行动,"大江资讯"在整治行动中起到了营造舆论声势、传递方针政策、搭建沟通平台的"枢纽"作用。一年多以来,"大江资讯"刊发图文、短视频稿件200余篇,与市住建局联合打造的"芜湖物业整治提升舆论监督平台"累计接收群众意见、留言20000条,为整治行动提供了强大的舆论支持,为市委、市政府提供了决策参考。

打造"市民心声网络服务平台"。2021年12月,芜湖传媒中心在移动客户端上线"市民心声网络服务平台",与"市长热线"联动,听民声、解民忧、聚民力、暖民心,搭建了一个党委政府与人民群众良性沟通的高效平台。平台实现"一键发声",不断完善"反映心声、媒体跟踪、统计分析、数据互通"等四大功能,形成了工作闭环。截至2023年3月底,平台访问人次超21万,接收群众问题4141条,全部予以交办、处理。

畅通居民紧急求助通道。2022年4月17日,因新冠疫情,芜湖市区范围实行全面静默。在市委、市政府的大力支持下,"大江资讯"开通"疫情防控期间居民紧急求助通道",群众通过留言方式提出物资采购、紧急就医等诉求,由"大江资讯"安排专人转交政府相关部门。求助通道投入使用5天内,共收到群众求助1982条,全部予以办理。此外,"大江看看"客户端推出线上程序"核酸检测点地图",累计点击量超200万,"新冠医药互助平台"上线一周,点击量突破30万。

"大江资讯"还参与策划、报道了"芜湖畅聊早餐会""给芜湖的2021年打分"等活动,为市委、市政府"开门问策"提供了有效途径。这些以多元多向互动为传播特征的新兴平台有效扩大了民意表达渠道、达成了社会共识、形成了网上网下同心圆。

媒体深度融合发展与社会治理模式创新相辅相成,党委政府在社会治理方面的创新规划和举措给媒体提供了难得的发展契机。近年来,市委、市政府持续加大对传媒中心政策和资金扶持力度,培育建设媒体深度融合发展的具体项目,高质量的全媒体传播体系正在不断升级。

3.进阶升级,以智慧媒体融入智慧城市建设

5G时代,随着云计算、大数据、物联网等新兴技术的日趋成熟和广泛应用,智慧城市的建设必将迈上一个新台阶。地市媒体必须抓住智慧城市建设这一机遇,主动融入这一进程,形成强大的信息采集、分析、应用能力,在提高社会公共服务信息化水平方面发挥重要作用。

目前,"大江看看"客户端下载量已达204万,超过芜湖市域人口的50%。客户端运用区块链、物联网和大数据技术,深度融入智慧城市建设,着力打造人民城市的智慧生活平台。

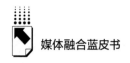

通过深度合作，利用城市大数据。芜湖传媒中心与市级数字资源管理部门展开深度合作，获得民生数据接口和使用权限，开发了公积金查询、交通出行（车辆违章数据查询）、乐惠分（社会信用值）、美好家园（智慧社区）、大江美食等功能，为群众提供便捷高效的服务。打造市县区融媒体中心一体化2.0版本，县区融媒体中心的移动客户端直接融入"大江看看"，共享功能应用。建成网上新时代文明实践中心，利用大数据技术调度全市各级文明实践站（所）工作，实现全市志愿者、志愿活动全盘网上统筹管理。

进行深度整合，打造互动新平台。"大江看看"充分整合资源，在教育、文化、社区等领域实现拓展，建设了一个具有公益属性、群众广泛参与的互动新平台。打造"芜湖共读"项目，创新直播内容，力争每（周）场参与人数达到20万，培养全民阅读习惯、提升城市文化品质。搭建"校园看看"平台，综合学校、社会资源，打造素质教育线上线下大课堂。上线社交板块"相约看看"，成为年轻群体的交友平台。上线"朋友圈"功能，打造用户在不同场景下的互动空间。

促进创新表达，推动内容新变革。区别于传统媒体，"大江看看"客户端将在精准推送、可视化新闻、大数据新闻、舆情分析等方面带动内容供给侧结构性改革，促进整体转型升级。目前已经成功研发并运用"千人千面"智能推送系统，优化传播到达率，满足个性化需求。同时，积极探索慢直播、AR新闻、虚拟主播等融媒体产品形式，以丰富多元的内容巩固互联网主阵地的主导权、引导力。

二　芜湖传媒中心的融合之效

（一）多年改革所获经济效益

第一，主业收入增加，积极推动产业转型升级。芜湖传媒中心整体营收规模三年来保持持续增长态势。新媒体业务和创新服务收入两项关键性指标实现逆势增长，"大江资讯"自 2022 年 3 月开始盈利，创造效益约 500 万元，"大江看看"客户端自试运营以来营收超 1000 万元，形成了芜湖传媒中心新的收入增长极。

第二，主动与市场需求对接，推动各项合作。与政府部门、大型国企、大中专学校、金融机构等展开战略合作。与奇瑞控股签署联合办学协议，深化产教融合；与安徽机电职业技术学院合作共建"大江融媒体产业学院"，搭建共融共赢平台；与中广有线芜湖分公司共建信息化办公室，拓展智慧行业市场；加入中国城市广电经营创新联盟，打破城市壁垒，组船出海，共生共赢。

第三，拓展产业链条，持续培育新动能、新赛道。探索和参与教育产业、文化版权、医疗大健康等创新领域的投资经营。与安徽省文交所展开数字版权产业领域合作，助推芜湖数字经济高质量发展。推动与人民网·人民健康的深入合作，打造在全国有影响力的智慧人民健康"芜湖模式"。

（二）改革所获社会效益

第一，互联网内容生产和信息传播能力提高，舆论引导力提升。"大江资讯"努力实现时政新闻的新语态表达，入驻近 20 个互联网平台，很多原创作品被中央、省级媒体和头部自媒体平台"二次传播"，品牌影响力不断凸显。大江晚报融媒体全面整合大江晚报、生活频道所属各互联网账号，形成以 6 个品牌账号为核心的矩阵，以民生服务为重点，和"大江资讯"错位发展、互为犄角。"大江看看"客户端不断强化新闻属性，综合各媒体新闻资讯，引入新华社、澎湃新闻、新京报等媒体单位内容资源，与华数等企业开展版权合作，以智能推送为群众提供更便捷、更丰富的新闻资讯和网络视听内容。"大江资讯"作为芜湖传媒中心着力探索打造的主流新型媒体，坚持内容为王，坚守舆论阵地，创新传播渠道，充分发挥互联网优势，与近 20 个优质互联网平台合作，拓展了用户聚集方式，实现了一次生产 N 级传播的互动模式。上线一年多以来，"大江资讯"全

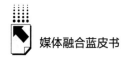

网阅读量已达 8 亿+，阅读量 100 万+稿件 74 条，阅读量 10 万+稿件 1050 余条，传播力、引导力、影响力、公信力持续增强。在"两品牌一平台"带动下，广播电视、报纸不断推进内容供给侧结构性改革，发力创新创优，优质节目、版面不断涌现。

第二，搭建党委政府与群众沟通桥梁，社会治理效能显著。充分利用互联网平台交互功能，上线可"一键发声"的"市民心声网络服务平台"，自动转办"12345"市长热线，形成了工作闭环，切实做到听民声、解民忧、聚民力、暖民心。截至 2023 年 5 月，平台访问人次超 84 万。为配合"全市物业综合整治行动"，"大江资讯"开设"舆论监督平台"，一年多以来累计接收群众意见、留言 3 万余条；疫情"静默"期间，开通"居民紧急求助通道"，投入使用 5 天内，共收到群众求助 1982 条，全部转交相关部门予以妥善处理；推出线上程序"核酸检测点地图"，累计点击量超 200 万；"新冠医药互助平台"上线一周，点击量突破 30 万。以上案例获得党委政府高度评价，媒体日益成为参与城市治理的重要力量，"舆论先行、听取反馈、动态调整、群众评价、媒体监督"的操作模式在越来越多的民生政策出台中得到运用。

第三，建成服务群众生产生活的智慧平台，赋能智慧城市建设。以智慧平台赋能智慧城市。移动客户端实现全面升级，使之成为移动端应用服务的集成平台，通过开放的接口和灵活的入驻形式，为客户提供便捷的移动化轻应用解决方案。以多样的应用生态丰富"大江看看"的内容和服务，服务群众生产生活。目前已经入驻 App 的应用有大江房产、大江美食、大江院线、校园看看、芜湖共读等。持续赋能市县区融媒一体化。在"中央厨房"基础上构建了一套可以容纳市县区的新媒体产品入驻体系，实现与县区移动新媒体之间的数据打通，通过 GIS 信息定位技术允许用户切换到当前所在县区的移动专区，减少了用户客户端安装数，节约了县区新媒体运营成本。"大江看看"客户端原生功能也可以向县区开放共享。

三 芜湖传媒中心未来发展展望

在不断推进媒体融合发展的过程中，尤其是报台合并、进入 3.0 时代后，芜湖传媒中心虽然取得一定成绩，但也遇到了一些痛点、堵点，集中表现为全媒体传播体系"全而不强"、传播力偏弱、影响力不足、功能性不强。因此，展望芜湖传媒中心未来的发展趋势，还需要做到"一个创新""两个跟进""三个服务"。

（一）创新信息传播的新形式

在未来，应该做到创新信息传播的新形式，在 UGC 模式发展成熟的当下，应重视用户观点，除了解决民生问题的平台，也需为群众打造讨论社会热点或休闲娱乐的平台。在智能手机普及的当下，人们越来越多地利用互联网休闲娱乐，因此为用户打造发言平台以及休闲娱乐空间很有必要。

（二）跟进社会热点、群众观点

一要保持对社会热点问题的跟进，从政治、经济、文化、民生等方面紧跟社会热点，做到对热点问题的时效性、真实性与思辨性的探索。二是要做到跟进群众观点，要保持对群众想法的敏感度，了解其观点并引发正面的讨论、做出正面的引导。

（三）高质量服务好城乡居民、助力城乡建设

芜湖传媒中心从运营媒体到运营城市不断发展，在未来更要高质量服务好城乡居民、城乡建设、企事业单位，实现媒体和区域发展共生共荣。

在服务城乡居民上，应尽可能做到为城市居民提供一切需要的信息，因为网络信息较多，关注点也较为分散，国家级媒体覆盖面大、对准全国，因此无法实现地方性服务，这就给了地方媒体发力的空间，因此芜湖传媒中心要把握机遇，做到真正服务城市居民，做到信息发布的实时性、互动性与便利性。

对于服务城乡建设，可以学习湖北荆州电视台《垄上行》栏目这一典型案例。《垄上行》是由湖北垄上频道、荆州电视台等制作的一档对农服务电视栏目，由湖北垄上频道周一至周日的 20：00 到 21：10 直播，每天 70 分钟，深度服务农民，以"三农"为关注重点，节目内容包括涉农新闻、维权服务、情感关怀等。这一栏目为农民服务，为农业生产、农民生活、农村建设做出了积极贡献，做到了与受众同呼吸、共命运、心连心。美国"社区报"理念和成功的实践证明，接近性或者相关程度为社区新闻价值标准的第一要素。《垄上行》的成功也显示出地方媒体对一方城乡建设所贡献的重要价值，因此作为地方媒体，芜湖传媒中心应做到不断强化利益共同体概念，积极收集群众思路、群众想法以促进城乡建设，并且可以开办问政节目，对关乎地区发展、群众利益的问题，进行梳理、反映和解决。尤其是对于争议性话题，可以随机采访居民，给受众以话语权，由此促进城乡建设。①

对于服务企、事业单位，芜湖传媒中心也应做好联动，可以为企、事业单位进行直接宣传，也可以通过"授人以渔"的方式帮助企、事业单位建立自己的宣传系统，从而自主宣传。

四 结语

芜湖传媒中心建设运营"两品牌一平台"，构建融合创新的传播模型，探索有竞争力的商务模型，塑造并强化自身的核心竞争力，强化城市运营管理和社会民生的深度融合，推动芜湖传媒中心实现"城市媒体平台化"的转变，努力打造与省域副中心城市定位相匹配的新型主流媒体，在平台化转型上基本做到能够整合优势、创新升级，但在真正做到全能的、高影响力的优质媒体方面仍需努力，展望未来，芜湖传媒中心的发展值得期待。

---

① 马梅：《新媒体背景下城市台的转型之路》，《新闻战线》2014 年第 9 期，第 80~82 页。

参考文献

韩万春：《"一体化"推进媒体深度融合，"高质量"提升舆论引导能力》，《中国广播影视》2020 年第 22 期，第 93~95 页。

韩万春：《芜湖：建强"两品牌一平台"，迈向大融合》，《新闻战线》2023 年第 9 期，第 26~28 页。

韩万春、张军：《移动新媒体平台在城市媒体融合中的作用——以"今日芜湖"客户端为例》，《青年记者》2019 年第 23 期，第 88~89 页。

马梅：《区域媒体融合的原则遵循与策略选择——基于对区域媒体融合现状考察的分析》，《中国新闻传播研究》2019 年第 6 期，第 3~14 页。

国 际 篇
International Reports

B.26
全国媒体对外传播能力现状、问题及改进策略

张国威　马立明*

摘　要： 对外传播能力是衡量国家综合实力以及国际影响力的重要指标。
近年来，我国对外传播工作的投入不断加大，以中央级媒体和地
方媒体两条路径展开对外传播工作，逐步形成以北京为中心、地
方力量相对分散的对外传播格局。我国媒体对外传播工作虽取得
亮眼成绩，但仍存在独立性不够、渠道控制力不足等问题。加强
对外传播能力建设，各媒体需要打造独立的对外传播部门，增强
渠道控制力，在 IP 打造、人才培养、资金支持等方面发挥优势，
突出地方特色，讲好中国故事。

关键词： 对外传播　国际影响力　软实力　中国故事

---
* 张国威，暨南大学新闻与传播学院硕士研究生，研究方向为国际传播；马立明，博士，暨南
大学新闻与传播学院，副教授，研究方向为国际传播，政治传播。

一 问题的提出：亟待加强对外传播能力建设

对外传播能力是国家综合实力的重要方面，是衡量国际影响力的关键指标。习近平总书记在党的二十大报告中指出，要加强国际传播能力建设，全面提升国际传播效能，为我国对外传播能力建设指明了方向。随着对外传播工作的投入不断加大，我国媒体对外传播能力得到进一步提升。但就长远发展而言，我国对外传播工作仍然任重道远，受美西方的制约，中国媒体在国际舆论场中的影响力与传播力不足，全国媒体的对外传播工作存在改进与提升空间。那么，全国媒体对外传播能力现状如何，媒体在对外传播中起到何种作用？存在哪些问题与困境，又有何改进策略？通过回应这些问题，本报告旨在对全国媒体对外传播总体情况，各地各级媒体的对外传播举措、成效、不足等方面进行梳理，提出改进对策与建议，以期为我国媒体对外传播能力提升提供决策参考。

二 文献综述

（一）对外传播能力建设

对外传播亦指国际传播，对外传播能力建设指的是国家、地区、组织或媒体在国际传播领域增强自身传播能力、提升对外传播效果和影响力的过程及行为。通过系统性的规划和战略，发展先进的传播手段和方法，加强对跨文化交流的理解和应对能力，以更好地向国际社会传递信息，展示自身形象。目前，相关文献着眼于主导议题设置[1]，针对议题主导能力不足、正面报道绝对化[2]等痛点，加之意识形态差异，严重影响了中国国际传播能力建

---

[1] 程曼丽：《国际传播能力建设的实践研究与意义——兼评〈新媒体跨文化传播的中国实践研究〉》，《新闻与传播评论》2019年第1期。

[2] 段鹏：《国家形象建构中的传播策略》，中国传媒大学出版社，2007。

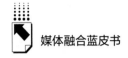

设效果。因此，"如何提高对外传播能力"也成为国内学者的主要研究议题，围绕对外传播工作成效评价标准①、话语权博弈②、中国叙事观等方面进行探讨③，不难发现，现有学者对对外传播能力建设的讨论涵盖不同层面和领域。笔者将对外传播能力建设工作细分为中央级做法和地方级策略，但双方所面临的困境各不相同，仍需要以一手的访谈资料做进一步探讨。

（二）媒体对外传播中的问题与困境

媒体机构是对外传播中的中坚力量。在过去的二十年中，我国媒体的对外传播格局从"以单一媒体为重"逐步转向"多种媒体并重"的传播格局，网络媒体成为展现中国形象的主要平台。④ 但在现有的传媒产业中，规模小、产业集中度低、业务单一等问题的出现，使我国的传媒行业与国外相差甚远。⑤ 媒体实力的差距导致传播效果欠佳。"传而不通"和"通而不受"已成为不争的事实，进一步限制了我国对外传播产品的社会影响力，中国的声音不能打入国际主流舆论，中国媒体进而被国际舆论边缘化。⑥ 因此，在现有环境下，明晰我国媒体对外传播中的问题与困境，确定统一媒体的步调与策略显得尤为重要，媒体对外传播中的策略与创新经验有待深入探讨。

三　研究方法和资料来源

本报告运用了深度访谈法。本报告调研组于 2023 年 3 月至 5 月，实

---

① 刘肖：《国际传播力：评估指标构建与传播效力提升路径分析》，《江淮论坛》2017 年第 4 期。
② 冯小桐、荆江：《"新冷战"话语体系下中国国际传播的应对》，《对外传播》2020 年第 12 期。
③ 陈先红、宋发枝：《"讲好中国故事"：国家立场、话语策略与传播战略》，《现代传播（中国传媒大学学报）》2020 年第 1 期。
④ 何国平：《中国对外报道思想研究》，中国传媒大学出版社，2009。
⑤ 吴风、卫文新：《浅谈中国传媒集团的现状和发展方向》，《新闻三昧》2009 年第 4 期。
⑥ 郭可：《当代对外传播》，复旦大学出版社，2004。

地走访了新华社、中国新闻社、中国日报社等中央级媒体，以及上海、湖南、湖北等地的对外传播机构，以座谈的方式获取一手资料。此外，为补齐实地调研的短板，本报告以电话和书面方式访谈了包括 CGTN 评论员、《亚太日报》总编辑在内的 54 名与对外传播工作相关的从业人员（见表 1），进一步拓展访谈对象，以期提高结论的普遍性与合法性。

表 1　访谈对象

编号	单位	时长	方式
M01	新华社	2 小时	座谈
M02	新华社	1.5 小时	座谈
M03	新华社	1 小时	座谈
M04	中国新闻社	1.5 小时	座谈
M05	中国新闻社	1 小时	座谈
M06	中国日报社	1 小时	座谈
M07	中国日报社	40 分钟	座谈
M08	CGTN	1 小时	座谈
M09	北京周报	2 小时	座谈
M10	北京周报	1 小时	座谈
M11	湖南国际频道	2 小时	座谈
M12	湖南国际频道	1.5 小时	座谈
M13	芒果 TV	40 分钟	座谈
M14	湖北卫视	1 小时	座谈
M15	湖北日报	1 小时	座谈
M16	湖北日报	45 分钟	座谈
M17	武汉广播电视台	1 小时	座谈
M18	长江日报	40 分钟	座谈
M19	长江日报	35 分钟	座谈
M20	亚太日报	1 小时	电话访谈 书面访谈

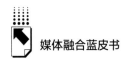

四 我国对外传播工作的基本情况

（一）中央级媒体的对外传播工作布局与特点

作为中央级媒体，特殊的政治属性与"讲好中国故事"的政治担当是其不变的传播底色。新华社作为"国社"，拥有较强的文化与历史底蕴，在对外传播工作中不断发挥其体量优势，辐射全球受众。具体而言，新华社对外传播的战术打法有三个面向：一是布局海外分社，多语种、全天候发布媒体产品。新华社拥有数百名海外记者，除总部外派的记者，新华社还另外组建当地的采编队伍，遍布全球，每天通过多语种发稿线路向全球提供新闻信息服务，旗下网站新华网因而在全球网站综合排名中常年稳居190名以内。二是主办跨国新闻电视台，提高新华社的国际辐射能力。中国新华新闻电视网（CNC）电视新闻采集量日均800分钟，目前位居国际电视新闻行业首位。电视节目信号卫星覆盖200多个国家或地区，触达55亿人口，建成亚太卫星台、北美卫星台、非洲卫星台等10个直属台和合作台，不断向海外输送品牌电视节目。三是打造国家媒体融合重点实验室，充分发挥技术优势。目前，新华社将卫星新闻、VR（虚拟现实）绘图、SVG（可缩放矢量图）、AR（增强现实技术）、VR（虚拟现实技术）等新型技术运用至对外传播工作中，对中国故事进行场景化、沉浸式讲述，积极应用新技术以赋能对外传播。

相比于新华社的打法，中国新闻社则更倾向精耕细作。目前，中国新闻社的海外社交媒体矩阵主要分明、暗两线。就明线而言，中国新闻社的主要账号在脸书、推特、优兔、图片墙等国外社交媒体平台已经完成布局。就暗线而言，中国新闻社已经在海外布局多个隐蔽账号，包括商业实践、民族信息、中医知识、美术鉴赏、武术教学等软性内容。除明、暗两线外，中国新闻社还积极联络海内外多位知名记者、华人华侨、国外网红，为中国新闻社的出海阵营增添全球化视角，努力借助"外脑""外嘴""外眼"拓宽知华、友华、爱华的交际圈。

中国国际电视台（CGTN）充分利用现有资源展开对外传播工作，盘活现有资源，联动地方做好对外传播。一是布局海内外网红，充分发挥中国国际电视台网络主播、主持、评论员队伍作用，大量建设网红工作室。目前，中国国际电视台现有网红主持人、记者、主播 100 多名，其中近一半主播坐拥百万粉丝。同时，CGTN 现设有 30 余个百万级的网红工作室，拥有一整套专业化的网红工作室培育和孵化逻辑。

中国日报社凸显其年轻化的产品特性，争取海内外 Z 世代受众。中国日报社通过打造"未来工程"，既争取海外 Z 世代受众，生产了海外 Z 世代爱看的内容产品，又培养了中国 Z 世代，帮助他们学会如何讲好中国故事，以期提升中国青年用英语讲好中国故事的能力。此外，中国日报社持续拓展特色渠道，协助政府机构和企事业单位搭建对外传播平台，并以中国传统文化为主要战略，生产对外传播产品。

（二）地方媒体对外传播机构的模式与特点

1. 创新求变型

创新求变型意指该媒体在对外传播工作中积极探索报道领域，不断创新报道模式与手段，在海外享有良好的声誉与影响力，以上海、湖南、重庆等省市区的对外传播媒体为代表。该类型媒体机制灵活，机构主体性、能动性高，市场化程度较高，拥有一定自收自支能力。以上海对外传播工作为例，由澎湃新闻团队出品的国内第一家英文新闻杂志"第六声"专注于发现小而美的细节，讲述普通中国人的故事。湖南国际频道贯彻"市场引进来、文化走出去"的战略，出售节目版权、模式及服务，目前在售的 IP 有"网络小大使""雄鹰少年队"等。自 2022 年向海外新媒体转型以来，湖南国际频道已有 139 个海外账号，每周触达人群为 2500 万人次，芒果 TV 平台自 2018 年开始运营国际 App，截至 2023 年 4 月，App 装机用户已超 1 亿，优兔账号矩阵粉丝高达 200 多万，各类频道总订阅量将近 2000 万。重庆对外传播的主阵地 iChongqing 以"外向选题、外文原创、外专审核"的"出口

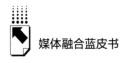

定制"原则创新内容生产，全平台发布英文图文、视频 35000 多条，其中宣扬本地特色文化的《山水之城，中国桥都》《轨道上的都市圈》等作品全网播放均突破 4 亿次。

2. 稳中求进型

稳中求进型意指该媒体在体制机制、内容出品等方面创新发展的步幅较小。该类型机构往往由原来的报台网拆分、重组而成，在对外传播实践中，局部呈现点状突破，但总体始终保持谨慎态度，重视形象宣传。稳中求进型以浙江、湖北、海南等省份的媒体为代表，这些地区机构的运营策略以稳为主，输出的内容重点聚焦区域形象的宣传与塑造，有局部亮点突破，但缺乏话语创新和独立性。例如，浙江英文国际传播矩阵的业务定位是服务政府部门。海南国际传播中心的目标则是服务面向全球开放的自由贸易港，构建自由贸易港相匹配的国际传播体系，聚焦区域贸易，讲好海南故事。湖北广电前期做出强劲改革，对节目进行了大量的调整，打造了诸如国际时事评论类节目《长江新闻号》等国际类节目，还开通了推特账号，是向外提高传播声量、推动国际影响力提升的有益探索，但由于节目形式限制，《长江新闻号》依然面临话语创新能力不足的问题。此外，稳中求进型传播模式中的绝大多数媒体目前无法完成自我造血的正向循环，商业化途径有待进一步优化。

3. 特色出彩型

特色出彩型意指该省市媒体针对特定的国别及区域提供特色对外传播产品，强调地方色彩，传播地方声音，以云南、吉林、新疆等地区的媒体为代表。该类型媒体把小语种作为对外传播的主要语言，通常由省委宣传部主办，能够获得独家媒体资源，战略意图和受众群体清晰。云南省南亚东南亚区域国际传播中心的前身是《湄公河杂志》，通过和中宣部、外交部以及周边国家的合作，既实现多本外文杂志落地发行，同时也积攒了人脉资源，充分发挥了国际传播中心具备的东南亚小语种特色优势。天山网、《友邻》《大陆桥》杂志等媒体是新疆对外传播工作的主阵地，传播对象聚焦哈萨克斯坦、塔吉克斯坦、吉尔吉斯斯坦和巴基斯坦等国家，以加强丝绸之路经济带各国的文化交流为主要目的。吉林省打造的俄罗斯远东地区广播项目《中国·吉林之声》致力于中俄合作，目前已成为我国面向俄罗斯远东地区对外传播的重要平台。

五　全国媒体对外传播工作的不足与困难

（一）地方媒体的独立性不足

除了中央级媒体拥有独立的机构设置，地方媒体的对外传播模式仍受制于内宣。由于对外传播所涉及的资源与力量由内宣部门负责抽调，内宣产品常常直接转化为对外传播的内容。例如，湖北日报出品的"极目新闻"虽然有设立专门的对外传播栏目，但由于资源配置不均，该栏目的内容大多是内宣产品直接翻译而来，对外传播仍然只是形式上的"向外"，并非将对外传播工作放置于日常媒体工作的优先级，单独制作优质内容产品。此外，不少对外传播专职人员并非全职投入对外传播工作，而是需要同时处理内宣事务，这进一步削弱了对外传播的独立性，传播效果也因此大打折扣。

（二）缺乏对国际话语权的掌控

我国对外传播实践主要依托国外建立的社交平台进行内容输出，缺乏向国际受众推广内容的有效渠道，从而容易丧失对国际话语权的掌控。在账号成长过程中，带有政治属性、直播创收的账号会被封禁和限制流量，对外传播的官方机构一旦被打上"中国官方"的标签，则容易受到抵制而遭遇传播壁垒。例如，中国新闻社在海外社交媒体上进行舆论交流的账号就极易被封，目前"存活"下来的大多是隐蔽账号，主要发布文化类内容。湖南国际频道海外官方账号在为中国相关事件发声时也常遭遇关停风波，官媒账号内容被标签化。美洲研究中心在与《经济学人》的合作中，我国的内容会被打上"Advertisement"（广告）的标签，一些欧盟和美国研究报告则专门提出了屏蔽新华社报道的措施方案，这都削弱了我国对国际话语权的掌控能力。

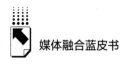

（三）缺少话语创新空间

我国媒体对国际热点议题参与度较低，传播力与影响力进一步受限。一方面，我国在对外传播中缺乏对国外文化信息的洞察，主要围绕国内热点展开。我国媒体对国外热点事件的关注度不够，对国际新闻的采访也不充分，难以掌握全面的一手资料，进一步导致我国媒体对国际事件报道的创新性和生动性不足。学者明安香早已有了深刻洞察："当重大国际新闻事件发生时，中国新闻媒体有时集体缺席，没有或缺少中国主流媒体的现场报道、一线报道和一手报道。"[①] 另一方面，面对国际热点议题时，由于中西方在国际交流中意识形态的障碍，我国在对外传播工作中将难以找到发力点，"总的来说还是主动发声，快速发声，及时发声。现在遇到一些问题我们都躲，实际上还是应该更主动一些"（受访者 M04）。

（四）本土 IP 缺乏成长土壤

国内媒体对知识产权的认识停留在保护与开发上，并未基于产权深度开发内容 IP。一方面，我国 IP 制作、版权管理等方面仍不规范，各媒体主体间存在大量内容相近或重复 IP；另一方面，国内仍处于轻量级 IP 生成阶段，侧重 IP 生成，而非大型 IP 养成。总体而言，国内媒体对本土 IP 的忽视容易使传播走入单行道，从而缺乏与国外文化交流与互鉴的基础。以上海城市形象资源共享平台 IP SHANGHAI（IP 上海）为例，虽然在上海市政府的扶持下，IP 上海作为轻量级 IP 孵化平台已经帮助内容机构创作出独特的内容并为其从市场中获得反馈，但就其体量而言，仍然属于小型 IP，缺乏长远孵化的规划。大型 IP 的孵化和养成更需要持续的时间、人力、物力和资金投入作为保障，国内媒体目前仍缺乏经验和创新能力。"我们目前对外传播最大最便利的条件，就是我们国家现在越来越开放，越来越受世界关注。我们渴望了解世界，世界也有了解我们国家的渴望，这两种渴望是可以对接的。"（受访者 M16）

---

① 明安香：《传媒全球化与中国崛起》，社会科学文献出版社，2008。

（五）人才队伍建设存在短板

对外传播人才在国际交流与合作中发挥着桥梁和纽带作用。目前，我国对外传播面临高素质人才储备不足、结构性人才有限、人才发展体制亟待改革、招聘成本高昂等一系列问题。一方面，国内对外传播人才对本国国情了解不够深入，虽然在技术、外语层面具有明显优势，但缺少在传播实践中的一线经验。另一方面，国内从事对外传播的人员中缺少专家人才、外籍人才、多语种人才和多学科人才，从业人员的专业能力及国际视野有待提高。"国际传播人才，首先要有情怀，其次就是他的国际视野。"（受访者 M14）此外，现有对外传播机构多面临人手不足的问题。譬如，浙江国际传播平台海外传播矩阵团队仅有 8 人主力全职做国际运营；湖北、湖南、重庆等国际传播中心虽然有数 10 人，但却经常会被抽调参加内宣工作。

（六）经营路径艰难，"自我造血"不足

目前，我国对外传播人才招聘、机构建设的成本较高，但政府财政的支持却十分有限，对经济实力较为薄弱的对外传播机构而言，财政支持的力度大小直接关系着对外传播机构发展的成效。例如，近年来，美洲研究中心运营成本直线增长，印刷、发行的成本逐年提高，"新冠肺炎疫情发生后，墨西哥当地纸的价格不断上涨，这导致了美洲研究中心在当地的印刷成本也在上升，我们研究中心的经费却在逐年递减，盈利空间进一步缩小，资金方面的困难不可忽视"（受访者 M09）。湖南国际频道同样出现了员工工资难以为继的情况，"在 2019 年，我们经历了四个月传统广告业务'颗粒无收'的境况，员工工资只靠注册资本金发放"（受访者 M11）。

（七）与高校、智库互动不足

在对外传播实践中，媒体、高校、智库三方的互动与合作可以为对外传播提供更深入、准确、全面的信息来源和专业支持。高校与智库中的知识精英，不仅是高质量原创内容的创作者，也是对外传播的民间力量。目前，对

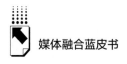

外传播工作者对传播渠道认识单一，习惯以媒体新闻作为对外传播工作的主要内容，忽视了与其他组织机构联动所产生的传播潜力。以 IP 上海为例，IP 上海目前仅有 2 万多名创作者，日活跃量只有创作者的 20% 左右，每天摄影师上传的图片量仅约 1000 张，且视频数量较少，基本都是由委办局提供并直接发布。虽然 IP 上海地处长三角经济区，拥有众多高校、智库人才资源，但从现有传播效果而言，IP 上海却未能充分发挥各方优势，资源调动不灵活。

六　媒体对外传播能力建设的改进策略

（一）建设和打造省级国际传播中心

省级国际传播中心具备健全系统性、具体化的全省对外传播机制，各省市媒体建设独立对外传播媒体机构，有助于形成对外传播品牌。目前，媒体对外传播部门多处于"小马拉大车"的状态，即对外传播依附于对内媒体工作的模式，该模式并不利于对外传播的长远发展，对外传播能力容易遭受限制。打造省级国际传播中心可以打破僵局，形成独立的对外传播模式，更好地凝聚和统筹该地区的对外传播资源，与此同时，在媒体机构设置、人事安排等方面也将拥有更大的自由度。此外，在建立省属国际传播中心的基础上，对外传播工作需要在机制上进行创新，包括制度创新、机构创新、话语创新、科技创新等，打造对外传播生态系统，逐步实现对外传播"机构国际化"。同时，省级国际传播中心的建立能够让传播内容与国际接轨，在传播者与受众之间建立情感连接。

（二）增强渠道控制力

对外传播工作需要牢牢抓好海外传播渠道建设，增强对海外传播渠道的控制力。就创建自有渠道而言，各省市媒体可以优先建立对外传播主阵地，先以东南亚、非洲、拉美等地区为主要传播目标，逐步向外拓展，最后将传播对象聚焦美西方国家，渐次扩大对外传播影响力，"由于意识形态的隔阂，我们现在基本只能走民间路线，无论办活动还是进行传播，都尽量撇开政府身份"（受访者M09）。就创新海外落地形式而言，各媒体在对外传播中需要搭建复调发声的出海矩阵，充分利用现有对外传播资源清单。需要注意的是，"社交媒体上的传播需要达到实际效果，需要读者眼、心、脑的联动，读者看到之后，觉得对我有益，我才会去传播，去互动转发"（受访者M03）。同时，各省市媒体应积极发掘友华老外，借"嘴"说话，进一步拓展对外传播渠道。

（三）集中力量打造 IP

在 IP 的打造上，媒体对外传播工作应当将中国故事作为一种"元叙事"，即所有叙事的底层叙事。例如，冬奥会期间的"冰墩墩"即是一个成熟 IP 的典范，中国故事无须直接讲述，极具中国特色的冰雪故事在"冰墩墩"的带领下徐徐展开，其背后有一整套完整的故事与世界观作为支撑。李子柒早期田园视频也形成了一套"中国 IP"，象征着寄情山水、极简生活的生活方式，隐含了"中国生活方式"这一基本前提。目前，一些机构也在进行另类 IP 化的尝试，打造"网红记者""网红编辑"。湖南国际传播中心的年轻记者 Jenny 就在推特上教外国人中文，Jenny 在网络中多才多艺，亲切乖巧，深得海外网友喜爱，已经收获 4 万多的国外粉丝。尽管"冰墩墩"、李子柒、Jenny 等 IP 千姿百态，但都共享同一种中国价值观的"元叙事"。与一般的碎片化信息传播相比，IP 化无疑是更加体系化的网络景观。因此，各省市媒体在对外传播中不能仅仅局限于"信息的提供者"，还要做"信息的连接员"，与文化产业对接，形成更宏观、更全面的 IP 体系。

（四）利用人才资源，促进与高校、智库的合作

对外传播工作的开展需要媒体、高校与智库形成传播合力，共同讲好中国故事。在国际问题上，一些带有专业背景的学者往往能提供话语优势，能提升内容生产的质量，在针对区域问题的探讨时专业与权威丝毫不输专业媒

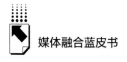

体，能够成功引起海外网友的关注。譬如，北大巴基斯坦研究中心学者唐孟生教授获得巴基斯坦总统奖章，是"巴基斯坦人民的老朋友"，在巴基斯坦拥有较高的声望（类似白求恩在中国），该学者对中巴关系的解读与分析则具备一定影响力与传播力，能够进一步引起当地民众的共鸣。此外，智库作为公共外交中日益活跃的个体，在当下对外传播工作中的作用不断凸显。不少智库开设了新媒体运营部，在海外拥有数万粉丝，具有较大的国际知名度与传播力，在公共外交中发挥了不可替代的作用。因此，各省市媒体也应该利用好当地人才资源，积极推动媒体与高校、智库的合作，不仅能够提升对外传播内容质量，同时也可以借助国际专家的影响力，将其作为打开对外传播僵局的突破口。

（五）集中特色资源，发挥地区优势

在对外传播过程中，各省市的特色资源独特且具有差异，媒体应该充分利用特色资源，发挥地区优势，吸引国际受众的注意和兴趣，从而打造属于该地区的对外传播特色。以广东地区为例，广东对外传播需要立足大湾区，充分挖掘粤港澳大湾区的区域优势与创新优势，将广州、深圳、香港、澳门四个中心城市生机勃勃的一面进一步展现给海外受众。此外，广东独特的岭南文化可以作为大湾区乃至全球华人华侨的重要纽带，形成文化共同体，连接"广东—港澳—海外华人华侨"，构筑多层次差序化格局，将优秀传统文化传递至五湖四海。同时，广东可以依托在东南亚、非洲、南太等区域的人脉资源，在不同领域拓展传播力和影响力。在每年的广交会上，大量发展中国家的商人前来广州进行采购，并将广州看作是中国对外开放的重要窗口，因此，在对世界讲述中国故事的过程中，广东媒体可以利用他们对广州的良好印象，作为讲述中国故事的重要契机，将对外传播与广交会相结合，向发展中国家讲述不一样的中国故事。

（六）提高资金支持力度，强化媒体机构运营能力

海外市场化路径需要成熟的市场环境，各省市需要在政策、资金、人才

等方面持续支持对外传播工作，在机制上给媒体机构提供更大的空间与自由度，设置容错机制与奖励机制，避免"烂尾工程"。就目前媒体状况而言，经营工作往往比对外传播工作更加紧迫，少有对外传播媒体机构能够实现自收自支，大多数媒体的资金来源则是"东拼西凑"，勉强实现不可持续的平衡，经营成为大多数对外传播媒体最大的"痛点"之一。因此，在建设国际传播中心的过程中，政府需要有全方位的支撑体系，在政策、资金、人才等领域进行"兜底"，保障对外传播中心的日常工作。各省市对外传播工作可以考虑建立"公益二类事业经费+重点工作专项经费+省直和地市政府采购+市场经费"的资金支撑体系，在省委、省政府的支持下长期保障，在机制上则需要保障其拥有自我施展的空间与自由度，部门负责人可以"拍板"，成功了有奖励，出错了能容错，换言之，机制的建设才是支撑体系的关键。

对外传播能力建设是一个长期而复杂的过程，各省市媒体的对外传播工作仍需要不断努力和探索，发出中国声音，传播中国形象，以期为人类命运共同体的传播与实现做出更大贡献。

B.27
海外华文媒体融媒发展现状与展望[*]

彭伟步[**]

摘　要： 海外华文媒体历史久远，在传播中华文化、维护华人权益、促进华人与主流社会的对话、增进所在国与中国的关系、推动民心相通等方面做出了卓越贡献。当前，它们努力朝融媒方向转型，虽然面临不少困难，但是秉持媒体的生存韧性，它们在融媒过程中取得了许多亮点，涌现出不少融媒的新探索新成效，不仅延续了华文媒体在海外的历史，而且书写了华文媒体融媒的新篇章。

关键词： 海外华文媒体　华侨华人　融媒体

　　在两百多年的海外华文媒体历史中，由华侨华人主办的华文媒体，以传播中华文化为使命，投身于文化传播和文化教育事业。受新媒体冲击，华文传统媒体逐渐式微，众多华文媒体人面对新媒体的冲击，在媒体运营与文化传承的道路上心有余而力不足。但同时，华文新媒体登上历史舞台，发挥全球化、跨媒体化的电子传播优势，解构华文报纸在华人社会的话语权，重构了华人社会的传播生态。在这一场史无前例的信息传播大变革中，华文媒体能否继续担负起以往的功能角色，使人们产生了诸多疑

---

　　[*] 本报告为国家社科基金重大项目"后疫情期间海外华文媒体铸牢华侨华人中华民族共同体意识研究"（项目编号为20VMZ003）的阶段性成果。

　　[**] 彭伟步，博士，暨南大学新闻与传播学院教授，筑牢中华民族共同体意识研究基地研究员，研究方向为海外华文传媒、政府形象传播。

问。然而，承载了文化教育功能的海外华文媒体的更替与变革，不仅需要时间的加持，而且需要内生动力的激发，为其在新的人类信息传播革命中提供必要的推动力。

一 海外华文媒体的发展历史

华文媒体历史悠久，为海外华侨华人提供了丰富的精神食粮与文化想象，书写了海外华侨华人参与中国建设的历史。它们也曾经辉煌过，但如今随着岁月淘沙，许多华文媒体已湮没于历史中，更因为新媒体的冲击，所以它们面临着生死存亡的危险，迫使它们不得不做出变革，加快向融媒方面转型。

（一）华文报纸盛极一时

华文媒体的历史已有 100 多年。19 世纪初至 19 世纪中叶，在华人聚集的东南亚地区和美国先后涌现出一批华文报刊，如 1815 年马礼逊、米怜在马六甲创办的《察世俗每月统记传》，1823 年麦都思在巴达维亚创办的《特选撮要每月纪传》，1828 年纪德在马六甲创办的《天下新闻》，1833 年郭实腊在广州创刊的《东西洋考每月统记传》，但第二年停刊，1837 年又在新加坡复刊。

在美国，19 世纪 40 年代末期，在教会人士推动下，由美国人、印刷行东主威廉·霍华德（William Howard）主持的华文报纸《金山日新录》1854 年在旧金山诞生，这是美国第一份华文报纸，也是世界上第一份华文周报，但出版数月之后停刊。

随之，有宗教色彩的华、英文报纸《东涯新录》由美国传教士威廉·士比亚（William Speer）创办，在 1855 年出刊，1856 年 12 月停刊。由华人知识分子司徒源（即黄泰）创办，美国人韦伯斯特（Fletcher E. Webster）担任出版人的《沙架免度新录》，于 1856 年 12 月在萨克拉门托创刊，延至 1858 年停刊。梁启超的维新派于 1899 年出版《文兴报》（后为《世界日

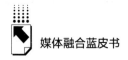

报》），续在檀香山办《新中国报》（1900 年创刊），在纽约办《中国维新报》（1904 年创刊），宣传政治改良观点。以孙中山为代表的民主革命派则从 1903 年起出版《檀山新报》和旧金山《大同日报》，后又办起旧金山《少年中国晨报》（1910 年创刊）。[①] 早期的华文报刊有一个共同的特点，即它们都是由外国传教士创办的。

从 19 世纪 50 年代开始，华侨华人创办的华文报刊在华人聚居的国家相继出现。如福建籍侨商薛有礼于 1881 年 12 月在新加坡创办的《叻报》、福建籍华侨杨汇溪于 1888 年在马尼拉创办的《华报》等。中日甲午战争以前，海外华文报刊数量不多（海外各地总共出版过 30 几种华文报刊），发行量有限，内容也大都以商业信息为主，不介入国内及所在地的政治斗争。甲午战争以后，由于国内政局发生剧烈动荡，各派政治力量纷纷到海外创办报刊，宣传政见，以争取华侨华人的支持。海外华文报刊也因此具有了越来越鲜明的政治色彩。

为了推翻清朝政府，以孙中山为首的革命派与以康有为、梁启超为首的保皇派在世界各地展开言论激战，争取世界各地华侨的支持，如创办代表其言论的报纸，相互发表保皇与革命的言论。代表媒体如马来西亚的《光华日报》与日本的《清议报》《新民丛报》。

辛亥革命成功之后，华文报纸有了进一步的发展。此时创办于马来西亚的《南洋商报》与《星洲日报》是影响比较大的两份华文报纸。它们对增强华侨爱国爱乡、服务桑梓的热情，提升中文水平，推动华社的进步，特别是抗战时期宣传鼓动华侨捐赠财物，甚至回国参战，获得抗战胜利起到了十分重大的作用。目前，东南亚是华文媒体最为繁荣、运作比较规范的地区。

在其他国家，华文媒体的发展呈现起伏的状况。20 世纪 90 年代之后，在旧金山湾区、大洛杉矶地区、纽约、休斯敦、芝加哥、西雅图、丹佛、华盛顿特区、亚特兰大、迈阿密和新泽西州等地，都有不止一种甚至一二十种

[①]　王士谷：《华侨华人百科全书·新闻出版卷》，中国华侨出版社，1999。

华文报纸在同时出版。这些报刊各以特点取胜，在各自的读者中传播信息和知识，反映他们的心声，以补日报之不足，是华侨、华人和留学生的重要读物。中美关系解冻后，美国华文媒体发展加速。20世纪90年代，华文报社开始扩大业务，开办华语广播。旧金山市的《星岛日报》自1996年起开辟每周五天播出的两个粤语节目，1997年又开辟另一个普通话节目。随着因特网的兴起，各家华文报纷纷成立网站，吸引更多读者阅读它们的新闻，并为受众提供更多的阅读便利。受新媒体冲击，美国华文报纸经营困难，财政下滑严重，《侨报》《星岛日报》《世界日报》《国际日报》努力转型，在脸书、推特、微信上开设公众号，吸引新生代关注与阅读，但是却无法增加营收，生存面临严峻挑战。

随着中国迅速发展，国际地位日益提高，中国热与汉语热在世界各国兴起，华文媒体努力转型，加快融媒进度，获得了新的发展动力，成为海外华人不可或缺的信息来源及精神食粮。

（二）华语广播和电视成为华文报纸的辅助性媒体

海外华侨华人开办广播电台最早始于20世纪30年代。1933年4月30日，美国檀香山"华人播音局"开始用粤语广播，这是最早在海外出现的华语广播电台。其后，在旧金山和洛杉矶又先后创办了一些华语电台。在东南亚，由于生活着大量华人华侨，华语广播也较早创办。譬如，马来西亚早在独立前的1935年就开始试办，1937年正式开播。20世纪40年代初，在马来西亚播出的《丽的呼声》，设有金、银两家电台，就使用粤语和闽南语广播。新加坡广播电台也较早开播华语广播。它于1936年开播，以马来语、英语、华语（普通话）、泰米尔语广播。50年代，改用粤语方言广播的还有越南的《南方之声》等。

早期华语广播大部分采用粤语和闽南语。这是因为早期移民（以契约华工为主，也有一部分商人和知识分子）大都来自中国东南沿海地区。从早期移民家乡所在地和方言流行的情况看，这一时期的移民具有明显的区域性特征。如马来西亚早期的"金色广播网"和"银色广播网"，也是用粤语

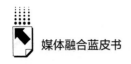

和闽南语播出节目。而这些华语电台都是以粤语方言播出为主的。

20 世纪 70 年代末开始，华语广播开始有了新的发展。这种形势与中国改革开放、中国留学生和移民有密切关系。这一时期，一些国家继续开设华语广播，如新加坡广播电台拥有并经营 12 个国内电台和 3 个国际电台。

华语电视的历史比华文报纸和华语广播历史稍短，主要是受资金、节目来源及受众的影响。由于创办华语电视需要庞大的资金，节目必须得到源源不断的支援。新加坡和马来西亚的华语电视稍早于其他国家，这两个国家生活着大量华侨华人，而且华侨华人在经济上比较有购买能力，同时国家也需要利用华语电视向华侨华人传播政府信息，这使得华语电视有财力的保障，也有广泛的受众基础，因此华语电视业发展得比较早而且比较快。

20 世纪 90 年代之后，华语电视的发展速度更快，诞生了一批具有较大影响的电视台。这一时期的海外华语电视受港台影响极深，在新闻及公共事务节目上，经常出现"拿来主义"，事无巨细照登或照播香港、台湾新闻，采用粤语、闽南语报道。有些新闻对中国大陆的描述不尽客观和公正，甚至还带有明显的政治对立色彩。随着大量中国大陆移民定居海外，粤语、闽南语占据华语电视的现象逐渐被扭转，普通话节目越来越流行，现在已经成为主流。

面对新媒体的强烈冲击，华语电视面临经费紧张、广告收入不继、观众分散等问题，但是仍然有许多华人不惜冒着巨额亏损的风险创办华语电视，为当地华侨华人提供华语电视节目，使他们了解中国及世界华人社会的变化，学习和传承中华文化，泰国华人创办的华语电视就是其中比较典型的例子。

二 海外华文媒体的融媒转型

当前，华文传统媒体受新冠疫情与新媒体的双重夹击，营收下降，市场萎缩，运营困难，而华文新媒体呈快速发展势头，不但分流了传统媒体的受众，而且逐渐解构了华文传统媒体的话语权。

从目前纸媒的经营状况来看，纸媒广告收入将继续下滑，新冠疫情结束后，也不太可能反弹到过去的水平，就算有数字产品的收入，媒体业务的亏损也将会持续而且扩大。例如，受纸媒广告和订阅收入下跌影响，新加坡报业控股的营运收入在 2019 年 8 月 31 日至 2020 年 8 月 31 日的财年中，媒体业务首次出现了亏损，亏损金额为 1140 万新元（1 新元相当于 5 元人民币）。

世界华文媒体集团历史悠久，旗下有香港明报集团、马来西亚星洲媒体集团和南洋报业集团，以及其他子公司。集团在香港与马来西亚双边上市，截至 2022 年 3 月 31 日年度亏损 162000 美元，截至 2023 年 3 月 31 日年度亏损 883000 美元，亏损出现加剧现象，其中马来西亚业务截至 2022 年 3 月 31 日年度盈利 5246000 美元，截至 2023 年 3 月 31 日年度盈利 6119000 美元；北美业务截至 2022 年 3 月 31 日年度亏损 541000 美元，截至 2023 年 3 月 31 日年度亏损 3431000 美元。虽然马来西亚业务的盈利尚可，但是集团整体经营处于比较困难的状况。

在新媒体的影响下，年轻读者转向新媒体，华文报纸受众不断流失，只有老年受众支持，严重影响广告客户的投入意愿，加剧了华文报纸的财政窘况。大众媒体，尤其是报纸、广播和电视及侨刊（侨乡通讯员），在创建连接跨国个体的"想象的社区"上起着重要作用，理论上有广告收入，然而，大量中国企业和中国游客前往泰国，本应为华文报纸提供众多广告，但是华文网站和微信公众号以及其他自媒体的涌现，分流甚至拉走了华文报纸的广告。华文报纸营收出现较大程度的跌幅，例如 2010 年大宗广告——汽车、房地产、酒店等在泰国《世界日报》时有刊登，但是 2010 年之后，这些大宗广告越来越少，2018 年几乎见不到大宗广告。

许多华文报纸由于财收严重萎缩，不得不停止纸媒印刷，转向网络办报，推出抗疫专栏、深度专栏、封城日记专栏等，同时运用文字、图片、视频等多种形式与读者、受众保持密切互动。例如马来西亚《东方日报》2021 年 4 月 16 日宣布停止报纸印刷，结束 19 年的纸质办报历史，转而在网上办报。可以预见的是，受新媒体以及新冠疫情的冲击，将有越来越多的华

文报纸停止出版纸质报纸而转向网络办报。

为推动华文媒体的全球化、数字化、跨媒体化，适应新媒体的发展趋势，新加坡联合早报和马来西亚星洲媒体集团不断在新媒体领域进行开拓创新。马来西亚星洲媒体集团于 1995 年 10 月 18 日建立《星洲日报》网站，为网络读者提供网络服务。该网开通不久就取得了良好成效。2021 年 12 月底，用户浏览量每月超过 1000 万人次，平均每天超过 100 万人次。读者有马来西亚、中国大陆、香港地区、台湾地区及世界其他地区的读者。

面对新技术日新月异的发展趋势，为推进手机报纸的发展，星洲媒体集团依托该集团丰富的信息资源，把发展重点投向此领域，为读者提供即时的个人服务。用户每月只要缴纳一定的费用，就可以获得星洲媒体集团的新闻、财经、股市和其他投资信息。这些即时新闻为华人第一时间了解时事和股市行情提供了极大的便利。该集团因此在华文信息的服务和消费市场占据了较高份额。如 2004 年开始，该集团新设手机电话和短信服务后，读者可以通过拨电报社或定购短信来第一时间获悉独家新闻。此外，除了为读者提供内容服务，星洲媒体集团也利用媒体网站提供网络咨询服务，以扩大收入。除此之外，集团还创办了其他服务网站，如 600 铃声网、易购网和商业特区网，用华语和英语为网民提供广泛且多样化的手机短信服务，包括铃声下载、万字开彩结果、足球比赛成绩、即时 SMS 新闻及多媒体信息。

面对新媒体的冲击，华文传统媒体从被迫向新媒体转型到主动拥抱新媒体，以期通过加快数字转型获得新的发展空间。

三　海外华文媒体的融媒成效

华文媒体为迎接新媒体的挑战，主动应变，积极向新媒体方向发展，根据新媒体的传播规律，重组集团架构，建立符合新媒体运作规律的公司实体，从而在开拓新媒体市场中取得了良好回报。如马来西亚星洲媒体集团在坚持独家报道内容的同时，也着手完成网络的更新改造，策划创设新的网络媒体，在网上传播了海量信息和大量独家新闻，是迄今为止人们了解马来西亚华人社会、东南亚华人，以及东南亚各国与中国关系的权威网络资料来源渠道。西班牙欧华媒体集团建设多媒体、多平台的信息传播系统，运营《欧华报》《EL MANDARIN》，推出欧华传媒网（www.ouhuaitaly.com），与《欧华联合时报》成为互动的新闻平台，提供客户端信息浏览服务等。

华文传统媒体除了建设官方网站和移动客户端，还在各个社交媒体设置账户或者公众号，以增加媒体的曝光度，增强媒体的传播力，扩大其品牌影响力。截至 2020 年 6 月 25 日，缅甸《金凤凰报》在脸书的粉丝为 19480 个，马来西亚《亚洲时报》的脸书粉丝为 16233 个。除了在西方社交媒体提升传播力与影响力，东南亚华文媒体也努力在微信公众号播发新闻，迎合信息传播形式的变革，增强海外华人黏度，提高新闻在华人社会的传播力。例如，在 2020 年 6 月 28 日至 7 月 4 日，缅甸《金凤凰报》发布 221 篇稿件，平均每篇阅读量为 1996 次，最高阅读量为 14360 次。菲律宾世界频道（《世界日报》）发布 221 篇，平均每篇阅读为 478 次，最高阅读量为 4246 次。世界频道还采用声音报道的方式，挑选重要新闻向受众传播，推动了媒体融合的发展。

一些有实力的华文媒体应用新的信息生产与传播技术，以提高新闻传播的有效性。新加坡报业控股华文媒体集团（旗下《联合早报》《新明日报》）与华为合作，从多方面着手推进数字转型，提供云平台服务，朝智媒体、大数据信息发布和个性化算法方向发展。华文媒体集团因为与华为合作，因此能够在华为的应用端上架，开拓中国市场，提升集团各个产品的知名度，通过传播技术创新来打造适合未来的新闻传播环境。

受新媒体的冲击，《联合早报》《新明日报》的纸质报纸发行量减少，但是数字报纸的发行量却有所增加，新媒体移动化进一步显示了媒体发展的趋势。在向新媒体转型过程中，新加坡报业控股为包括《联合早报》在内的四份华文报纸提供图表、视频、科技、设计、数据等方面先进的技术和工具，增强新闻传播简易性、吸引力，加强记者、科技工程师、数字媒体等专业工作人员之间的通力合作。同时，《联合早报》积极探索如何借助 AI 翻

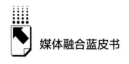

译，使每天出版的报纸通过文本、音频或者视频形式到达更多读者，并寻找最优的传播方案，帮助用户利用 AI 技术，辨识信息真伪。例如，在新冠疫情期间，新加坡报业控股华文媒体集团旗下报纸通过免费数码阅读，向公众传递准确真实的信息；推出博客产品试水"耳朵经济"；还用"早报点点分"游戏增进与年轻读者的互动。

在美国，《侨报》实现媒体融合，不但建立了网站，而且加快客户端和微信公众号建设，建立跨媒体传播的综合性平台，集报纸、手机、网络于一体，打造出适应新时代新受众需求的媒体航母，在美东、美西等地设置不同的微信公众号，大量报道美国华人的社区新闻，为华人提供新媒体信息服务，而且通过新媒体的渠道传播到中国，使更多赴美旅游、工作和学习的中国公民了解当地的情况。

华文报纸作为少数族群媒体，是面向华人进行社会互动、维护多元种族社会、传递消息的重要渠道，因此能够得到政府的资助，虽然一些国家，如东南亚国家的华文报纸并未得到政府的重视，甚至还被当地政府视为阻碍种族融合的障碍而严格监管，但是华文报纸仍然致力于生产优质内容，努力建设多媒体、多平台的信息传播网络，在融媒的公司架构、内容生产、传播渠道、发布技术、融资手段等方面进行探索，延续华文媒体的历史。

四　海外华文媒体的融媒展望

在媒体融合的时代背景中，海外华文传媒经过转型，逐渐形成了网络化、全球化、跨媒体化的新现象。传播全球化展现了海外华文媒体从单媒体到多媒体的内涵扩展。一是单种媒体密度的提高，信息传播更加密集，表现为扩版和内容的丰富性。二是从过去的单一媒体发展到现在的多种媒体共存共荣、互动频道的局面，形成了你中有我、我中有你的新现象，特别是电子媒体和互联网的发展与成熟，使得华文媒体可以突破国界、地域甚至种族等方面的局限，实现跨区域传播。如新加坡《联合早报》电子版摘录了大量来自海峡两岸的新闻，而该网站的东南亚读者有 87% 来自中国大陆。该报虽然是新加坡政府控股的华文报纸，但是在中国，特别是大陆拥有强大的社会影响力与号召力。如马来西亚星洲媒体集团，旗下拥有报纸和网络华语电视，还通过推特（Twitter）和手机短信，向读者定制和传播信息，在涉及华人利益与中国统独等大是大非问题上，发挥华文媒体的社会影响力，通过全球性网络向世界华人进行传播。

虽然华文传媒面临许多问题，但中国的崛起，推动华语的商业价值不断增加。当前，全球正在兴起一股华语与中华文化学习与认知热潮。一部分学习华语的人是迫切希望了解中华文化，而更多学习华语的人则是希望通过掌握华语寻找到更好的工作。例如，印度尼西亚当地民众踊跃学习华文，希望在中资企业找到一份薪水高、工作环境良好的差事。

面对中国的崛起，了解中国成为世界各国的一大热点，为促进与中国的经贸联系，世界各国政府对待中华文化和华文教育的态度也发生了改变。新加坡政府推动华语运动，鼓励人们成为双文化精英。马来西亚政府则逐渐增加对华文学校的拨款，在国小开设越来越多的华语课程。除了华人学习华语，其他族裔也进入华校接受华语教育。

华语热促进世界各国人们学习华语，虽然不能为华文传媒带来直接、显在的财收，但是长远来说，懂华语的人多了，华文传媒的生存基础就有可能夯实。就像在新加坡，越来越多的人重新拿起华文教材学习华语，通过华文传媒了解新闻，关注中国的经济发展，他们都会促进华文传媒的发展。

华文传媒是华人宝贵而独特的资源，在传播中华文化、开展民间外交、宣传介绍华人社会、支持和解释华人政策和行为、展示和塑造海外华人形象等方面均可以发挥不可替代的作用。华文传媒利用加快融媒速度这一优势，借助世界了解中国、中国了解世界的风潮，通过文化传播的软性诉求，实现传播中华文化、创造新的生存空间等目的。

华文媒体朝融媒方向发展，帮助传统媒体重组媒体架构，推动媒体改革，提高信息资源的利用效率，促成了一个立体化、多层次、跨媒体和全球化的传播网络。抓住媒体融合的发展趋势，重点发展新媒体传播领域，并根据新媒体的特点在业务上进行改革和创新，不仅能继续维持华文媒体的影响

力，而且还为受众提供了新的信息分享网络，华文媒体因媒体融合而实现的一系列变革也取得了明显成效。

五 结语

华文媒体在华人社会具有强大的号召力、影响力、文化生产与传播能力。它们不但能够动员华人的力量，而且还通过多种渠道反映华人诉求，促进所在国家与中国的关系，改善华人在当地主流社会的形象。它们还通过各种政治游说，在当地发挥维护和传播中华文化的角色，其作用非中国官方媒体所能取代。华文媒体通过加强融媒力度，增强传播力和影响力，加强向华侨华人与主流社会的互动，担当"超级解说人"的角色，帮助当地主流社会掌握更加全面的中国信息，正确认识中华文化的内涵及中国在世界发展过程当中的作用，有助于塑造和维护中国国家形象。

总体来说，华文媒体、华人领袖和精英在海外传播中华文化、促进民心相通中有着积极和显著的作用，承担了中间人的角色，无论是过去还是将来，6000多万华侨华人仍然需要华文媒体的文化传播与维护华人权益的舆论工具。加快华文媒体的融媒进度，增强其传播力与影响力，生产优质内容，提升吸引华侨华人以及当地主流社会的能力，既是华文媒体在新媒体环境下的发展重点，也是其获得融媒发展中资源重组并获得新的发展力量的起点。

参考文献

崔贵强：《东南亚华文日报现状之研究》，华裔馆南洋学会，2002。
程曼丽：《海外华文传媒研究》，新华出版社，2001。
程曼丽：《新时期海外华文传媒的发展机遇》，《现代视听》2019年第7期，第84页。
丁和根：《海外华语传播与中华民族文化认同的建构——兼论华文媒体的特殊作用

与发展进路》，《新闻界》2017 年第 9 期，第 73~80 页。

何国忠：《马来西亚华人：身份认同、文化与族群政治》，华社研究中心，2002。

刘昶、赵如涵：《融合·重构·创新：新闻学研究的现实与未来》，中国传媒大学出版社，2017。

刘昶、戴楠：《国际话语体系中的欧洲华人移民与母语传媒》，《国际话语体系中的海外华文媒体——第六届世界华文传媒论坛论文集》，2011，第 434~445 页。

刘康杰：《比较视野中的海外华文媒体发展历程及生存框架研究》，《当代传播》2019 年第 3 期，第 39~46 页。

彭伟步：《〈星洲日报〉研究》，复旦大学出版社，2008。

彭伟步：《全球化对少数族群传媒权益维护与族群认同的影响》，《世界民族》2009 年第 5 期，第 26~30 页。

B.28
讲好中国地方故事：地方融媒体国际传播的优势、特色与发展进路

申哲 殷乐*

摘 要： "地方性"是地方融媒体国际传播的独特优势。在国际传播能力建设背景下，纵向以媒体深度融合赋能国际传播，将地区资源充分整合；横向将历史文化、生态、城市等地区特色重点突出，是地方融媒体国际传播的特色传播思路。然而，传统传播思维、地区发展失衡、资源挖掘不充分、国际传播意识淡薄和人才培养等问题仍然存在。要讲好中国地方故事应尝试从打破传统传播思维、协调区域发展、拓宽地方特色传播元素、建立长效国际传播机制和人才培养机制等方面找寻地方融媒体国际传播发展进路。

关键词： 媒体融合 地方融媒体 国际传播 地方性

　　面对国际局势和舆论走势的风云诡谲，国际传播工作具有重要的历史意义和战略意义。习近平总书记和党中央高度重视国际传播能力的建设工作，强调要增强中华文明传播影响力，坚守中国文化立场，讲好中国故事，传播好中国声音，展现可信、可爱、可敬的中国形象，推动中华文化更好走向世界。① 这

---

* 申哲，中国社会科学院大学新闻传播学院博士研究生，研究方向为媒体融合、国际传播；殷乐，博士，中国社会科学院新闻与传播研究所研究员，博士生导师，研究方向为媒体融合，互联网治理与新媒体，技术、媒介与社会。

① 《习近平：高举中国特色社会主义伟大旗帜 为全面建设社会主义现代化国家而团结奋斗——在中国共产党第二十次全国代表大会上的报告》，共产党员网，2022 年 10 月 16 日，https://www.12371.cn/2022/10/25/ARTI1666705047474465.shtml，最后检索时间：2023 年 7 月 25 日。

为我国的国际传播指明了战略方向。习近平总书记还指出，各地区各部门要发挥各自特色和优势开展工作，展示丰富多彩、生动立体的中国形象。①这也表明在国际传播能力建设过程中不能忽视地方媒体的重要作用。

我国幅员辽阔，各地区、各省市都有丰富的历史文化、自然风光、人文风情、地区特色和地理优势，具有"地方性"的传播资源，例如部分城市紧邻边境线，有着得天独厚的传播优势，使得地方融媒体在国际传播中具有较大潜力。近年来，地方融媒体的国际传播力逐渐凸显，各省、市级地方媒体崭露头角。根据数据，2022 年国内主流媒体海外传播力榜单前 15 名中，有 10 个地方媒体上榜，许多地方媒体生产的融媒体产品在海外获得了良好的传播效果，地方媒体国际传播能力可见一斑。不过，地方融媒体在国际传播过程中出现的区域发展不平衡、特色挖掘不充分、传播效果较差等问题也再次说明了地方融媒体国际传播能力建设道阻且长。本报告将观察地方融媒体国际传播的优势和特色，分析其存在问题，并找寻地方融媒体提升国际传播能力的发展进路，讲好中国地方故事。

一　地方性：国际传播中地方融媒体的独特优势

地方媒体作为我国本土化、地域化融媒体生产的中流砥柱，是国际传播能力建设中的关键一环。根据 CTR 主流媒体海外网络传播力数据，截至 2022 年 6 月，国内 30 余家主要央媒和省级以上广电机构在海外三大社交平台（YouTube、Facebook、Twitter）开设超过 770 个账号，累计粉丝量达 11.6 亿。其中，中央广播电视总台、人民日报和新华社在国内主流媒体海外网络传播力榜单中排前三名，湖南广电和上海广电的国际网络传播力表现

---

① 《习近平在中共中央政治局第三十次集体学习时强调 加强和改进国际传播工作 展示真实立体全面的中国》，新华网，2021 年 6 月 1 日，http://www.xinhuanet.com/politics/leaders/2021-06/01/c_ 1127517461.htm，最后检索日期：2023 年 7 月 30 日。

突出（见表1）。① 同时也可以看到，江苏、陕西等地方广播电视媒体成为后起之秀，逐渐在海外网络空间中崭露头角。

表1 2022年上半年国内主流媒体海外网络传播力榜单 Top10

排名	机构名称	YouTube 得分	Facebook 得分	Twitter 得分	综合得分
1	中央广播电视总台	93.92	100.00	94.18	96.12
2	人民日报	42.69	52.57	86.03	59.15
3	新华社	53.66	52.33	72.84	58.95
4	湖南广播电视台	70.98	40.96	41.09	51.50
5	中国日报	41.01	55.64	54.32	50.12
6	上海广播电视台	53.48	41.52	41.80	45.79
7	中国新闻社	42.26	40.85	43.01	41.99
8	上海日报	40.10	40.00	42.06	40.65
9	观察者网	41.51	40.00	40.54	40.69
10	澎湃新闻	40.13	40.76	40.40	40.43

根据CTR海外传播力榜单（见表2），上海广播电视台（SMG）、湖南广播电视台、浙江广播电视集团、澎湃新闻和上海日报的海外传播力排在前10名，湖北、陕西、黑龙江和江苏四地的广播电视台海外传播力提升，排在前15名。除中央级媒体外，头部地方媒体的海外传播优势逐渐凸显，上述数据印证了地方融媒体在国际传播中的重要作用。不过，总体数据无法体现地方融媒体的突出特点，不同省、市、县有不同的特点，它们的传播内容也因地而异。而在国际传播中，具有地方特色的传播内容似乎更容易获得海外受众的青睐。

---

① 《2022年上半年主流媒体网络传播力分析报告》，德外5号，2022年7月8日，https://mp.weixin.qq.com/s/c7_ iaQGsZLjmnu_ OlU3Cog，最后检索日期：2023年7月25日。

表2 2022年国内主流媒体机构海外传播力榜单 Top15

排序	机构名称	YouTube 得分	Twitter 得分	Facebook 得分	综合得分
1	中央广播电视总台	99.40	98.84	99.73	99.35
2	新华社	87.38	93.34	89.47	89.90
3	人民日报	77.97	96.22	91.52	88.19
4	中国日报	78.40	91.44	94.25	87.86
5	SMG	91.36	82.72	85.23	86.62
6	湖南广播电视台	95.18	78.24	79.20	84.51
7	中国新闻社	82.81	82.41	82.59	82.61
8	浙江广播电视集团	91.73	50.00	81.59	75.66
9	澎湃新闻	66.76	78.48	81.44	75.41
10	上海日报	59.78	81.55	78.54	72.88
11	湖北广播电视台	78.10	50.00	80.09	70.37
12	观察者网	81.87	80.23	50.00	70.22
13	陕西广播电视台	74.02	50.00	76.37	67.64
14	黑龙江广播电视台	68.91	50.00	77.00	66.07
15	江苏广播电视总台	82.01	63.41	50.00	65.23

　　对于地方融媒体国际传播来说，"地方性"是重要的资源优势和传播手段，也是各地区、各省市县特色和优势的集中体现。什么是"地方性"？"地方"的意涵是多维的，既是空间的，也是文化的，同时具有"区位"或"区域"的概念，是人类生存的物质空间。① 据此，"地方性"是指能够体现地方特色、文化特色、历史特色、人文特色和城市特色等的空间资源或精神资源，是能够代表各地区、各省市县最大特色的符号，也是蕴含着地区优势、地理环境、自然风光等的物理、生态资源。

　　从地区分布的角度来看，我国幅员辽阔，根据省区地理位置和经济发展特征，可以分为中部、东部和西部三大地区。这些地区的"地方性"主要体现在三个方面：一是地理环境差异显著，形成多元化的地方媒体国际传播

① 姬德强、黄彬：《"地方"国际传播：概念勘定与实践走向》，《全媒体探索》2023年第6期，第4~7页。

资源。中、东、西部地区处于不同的地理环境，这为地方媒体的国际传播提供了得天独厚的地理优势。比如东部地区大部分为沿海城市，经济较为发达且国际交流频繁，西部地区和中部地区部分城市紧邻边境线，有国际传播的天然优势。二是自然资源等天然优势也为国际传播助力。不同地区、不同地理环境有着不同的自然风光，比如四川有受到全球民众喜爱的大熊猫，青海的特色美景吸引着海内外受众。三是经济优势，它是国际传播力差异的重要影响因素。经济较为发达的地区能够在国际传播中运用智能技术打造适合传播的融媒体产品，比如北京、上海和重庆等城市，能够推动地方媒体的国际化、智能化传播。四是文化资源的丰富程度也是国际传播力的一大影响因素。从地区特色来看，"地方性"所包含的种类更加多元，比较突出的有历史文化特色、生态特色、城市特色以及媒体产品特色等。比如有着革命历史的重庆市有浓厚的红色文化，作为多朝古都的河南省蕴含着博大精深的历史文化，有"中国侨都"之称的广东省江门市有着独具特色的"侨乡文化"。"地方性"体现于地方媒体在社会、经济、文化和生态等方面拥有丰富的物质资源、空间资源、文化资源和精神资源，得以在国际传播中向海外受众展示更具本土特征的人和事，发挥独特的优势作用。

二　传播思路：融合地区资源、突出地区特色

目前来看，以媒体融合赋能国际传播是地方融媒体的总体传播思路。媒体融合下地方融媒体的国际传播是一种纵向传播思路，即将媒体资源、地理资源、城市资源和文化资源等物理的、空间的、精神的资源进行深度融合。媒体融合下地方融媒体的国际传播还是一种横向传播思路，即在传播过程中突出地区特色，将特色文化、特色风光、特色物品等具有标志性符号元素传播出去。

（一）纵向传播思路：深度融合地区资源赋能国际传播

各地区资源深度融合是地方融媒体推进国际传播的重要举措。地方融

媒体依托媒体融合发展思路，将地区特色资源容纳进来，赋能国际传播。需要指出的是，各地区资源的深度融合并不是将各个地区的特色资源整合为一个大类，而是深入挖掘自身优势，将所在区域的社会、文化、经济、生态、技术、地理和人文等特色资源充分整合和利用，最大限度地发挥国际传播效能。比较有代表性的案例是各地区、各省级和市县级国际传播中心的建立。

2022 年 3 月，以四川日报报业集团为依托，旨在加快建设具有四川特色国际传媒矩阵和服务平台的四川国际传播中心建立；2022 年 5 月至 8 月，海南国际传播中心、济南国际传播中心、云南国际传播中心、海南自贸港（文昌）国际传播中心和甘肃国际传播中心等五个省级、市级和县级国际传播中心先后建立。2023 年 2 月至 2023 年 8 月，泉州海丝国际传播中心、大湾区（南沙）国际传播中心、湖南省湖湘文化译介与国际传播中心、广东省中山市海外传播中心、海南自贸港（陵水）国际传播中心、内蒙古鄂尔多斯市国际传播中心、长江（武汉）国际传播中心、江苏省我苏国际传播中心以及位于重庆市的西部国际传播中心相继成立。可以说，一个以媒体融合为基点的国际传播中心地方版图逐渐形成。

值得一提的是，这些国际传播中心的建立除了依托地方媒体原有资源，更为重要的是依托"地方性"的独特地缘优势而建立。近年来，云南省积极推进国际传播战略，深耕南亚东南亚地区，不断加强国际传播能力建设，为此推出云南省南亚东南亚区域国际传播中心，该中心由云南日报报业集团承建，其目标在于着力打造"讲好美丽中国七彩云南故事，面向南亚、东南亚辐射和传播"的主阵地，为展示真实、立体、全面的中国贡献云南力量。① 该中心除了拥有云南省的文化、生态等资源优势，还拥有紧邻老挝、泰国、越南和缅甸等南亚、东南亚国家的地缘优势。其内建的实验室集成人工智能、机器翻译、跨语言信息检索等技术，研究以缅甸、泰国、越南、老

---

① 《全国地方首个！云南省南亚东南亚区域国际传播中心挂牌成立》，《云南日报》2022 年 6 月 1 日，https://mp.weixin.qq.com/s/a3zqOO6r39YXvqVbI-FCuQ，最后检索日期：2023 年 8 月 20 日。

挝为主的对象国语言传播，该中心还组建了区域国际舆论科研团队，服务于分众化的精准传播。①

此外，更值得一提的是西部国际传播中心的建立，其目标在于立足重庆，将对外宣传和对外开放、国际传播与城市发展相互融合，形成以重庆为核心的西部国际传播格局。重庆作为西部地区唯一的直辖市和国家城市中心，具有国际化、智能化和人文化特征，拥有丰富的"地方性"资源，早在 2018 年重庆就已经建成了重庆国际传播中心，取得了良好的传播效果。可以说，重庆不仅在国家区域发展和对外开放格局中具有独特而重要的作用，同时重庆厚重的历史文化、独特的"山水之城"格局、日新月异的经济社会发展也为国际传播实践提供了丰富的资源和经验支撑。②

通过资源的挖掘、整合和利用，省市县各层级国际传播中心的建设实现了"媒体融合+国际传播"的融合传播模式。截至 2023 年 7 月，重庆国际传播中心海外网络传播矩阵已拥有 1300 万名海外用户，海外曝光量超过 26 亿。③ 国际传播中心的成立，一方面能够充分聚合省市县地方各级的媒体资源与特色，从而实现纵向层面国际传播动能和效能的最大化；另一方面，可以掌握不同省级、市级和县级在国际传播中的差异并发挥其特色作用，在"地方性"特色的基础上充分利用地缘优势和资源优势，将各省级、市级、县级不同的地理空间、社会发展、文化资源和城市特色融入全球，从而发挥区域资源特色。

（二）横向传播思路：重点突出地区特色提升传播能力

突出地区特色是地方融媒体不断提升国家文化软实力和中华文化影响力

---

① 姬德强、黄彬:《"地方"国际传播：概念勘定与实践走向》,《全媒体探索》2023 年第 6 期，第 4~7 页。

② 《如何建设西部国际传播中心？专家学者和新闻业界相关人士这样说→》,《重庆日报》2023 年 8 月 17 日，https://mp.weixin.qq.com/s/Xx4s25dBR0Ejsxj49EunVw，最后检索日期：2023 年 8 月 17 日。

③ 《纷纷成立的国际传播中心，什么来头？》,广电独家，2023 年 7 月 14 日，https://mp.weixin.qq.com/s/QLdwPuj34RbqT2_8HQci1A，最后检索日期：2023 年 8 月 20 日。

的重要策略，即在各地区资源整合的基础上，将具有"地方性"特色的资源转化为国际传播内容和产品，充分发挥历史文化、生态、城市形象、融媒体等资源优势。从国际传播角度来看，以地区特色形成传播产品能够获得更好的国际传播效果，立足国际来彰显地域特色。同时，突出当地风土人情特色能够拉近中国与海外受众的距离，以特色资源为纽带形成海内外情感连接。

在突出地区历史文化特色和生态特色方面比较成功的案例是四川省融媒体，其对历史文化资源和生态资源进行了深度挖掘和重点打造。由四川国际传播中心推出的国际传播媒体矩阵"Center"包含多语种网站、海外社交媒体账号矩阵和一批特色垂类账号，其中多语种网站设有文化、旅游、川味、市州、财经、人物和专题七大特色板块，特色垂类账号包括三星堆文化（Sanxingdui Culture）、探秘佛像石窟（Discover Buddha Grottoes）、熊猫每日秀（Panda Daily Show）等。① 可以看到，四川省地方融媒体充分挖掘四川的历史文化资源和生态资源，重点突出三星堆文化、川菜美食文化和熊猫等特色资源，提升了四川在国际社会和海外受众中的吸引力和影响力，讲好四川故事。

突出地区历史文化特色的地方融媒体案例还有很多。比如福建省作为"一带一路"的海上丝绸之路核心区域，可以挖掘和突出的地区特色有土楼、武夷山、鼓浪屿等世界文化遗产；甘肃作为"一带一路"沿线重要省份和向西开放的重要门户，"敦煌文化"和"丝路文化"是重要的历史文化资源；同样，历史悠久、工艺精湛的江西景德镇陶瓷，也有着独具一格的"江西景德镇陶瓷文化"可以深入挖掘和传播。此外，广西日报社建立国际传播联络站，与老挝、越南和泰国等东盟国家共同庆祝相似的风俗节庆

---

① 《"C位出道"！四川国际传播媒体矩阵 Center 正式上线》，川观新闻，2022 年 3 月 21 日，https：//baijiahao. baidu. com/s？id＝1727806360601785287&wfr＝spider&for＝pc，最后检索日期：2023 年 8 月 20 日。

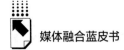

"三月三"①，以及广东省江门市着力讲好的侨乡故事等都在一定程度上利用本地的特色资源与海外受众建立情感连接，增强地区历史文化特色的影响力和地方融媒体的传播力。

在突出城市特色方面，中国最北省会城市哈尔滨，依托自身独有的"冰城"特色资源，全方位打造"冷资源下的热效应"，以"活力冰城"作为对外宣传主题，重新塑造城市形象。② 柳州日报社通过突出百里柳江、"紫荆花城"和"知名汽车城"等方式突出城市特色，塑造城市形象，许多海外受众因此慕名而来探访柳州城。③

此外，许多省级融媒体还依托自身国际资源与媒体资源，通过将融媒体产品"出海"来增强地区影响力。上海作为东部地区经济较为发达的国际化沿海城市，能够汇聚国际资源并具有国际视野，在国际交流与传播中占据重要地位。如上海广电环球交叉点 YouTube 账号推出《与世界对话——引领未来的中国智慧》5 集系列访谈，汇聚国际学术资源，邀请世界各地的政要、学者和专家，围绕全球经济、全球治理、全球发展等话题，以全球视角讨论中国理念与主张，通过全球好评展现中国发展智慧，获得良好效果。④ 湖南广电和浙江广电依托长期以来积累的文娱节目制作经验，在 YouTube 上同步了地方特色春晚，群星荟萃，让中国明星闪耀全球。湖南广电特色春晚的播放量达到 77 万，浙江广电特色春晚播放量达到 43 万。⑤

因此，结合当地特色提升国际影响力已经成为当前省、市、县各级融媒

---

① 晏彦：《地方主流媒体推进区域国际传播实践探析——以广西日报社为例》，《传媒》2023年第 16 期，第 58~60 页。

② 韩世宏：《浅谈外宣工作如何为城市发展赋能——以哈尔滨对外传播实践为例》，《传媒》2023 年第 15 期，第 58~60 页。

③ 李斌、黎寒池、谢耘：《以"四个创新"讲述具有地域特色的中国故事——基于柳州日报社国际传播实践探索的思考》，《对外传播》2023 年第 7 期，第 31~34 页。

④ 《盘点 2022：主流媒体年度网络传播力榜单及解读 | 德外独家》，德外 5 号，2022 年 12 月30 日，https://mp.weixin.qq.com/s/o4E2tDS4a5tXnqX-xB3eyw，最后检索日期：2023 年 7月 25 日。

⑤ 《盘点 2022：主流媒体年度网络传播力榜单及解读 | 德外独家》，德外 5 号，2022 年 12 月30 日，https://mp.weixin.qq.com/s/o4E2tDS4a5tXnqX-xB3eyw，最后检索日期：2023 年 7月 25 日。

体国际传播的主体思路。不仅如此，通过国内外地方媒体合作来实现地方媒体的定向国际传播，如陕西广电与阿联酋中阿卫视合作推出《视听中国 陕西时间》栏目，围绕陕西的美食、文化、文旅、扶贫等显著的地域特色资源来向阿拉伯观众讲述中国故事，就是在充分挖掘和利用地区特色的基础上生产传播的融媒体产品，包括电视剧、电影、纪录片、动画片等多元形式，首推作品有历史题材电视剧《大秦赋》，陕西美食纪录片《千年陕菜》和丝绸之路纪录片《从长安到罗马》。目前，节目覆盖 22 个阿拉伯语国家或地区近 5 亿人口。①

三　传播桎梏：地方融媒体国际传播的问题与困境

尽管地方融媒体在国际传播中做出了许多有益尝试，但不可否认的是其在国际传播中仍然存在很多问题，面临多重困境。具体而言，有以下五个方面。

一是中央与地方传播格局有待转换和优化。通过数据和案例可以看出，中央级媒体在海外的传播能力仍然拔得头筹，能够"出海"的融媒体产品和海外传播作品多数来自中央级媒体，而省级、市级和县级融媒体则处于补助、补充的地位。目前来看，中央级媒体由于技术、资源等内容生产资料更为先进和丰富，因此仍然是国际传播的主力，根据 CTR 海外传播力榜单，中央广播电视总台、新华社、人民日报位列前 3 名。同时，中央级媒体也对地区特色进行了充分挖掘和利用，比如中国日报对云南"北迁大象"的报道，是央媒在国际传播中对地区生态资源的挖掘和利用。而这种中央为主、地方为辅的传播思路一定程度上阻碍了地方融媒体在国际传播中的发展。

二是地方融媒体发展不平衡、不协调的问题。由于地区经济发展的不平衡，东部地区省级、市级和县级融媒体的国际传播能力更强，比如上海、广

① 《盘点 2022：主流媒体年度网络传播力榜单及解读 | 德外独家》，德外 5 号，2022 年 12 月 30 日，https://mp.weixin.qq.com/s/o4E2tDS4a5tXnqX-xB3eyw，最后检索日期：2023 年 7 月 25 日。

东、北京以及海南（文昌）等省市级和县级融媒体能够传播至海外的产品更丰富，而内蒙古、湖北等中部地区，西藏、新疆、青海和贵州等西部地区的省级融媒体则鲜少能为国际传播做出突出贡献，市级和县级融媒体更是不见踪影。同时，各地区内部也存在发展不平衡、不协调的问题，比如西部地区大部分省、市、县级融媒体没能更多地凸显自身优势，而重庆作为西部城市中心，却拥有西部国际传播中心和重庆国际传播中心，占据更多的资源优势。此外，省市级融媒体尚能发挥较大的国际传播动能，县级融媒体则处于弱势和失语地位。

三是地方融媒体跟风关注文化特色而忽视其他元素。历史文化特色固然重要，地方百姓的生活故事、乡村故事等元素的发掘和运用同样重要。可以看到，大部分省市级融媒体在国际传播中致力于挖掘自身的历史文化特色，而忽视对本地区人物特色、生活特色和乡村特色的发掘和利用。

四是地方融媒体国际传播意识淡薄，缺乏长效传播机制。许多地方融媒体面对国际传播更多是"一锤子买卖"，一方面，在国际传播中缺乏全球站位，无法用全球视野看待地方问题，也无法将地区特色融入全球；另一方面，许多省级融媒体在出现有热度的国际事件后才发挥传播作用，比如地方融媒体在疫情和新疆棉事件上及时反驳西方国家的攻讦和抹黑，发挥了一定的作用。然而一旦热度消失，地方融媒体无法赓续影响力和吸引力。并且，国际传播意识和长效机制的缺乏也导致了地方融媒体出现国际传播效果不显著的问题，一些融媒体产品虽然获得了海外受众的喜爱，但是缺乏对具体传播效果的追踪和统计；还有一些融媒体产品传播至海外如同石沉大海，没有后续的效果反馈。

五是媒体融合视域下国际传播人才匮乏。无论是省级、市级还是县级融媒体都面临着人才缺失和人才流失两个难点问题。在人才缺失上，由于受到教育、培训和体制机制等多重因素影响，地方融媒体对国际传播人才的需求较大，而符合要求的人才较少。在人才流失上，部分县级、市级乃至省级融媒体由于体制机制、奖励机制、资金匮乏和资源不足等多重因素，不具备留住和培养国际传播人才的能力。因此，在人才的招募和培养上标准单一，缺乏针对国际传播的人才招募和培养。

四 传播展望：地方融媒体国际传播的发展进路

党的二十大报告指出，要"讲好中国故事，传播好中国声音，展现可信、可爱、可敬的中国形象"，这为地方融媒体国际传播提供了明确的发展目标。要在地方融媒体传播实践案例和存在问题的基础上，找寻适合当前地方融媒体国际传播的发展进路。

一要协调中央和地方的传播格局。这要求在国际传播中打破中央为主、地方为辅的传播思维，建立"中央-地方"协同发展的新传播格局，由中央级媒体带动省级、市级和县级融媒体发展，为它们提供资源、技术和物力等支持，由地方融媒体提高自身站位，深入挖掘地区特色资源，充分融合、利用和转化地区特色，同时与中央级媒体共享地方资源，形成互为表里、双向互补的新格局。

二要促进地区平衡、协调发展。就目前的传播状况来看，经济发达地区省级融媒体的国际传播能力远强于经济欠发达地区的省级融媒体，省级融媒体的国际传播能力又远强于市级和县级融媒体的国际传播能力，这使得地区之间和地区内部始终存在失衡发展的问题。在未来的国际传播能力建设中，应当尝试提升经济欠发达地区的省级融媒体国际传播能力，例如，由北京、上海和广东等地方融媒体带动贵州、广西、西藏等地方融媒体提升传播能力。同时，尝试着力强化市级、县级融媒体国际传播能力建设，例如由海南国际传播中心带动海南省市级、县和自治县融媒体提升国际传播能力，实现区域协同发展。

三要讲好中国百姓故事和乡村故事。目前，地方融媒体在资源和地区特色的挖掘上更多偏向于对历史文化特色的挖掘，原因在于我国的历史文化资源比较丰富，值得广泛而深入的发掘，另外，海外受众对中华文化较为感兴趣，与中华文化相关的内容更容易传播至海外。不过，从长远发展来看，地

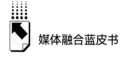

方融媒体应当进一步拓宽地区特色元素和资源的挖掘范围，关注普通百姓生活故事和中国美丽乡村故事，让地方故事资源更加丰富、多元。

四要以国际传播中心建设为基点建立国际传播长效机制。这要求地方融媒体在内容生产和传播机制中依托国际传播中心建设优化生产传播流程，形成资源整合、生产协同、传播优化、反馈及时的国际传播机制。同时，建立地方融媒体传播效果评估体系，不仅要建立整体的国际传播效果评价标准，还要针对省级、市级、县级不同的传播内容、传播模式、传播特点和传播方向进行考核和评估。

五要培养双向国际传播人才。这就要求地方融媒体重点培养既熟悉地方文化、又具备国际传播能力的地方双向传播人才，他们不仅能够借助对地方特色文化的了解向海外受众讲述真实的中国地方文化，还能够及时把握国际舆论趋势和海外受众偏好，适时调整国际传播策略。还要求地方融媒体重点培养国际双向人才，培养对中国地方文化感兴趣的外国友人或在华留学生，让他们加入地方融媒体国际传播的队伍，成为传播中国声音、讲好中国地方故事的重要成员。海南国际传播中心就采取了整合海外人才资源、聘请外国国际传播专家应对本地传播难题的人才培养和运用策略。

Abstract

2023 marks the 10th anniversary of General Secretary Xi Jinping's important directive on "accelerating the convergence and development of traditional and new media." Over the past decade, the integration of Chinese media has continued to deepen, moving towards a new stage of comprehensive innovation and building a diversified landscape. The 20th National Congress of the Communist Party of China in 2022 explicitly outlined the goal of "promoting comprehensive modernization with Chinese characteristics for the great rejuvenation of the Chinese nation" and emphasized the need to "strengthen the construction of a comprehensive media communication system and shape a new mainstream public opinion landscape." In 2023, the "solid promotion of deep media convergence" was included for the first time in the Government Work Report. This indicates that media convergence development is not just a transformation within the media industry but is also a crucial component of high-quality development in the information society. It is a systematic endeavor, as emphasized by General Secretary Xi Jinping: "Media convergence development is not solely the concern of news units; it should transform our institutional advantages in social thought and culture, social governance big data, and policy-making authority into comprehensive advantages in consolidating and strengthening mainstream ideological public opinion." The concept and practice of media convergence have matured and made significant breakthroughs, entering a "deepwater zone" and a "tough period" of development. It has become an integral part of the key work of the Party and the state and is gradually becoming a part of the lives of countless individuals and households. Media convergence is moving toward a deeper and more substantial stage. "Symbiosis" has become a key phrase in the in-depth

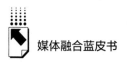

development of media convergence because it involves not only "small-scale integration" at the level of internal mechanisms, content, and technology but also "large-scale integration" built on the foundations of thinking, systems, and culture. This will bring about disruptive changes in user perceptions, information dissemination, media industry formats, international relations, and human society as a whole.

The report is divided into seven sections: the General Report, Investigation Report, Hot Topics Report, Practice Report, Exploratory Report, Regional Report, and International Report. The General Report analyzes the new trends, breakthroughs, and prospects of China's media integration development, focusing on the overall macro understanding of the current media integration ecosystem – the Smart Integrated Media. The Investigation Report primarily focuses on aspects such as the public's perception of media integration, the impact of short video integration on communication effectiveness, and the overseas social media communication influence. It also conducts empirical research. The Hot Topics Report addresses current issues and development trends in the broadcasting and television media, new technology applications, corporate media, and other media integration hot topics. It summarizes experiences, identifies problems, and proposes countermeasures based on the investigation. The Practice Report analyzes classic cases from different regions such as Anhui, Zhejiang, Hong Kong, Sichuan, including distinctive aspects like integrated media studios, comprehensive media matrix strategies, transformation of traditional Hong Kong newspapers, mass line practicesand brand media. The Exploratory Report focuses on the forefront practices of media integration, exploring the development trends of county-level integrated media, government new media, and the application of intelligent technologies. The Regional Report divides the analysis based on the current context and status of media integration development, using typical media integration practices at different levels in Guizhou, Wuhu, and others as research cases. It further analyzes industry innovation, communication models, unique experiences, existing issues, coping strategies, and future prospects. The International Report , based on an international perspective, examines media integration practices and special features of external communication during the domestic media integration process. It reviews distinctive practices and problems in external communication and proposes viable strategies for "going global. " This comprehensive report offers a detailed and thorough exploration of China's media integration development, encompassing various dimensions and providing valuable insights into this transformative journey.

Keywords: Media Convergence; Diverse Cross-media; Artificial Intelligence; Smart China; International Communication

Contents

I General Report

Abstract: The year 2023 marks the 10th anniversary of General Secretary
Xi Jinping's important directive on "accelerating the convergence and development of
traditional and new media. " Over the past decade, China's media convergence has
continued to deepen, advancing towards a new stage of comprehensive innovation
and collaborative development. Presently, media convergence is displaying new
trends: since 2021, media convergence has accelerated the comprehensive
digitization of society, creating a diverse cross-media ecosystem, and supporting the
construction of a smart China. Empowered by intelligent technologies, the digital
infrastructure of media convergence platforms accelerates cross-media collaboration
and transformation, fostering a novel pattern of comprehensive media
communication. Beyond being a conduit for information, media has evolved into a
public service platform, cultivating a thriving culture of immersive digital
experiences. The broad application of digital and intelligent technologies is reshaping
media formats, content creation, and dissemination channels. This evolution is
redefining China's deeply integrated media communication landscape: thematic
reporting remains aligned with the current era; AI-human interaction innovates content

creation and dissemination; intelligent media integration shifts from constant online presence to permanent engagement; an expansive emergency broadcast network bolsters public service development. Constructive public opinion supervision drives modern grassroots governance, and media's deep convergence guides international communication toward convergence. Accompanied by the comprehensive improvement of data, computing power, and algorithms, the evolution of new technologies is also propelling the second half of the intelligent communication revolution. This will bring revolutionary changes to user perception, information dissemination, media industry models, international relations, and human society. In the future, further breakthroughs and developments are anticipated in the realms of experiential integration, relational integration, scenario integration, value integration, and ecological integration.

Keywords: Media Deep convergence; Diverse Cross-media Ecosystem; Human-machine Integration; Social Governance; International Communication

II Investigation Reports

Abstract: As media convergence continues to deepen, it is crucial to understand the perceptions and attitudes of netizens towards the current state and impact of convergence in order to navigate the path of the all-media era while adhering to the mass line. This survey report primarily focuses on the media consumption habits of netizens, their awareness of convergence development, changes in online public opinion, and shifts in societal attitudes. It further reveals that fingertip access to the internet has become a daily behavior for netizens, characterized by mobility, audiovisual content, and intelligence. Key cognitive terms regarding media convergence development include trust, constructive engagement, service-oriented, and audiovisual content. Netizens primarily associate the societal impact of deep media convergence with media socialization and positive transformation.

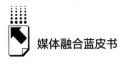
媒体融合蓝皮书

Keywords: Netizens; Media Convergence; Online Public Opinion; Societal Attitudes

B. 3 Report on the Integrated Dissemination Effects of Short
　　　Videos by Mainstream Chinese Media in 2022－2023

Wan Qiang, Liu Muyuan and Wang Zichun / 093

Abstract: The report mainly analyzes the Internet communication effect of China's mainstream media in Chinese short-video platforms from 2022 to 2023. Based on CTR's own short-video business decision-making system (hereinafter referred to as CTR system) and third-party public data, the report analyzes the statistics data of mainstream media on the four major short-video platforms of Douyin, Kuaishou, Bilibili and Wechat, explores the outstanding accounts and works, summarizes the characteristics and trends of current platforms, analyzes the excellent communication strategies, and provides reference suggestions for the further media convergence of mainstream media on short-video platforms in the future. This report finds that between 2022 and 2023, China's mainstream media have strengthened content productivity and explosive output with the help of short-video platforms, adhered to social responsibilities while actively adapting to the social market, and still have a promising future on the road of media convergence.

Keywords: Short Video; the Effect of Media Convergence; Internet Communication Capacity

B. 4 Evaluation Report on the Overseas Social Media Impact of
　　　Mainstream Chinese Media in 2022－2023

Wan Qiang, Liu Muyuan / 109

Abstract: In recent years, China's mainstream media have actively developed overseas social media accounts, making the voice of China heard and telling China's stories well via digital media. Therefore, CTR's Overseas Social Media Communication Influence Assessment System have monitored accounts of mainstream media on three overseas social media from 2022 to 2023 continuously, focusing on the communication influence of mainstream media on overseas social media. The data shows that China's mainstream media have established an overseas multilingual digital-media communication matrix that gains hundreds of millions of fans and establishes hundreds of top accounts with millions of followers, and explored a distinctive development path of social media communication.

Keywords: Overseas Communication; the Effect of Media Convergence; Internet Communication Effect; Social Media

Ⅲ   Hot Topic Reports

Abstract: The chatbot based on Large Language Model (LLM) has triggered a new round of communication technology iteration and communication paradigm innovation, and has shown great application potential in the process of information distribution. This paper sorts out the development status of LLM technology, and summarizes the application of large models from the perspective of communication channels. In terms of development status, the base model and the vertical model form the two main directions of the current LLM technology development. In terms of application in the communication channels, the integration and versatility of LLM make general-purpose integrated applications gradually become the mainstream, realizing platform-based interconnection of information. LLM's capabilities of understanding and generating language and generalized reasoning break through the technical barriers of traditional

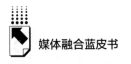

---

recommendation systems. The advertising and marketing industry has also been empowered by LLM to achieve precise matching with the target audience. Finally, this paper discusses the trend of the next-generation Internet industry from four aspects: LLM, computing power, cloud technology, and "Conversations as a Platform".

Keywords: LLM; Communication Application; Communication Channel; ChatGPT; Intelligent Communication Technology

B.6 Development Report on the Integration of Radio and Television Media in 2021－2023

Qi Yalin, Tian Mengyuan / 140

Abstract: Media integration has undergone nine years of developmental journey, during which both media formats and content distribution methods have experienced profound changes. This article analyzes the overall environment of media integration from 2021 to 2023, offering insights into the recent three-year trends and directions of broadcast and television media integration from technical, content, and functional-behavioral aspects. The collaborative ecosystem of broadcast networks and the comprehensive development of media content matrices have further accelerated the convergence of broadcasting and television media. Besides, thanks to advancements in technologies like 5G, 8K and the Metaverse, broadcast and television media have achieved content dissemination across multiple platforms and devices, showcasing diversified and synergistic media functions and behaviors. Meanwhile, broadcast and television media are actively transforming their business models in order to seek a path of sustainable development. Based on the above, a few thoughts are put forward in terms of mindset shift, resource utilization, talent cultivation and discourse system shaping.

Keywords: Radio and Television; Media Convergence; Media Functions

B.7 Report on the Empowerment of Digital Technology in
Deep Media Integration Development in 2022

Wang Fengxiang, Zhang Mengting / 154

Abstract: In 2022, media convergence has entered an accelerated period. Enabled by digital technology, the new form of communication combining virtualness and reality has brought immersive experience to the audience, and human-machine cooperation has promoted the intelligent upgrading of content production, forming a new ecological pattern of user service mindset. At the same time, media convergence still faces challenges in four aspects: data security, department supervision, industry landing and communication efficiency. To this end, media organizations need to establish the right digital values, Forming China's independent knowledge system, strengthening the construction of the regulatory system, deepening the market strategy, promoting the connection with users, and building digital depth.

Keywords: Media Convergence; Digital Technology; Artificial Intelligence; Smart Development

B.8 Exploration and Reflection on Blockchain-Assisted Digital
Copyright Protection and Operation
—*A Case Study of "Media Integration Chain" in ChinaSo*

Wang Jiaoni / 166

Abstract: China has entered the era of digital economy, and digital copyright has great asset value and economic potential. With the rapid development of blockchain, new technologies have shown an important driving role in empowering the protection, trading, and operation of digital rights. Chinaso, as the secretary-general unit of the China News Media Copyright Protection Alliance and a national blockchain innovation application pilot,

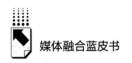

independently develops the "Media integration chain" blockchain technology, actively explores the application of blockchain technology as a new path to solve the dilemma of copyright protection and development, empowers the confirmation, protection, and circulation of digital copyright and data assets, assists in the development of the digital economy and the prosperity of digital culture. It is undeniable that blockchain, as an emerging industry, is still in its early stages of development and its business model is still in the exploratory stage. For platforms and enterprises that have long been deeply engaged in blockchain empowering digital copyright and data trading, it is necessary to further strengthen policy guidance, industry support, and market operation to accelerate application promotion, promote innovation enthusiasm, and provide solid guarantees for promoting the construction of digital China.

Keywords: Blockchain; Media Integration Chain; Digital Copyright; Data Transaction

B.9 Construction of Integrated Platforms for Enterprise Media: Dimensions and Strategies

Chen Changfeng, Huang Danqi, Huang Jiasheng,

Zhang Meng, Yu Nisi, Yuan Yuqing and Wei Longhan / 179

Abstract: From the convergence of traditional media and emerging media, to constructing a multi-media communication system and shaping a new mainstream public opinion pattern, media integration has been extensively developed. We reviewed enterprise media practical pattern and characteristics from five aspects: construction subjects, construction methods, construction effects, construction difficulties, and construction prospects. On this basis, SWOT was used to analyze the full media content of the new media account of the National Energy Group, including WeChat, Weibo and TikTok. Taking CHN Energy as an example, SWOT analysis and content analysis were employed to explore its' situation and problems of news production and new media accounts. Then, strategies about communication system, technology empowerment, organization operation, and enterprise culture are proposed to further promote enterprise media more advanced, competitive, and aligned with national strategies.

Keywords: Media Convergence; Platform Construction; Energy Enterprise; Communication Technology

Ⅳ Practice Reports

B. 10   Effectiveness and Path of Building New Mainstream Media in
         Newspaper Industry
         —*A Tracked Study on the Deep Integration and Innovation of
         China's Newspaper Industry*

Feng Yuming, Geng Xiaomeng / 198

Abstract: At the current stage, the construction of new mainstream media in China's newspaper industry presents the characteristics of new products and services, new user relationships, new organizational forms and new development models. Resource capabilities are transitioning towards mobile and digital platforms, utilizing new expressions to achieve new services. Institutional mechanisms and talent protection are strengthened compared to before, and new value scenarios for content product services are emerging. The new formats and paths of deep integration in the newspaper industry are mainly manifested as systematic innovation, platform-based development, multi-media production, high-quality supply, professional information, vertical services, intelligent hubs, and social connections. Looking forward to the future, the construction of new mainstream media in the newspaper industry should continue to make efforts in strategies, products, operations, and innovative team building.

Keywords: New Mainstream Media; Products; User Relationships; Organizational Forms

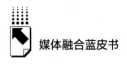
媒体融合蓝皮书

B . 11   New Exploration of Mainstream Media Integration Path

　　—*A Case Study of the Practice of Anhui Radio and*

　　Television Station's Integrated Media Studio

Shao Xiaohui / 211

Abstract: Media convergence is the mission and responsibility given to the mainstream media in the times, and it is also the only way for the transformation and upgrading of traditional media in the Internet era. How to break through the barrier posed by the system and mechanism and realize the convergence and development is a major issue facing every mainstream media. Anhui Broadcasting Corporation's innovative practice illustrates the Converging Media Studio Mechanism as a targeted measure to activate internal mechanisms and thus to globally boost the integration of the media. The Converging Media Studio Mechanism can serve as a vehicle to a new local mainstream media of light weight and mechanism. It can empower the main force towards the main battlefield.

　　Keywords: Converging Media Studio Mechanism; Media Integration; Reform of System and Mechanism; Anhui Broadcasting Corporation

B . 12   Research on the Strategic Innovation of Media Integration

　　in Zhejiang Province

　　—*A Case Study of the "Three-in-One" Comprehensive*

　　Media Matrix Strategy

Wang Fei, Huang Zhishang and Bai Yihan / 224

Abstract: The evolution of technology in the media industry is constantly changing and new media is leading the way, shifting power towards it. Therefore, traditional media is finding it difficult to be heard and their voices are often overshadowed. Nonetheless, not only challenges the mainstream media faces, but rare opportunities of development. Changing the approach to media development is crucial for overcoming the current situation. Innovating a mode of media integration development and focusing on three entry points-content, technology, and platform, represent important ways for Zhejiang Province to build a "trinity" all-media matrix. This will allow for the promotion of the organic integration of traditional and new media development within the province. Zhejiang provides a model example of media integration and development depth.

Keywords: Media Convergence; All-media; All-media Matrix; "Trinity"

B. 13 Practice of Media Integration Transformation in Hong Kong Traditional Newspaper Industry

—*A Case Study of Sing Tao Daily Group and Ta Kung Pao Media Group*

Wang Nina / 237

Abstract: Hong Kong's media industry is highly internationalized, with fierce market competition, and is in the transition from traditional media to convergent media. In this report, Sing Tao Daily Group and Ta Kung Wen Wei Media Group are selected as research samples to analyze the pragmatic experience of Hong Kong's traditional media in accelerating their transformation to convergent media in recent years. It is found that, on the basis of adhering to the primary business of paper media, Sing Tao Daily Group adopts the advertising sub-generation model while Ta Kung Wen Wei Media Group adopts the information aggregation model. Sing Tao Daily adopts the strategy of "traditional media + new media + industry", and develops four specific transformation patterns: application development, social media promotion, cross-platform advertising and webcasting. Hong Kong's Ta Kung Wen Wei Media Group has realized the differentiated combination of content and platform through the aggregation of positioning,

467

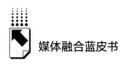

process, content and resources. Finally, this paper summarizes the challenges faced by Hong Kong's traditional media in transition, including attracting composite talents, sustainable digital development, enhancing platform discourse, integrated operation, and accurate and effective communication.

Keywords: Multimedia Transformation; HK Traditional Media; Digital media Development

B.14 Touchpoints, Connections, and Openness: Exploration of the Path of Brand-New Media "Sichuan Observer"

He Jian, Miao Hui and Diao Chengchao / 251

Abstract: In 2023, as media convergence enters its tenth year as a nationally-driven strategic endeavor, it has not only progressed from "adding" components to achieving "integration," but has now entered a phase of deep-rooted development. "Sichuan Observation" stands as a newfound media brand nurtured by Sichuan Broadcasting and Television Station in the exploration of media convergence. This report places emphasis on the study of "Sichuan Observation" since its corporatization in 2022. It delves into the integration practices in aspects such as institutional framework construction, team project management, content creation and operation, brand empowerment, and technological ecosystem establishment. By observing the corporatization practice of "Sichuan Observation," this report aims to further distill and summarize innovative developmental paths for brand-oriented new media under the banner of broadcasting, offering insights for the evolution of new mainstream media in the realm of deeply integrated media landscapes.

Keywords: Brand-oriented Media; OKR Management; Content Innovation; Brand Empowerment; All-media Construction

B.15 Open, Inclusive, Pragmatic, and Effective

　　—*Exploration and Practice of Mass Line in*

　　Gu Lin's Media Integration

Wang Bangkun, Yang Mohan / 262

Abstract: The county-level media is in the "nerve endings" of China's "four-level office" media pattern, and it is the "last kilometer" of news communication. At present, the development process of county-level converged media center mainly faces three challenges: the voice of grassroots official media is weakened due to separation from the masses; The lack of resource integration leads to the lack of "government affairs" and "services"; The lack of strength of editors and journalists leads to the single content of the platform, which cannot meet the diversified and personalized needs of the masses. Taking Gulin County Financial Media Center of Luzhou City, Sichuan Province as the representative, this paper discusses Gulin's innovative development model, construction ideas and practical value from three dimensions of "open media", "social production" and "citizen correspondent", in order to provide inspiration and reference for related research and county-level converged media practice.

Keywords: The mass; Open Media; Socialized Production; Citizen Correspondent

V　Exploratory Reports

B.16 Trends in the Development of the Documentary

　　Industry in the Context of Media Integration

　　A Perspective from Bilibili

He Mingming / 275

Abstract: In recent years, the data of the number, activity and stickiness of users have continued to improve, B Station has been continuously and widely

favored in the capital market. Meanwhile, it has been widely accepted by traditional media and mainstream culture represented by CCTV, and has founded a characteristically practical path in the exploration of media convergence. Documentaries have gradually become the core supply of the content system of B Station, and it is deeply related to the overall transformation of the platform. In B Station, the trend of media convergence has been from form to culture, the content ecology has been from documentary to pan-documentary, and the role has been reshaped from decentralization to recentralization. It highlights the basic logic of the development of documentary industry in the context of media convergence.

Keywords: Media Convergence; Documentary Film; Cultural Integration; Pan-documentary Content; Recentralization

B.17 Research on Innovative Models of Cross-Border Integration in International Communication in the Big Data Era of Comprehensive Media

Han Jingjing, Zhao Yanfei, Wang Jinyan,
Zhao Yunzhi and Xiong Yiyao / 285

Abstract: International communication is a multidimensional, multi-level, multi-dimensional, and dynamic communication endeavor. In the era of big data, driven by the propelling force of technological innovation, significant changes have taken place in the ecosystem of international communication, modes of communication, and narrative patterns. Exploring new concepts and pathways for effectively telling the Chinese story well is of paramount importance. This paper takes the "China Story" database as an empirical research case, conducting an in-depth analysis of its utilization of innovative international communication platforms to facilitate media integration and enhance the narrative strategy of China's modernization through the "4I model": initiative narrative of China, innovative story-driven database, international public-service platform, intellectual-property development strategy. Furthermore, through a multidimensional competitive analysis encompassing content, platforms, technology, and promotional methods, this paper summarizes innovative pathways for enhancing the efficiency of international communication in the era of big data. These pathways ultimately contribute to strengthening the effectiveness of comprehensive, multimedia international communication: content production methods that run in parallel with project-based and customized approaches, technical means to enhance technical capabilities and technical roadmaps, platform development strategies aimed at improving user experiences based on cross-cultural thinking, and promotion models that involve multi-party collaborations and the integration of industry, academia, and research.

Keywords: Chinese-style Modernization; Narrative System; International Communication; Big Data; Multimedia

B.18　Development Report and Prospect of Government New Media

Qin Yuming, *Sun Shuli* / 309

Abstract: At present, mobile Internet technology continues to develop deeply and is widely used in various fields of social and economic development. The disruptive innovation and change of information technology have promoted the global media integration and reshaped the original communication pattern and media ecology. With the support and promotion of national policies, China's media integration shows a trend of continuous development in depth. In this process, New media for government affairs plays an important role, and its development forms, application scenarios, and media functions are constantly expanding, promoting new media of government affairs to achieve new construction and development achievements in various aspects such as communication content, communication mode, and communication effect. In the current era of rapid development and reform of new media, New media of government affairs should give full play to the advantages of new media communication, continue to improve the functions of information release,

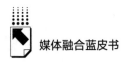

guidance of public opinion and service to the public, and play an important role in the process of media integration and development in our country.

Keywords: New Media of Government Affairs; Media Function; Development Prospect

B.19   The Current Status and Path of County-Level Integrated
Media Participation in Grassroots Governance

Luo Xin, An Peixin and Zhang Jinghua / 321

Abstract: This report is based on a sample case analysis of county-level integrated media centers participating in grassroots governance products across the country. It starts from the five aspects of governance subjects, governance scenarios, governance methods, governance forms, and governance effects, and multi-dimensionally analyzes the basics of county-level integrated media centers participating in grassroots governance. Current situation, we found some major existing problems, such as limited channels for mass participation and weak social supervision; traditional centralized governance scenarios involving a single topic; rigid and backward governance methods and insufficient use of science and technology; homogeneous presentation forms and lack of advantages in content production; Integrated media lacks social governance concepts, and the level of public participation in governance is low. In response to these problems, county-level integrated media's participation in grassroots governance needs to be improved in many aspects, such as smoothing the channels for appeals, digging deep into public opinion and linking the masses; broadening service scenarios, and integrating precise implementation of policies; improving digital empowerment and relying on technology for intelligent transformation; innovation Planning and production, highlighting the characteristics of rural customs; taking into account both internal and external aspects, and the communication matrix resonates with the same frequency.

Keywords: County-level Financial Media; Grassroots Governance; Collaborative Governance

Abstract: Artificial Intelligence technology is profoundly changing the communication practice form of Journalism and human life style, affecting the depth and breadth of media integration. In recent years, new technologies represented by artificial intelligence and big data have developed rapidly, and the application achievements of artificial intelligence technologies represented by AIGC, Intelligent Advertising, Computing Public Opinion, and Intelligent Government Affairs have been continuously highlighted in the field of media convergence, promoting the deep integration of media. At the same time, Artificial Intelligence technology also brings risks and hidden dangers such as false news propaganda, privacy disclosure and infringement, and ideological challenges. In the future, AI technology represented by AIGC will accelerate the iterative evolution and promote media convergence into a new era of intelligent development.

Keywords: Artificial Intelligence; AIGC; Intelligent Advertising; Calculating Public Opinion; Intelligent Government Affairs

Abstract: Modern technology is connecting humans and machines in a whole new interactive way. Since 2022, virtual digital humans have been gradually entering a thriving stage of development, especially driven by policies and technology, their applications in media convergence have become widespread. Therefore, this report starts with the inevitability of the rise of virtual digital humans in the era of deep media integration, and then explores their applications and communication practices in mainstream media convergence, Based on this,

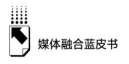
媒体融合蓝皮书

further ideas and reflections on the application of virtual digital humans in media convergence are proposed.

Keywords: Virtual Digital Beings; Mainstream Media; Media Convergence; Human-machine Interaction

Ⅵ Regional Reports

B.22 Development and Innovation Report on Provincial Media

Integration in China   *Zhang Huabing, Lei Jinhao* / 362

Abstract: As the strategic advancement of media convergence intensifies, provincial-level media in China is steadily engaging in institutional and organizational reforms as well as talent development. This is coupled with the ongoing production of high-quality content, exploration of cutting-edge applications of media technology, and the successive establishment of distinctive provincial models in the domain of "news + government service and commerce." Additionally, numerous innovative highlights have emerged among provincial-level media in realms encompassing international dissemination, artificial intelligence practice, media think tank establishment, traditional culture development, and coverage of significant thematic subjects. Simultaneously, challenges persist for provincial-level media, including inadequate guidance of public opinion, substantial disparities in integration levels, imprecise dissemination to targeted audiences, an incomplete system of evaluation criteria, and the superficial utilization of technological capabilities. Provincial-level media should adhere to the leadership of the Communist Party of China, draw lessons from experiences of other provinces, reinforce the development of proprietary platforms, establish a comprehensive system of evaluation criteria, and adopt a user-centric approach. Through these measures, they can effectively meet user demands, cultivate a favorable ecosystem of social public opinion, thereby further strengthening the construction of a comprehensive media communication system and contributing to the Chinese modernization.

Keywords: Provincial-Level Media; Media Convergence; Comprehensive Media Communication System; International Communication

B.23 Five-Year Achievements, Problems, and Future Trends of
County-Level Integrated Media Centers *Tan Tian* / 380

Abstract: It has been five years since the construction of China's county-level integrated media centers, which has developed a variety of institutional systems and business types, brought together a large number of studies, and at the same time exposed problems in the form of dissemination and content, talent team and operational capacity. Based on the upgrading of county-level integrated media centers, this paper puts forward a new vision of how to build a new mainstream media industry: building good user relations through data empowerment, driving service business innovation, linking non-media fields, and then transforming county-level integrated media centers into intelligent media.

Keywords: County-level Integrated Media Center; New Mainstream media; Data Empowerment; New formats

B.24 Integration, Development, and Innovative Operation:
Observations on the Development of Media
Integration in Guizhou from 2021 to 2023
Zou Xue / 392

Abstract: Since the 20th CPC National Congress, through the construction of an All-media Communication System, media convergence in Guizhou has developed to a new stage. Media at all levels have upgraded according to their own characteristics, the quality of media integration development has improved overall. Provincial media have achieved a lot in building regional communication platforms.

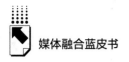

媒体融合蓝皮书

Municipal media according to the local reality, gradually explore the formation of their own integrated development mode. County-level Converged Media Center integrates the consensus guidance function of traditional media, integrates the idea of primary-level governance in the process of media integration, creates a regional comprehensive platform for the modernization of governance system. At the same time, it is also necessary to solve the problems such as insufficient technical support, insufficient income and talents. In the future, the construction of an All-media communication system in Guizhou should continue to follow the main lines of content, technology and mechanism, so that the development of media convergence could meet the people's needs for a better life by guiding mainstream public opinion with authority and credibility.

Keywords: All-media Communication System; Integrated Communication; Content Construction; County-level Converged Media Center

B.25 Rapid Development Status and Trend Prospects of Wuhu Media Center

Xu Xin, Ma Mei and Han Wanchun / 404

Abstract: Since 2014, with the rapid development of the Internet environment, Wuhu Radio and Television Station has set up new media departments to expand news and information dissemination channels. Since September 2018, Wuhu Media Center has taken the lead in promoting the integration of news stations and establishing a municipal media center in Anhui Province, Wuhu Media Center has continuously reformed itself to find its own direction and positioning. Efforts have been made to build a high-quality all-media communication system, strengthen the deep integration of urban operation management and social livelihood, promote the transformation of urban media platforms, and gradually explore the "Wuhu path" that belongs to Wuhu in the integration and development of urban media. From 2021 to 2023, Wuhu Media Center will establish Wuhu Dajiang Media Co., LTD., which will operate the

476

"Dajiang" series news brand and mobile platform, and launch the "Dajiang News" and "Dajiang Look" clients. In February 2023, the Internet people's livelihood news brand that has developed dislocated with "Dajiang Information" operated "Dajiang Evening News Financial Media", forming the core matrix of "two brands and one platform". Facing the challenges of the rapid changes in the media ecological environment and looking forward to the future, Wuhu Media Center needs to make every effort to be a comprehensive professional information platform for integrating media, shape and strengthen its core competitiveness, promote Wuhu Media Center to a new era, realize the transformation of "urban media platform", and explore a new path for the in-depth integration and development of urban media.

Keywords: Media Convergence; Media Center; Convergence Media

Ⅶ International Reports

B.26 Current Status, Issues, and Improvement Strategies of
China's National Media in International
Communication Capability

Zhang Guowei, Ma Liming / 416

Abstract: International communication ability is an important index to measure a country's comprehensive strength and international influence. In recent years, China's investment in international communication has been increasing, with central media and local media carrying out international communication work in two ways, and gradually forming an international communication pattern with Beijing as the center and local forces relatively dispersed. Although China's media has made remarkable achievements in international communication, there are still problems such as lack of independence and lack of control over channels. To strengthen international communication capacity building, all media need to build independent international communication departments, enhance channel control, give full play to their advantages in IP creation, talent training, financial support,

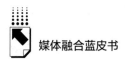
highlight local characteristics, and tell Chinese stories well.

Keywords: International Communication; International Influence; Soft Power; Chinese Story

B. 27 Current Situation and Prospects of Overseas Chinese-Language Media's Integration of Multiple Media

Peng Weibu / 430

Abstract: Overseas Chinese media has a long history and has made significant contributions in propagating Chinese culture, safeguarding the rights of the Chinese diaspora, fostering dialogue between Chinese communities and mainstream societies, enhancing relations between host countries and China, and promoting people-to-people connectivity. At present, these media outlets are striving to transform towards an integrated media approach. Despite facing various challenges, they continue to exhibit the resilience of media entities. Throughout this process of integration, they have achieved numerous noteworthy advancements, showcasing innovative approaches and effective results in integrated media. This not only carries forward the historical legacy of Chinese-language media overseas but also marks a new chapter in the integration of Chinese media.

Keywords: Overseas Chinese Media; Chinese Diaspora; Integrated media

B. 28 Telling Good Local Stories of China: Advantages, Characteristics, and Development Paths of Local Integrated Media's International Communication

Shen Zhe, Yin Le / 442

Abstract: "Regional" is the unique advantage of local media's international communication. In the context of international communication capacity building, the characteristic communication idea of local integrated media and international communication is that deep media integration will empower international communication vertically and fully integrate regional resources; and also, horizontally highlighting the characteristics of history, culture, ecology, cities and other regions. However, problems such as traditional communication thinking, imbalanced regional development, insufficient resource exploration, weak awareness of international communication, and talent training still exist. To tell China's local stories well, we should try to find an approach to the development of local integrated media international communication by breaking traditional communication thinking, coordinating regional development, broadening local characteristic communication elements, and establishing long-term international communication mechanisms and talent training mechanisms.

Keywords: Media Convergence; Local Integrated Media; International Communication; Regional

皮 书

智库成果出版与传播平台

✦ 皮书定义 ✦

皮书是对中国与世界发展状况和热点问题进行年度监测，以专业的角度、专家的视野和实证研究方法，针对某一领域或区域现状与发展态势展开分析和预测，具备前沿性、原创性、实证性、连续性、时效性等特点的公开出版物，由一系列权威研究报告组成。

✦ 皮书作者 ✦

皮书系列报告作者以国内外一流研究机构、知名高校等重点智库的研究人员为主，多为相关领域一流专家学者，他们的观点代表了当下学界对中国与世界的现实和未来最高水平的解读与分析。截至2022年底，皮书研创机构逾千家，报告作者累计超过10万人。

✦ 皮书荣誉 ✦

皮书作为中国社会科学院基础理论研究与应用对策研究融合发展的代表性成果，不仅是哲学社会科学工作者服务中国特色社会主义现代化建设的重要成果，更是助力中国特色新型智库建设、构建中国特色哲学社会科学"三大体系"的重要平台。皮书系列先后被列入"十二五""十三五""十四五"时期国家重点出版物出版专项规划项目；2013~2023年，重点皮书列入中国社会科学院国家哲学社会科学创新工程项目。

皮书网

（网址：www.pishu.cn）

发布皮书研创资讯，传播皮书精彩内容
引领皮书出版潮流，打造皮书服务平台

栏目设置

◆关于皮书

何谓皮书、皮书分类、皮书大事记、
皮书荣誉、皮书出版第一人、皮书编辑部

◆最新资讯

通知公告、新闻动态、媒体聚焦、
网站专题、视频直播、下载专区

◆皮书研创

皮书规范、皮书选题、皮书出版、
皮书研究、研创团队

◆皮书评奖评价

指标体系、皮书评价、皮书评奖

◆皮书研究院理事会

理事会章程、理事单位、个人理事、高级
研究员、理事会秘书处、入会指南

所获荣誉

◆2008年、2011年、2014年，皮书网均
在全国新闻出版业网站荣誉评选中获得
"最具商业价值网站"称号；
◆2012年，获得"出版业网站百强"称号。

网库合一

2014年，皮书网与皮书数据库端口合
一，实现资源共享，搭建智库成果融合创
新平台。

皮书网

"皮书说"
微信公众号

皮书微博

权威报告·连续出版·独家资源

皮书数据库
ANNUAL REPORT(YEARBOOK)
DATABASE

分析解读当下中国发展变迁的高端智库平台

所获荣誉

- 2020年，入选全国新闻出版深度融合发展创新案例
- 2019年，入选国家新闻出版署数字出版精品遴选推荐计划
- 2016年，入选"十三五"国家重点电子出版物出版规划骨干工程
- 2013年，荣获"中国出版政府奖·网络出版物奖"提名奖
- 连续多年荣获中国数字出版博览会"数字出版·优秀品牌"奖

皮书数据库

"社科数托邦"
微信公众号

成为用户

登录网址www.pishu.com.cn访问皮书数据库网站或下载皮书数据库APP，通过手机号码验证或邮箱验证即可成为皮书数据库用户。

用户福利

- 已注册用户购书后可免费获赠100元皮书数据库充值卡。刮开充值卡涂层获取充值密码，登录并进入"会员中心"—"在线充值"—"充值卡充值"，充值成功即可购买和查看数据库内容。
- 用户福利最终解释权归社会科学文献出版社所有。

社会科学文献出版社 皮书系列
SOCIAL SCIENCES ACADEMIC PRESS (CHINA)

卡号：985315662757
密码：

数据库服务热线：400-008-6695
数据库服务QQ：2475522410
数据库服务邮箱：database@ssap.cn
图书销售热线：010-59367070/7028
图书服务QQ：1265056568
图书服务邮箱：duzhe@ssap.cn

S 基本子库
UB DATABASE

中国社会发展数据库（下设 12 个专题子库）

紧扣人口、政治、外交、法律、教育、医疗卫生、资源环境等 12 个社会发展领域的前沿和热点，全面整合专业著作、智库报告、学术资讯、调研数据等类型资源，帮助用户追踪中国社会发展动态、研究社会发展战略与政策、了解社会热点问题、分析社会发展趋势。

中国经济发展数据库（下设 12 专题子库）

内容涵盖宏观经济、产业经济、工业经济、农业经济、财政金融、房地产经济、城市经济、商业贸易等 12 个重点经济领域，为把握经济运行态势、洞察经济发展规律、研判经济发展趋势、进行经济调控决策提供参考和依据。

中国行业发展数据库（下设 17 个专题子库）

以中国国民经济行业分类为依据，覆盖金融业、旅游业、交通运输业、能源矿产业、制造业等 100 多个行业，跟踪分析国民经济相关行业市场运行状况和政策导向，汇集行业发展前沿资讯，为投资、从业及各种经济决策提供理论支撑和实践指导。

中国区域发展数据库（下设 4 个专题子库）

对中国特定区域内的经济、社会、文化等领域现状与发展情况进行深度分析和预测，涉及省级行政区、城市群、城市、农村等不同维度，研究层级至县及县以下行政区，为学者研究地方经济社会宏观态势、经验模式、发展案例提供支撑，为地方政府决策提供参考。

中国文化传媒数据库（下设 18 个专题子库）

内容覆盖文化产业、新闻传播、电影娱乐、文学艺术、群众文化、图书情报等 18 个重点研究领域，聚焦文化传媒领域发展前沿、热点话题、行业实践，服务用户的教学科研、文化投资、企业规划等需要。

世界经济与国际关系数据库（下设 6 个专题子库）

整合世界经济、国际政治、世界文化与科技、全球性问题、国际组织与国际法、区域研究 6 大领域研究成果，对世界经济形势、国际形势进行连续性深度分析，对年度热点问题进行专题解读，为研判全球发展趋势提供事实和数据支持。

法律声明

"皮书系列"（含蓝皮书、绿皮书、黄皮书）之品牌由社会科学文献出版社最早使用并持续至今，现已被中国图书行业所熟知。"皮书系列"的相关商标已在国家商标管理部门商标局注册，包括但不限于LOGO（▓）、皮书、Pishu、经济蓝皮书、社会蓝皮书等。"皮书系列"图书的注册商标专用权及封面设计、版式设计的著作权均为社会科学文献出版社所有。未经社会科学文献出版社书面授权许可，任何使用与"皮书系列"图书注册商标、封面设计、版式设计相同或者近似的文字、图形或其组合的行为均系侵权行为。

经作者授权，本书的专有出版权及信息网络传播权等为社会科学文献出版社享有。未经社会科学文献出版社书面授权许可，任何就本书内容的复制、发行或以数字形式进行网络传播的行为均系侵权行为。

社会科学文献出版社将通过法律途径追究上述侵权行为的法律责任，维护自身合法权益。

欢迎社会各界人士对侵犯社会科学文献出版社上述权利的侵权行为进行举报。电话：010-59367121，电子邮箱：fawubu@ssap.cn。

社会科学文献出版社